कोयला कर्मवीरों की कहानी

अंधेरा उजाला

राजीव रंजन

notionpress
.com

INDIA · SINGAPORE · MALAYSIA

ISBN 979-8-88684-548-8

Cover Page Design

Sekhar Rayaprolu   Ashish Mishra

Photo Credit

Jitendra Mohanrao Vaidya

हमारे देश के

कोयला कर्मवीरों

और

नई पीढ़ी

को समर्पित

विषय

प्रस्तावना

कोयला ऊर्जा की जरूरतों के लिए रीढ़ की हड्डी के समान रहा है। हालाकि, इस उद्योग का विकास देश में कोयले की मांग के अनुसार नहीं हो सका। कोयला उद्योग के राष्ट्रीयकरण के पूर्व के सत्तर मिलियन टन उत्पादन से आज के दिन सात सौ मिलियन टन कोयले का देश में उत्पादन हो रहा है। पूर्व में खनन को बढ़ावा देने के लिए आवश्यक खनन तकनीक के आधुनिकीकरण पर ज्यादा निवेश नहीं हो पाया, क्योंकि कोयले की बिक्री से उस वक्त ज्यादा मुनाफा नहीं हो पाता था, जिससे वित्तीय स्थिति हमेशा कमजोर रही। उद्योग में प्राइवेट मालिकों का उनकी जरूरत के हिसाब से खनन होता रहा। बाद में राष्ट्रीय कोयला विकास निगम की स्थापना से कोयला उद्योग को सार्वजनिक क्षेत्र में आने का मौका मिला।

उद्योग के राष्ट्रीयकरण के बाद संगठन में सुधार और विकास का कार्य तेजी से हुआ। पुरानी दिक्कतों और खनन के तौर-तरीकों से आजादी मिलना कोयला उद्योग के लिए परिवर्तन का समय रहा। बाद में सरकार द्वारा तय किए जाने वाले कोयले के मूल्य से भी स्वतन्त्रता मिली, जब कोल इंडिया को अपने कोयले के मूल्य को तय करने की आजादी मिली। इस कारण से वित्तीय लाभ बढ़ता गया

और इससे खदानों के आधुनिकरण और नई परियोजनाओं को खोलने में सुविधा हुई, जिससे देश के कोयले की मांग को अंशतः पूरी करने में मदद मिली। अगले तीन वर्षों में कोल इंडिया अपने उत्पादन को एक बिलियन टन तक ले जाना चाहती है।

हालाकि, पर्यावरण संरक्षण पर ज़ोर के कारण कोयला उद्योग के भविष्य के विकास पर प्रश्न चिन्ह भी लगने लगा है। नए ताप विद्युत केन्द्रों की शुरुआत अब शायद नहीं हो सकेगी। पूरे विश्व में कोयले के उत्पादन को कम किया जा रहा है और कहीं-कहीं कोयला खनन बंद कर दिया गया है। वैसे हमारे देश की स्थिति थोड़ी अलग है। हमारे यहाँ चूंकि हाइड्रोकार्बन कम है, इसलिए कोयले के ऊपर हमें लंबे समय तक आश्रित रहना होगा। नवीकरणीय ऊर्जा के तेजी से विकास के लिए निवेश किया जा रहा है, लेकिन सौर ऊर्जा को कोयले की जगह लेने में कई दशक लगेंगे।

राजीव की इस किताब का लेखन बिलकुल सही समय पर हो रहा है। इस किताब में कोयला उद्योग की यात्रा के साथ-साथ उन लोगों का भी जिक्र है, जिन्होंने इस यात्रा में अपनी महत्वपूर्ण भूमिका निभाई। इस किताब में कोयले के भविष्य का भी जिक्र है। इस तरह की किताबों का लिखा जाना भविष्य में जरूरी होगा, अन्यथा कोयला उद्योग गुमनाम होकर रह जाएगा।

- आर एन शर्मा, पूर्व अध्यक्ष, कोल इंडिया लिमिटेड

मुझे खुशी है की राजीव कोयला उद्योग पर लिखी अपनी तीसरी किताब 'अंधेरा उजाला' का प्रकाशन कर रहे हैं। पिछले सोलह महीनों में कोयला उद्योग शृंखला पर उनके द्वारा तीसरी किताब लिखा जाना, वाकई सराहनीय है। कोयला उद्योग के उनके लंबे अनुभव के आधार पर उनकी पहली दो किताबें बहुत सधी हुई लिखी गयी थीं। विशेषकर उनकी पहली किताब 'असंभव संभव' में उन्होंने एक रुग्ण कंपनी के पुनरुद्धार का सफल चित्रण

किया था, जो उनके कुशल मानव संसाधन प्रबंधन के कारण संभव हो पाया था। उनकी दूसरी किताब 'आसमां में सुराख' में कोयला कर्मियों की कुछ रोचक जीवनी थी, जो किताब के पाठकों के लिए अनुकरणीय हुई।

कोयला उद्योग पर पहले ज्यादा कुछ नहीं लिखा गया है। ऐसे में किताब महत्वपूर्ण हो जाती है, जब कोई लेखक कोयला उद्योग की पूरी यात्रा और इसके साथ आज की और भविष्य की स्थिति का भी चित्रण करता है। राजीव ने अपनी तीसरी किताब में भारत में कोयला उद्योग के बारे में विस्तार से लिखने के अलावा इसके भविष्य के बारे में बात की है। इसके अलावा उसने मेरे अलावा कोयला उद्योग के अन्य दिग्गजों की कहानी भी अपनी किताब में लिखी है जो पढ़ने में रोचक होगी। नई पीढ़ी की कोयले के भविष्य के बारे में सोच पर भी लिखा गया है।

मेरा भी मानना है की अपने देश में कोयले की मांग अगले पंद्रह से बीस वर्षों तक रहेगी और उसके बाद सौर ऊर्जा का दौर आ जाएगा। कोल इंडिया को भविष्य में स्वच्छ और हरित कोयले की ओर जाना होगा। इसके अलावा कोल इंडिया को दूसरे खनिजों के दोहन में भी काम करना होगा, जिसके लिए उसे अपने कर्मियों को ट्रेनिंग देनी होगी।

राजीव की कोयला शृंखला की तीसरी किताब की सफलता की मैं कामना करता हूँ। उसमें आगे भी विभिन्न विषयों पर लिखने की क्षमता है और मुझे आशा है यह जारी रहेगा।

- एम पी नारायणन, पूर्व अध्यक्ष, कोल इंडिया लिमिटेड

राजीव की यह किताब चूंकि कोयला उद्योग की यात्रा पर है, इसलिए उद्योग की एक प्रमुख घटना का जिक्र करना चाहूँगा। यह बात वर्ष 1971 की है। मैं उस वक्त एनसीडीसी की खदान सुदामडीह का प्रोजेक्ट ऑफिसर था। मेरे महाप्रबंधक श्री आर जी महेंद्रू थे।

चूंकि भारत में कोकिंग कोल की बहुत कमी थी और इसे बड़ी मात्रा में विदेशी मुद्रा खर्च करके आयात करना पड़ता था, भारत सरकार ने कोकिंग कोल माइंस के प्रबंधन को अपने हाथ में लेने का फैसला किया और कोकिंग कोल माइन्स के प्रबंधन के लिए एक संगठन की स्थापना की गयी। प्रबंधन के इस अधिग्रहण को कानूनी रूप से वैध होना था और इसके लिए भारत के राष्ट्रपति द्वारा एक अध्यादेश जारी किया जाना आवश्यक था। राष्ट्रपति उस वक्त विदेश यात्रा पर थे, इसलिए उनके हस्ताक्षर प्राप्त करने के लिए एक वरिष्ठ अधिकारी को प्रतिनियुक्त किया गया।

इस बीच हस्तनांतरण के लिए आंतरिक व्यवस्था करनी पड़ी। गोपनीयता बनाए रखने के लिए, बहुत कम लोगों को सूचित किया गया। धनबाद के जिलाधिकारी से सादे ड्रेस में पुलिस बल मांगा गया।

एनसीडीसी और कोयला बोर्ड को परिवहन के लिए जीप उपलब्ध कराने के लिए कहा गया। एनसीडीसी, सिंगरेनी कोलियरी और कोयला बोर्ड के तीस अधिकारियों को सोलह अक्टूबर, 1971 की शाम को सुदामडीह पहुंचने के लिए कहा गया। जिन अधिकारियों को संगोष्ठी में भाग लेना था, वे सोलह अक्टूबर की शाम सुदामडीह पहुंचे। उसके अगले दिन दिवाली थी। उन्हें सूचित किया गया कि सुदामडीह में एक संगोष्ठी का आयोजन किया गया है और इस संगोष्ठी का उद्घाटन तत्कालीन केन्द्रीय कोयला मंत्री श्री मोहन कुमारमंगलम करेंगे। उन सब लोगों को आश्चर्य हुआ कि सुदामडीह जैसी जगह में अचानक कोयला मंत्री का आगमन एक संगोष्ठी के लिए क्यों हो रहा है। मुझे संगोष्ठी के लिए आवश्यक व्यवस्था करने के लिए कहा गया था। इसके अलावा पोलिश विशेषज्ञ छात्रावास में उनके आवास और सम्मेलन की व्यवस्था भी करनी थी। कोयला मंत्री एवं वरिष्ठ अधिकारियों के लिए सुदामडीह गेस्ट हाउस में व्यवस्था की गयी थी।

अध्यादेश में यह प्रावधान किया गया था कि श्री के एस आर चारी, जो कोयला मंत्रालय में मुख्य तकनीकी सलाहकार थे,

कस्टोडियन जनरल होंगे और झरिया कोलफील्ड में कोकिंग कोल माइंस के प्रबंधन को संभालने के लिए पच्चीस कस्टोडियन होंगे। इन्हीं कस्टोडियन के लिए विभिन्न कार्यालय से वरीय अधिकारियों को सुदामडीह बुलाया गया था। कस्टोडियन जनरल के रूप में श्री चारी को भारत सरकार की सभी शक्तियों के साथ प्रत्यायोजित किया गया। उन्हें भारत सरकार में किसी से परामर्श या अनुमोदन नहीं लेना था।

उस दिन शाम में कोयला मंत्री के साथ श्री चारी और कोयला मंत्रालय के अन्य वरिष्ठ अधिकारी सुदामडीह पहुंचे। मंत्री ने सभी अधिकारियों के साथ बैठक की और उन्हें समझाया कि वास्तविक उद्देश्य झरिया कोलफील्ड में कोयला खदानों का प्रबंधन अपने हाथ में लेना है। सरकार के एक वरिष्ठ अधिकारी को भारत के राष्ट्रपति द्वारा हस्ताक्षरित अध्यादेश प्राप्त करने के लिए विदेश भेजा गया था। अध्यादेश पर भारत के राष्ट्रपति द्वारा हस्ताक्षर कर दिये गए थे। वह अधिकारी उस दिन देर शाम में सुदामडीह पहुँच गए। उसी दिन शाम आठ बजे ऑल इंडिया रेडियो ने झरिया कोलफील्ड में कोयला खदानों का प्रबंधन अपने हाथ में लेने के सरकार के निर्णय की घोषणा की।

योजना के अनुसार अगले दिन सत्रह तारीख को दिवाली के दिन सुबह आठ बजे सभी कस्टोडियन सादी पोशाक में एक पुलिस अधिकारी के साथ सुदामडीह से अपने-अपने गंतव्यों के लिए रवाना हुए। इन कस्टोडियन के पास कोकिंग कोल कंपनियों के स्वामित्व वाले निजी मालिकों के कार्यालयों, घरों और सभी संपत्तियों को सील करने की पूरी शक्ति थी।

इस बीच कोयला मंत्री ने मेरे साथ गेस्ट हाउस में कोयला खदान श्रमिकों के काम करने और रहने की स्थिति के संबंध में कई मुद्दों पर चर्चा की। मैंने कोयला मंत्री को सुझाव दिया कि व्यक्तिगत रूप से अपने लिए चीजों को देखकर सच्चाई का वे पता लगाएं। मैंने आगे

सुझाव दिया कि उनके पास हमारे साथ वर्दी में कोई एस्कॉर्ट वाहन या पुलिसकर्मी नहीं होना चाहिए। उन्हें मेरे साथ सामान्य व्यक्ति की तरह आना चाहिए और क्षेत्र में घूमना चाहिए।

कोयला मंत्री ने मेरी बात मान ली। हमने सुदामडीह गेस्ट हाउस से सुबह 10 बजे खदान क्षेत्र का दौरा शुरू किया। श्री चारी कस्टोडियन जनरल और अन्य वरिष्ठ अधिकारी कोयला खदानों के प्रबंधन को सील करने और अपने कब्जे में लेने वाले कस्टोडियन के साथ समन्वय करने के लिए गेस्ट हाउस में रुके थे। आधे घंटे के भीतर कोयला मंत्री कोयला खदान स्थलों पर पहुँच गए और श्रमिकों के काम करने और रहने की स्थिति को स्वयं देखा। जिन धौड़ा में मजदूर रह रहे थे, वहां पीने के पानी की कोई व्यवस्था नहीं थी। प्रत्येक धौड़ा में एक छोटा कमरा था, जिसमें शायद ही कोई व्यक्ति सो सकता था। कोयला मंत्री सचमुच स्तब्ध थे और उन्हें आगे उस दयनीय स्थिति को देखने की हिम्मत नहीं हुई। मैंने उन्हें बताया कि हर जगह एक जैसी या इससे भी बदतर स्थिति है। हमलोग दोपहर करीब साढ़े बारह बजे अपने गेस्ट हाउस वापस आ गए। श्री चारी ने कोयला मंत्री को कोयला खानों के अधिग्रहण की प्रगति के बारे में जानकारी दी।

उस दौरान धनबाद में कुछ दिलचस्प घटनाएं हुईं। धनबाद से लगातार दिल्ली कागजात भेजने के लिए हावड़ा-दिल्ली राजधानी एक्सप्रेस को धनबाद में कुछ दिनों के लिए रोकने का आदेश जारी किया गया था। हर दिन दिल्ली भेजने के लिए आवश्यक सभी कागजात हावड़ा-दिल्ली राजधानी में एक कूरियर को सौंप दिए जाते थे। इसी तरह दिल्ली से सभी कागजात राजधानी ट्रेन में एक ही कुरियर से भेजे जाते थे। इसके अलावा श्री चारी के पास राजधानी में एक प्रथम श्रेणी का कूपे भी था, जो उनके लिए स्थायी रूप से आरक्षित किया गया था कि कब उन्हें अचानक दिल्ली का दौरा करना पड़े।

भारत सरकार ने श्री चारी और अन्य कस्टोडियन से प्राप्त सभी सूचनाओं पर विचार किया और अंततः कोयला खदान का स्वामित्व लेने और इसे सार्वजनिक क्षेत्र की कंपनी को सौंपने का फैसला किया गया। तदनुसार संसद और केंद्रीय मंत्रिमंडल के माध्यम से कदम उठाए गए और एक सार्वजनिक क्षेत्र की कंपनी भारत कोकिंग कोल लिमिटेड का गठन किया गया। ये सभी कोकिंग कोल खदानें इस कंपनी को सौंप दी गईं।

ये सब ऐसी घटनाएँ हैं, जिनके बारे में आज भी सोच कर मन आश्चर्य से भर उठता है कि कैसे उस वक़्त केंद्रीय कोयला मंत्री ने खुद कोकिंग कोयले के राष्ट्रीयकरण की बागडोर खुद अपने हाथों में संभाली। स्थिति की नजाकत को देखते हुए उन्हें ऐसा करना पड़ा। ऐसे और कई वाकये हैं, जो कोयला उद्योग की यात्रा के दौरान हुए, जो आज भी मेरी जेहन में अच्छी तरह दर्ज हैं।

कोयला उद्योग की यात्रा और उससे जुड़े लोगों पर राजीव ने 'अंधेरा उजाला' शीर्षक से बहुत अच्छी किताब लिखी है। इससे पहले इतने विस्तार से कोयला उद्योग पर कभी किताब नहीं लिखी गयी। उसने न केवल उद्योग के इतिहास का वर्णन किया है, बल्कि इसके भविष्य की चुनौती का भी किताब में जिक्र है। कोयला उद्योग से जुड़े सभी लोगों और बाहरी लोगों को भी यह किताब जरूर पढ़नी चाहिए।

- एस के चौधरी, पूर्व अध्यक्ष, कोल इंडिया लिमिटेड

मैं राजीव को विगत पैंतीस वर्षों से जानता हूँ। कर्मक्षेत्र में वह मेरे शिष्य के जैसा है। उसने मेरे साथ वर्ष 1987 से 1996 में मेरी सेवानिवृति तक कोल इंडिया की विभिन्न सहयोगी कंपनी में काम किया। भूगर्भशास्त्री होने के साथ-साथ उसकी मानव संसाधन पर हमेशा पकड़ रही, इसलिए वह सेंट्रल कोलफील्ड्स लिमिटेड के निदेशक कार्मिक के पद पर पहुंचा और बाद में वेस्टर्न कोलफील्ड्स लिमिटेड का सीएमडी भी बना।

कोल इंडिया से अवकाशप्राप्त करने पर उसने जो कोयला शृंखला की अपनी पहली किताब 'असंभव संभव' लिखी, उसे मैंने पढ़ा। वेस्टर्न कोलफील्ड्स जैसी कंपनी के पुनरुद्धार पर उसने जो काम किया, उसी का किताब में वर्णन है। मैं समझता हूँ कि उस कंपनी में उसने जो खदान के पानी के उपयोग का काम किया, वह वाकई अद्वितीय है।

उसके बाद उसकी दूसरी किताब 'आसमान में सुराख' आई और अब तीसरी किताब 'अंधेरा उजाला', कोयला उद्योग की यात्रा पर आधारित है। इस किताब में न केवल उसने उद्योग के इतिहास के बारे में लिखा है, बल्कि उसने कोयला उद्योग के भविष्य की भी चिंता की है। नई पीढ़ी की सोच का भी इस किताब में जिक्र है। इसमें हम जैसे कुछ लोगों की जीवनी भी उसने लिखी है।

कोयला उद्योग पर उसकी चिंता मेरे ख्याल से जायज है। मेरा यह मानना है कि मानव जाति के भविष्य के लिए कोयले को दुनिया से जाना होगा। हालाकि, यह अभी तुरंत संभव नहीं होगा, लेकिन सौर ऊर्जा का दुनिया में वर्चस्व धीरे-धीरे कायम होगा और कोयला पर निर्भरता खत्म होती जाएगी। वर्ष 2050 तक कोयला पर आधारित उद्योग लगभग खत्म होने की स्थिति में होंगे। हर व्यक्ति को पर्यावरण को बचाने में अपना योगदान देना होगा। घरों में वातानूकूलन का कम उपयोग, प्लास्टिक को घर से बाहर करना, पेट्रोल और डीजल पर आधारित वाहनों का कम उपयोग, इन सब माध्यम से कार्बन के उत्सर्जन को कम करना होगा।

नयी पीढ़ी को अपना काम ठीक से करना होगा और लगातार अपने ज्ञान को बढ़ाना होगा। देश-दुनिया की जरूरत के हिसाब से उन्हें अपने आप को बदलने की जरूरत है। कोल इंडिया की नींव को मजबूत करने के लिए नई पीढ़ी को कांट्रैक्ट पर काम देना बंद करना होगा। उन्हें खुद आगे बढ़ कर कोयला और ओवरबर्डेन का खनन करना होगा।

कोयला उद्योग के राष्ट्रीयकरण के बाद जिस दिन से आउटसोर्सिंग की शुरुआत हुई, उसी वक़्त से राष्ट्रीयकरण का मतलब समाप्त होने लगा। कमर्शियल माइनिंग उसी का अगला कदम है। कोयला उद्योग फिर प्राइवेट की ओर जा रहा है। हालाकि, कोयले का वर्चस्व अब भारत और दुनिया से जल्द खत्म होगा।

मैं आशा करता हूँ कि राजीव की यह किताब लोग पढ़ेंगे, जिससे उन्हें कोयला उद्योग के इतिहास और उसके भविष्य के बारे में सही जानकारी मिलेगी।

- रघुनन्दन मिश्र, पूर्व अ.स.प्र.नि, ईस्टर्न कोलफील्ड्स लिमिटेड

राजीव द्वारा लिखित पुस्तक 'अंधेरा उजाला' पर कुछ पंक्तियाँ लिखना मेरे लिए बहुत खुशी की बात है। राजीव ने चार दशकों में भारतीय कोयला उद्योग के साथ अपने घनिष्ठ जुड़ाव से प्राप्त अनुभवों और सीखों को बहुत अच्छी तरह से आत्मसात किया है, जिनमें से पिछला दशक बहुत वरिष्ठ पदों पर था।

सत्तर के दशक की शुरुआत में, वैश्विक तेल कीमतों में वृद्धि के कारण, भारत द्वारा अपने विकास के लक्ष्य को पूरा करने के लिए अपने ऊर्जा विकल्पों का मूल्यांकन करने का निर्णय लिया गया। इस उद्देश्य के लिए प्रसिद्ध अर्थशास्त्री और तत्कालीन योजना आयोग के सदस्य डॉ सुखमोय चक्रवर्ती की अध्यक्षता में एक उच्चाधिकार प्राप्त समिति का गठन किया गया था। समिति ने निकट भविष्य के लिए ऊर्जा सुरक्षा के प्रमुख स्रोत के रूप में कोयले पर ध्यान दिया। निजी निवेश की कमी के कारण उस समय कोयले के उत्पादन की धीमी वृद्धि ने इस क्षेत्र के चरणों में राष्ट्रीयकरण की आवश्यकता को जन्म दिया। इसने विस्तार और नई परियोजनाओं, दोनों में क्षेत्र के विकास के लिए सार्वजनिक धन के उपयोग के अवसर खोले।

अगले पचास वर्षों के लिए, कोयले ने देश की विकास की दिशा को बढ़ावा देने के लिए ऊर्जा सुरक्षा के आधार के रूप में

अपनी भूमिका निभाई। देश की सत्तर प्रतिशत से अधिक बिजली की आवश्यकता को पूरा करने के लिए दो सौ गीगावाट से अधिक कोयला आधारित बिजली उत्पादन क्षमता का निर्माण किया गया है। इससे भी महत्वपूर्ण बात यह है कि कोयले को ज़्यादातर आयात समता मूल्य (आईपीपी) की तुलना में बहुत कम कीमत पर उपलब्ध कराया गया है, जो कि अधिकांश अन्य व्यापारिक वस्तुओं के विपरीत है। कोयला क्षेत्र को अपनी यात्रा में कई विपरीत परिस्थितियों का सामना करने के बावजूद यह जारी है। इनमें से सबसे महत्वपूर्ण जीएसटी मुआवजा उपकर और कोयला भाड़ा द्वारा यात्री रेल किराए की क्रॉस सब्सिडी को पूरा करने का बोझ है। ये सभी मिलकर कोयला उद्योग से सालाना पचास हज़ार करोड़ रुपये से अधिक की कमाई करते हैं। फिर भी कोयला कंपनियां अपने शुरुआती घाटे को मिटाने के बाद आर्थिक रूप से मजबूत और देश में शीर्ष लाभांश और कर देने वाली कंपनियों में से एक के रूप में उभरी हैं।

कोल इंडिया लिमिटेड के परिवर्तन की कहानी अत्यंत प्रेरक होने के साथ-साथ देश के सार्वजनिक क्षेत्र के उद्धार का प्रमाण है। यह अपने आईपीओ की शानदार सफलता से काफी हद तक सही साबित होता है, जिसने नवंबर 2010 में शेयर बाजार में आने के बाद से सभी आईपीओ के बीच 'न्यूमेरो यूनो' के रूप में अपनी स्थिति बनाए रखी।

यह महत्वपूर्ण है कि कहानी न केवल कोल इंडिया के लोगों - अतीत, वर्तमान और भविष्य तक, बल्कि नीति निर्माताओं, शोधकर्ताओं और ऊर्जा के क्षेत्र में लगे छात्रों के साथ-साथ प्रबुद्ध नागरिकों तक भी पहुंचे। इस विषय से संबंधित बहुत अधिक पुस्तकें नहीं हैं। मुझे विश्वास है कि राजीव द्वारा लिखित पुस्तक इस महत्वपूर्ण कमी को पूरा करेगी।

- पार्थ सारथी भट्टाचार्य, पूर्व अध्यक्ष, कोल इंडिया लिमिटेड

मुझे खुशी है कि राजीव रंजन जी की कोयला उद्योग शृंखला की तीसरी किताब 'अंधेरा उजाला' प्रकाशित हो रही है। मैंने उनकी पहली दो किताबों को भी देखा है। कोयला उद्योग पर इस तरह की किताबें कम लिखी गयी हैं, विशेषकर एक किताब में उद्योग के कई आयाम को समेटे। अपनी तीसरी किताब में राजीव जी ने न केवल कोयला उद्योग के इतिहास का जिक्र किया है, बल्कि इस उद्योग से जुड़े कर्मवीरों के जीवन का भी चित्रण किया है। इसके साथ नयी पीढ़ी की सोच विषय पर उन्होंने युवा कर्मियों के विचार भी सम्मिलित किए हैं।

कोयला उद्योग का इतिहास बहुत पुराना है। शुरू के वर्षों की कठिनाई के बाद उद्योग में परिवर्तन उसके राष्ट्रीयकरण के बाद ही हुआ। देश में ऊर्जा की बढ़ती हुई मांग को पूरी करने के लिए कोयला उद्योग ने महत्त्वपूर्ण भूमिका निभानी शुरू की। कोल इंडिया और इसकी सहयोगी कंपनी के गठन के बाद उद्योग के विकास की गति और तेज हुई।

अपनी स्थापना के सैंतालीस वर्षों के सफर में कोल इंडिया ने कई उतार-चढ़ाव देखे। अपनी स्थापना की शुरुआत में एक वक्त वित्तीय संकट जूझती कंपनी आज देश की अग्रणी महारत्न कंपनी में शामिल है। कोयले के उत्पादन और प्रेषण में भी पिछले वर्षों में कई गुना वृद्धि हुई है। आज कंपनी छह सौ मिलियन टन से ज्यादा कोयला का उत्पादन कर रही है और आने वाले तीन से चार वर्षों में उत्पादन का लक्ष्य एक बिलियन टन रखा गया है।

कोल इंडिया ने विगत कई वर्षों में खदानों में आधुनिक तकनीक पर भी ज़ोर दिया है, जिसके कारण खदानों से उत्पादन तेजी से बढ़ा है। कोयला के प्रेषण के क्षेत्र में भी 'फ़र्स्ट माइल कनेक्टिविटी' से न केवल प्रेषण बढ़ेगा, बल्कि पर्यावरण प्रदूषण पर भी अंकुश लगेगा।

भारत एक विकासशील देश है और आने वाले वर्षों में देश में नए उद्योग के आने से बिजली की जरूरत और बढ़ेगी। इसके लिए सबसे सस्ता ईंधन कोयला है। इसलिए देश में आने वाले कम से

कम दो से तीन दशक तक कोयले की मांग बनी रहेगी। हालांकि, कार्बन उत्सर्जन को कम करने के हमारे संकल्प के लिए सौर ऊर्जा का विकास भी जरूरी है। आने वाले वर्षों में कोल इंडिया सौर ऊर्जा के क्षेत्र में बड़े स्तर पर प्रवेश करेगी। इसके साथ अन्य खनिजों के दोहन पर भी विचार किया जा रहा है। इन सबके कारण कोल इंडिया का भविष्य उज्ज्वल रहेगा।

राजीव जी की यह किताब 'अंधेरा उजाला' कोयला उद्योग के कर्मियों के अलावा बाहरी लोगों को भी पढ़नी चाहिए, जिससे उन्हें इस उद्योग का देश में योगदान के बारे में पता चलेगा। मैं इस किताब की सफलता की कामना करता हूँ।

- प्रमोद अग्रवाल, अध्यक्ष, कोल इंडिया लिमिटेड

मैं राजीव जी को वर्षों से जानता हूँ। उन्हें मैंने विभिन्न पदों पर अपने कर्तव्य का बखूबी निर्वाह करते हुए देखा है। विशेष कर उनका वेस्टर्न कोलफील्ड्स लिमिटेड का सफर उल्लेखनीय रहा, जहां उन्होंने अपनी कार्य कुशलता से कंपनी को उबारा। उनके साथ कोयला श्रमिकों के दसवें वेतन समझौते के दौरान उन्हें और नजदीक से जानने, समझने का मौका मिला। किसी भी विषय को समझ कर उसपर त्वरित निर्णय लेने की उनमें अद्भुत क्षमता है।

मुझे अत्यधिक खुशी है कि राजीव जी ने कोयला उद्योग के विभिन्न आयामों पर किताब लिखने का बीड़ा उठाया है। 'अंधेरा उजाला' उस शृंखला में उनकी तीसरी किताब है, जो कोयला उद्योग के सफर पर आधारित है। मुझे खुशी है कि राजीव जी ने उद्योग के कर्मवीरों के जीवन के बारे में लिखना उचित समझा। उन कर्मवीरों ने इस उद्योग के विकास के लिए बहुत मेहनत की, तभी आज उद्योग का यह बेहतर स्वरूप है।

कोयला उद्योग के राष्ट्रीयकरण और कोल इंडिया के बनने के बाद कोयला श्रमिकों के जीवन में काफी बदलाव आया है। ट्रेड

यूनियन की भी भागीदारी उद्योग में बढ़ी है। हालाकि, कोयला श्रमिकों के कल्याण के लिए अभी भी बहुत कुछ किया जाना बाकी है। उनके जीवन की गुणवत्ता में सुधार लाना जरूरी होगा। इसके लिए ट्रेड यूनियन के प्रतिनिधियों को हमेशा तत्पर रहना होगा।

कोल इंडिया में कांट्रैक्ट प्रथा में कमी लाकर विभागीय मशीन और कर्मियों से कोयले के उत्पादन करने की जरूरत है। अभी आने वाले कई वर्षों तक देश में कोयले का वर्चस्व रहेगा। अब भी समय है कि कोल इंडिया के कर्मी खुद से खदानों का संचालन शुरू कर दें। कोल इंडिया को पर्यावरण प्रदूषण को कम करने के क्षेत्र में भी बहुत मेहनत करनी होगी, जिससे कोयला उत्पादन के साथ कार्बन प्रदूषण पर भी अंकुश लगे।

मैं राजीव जी की किताब की सफलता की कामना करता हूँ। इस किताब को हर कोयला कर्मी और बाहरी लोगों को भी पढ़ना चाहिए, जिससे उन्हें कोयला उद्योग की यात्रा और उसके भविष्य के बारे में जानकारी मिले।

- डॉ. बसंत कुमार राय, ट्रेड यूनियन प्रतिनिधि

हम सभी इस तथ्य से भली-भांति परिचित हैं कि सरकारी सेवा में जो भी भारतीय नागरिक आयेंगे, निर्धारित मानकों के अनुरूप वे अंठावन-साठ वर्ष की आयु में सेवा-निवृत्त हो जायेंगे। अधिसंख्य लोग बड़ी बेसब्री से इस सुखद दिन का इंतज़ार करते हुए पीएफ़, पेंशन और ग्रेचुटी मिलने का स्वप्न देखते रहते हैं। उनके सहयोगी, करीबी मित्र और रिश्तेदार खुश करने के लिए उन्हें 'फ्री बर्ड' आदि कहने की रस्म अदायगी भी करते दिखते हैं और वे स्वयं भी अक्सर यह कहते सुने जाते हैं कि -बहुत हो गया काम, अब सिर्फ़ और सिर्फ़ आराम....! और, इस जुगत में लग जाते हैं कि रिटायर्मेंट के बाद मिली अच्छी-खासी रकम का नियोजन कैसे किया जाये -प्लाट खरीदना है, फ्लैट खरीदना है या प्राप्त राशि फिक्स्ड डिपाजिट में डालनी है, आदि-आदि।

लेकिन, हर केस में ऐसा नहीं होता। कुछ व्यक्ति इस प्रचलित प्रथा से इतर, अपवाद स्वरूप भी होते हैं, जो वैचारिक और मानसिक रूप से सम्बद्ध रहते हैं और एक विज्ञापन की मशहूर पंक्ति को चरितार्थ करते हैं कि 'फेविकोल का जोड़ है यह, छूटेगा नहीं....' सचमुच, हक़ीकत यही है। ऐसा हो भी क्यों नहीं, एक सामान्य कर्मी अमूमन तीस-चालीस वर्षों तक नौकरी में होता है। बहुत मुनासिब है यह कि वह अपने संस्थान और उद्योग से लगातार जुड़ा हुआ महसूस करे और उसके विकास और तरक्की की दुआ करता रहे।

प्रायः हर कंपनी, उद्योग, कार्यालय या संस्थान का एक लम्बा इतिहास और परम्परा होती है। उनमें से कुछ से तो हम वाकिफ़ होते हैं, परंतु, अधिकतर मामलों में यह देखा गया है कि व्यस्तता और भाग-दौड़ के बीच हम उन्हें जान भी नहीं पाते और एक दिन अचानक हम देखते हैं कि भव्य समारोह में तालियों की गड़गड़ाहट के साथ शाल, श्रीफल, स्मृति चिन्ह और अभिनंदन-पत्र देकर हमारा सत्कार हो रहा है और हम वरिष्ठ नागरिक के प्रचलित 'क्लब' में भी शामिल हो गये। लेकिन, कुछ शख्सियतें लीक से अलग होती हैं। वे अपनी सर्विस के पहले दिन से आखिर तक और उसके बाद भी अपने उद्योग और संस्थान और उसकी खुशहाली की चिंता करते हैं।

मेरी यह राय इसलिए बनी कि हाल के ही पिछले महीनों में, दो पुस्तकों से साबका हुआ -'असंभव संभव' और 'आसमां में सुराख़'।

कोयला उद्योग में तीन दशक से अधिक समय तक अपनी सेवाएं देने के बाद पहला पुष्प 'असंभव संभव' प्रस्तुत करने के तुरंत बाद 'आसमां में सुराख़' के साथ पाठकों के समक्ष आपने अपनी सशक्त उपस्थिति दर्ज़ करायी और पाठकों का भरपूर प्रेम और सराहना पाने में सफ़ल रहने वाले लेखक का उत्साहित होना लाज़िमी और स्वाभाविक था। सो, वर्तमान आलोच्य पुस्तक 'अंधेरा उजाला' से वे 'हैट्रिक' बनाते दिख रहे हैं। श्री राजीव रंजन आखिर चाहते क्या हैं! किसी डॉक्टर ने उन्हें ऐसा करने को कहा है या कोई और दबाव

है उन पर। उन्हें करीब से जाननेवाले यह कहते हैं कि वे खाली नहीं बैठ सकते, इसलिए कुछ सार्थक उपक्रम करते रहते हैं।

ऐसा माननेवालों से मैं विनम्रता, मगर दृढ़तापूर्वक असहमत होने का जोखिम उठाना चाहता हूं। मुझे लगता है कि लेखक समाज, विशेषकर कोयला उद्योग से प्राप्त प्यार से 'उऋण' होने की कोशिश में लेखकीय "हैट्रिक" बनाने जा रहे हैं। जो कुछ पाया है, उसे लौटायेंगे कैसे.....अतः इससे बेहतर रास्ता और क्या हो कि दस्तावेजीकरण के पुनीत प्रयास में वे लगे हैं। लगभग ढाई सौ वर्ष पूर्व प्रारम्भ कोयला उद्योग और इस बीच गंगा में बहुत पानी बह चुका, वक्त-बेवक्त समय ने दीवार पर कई इबारतें लिखीं और मिटाई भी। पर, पारम्परिक खनन के सीमित दौर से निकल कर, अत्याधुनिक तकनीक का इस्तेमाल करते हुए कोल इंडिया आज करीब 700 मिलियन टन कोयला उत्पादन का सपना देख रही है। कमर्शियल माइनिंग और सौर-ऊर्जा के प्रवेश की चुनौतियों को भी अवसर में बदलने की महारत हासिल करनेवाली टीम के लिए यह पुस्तक विशेष उपयोगी सिद्ध होगी, इसका पूर्ण विश्वास है।

कोल इंडिया और उसकी अनुषंगी कम्पनियों में शीर्ष/ निर्णायक पदों पर सफलतापूर्वक अपना दायित्व निभा चुके लेखक अपनी 'आउट ऑफ़ बॉक्स' सोच, संवेदनशील दृष्टिकोण और टीम बिल्डिंग के लिए सुख्यात रहे हैं। निश्चय ही, उनके प्रोग्रेसिव व्यक्तिव की झलक इसमें परिलक्षित होती है। वर्तमान और भावी पीढ़ी इस पुस्तक के माध्यम से अपने ज्ञान-कोष को समृद्ध करेगी और उद्योग के उन्नयन में उसका उपयोग भी।

समाज, कोयला उद्योग लेखक के इस साहित्यिक अवदान के लिए ऋणी रहेगा।

- सत्येंद्र प्रसाद सिंह, पूर्व पत्रकार, लेखक एवं साहित्यकार

आभार

मेरी तीसरी किताब 'अंधेरा उजाला' आपके हाथों में है। कोयला उद्योग पर लिखी गयी मेरी पहली दो किताबें "असंभव संभव' और 'आसमां में सुराख' की शृंखला की यह तीसरी और अंतिम कड़ी होगी। इसके आगे भी लिखता रहूँगा, लेकिन शायद कोयला उद्योग के अलावा किसी और सम-सामयिक विषय पर। कई चीज़ें दिमाग में चल रही हैं, मेरी कोशिश रही है, ऐसे विषयों पर लिखूँ, जिन पर ज्यादा या बिलकुल नहीं लिखा गया है। मेरी पहली दो किताबों की सफलता आपके कारण संभव हुई। आपने सराहा, इससे और लिखने की प्रेरणा मिली।

दरअसल, कोयला उद्योग पर बहुत ज्यादा किताबें नहीं लिखी गयी हैं। खास कर उद्योग के राष्ट्रीयकरण के बाद। पहले की कुछ किताबों का दायरा सीमित था। एक ऐसी किताब की जरूरत थी, जिसमें कोयला उद्योग का शुरू से अबतक का सफर हो और उद्योग में मुख्य भूमिका निभाने वाले लोगों के बारे में भी जानकारी मिले। इसके अलावा वर्तमान परिस्थिति और फिर कोयले के भविष्य के बारे में भी लोगों का जानना जरूरी था। कोयला पर पर्यावरण प्रदूषण का आरोप लगता रहा है, लेकिन यह आज के समय में देश में

बिजली पैदा करने के लिए न केवल जरूरी है, बल्कि सबसे सस्ता स्रोत है।

हमारा देश विकासशील देशों में आता है, जहां अभी भी सुदूर गाँव में लोगों के घर तक बिजली नहीं पहुंची है। आप जानते हैं कि बिजली की किसी भी देश के विकास में सबसे अहम भूमिका होती है। ऐसे में कोयले पर आधारित बिजली सयंत्रों की देश को आज भी जरूरत है और आने वाले कम से कम तीन दशक तक होगी, जब तक बिजली उत्पादन का कोई उचित और सस्ता पर्याय नहीं मिल जाये।

जिस कोयले से हमें सस्ती बिजली मिलती है, उसके उद्योग का पहले स्वरूप क्या था, कैसे पहले समय में खदान के श्रमिकों का शारीरिक और मानसिक दोहन किया जाता था, कैसे और क्यों फिर उद्योग का राष्ट्रीयकरण हुआ, फिर कोल इंडिया की स्थापना और पिछले सैंतालीस वर्षों के कोल इंडिया के सफर के बारे में कोयला उद्योग से जुड़े लोगों और बाहरी दुनिया को जानना जरूरी है। इसके अलावा इस उद्योग के विभिन्न आयामों से जुड़े कर्मवीरों के बारे में भी जानना जरूरी है, कैसे उन्होंने सूझ-बूझ और परिश्रम के साथ शुरू के दिनों में काम किया और कोल इंडिया की पहचान के साथ-साथ कंपनी को सफलता के शिखर तक पहुंचाया। आज की वर्तमान पीढ़ी कौन है और क्या सोचती है और फिर उनका भविष्य क्या है, पर्यावरण प्रदूषण को कम करने के लिए गैर-परंपरागत ऊर्जा के स्रोत के दुनिया भर और भारत में बढ़ते इस्तेमाल से आने वाले वर्षों में कोयला उद्योग का क्या भविष्य होगा, आदि का जानना जरूरी है। इन सब विषयों को एक सूत्र में पिरो कर यह किताब लिखी गयी है, 'अंधेरा उजाला'। मतलब एक समय 'अंधेरे' में भटकते कोयला उद्योग को 'उजाला' नसीब हुआ। क्या उद्योग का यह 'उजाला' बढ़ेगा, क्या कोयले का यह स्वरूप देश में बिजली के रूप में उजाला फैलाने के लिए कायम रहेगा, इसके लिए लिखी गयी है यह किताब।

मेरा यह मानना है कि कोयला उद्योग या कोल इंडिया में कुछ ऐसे लोग रहे हैं, जिनका योगदान औरों से अलग था। वैसे तो कोल इंडिया के सभी अध्यक्ष और उसकी सहयोगी कंपनी के सीएमडी और निदेशकों का अपना-अपना योगदान रहा है, किन्तु कुछ ऐसे लोग रहे हैं, जिन्होंने मील के पत्थर का काम किया। उन्होंने औरों से कुछ अलग किया और अपनी अलग पहचान बनाई। ऐसे लोगों में सबसे पहला नाम आता है श्री जे जी कुमारमंगलम का, जिन्हें कोल इंडिया लिमिटेड के पहले गठित कोल माइंस अर्थॉरिटी लिमिटेड का अध्यक्ष बनाया गया था। उनकी भारतीय कोयला उद्योग के राष्ट्रीयकरण में विशेष भूमिका रही थी। इसके अलावा उन्होंने देश में एनसीडीसी के बाद कोयला की एक संगठित कंपनी का लगभग दो वर्षों तक नेतृत्व किया था। उनके छोटे भाई श्री मोहन कुमारमंगलम उस वक़्त के केंद्रीय कोयला मंत्री हुआ करते थे। श्री जे जी कुमारमंगलम अब इस दुनिया में नहीं हैं। इसके अलावा एक और शख्स वर्ष 1983 से 1985 के बीच कोल इंडिया के अध्यक्ष के रूप में आए, वे थे श्री एम एस गुजराल। उनका भी कोल इंडिया के विकास में अभूतपूर्व योगदान था। उन्होंने कंपनी में निडर होकर काम किया और काम करने की नई शैली की शुरुआत की। इनका भी निधन हो चुका है।

इसके बाद आज के समय में मौजूद कुछ और लोगों का नाम जेहन में आया, जिन्होंने कंपनी में नए आयाम स्थापित किए। इनमें सर्वश्री आर एन शर्मा, एम पी नारायणन, एस के चौधरी, पार्थो भट्टाचार्य और आर एन मिश्र शामिल हैं। इनके बारे में इनसे बात कर लिखा जा सकता था। इस उद्देश्य से जब कोयला उद्योग के इन दिग्गज, हमारे अग्रजों से मैंने निवेदन किया, तो वे सहर्ष तैयार हो गए। कुछ लोगों से दिल्ली में मुलाक़ात कर उनके बारे में जाना और बाकी लोगों से विडियो पर बात हुई। हरेक से लंबी बात हुई और हरेक के साथ दो या तीन दिनों तक बात कर उनके जीवन के बहुमूल्य अंश, उनके अनुभव को निकाला, जिसे इस किताब में मैंने संमाहित किया है। इनमें ज़्यादातर लोग अस्सी वर्ष से ऊपर के हो

चुके हैं और श्री शर्मा की उम्र तो आज 98 वर्ष की हो चुकी है। मैं वाकई आभारी हूँ अपने उन अग्रजों का, जिन्होंने मुझ पर विश्वास कर अपनी जीवनी विस्तार से बताई, अपने अनुभव साझा किए। ईश्वर उन सब को और लंबी उम्र दे, जिससे वे कोयला उद्योग का मार्गदर्शन आगे भी करते रहें।

इसके अलावा किताब में एक अध्याय श्रमिकों का नेतृत्व करने वाले पर भी लिखना जरूरी था, वरना वह पक्ष अधूरा रह जाता। ऐसे में नाम सूझा, डॉ॰ बसंत राय का, जिन्होंने अपनी पूरा जीवन श्रमिकों के कल्याण के लिए समर्पित कर दिया। नई पीढ़ी के कुछ वैसे लोगों से बात की, जो आगे चल कर उद्योग का नेतृत्व करेंगे। हालाकि, उनके सामने कोयला के भविष्य की चुनौती होगी। कोल इंडिया के दो रत्न, सबसे बड़ी भूमिगत खदान पश्चिम बंगाल में झांझरा और सबसे बड़ी खुली खदान छत्तीसगढ़ में गेवरा के बारे में भी आज की पीढ़ी और बाहर के लोगों को जानना जरूरी था, इसलिए उन दो रत्नों के बारे में भी इस किताब में जिक्र है।

किताब के पहले अध्याय में बसेसर की कहानी वास्तविक है, केवल कुछ कारणों से नाम बदले हुए हैं। ये कहानी गोरखपुर के एक पुराने परिचित के माध्यम से मिली। उस परिवार की अब की पीढ़ी और गाँव के अन्य बुजुर्ग लोगों से बात कर यह कहानी लिखी गयी। दरअसल इस कहानी के माध्यम से कोयला उद्योग के राष्ट्रीयकरण के पूर्व, उस वक़्त के प्राइवेट मालिकों के द्वारा श्रमिकों के शारीरिक और मानसिक शोषण की हद पार करने के बारे में बताने की कोशिश की गयी है।

पहली दो किताबों के मुक़ाबले मेरी तीसरी किताब 'अंधेरा उजाला' लिखने में इतिहास के बहुत से पन्नों को पलटना पड़ा। काफी मेहनत लगी। इसलिए किताब लिखने में लगभग नौ महीने का वक़्त लगा। इस देरी में कोरोना की तीसरी लहर का भी असर था। इतिहास के पन्नों के लिए विशेष कर आभार प्रकट करना चाहूँगा, सर्वश्री एस

मोहन कुमारमंगलम और ए बी घोष साहब का, जिनकी किताबों से कोयला उद्योग के शुरू के दिनों के बारे में बहुत कुछ जानने का मौका मिला।

तीसरी किताब लिखते-लिखते मुझे वेस्टर्न कोलफील्ड्स से निकले लगभग डेढ़ वर्ष हो चुके हैं, फिर भी इस किताब के प्रकाशन में मुझे आज भी अपनी पुरानी टीम विवेक और एस पी सिंह जैसे पुराने सहयोगियों का साथ मिलता रहा है। इस किताब के डिज़ाइन में भी फिर एक बार शेखर का योगदान रहा और जीतू की तस्वीरों का कवर पन्नों पर उपयोग किया गया। इस बार मेरे भतीजे आशीष ने अपनी कंपनी 'असाई' के माध्यम से पीछे के कवर की डिज़ाइन में मुख्य भूमिका निभाई। इसके अलावा इस बार मुझे अपने मित्र और मेरे सहकर्मी श्री एल एन मिश्र, भूतपूर्व निदेशक कार्मिक, महानदी कोलफील्ड्स लिमिटेड का बहुत सहयोग मिला। वे रांची में बसे हैं, इसलिए श्री आर एन मिश्र के साथ हुई चार दिनों तक की लंबी बातचीत में वे हर बार अपने कम्प्युटर लेकर उनके यहाँ जाते थे और मैं गुरुग्राम से श्री मिश्र से जुड़ पाता था। श्री आर एन शर्मा के साथ बातचीत में प्रारम्भिक मदद भी श्री मिश्र ने की। मैं उनका हृदय से आभारी हूँ।

अपने पूरे परिवार का आभारी हूँ, सभी ने मेरी दोनों किताबों को सराहा, जिससे आगे लेखन जारी रखने का मुझे प्रोत्साहन मिला। साथ ही कुछ सुधि पाठकों को विशेष धन्यवाद देना चाहूँगा, जिन्होंने अपनी प्रतिक्रिया भेज कर मेरा उत्साह बढ़ाया।

अंत में लेखन क्षेत्र के अपने गुरु, मेरे बड़े भैया और आध्यात्म क्षेत्र के गुरु, मेरे साईं को सादर नमन।

राजीव रंजन

भूमिका

तमसो मा ज्योतिर्गमय'। हमें अंधेरे से उजाले की ओर ले चलें, हमारी तकलीफ़ दूर कर, सही रास्ता दिखाएँ। यह प्रार्थना हमें शक्ति, नई ऊर्जा देता है, जिससे हम अपनी कोशिश, अपने प्रयास से कठिन रास्ते पर चलते हुए भी धैर्य नहीं खोते हैं। यह हमें अपनी मंज़िल पर ध्यान केन्द्रित करने का हौसला देता है, आगे बढ़ने की चुनौती का सामना करने का बल देता है। अंधेरे से उजाले में जाने का सही मकसद अपनी सोच, अपने कार्य को नई दिशा देना है। एक दिशाविहीन और अव्यवस्थित माहौल से निकलकर नई सोच के साथ उजाले में सामने दिखने वाली मंज़िल की ओर अग्रसर होना है। यह प्रयास अपनी ज़िंदगी में, अपने परिवार और समाज में या देश के किसी भी क्षेत्र में परिवर्तन के लिए जरूरी होता है। एक नए जोश और उमंग के साथ हमें आगे बढ़ने की शक्ति मिलती है। हमारे देश में ऐसे कई उदाहरण हैं, जहां समय और सोच के बदलने से विकास के रास्ते आसान और सुदृढ़ हुए हैं। आज भी यह प्रयास जारी है और हम प्रगति के पथ पर अग्रसर हैं।

अपने देश की अगर हम बात करें, तब हमें अंधेरे से उजाले का स्पष्ट उदाहरण मिलेगा, जब आज़ादी के पूर्व हम लगभग अंधेरे में

भटक रहे थे और हमें अपनी मंज़िल नज़र नहीं आ रही थी। देश की आम जनता गुलामी की जंजीरों में जकड़ कर छटपटा रही थी। विकास के रास्ते लगभग बंद थे। आगे बढ़ने का कोई रास्ता नहीं सूझ रहा था। यह जरूर था कि चंद लोग उजाले की तलाश में अपनी कुर्बानियाँ दे रहे थे, फिर भी उनके प्रयास सफल नहीं हो पा रहे थे। देश के उद्योग की भी कमोबेश यही हालत थी। बिलकुल जरूरत के हिसाब से अंग्रेज़ उद्योग विशेष से जुड़े थे, उसके भविष्य और उसके विकास की उन्हें बहुत ज्यादा फिक्र नहीं थी।

ऐसे ही चंद उद्योगों में था, कोयला उद्योग। यूं तो अंग्रेजों द्वारा ही इसकी शुरुआत 1774 में हो चुकी थी, लेकिन समय के साथ इस उद्योग की उतनी तरक्की नहीं हो सकी, जितनी होनी चाहिए थी। देश में बड़े उद्योग नहीं आ रहे थे, इसलिए ऊर्जा के स्रोत की उतनी जरूरत नहीं थी। मांग के अनुसार कोयला उद्योग का विकास किया जाता रहा। आगे की सोच नहीं थी। कुछ अंग्रेज़ कंपनी और देश के कुछ बड़े घरानों द्वारा कोयले की खानें चलायी जा रही थीं। इस क्षेत्र के वृहत विकास की मंशा नहीं दिखती थी। हालाकि, देश की आज़ादी के बाद भी कोयला उद्योग की बहुत ज्यादा प्रगति नहीं हुई। वैसे एक बात जरूर थी कि आज़ादी के बाद बनने वाली देश की पंचवर्षीय योजनाओं में औद्योगिक विकास चूंकि मुख्य मुद्दा बनने लगा था, इसलिए उम्मीद थी कि इसके लिए ऊर्जा की जरूरत होगी, जिसकी भरपाई कोयला से ही संभव था।

दरअसल, कोयला उद्योग को दो बार आज़ादी मिली। एक आज़ादी 1947 में, जब हमारा देश आज़ाद हुआ और देश के विकास की बागडोर हम भारतीयों के हाथ में आई और दूसरी, जब कोयला उद्योग का राष्ट्रीयकरण हुआ। आज़ादी के बाद भी इस उद्योग में उम्मीद के अनुसार तरक्की नहीं दिखी। अंग्रेजों की कंपनी ने इस उद्योग में अपना व्यापार जारी रखा। हालाकि, उनके काम करने का तरीका एक नियम के तहत होता था और उनकी कोशिश होती थी

कि उनकी कंपनी के कामगारों को काम करने में ज्यादा परेशानी नहीं हो। लेकिन कोयले की खदानों में नई तकनीक के इस्तेमाल या कुछ नई सोच का उनका विचार नहीं था। स्थिति और भी गंभीर हुई, जब आज़ादी के बाद आर्थिक लाभ के लोभ की मंशा से चंद पैसे वालों ने कोयले की खदानें चलानी शुरू कर दीं। छोटी-छोटी अव्यवस्थित कंपनी, जिनका सिर्फ एक ही मकसद था, किसी तरह ज्यादा से ज्यादा कोयले का उत्पादन और मुनाफा। इस सोच के आगे उन्हें कोयला खदानों में काम करने वाले कर्मियों की कोई परवाह नहीं थी। बिलकुल अमानवीय माहौल में खदान मजदूर काम कर किसी तरह अपना गुजारा कर रहे थे। बिलकुल बंधुआ मजदूर की तरह। उनके लिए वाकई कोयले की खदानों की सुरंग बिलकुल अंधेरी थी और इसके सुधार की कोई भी उजली किरण उन्हें दूर-दूर तक नज़र नहीं आती थी।

वर्ष 1956 में रेलवे के अधीन कोयला खदानों के समूह को लेकर राष्ट्रीय कोयला विकास निगम (एनसीडीसी) की स्थापना कर दी गयी। विचार था, छोटे स्तर पर ही सही, खदानों की बागडोर सरकार के हाथ में आ जाये। ये खदानें पूरे देश के कोयला क्षेत्र में फैली थीं। इसका मुख्यालय वर्तमान झारखंड राज्य की राजधानी, रांची में स्थापित किया गया। इन खदानों में सीधे तौर पर भारतीय खनि विद्यापीठ (आईएसएम), धनबाद और देश के अन्य तकनीकी संस्थानों से निकले नए और युवा खनन विशेषज्ञों को शामिल किया गया। इसके साथ-साथ निजी क्षेत्र के कुछ अनुभवी खनन के जानकार ने भी अपनी वर्तमान कंपनी को छोड़ कर सरकारी क्षेत्र में अपना योगदान दिया। निगम की इन खदानों में काम तेजी से आगे बढ़ने लगा। कुछ नयी खदानों के खोलने की योजना बनाई जाने लगी। सरकार से इस मद में पूरा वित्तीय सहयोग मिलता रहा। हालांकि, इन सब के बावजूद बाकी निजी क्षेत्र की कोयला खदानों की हालत ज्यों की त्यों थी। निगम की स्थापना के पंद्रह वर्षों में जहां सरकारी खदानों की अच्छी तरक्की हुई, वहीं निजी खदानों में विकास के कोई

खास लक्षण नहीं दिख रहे थे। सरकार चिंतित थी। देश में कोयले की मांग बढ़ने वाली थी। बहुत सोच विचार के बाद निष्कर्ष निकला कि अब कोयला उद्योग में निजी क्षेत्र के वर्चस्व को समाप्त किया जाये और उद्योग का राष्ट्रीयकरण किया जाये।

कोयले की खदानों का राष्ट्रीयकरण उससे जुड़े लोगों को वाकई अंधेरे से उजाले की ओर निकलने का रास्ता था। आज़ादी के बाद देश के कर्णधारों ने सोचा कि वर्तमान तरीके से कोयला उद्योग को चलाना संभव नहीं होगा, क्योंकि उसका मालिकाना हक दूसरों के पास था और उनकी इस उद्योग के विकास की ना ही कोई मंशा थी, ना ही उनके पास उतनी पूंजी थी। देश के जल्द से जल्द विकास के लिए अब ऊर्जा के मुख्य स्रोत कोयले की सख्त जरूरत थी। विशेष कर इस्पात उद्योग की प्रगति के लिए कोकिंग कोयला और देश मे बिजली की बढ़ती मांग को पूरी करने के लिए भारी मात्रा में गैर-कोकिंग कोयला।

आज़ादी के बाद देश में काँग्रेस की सरकार बनी और पंडित नेहरू और श्री लाल बहादुर शास्त्री के बाद श्रीमती इन्दिरा गांधी ने प्रधान मंत्री के रूप में देश की बागडोर संभाली। कोयला उद्योग का राष्ट्रीयकरण एक बड़ा मुद्दा था और चुनौतियों भरा था। अंदाज़ नहीं था कि निजी क्षेत्र के वर्तमान कोयला खदान मालिकों की क्या प्रतिक्रिया होगी। बहुत विचार-विमर्श के बाद तय हुआ कि पहले कोकिंग कोयले की खदानों को हाथ में लिया जाये, जिससे देश के विकास के लिए इस्पात के उत्पादन में बड़ी मात्रा में इस्तेमाल हो सके और भविष्य में भी उसके विकास की एक रूपरेखा तैयार की जा सके। देश के ऊर्जा मंत्री एस मोहन कुमारमंगलम थे, जिन पर श्रीमती गांधी का पूरा विश्वास था। उन पर कोकिंग कोयले की खदानों के राष्ट्रीयकरण की जिम्मेवारी दी गयी थी। उन्हें भी अंदाज़ था कि यह कार्य उतना आसान नहीं होगा। उन्होंने कोयला उद्योग से जुड़े उस वक़्त के अनुभवी लोगों की टीम तैयार की और सारे कोकिंग कोयले

की खदानों को सरकार के अधीन करने का आदेश दे दिया गया। वर्ष 1972 के मई में पहले कोकिंग कोयले की खदानें और पुनः मई, 1973 में सभी गैर-कोकिंग कोयले की खदानों का राष्ट्रीयकरण हुआ। कुमारमंगलम के अलावा इस कार्य में तत्कालीन कोयला सचिव श्री के एस आर चारी की महत्वपूर्ण भूमिका रही।

वर्ष 1973 में सरकारी क्षेत्र की कंपनी कोल माइंस अथॉरिटी लिमिटेड बनी और 1 नवंबर,1975 को कोल इंडिया लिमिटेड की स्थापना हुई। उतार-चढ़ाव से भरी एक लंबी यात्रा के बाद आखिर कोयला उद्योग को अंधेरे से उजाले की ओर ले जाने और एक नई दिशा देने के लिए गठित कोल इंडिया सरकार के लिए एक मील का पत्थर साबित हुआ। इस उद्योग में काम करने वाले लोगों के लिए यह अत्यंत उत्साहवर्धक रहा, विशेषकर कोयला मजदूरों के लिए, जिन्हें खनन जैसे चुनौती भरे काम के साथ-साथ एक सूकून भरी जिंदगी जीने का मौका मिलने वाला था। पुराने दिनों के प्राइवेट खदानों के बंधुआ मजदूर की जिंदगी जीने के उनके दिन अब खत्म हो गए थे।

कोल इंडिया की स्थापना के साथ उसकी पाँच सहयोगी कंपनी ईस्टर्न कोलफील्ड्स लिमिटेड (ईसीएल), भारत कोकिंग कोल लिमिटेड (बीसीसीएल), सेंट्रल कोलफील्ड्स लिमिटेड (सीसीएल), वेस्टर्न कोलफील्ड्स लिमिटेड (डब्लूसीएल) तथा सेंट्रल माइन प्लानिंग एंड डिजाइन इंस्टीट्यूट लिमिटेड (सीएमपीडीआई) की स्थापना हुई।

लेफ्टिनेंट जेनरल के एस गरेवाल कोल इंडिया के पहले आधिकारिक अध्यक्ष बनाए गए। कोल इंडिया की स्थापना के बाद कोयले का ज्यादा से ज्यादा उत्पादन देश की प्राथमिकता थी। ऐसे में कंपनी की लाभ हानि पर ज्यादा ध्यान नहीं दिया जा सका था। वैसे भी कंपनी को विरासत के तौर पर बड़ी संख्या में पुरानी और घाटा देने वाली भूमिगत खदानें मिली थीं, जिन्हें लाभ की स्थिति में लाना लगभग नामुमकिन था। एक ही चारा था, जल्द से जल्द कुछ बड़ी खुली

खदानें खोली जाएँ, जिससे कंपनी को कुछ मुनाफा हो सके। इसके लिए सरकार और कोल इंडिया प्रबंधन को कोयला उत्पादन करने वाले अन्य देशों की तकनीकों पर ध्यान देना पड़ा। कुछ ही वर्षों में कनाडा, पोलैंड, रूस, फ्रांस, ऑस्ट्रेलिया आदि की खदानों की तकनीक के सहयोग से अपने देश में नयी खदानों के खोलने की कोशिश शुरू हुई। इसमें कोल इंडिया को सफलता मिली।

अगले दस वर्षों में कोल इंडिया के अध्यक्ष सह प्रबंध निदेशक के रूप में अपने समय के दिग्गजों ने योगदान दिया जिनमें सर्वश्री आर एन शर्मा, एस आर जैन, एम एस गुजराल शामिल थे। इन्होंने कंपनी के उत्पादन बढ़ाने, खदानों की पुरानी संस्कृति को बदलने और एक सकारात्मक वातावरण बनाने का अद्भुत कार्य किया। समय गुजरने के साथ-साथ, कोयला उद्योग में श्रमिकों के कल्याण के लिए कई महत्वपूर्ण कदम उठाए गए। कर्मियों की कॉलोनी, अस्पताल, बच्चों के लिए स्कूल, उनके आम जीवन को सुगम बनाने के लिए अन्य कई तरह की सुविधाएं दी गईं। इसके साथ खदानों में निर्धारित शिफ्ट या दफ्तर में निर्धारित समय के अनुसार कार्य, उनकी सुरक्षा, कार्यस्थल पर अन्य सुविधाएं आदि का प्रावधान किया गया।

इन दिग्गजों के बाद की पीढ़ी में सर्व श्री जी एल टंडन, एम पी नारायण, एस के चौधरी एवं पी के सेनगुप्ता ने कोल इंडिया की समय-समय पर बागडोर संभाली। कोल इंडिया के विकास में इन सबकी भी महत्वपूर्ण भूमिका रही। इस दौरान बीच-बीच में कुछ लोगों ने कंपनी की अंशकालिक बागडोर संभाली, लेकिन बहुत कम समय के लिए। बाद में सीसीएल तथा डब्लूसीएल का विभाजन कर वर्ष 1986 में नार्दर्न कोलफील्ड्स लिमिटेड (एनसीएल) तथा साउथ ईस्टर्न कोलफील्ड्स लिमिटेड (एसईसीएल) एवं 1992 में महानदी कोलफील्ड्स लिमिटेड (एमसीएल) की स्थापना हुई।

विदेशी तकनीक और सहयोग से कुछ बड़ी खुली खदानों के खुलने के कारण वर्ष 1991-92 के बाद कोल इंडिया मुनाफे में आ

गयी। इसके बाद कोयला उत्पादन और मुनाफा लगातार बढ़ता रहा। देश की ऊर्जा की जरूरत पूरी करने में कंपनी की महत्वपूर्ण भूमिका रही। हालाकि, विद्युत उत्पादन में जबर्दस्त बढ़ोतरी के कारण वर्ष 2007 से देश में गैर-कोकिंग कोयले के आयात को शुरू करना पड़ा। इस्पात के उत्पादन के लिए कोकिंग कोयले का आयात पहले ही शुरू हो चुका था।

श्री पार्थ सारथी भट्टाचार्य के अध्यक्ष के कार्यकाल में कोल इंडिया को एक नई दिशा मिली। वर्ष 2007 से 2010 के बीच कोल इंडिया को मिनी रत्न और नवरत्न का दर्जा मिला और 2010 के अंत में कोल इंडिया की शेयर बाज़ार में लिस्टिंग की गई। कंपनी के आईपीओ को जबर्दस्त सफलता मिली और इससे कंपनी को राष्ट्रीय और अंतर्राष्ट्रीय स्तर पर नई पहचान और सराहना मिली। इसके बाद कंपनी को महारत्न का दर्जा भी मिल गया।

कोल इंडिया ने वर्ष 2018-19 में 600 मिलियन टन से ज्यादा कोयले का उत्पादन कर एक नया कीर्तिमान स्थापित किया। इस बीच देश में गैर-कोकिंग कोयले के आयात को रोकने के लिए कोल इंडिया के सामने 2023-24 तक एक बिलियन टन कोयले के उत्पादन का लक्ष्य रखा गया और साथ ही देश में कमर्शियल माइनिंग के दरवाजे खोल दिये गए। बड़ी संख्या में नए कोल ब्लॉक की नीलामी कर जल्द से जल्द कोयले के उत्पादन को बढ़ाने पर बल दिया गया। एक ओर कोयले के उत्पादन पर ज़ोर और दूसरी ओर कोयले से पर्यावरण प्रदूषण को कम करने के लिए ऊर्जा के वैकल्पिक स्रोत सौर एवं अन्य अक्षय ऊर्जा पर सरकार ने ज़ोर देना शुरू किया।

हाल में ग्लासगो, ब्रिटेन में सम्पन्न कॉप26 के सम्मेलन के बाद कोयले से संचालित उद्योग के भविष्य पर एक प्रश्नचिन्ह लगा है। अब यह संभावना जताई जा रही है कि आने वाले बीस से पच्चीस वर्षों में कोयले पर आधारित विद्युत संयंत्र या तो बिलकुल कम करने होंगे या शायद उन्हें बंद करने की नौबत होगी। ऐसे में कोल

इंडिया के सामने एक नई चुनौती आई है। इसके लिए कंपनी द्वारा सौर ऊर्जा के साथ-साथ कोयले के गैसीकरण तथा अन्य उपाय पर ध्यान दिया जा रहा है। फिर भी कोल इंडिया में काम करने वाली वर्तमान और भविष्य की पीढ़ी के सामने यह एक बहुत बड़ी चुनौती के रूप में उभरी है।

वर्तमान में कोल इंडिया की बागडोर श्री प्रमोद अग्रवाल के पास है, जो भारतीय प्रशासनिक सेवा के अधिकारी हैं। आज की परिस्थिति और कोयले के भविष्य को तय करने की जिम्मेवारी अभी उनके ऊपर है। उनके नेतृत्व में कोल इंडिया ने इस बीच वर्ष 2021-22 में कोयले का अब तक का सर्वाधिक उत्पादन और प्रेषण का रेकॉर्ड बनाया है। इसके बावजूद क्या कोल इंडिया भविष्य में कोयला उत्पादन बढ़ाने के साथ-साथ अन्य खनिजों के खनन का काम भी शुरू करेगी या फिर बड़े पैमाने पर सौर ऊर्जा संयंत्र लगाने के क्षेत्र में जाएगी, कंपनी का और उससे जुड़े लोगों का भविष्य आने वाले वर्षों में क्या होगा, इसे भी आज के समय में ही कुछ हद तक तय करना होगा, जो एक कठिन काम होगा।

दरअसल कोयला उद्योग की सिलसिलेवार यात्रा पर ज्यादा किताबें नहीं लिखी गयी है। उद्योग के राष्ट्रीयकरण तक की कहानी का जिक्र उस वक्त के स्तम्भ सर्वश्री एस मोहन कुमारमंगलम एवं ए बी घोष द्वारा लिखित किताबों में है, जिनके कुछ अंश इस किताब में भी लिए गए हैं, लेकिन दोनों किताबों में एक निर्धारित अवधि तक की कहानी है। राष्ट्रीयकरण के बाद कोल इंडिया के गठन और उस के बाद की यात्रा और वर्तमान तथा भविष्य की चुनौती पर एक साथ किताब, अब तक शायद नहीं लिखी गयी। इस किताब में कोयला उद्योग के इतिहास, उसके अंधेरे से उजाले में आने की कहानी, कोयला श्रमिकों की हालत, कोल इंडिया की स्थापना और उसकी यात्रा में उद्योग के दिग्गजों का योगदान, कोयले की वर्तमान स्थिति और भविष्य की चुनौती तथा इससे जुड़ी वर्तमान एवं भावी पीढ़ी की सोच

को एक साथ शामिल करने की कोशिश की गयी है। यह किताब आने वाली पीढ़ी के ज्ञान के लिए आवश्यक है, जिससे उन्हें पता चले कि उद्योग के राष्ट्रीयकरण के पूर्व और बाद की क्या हालत रही, आज की इस महारत्न कंपनी के बनने में कर्मवीरों का क्या योगदान रहा और उनकी जीवन यात्रा कैसी रही।

हालाकि, यह किताब उद्योग के अंधेरे से उजाले में जाने की कहानी है, लेकिन इसके साथ-साथ आज की स्थिति में भविष्य की रूपरेखा और चुनौती पर भी चर्चा जरूरी महसूस की गयी। उद्योग से जुड़े कर्मवीर क्या सोचते हैं? क्या होगा इस उद्योग का भविष्य? क्या एक बार फिर कोयला उद्योग दोराहे पर खड़ा है और अपने तथा अपने साथ जुड़े एक विशाल श्रमशक्ति के भविष्य की भी उसे चिंता है। एक तरफ देश को ऊर्जा की जरूरत और दूसरी ओर पर्यावरण को बचाना। क्या यह दोनों संभव होंगे? क्या कहते हैं इस उद्योग के कर्णधार और क्या कहती है वर्तमान और भावी पीढ़ी।

कोयला उद्योग की यात्रा और इससे जुड़े आज तक के सभी पहलुओं की कहानी है यह किताब - 'अंधेरा उजाला'।

बसेसर की मुनिया

'कइसे के कहीं हम, नईखे धरात दम, सरिसों फुलात बाटे, आंखी में बटोहिया'। भिखारी ठाकुर के विरह गीत को गाता बसेसर, अपनी आँखों के आँसू रोक नहीं पा रहा था। गाते-गाते बीच-बीच में उसकी सिसकी सुनाई दे रही थी। उसके साथ बैठे लोग इस विरह गीत को सुन अपने आँसू नहीं रोक पा रहे थे। बसेसर गाता जा रहा था 'जइब तूँ ओहि देस, देखि ल नीके कलेस, इहे सब हलिया, सुनइह बटोहिया'। यह लगभग रोज़ की बात थी, लेकिन आज बसेसर की आवाज में एक अजीब सा दर्द था, मानो उसका कलेजा फट जाएगा।

दिसंबर की रात। कृष्ण पक्ष के कारण और भी अंधियारी, काली। हाथ को हाथ न सूझे। हाड़ को ठिठुराने वाली सर्दी और उसपर से बारिश। टिन के छप्पर पर गिरती बारिश की बूंदें और टूटी हुई छत से रिसता पानी, कमरे में ठिठुरते लोगों के लिए बड़ी परेशानी का सबब था। शरीर की थकावट से आँखें नींद से बोझिल, लेकिन ठंड और बारिश के पानी के कारण सोना तो दूर, सही तरीके से बैठने की भी दिक्कत थी। लगभग दस फीट लंबी और उतनी ही चौड़ी जगह वाले कमरे में पंद्रह लोग। सभी ज़मीन पर पुआल और बोरे के बिस्तर पर

किसी तरह सिकुड़ कर बैठे थे। शरीर पर कोयले की कालिख से सने मैले-कुचैले कपड़े। गरम कपड़ों के नाम पर शरीर पर पतली चादर और सिर पर लिपटा हुआ गमछा।

लगभग सभी लोग कोयले की गहरी भूमिगत खदान में लगातार बारह घंटे की मेहनत के बाद लौटकर अपने इस छोटे से दरबे में बैठे थे। सुबह छह बजे से शाम छह बजे तक के थका देने वाले काम के बाद इन्हें किसी तरह खदान के पास की दुकान में रात का खाना नसीब हुआ था। खाना क्या, सूखी रोटी, एक सब्जी और पानी वाली दाल, वह भी ठंडी।

बसेसर को छोड़कर लगभग सभी लोग कुछ दिनों पहले ही उस खदान में रोजी-रोटी के सिलसिले में आए थे। सभी ग्रामीण परिवेश के थे। अपने-अपने गाँव से पहली बार बाहर निकले थे। अपने परिवार, बाल-बच्चों को पीछे छोड़ कर। उनका गाँव से बाहर निकलना उनकी मजबूरी थी, क्योंकि यह उनके और उनके परिवार के जीवन-मरण का सवाल था। अगर कमाते नहीं तब बाल-बच्चों के पेट में अन्न कैसे जाता।

बसेसर की भी कुछ यही दास्तान थी। बसेसर यानि विशेश्वर लोहार, जिसे गाँव के लोग बसेसर के नाम से जानते थे, पुकारते थे। गोरखपुर से कुछ दूरी पर स्थित चौरी-चौरा कस्बे के पास था उसका गाँव। छोटा-सा, ज़्यादातर फूस और खपड़ैल के घरों वाला, बिजली नहीं पहुंची थी और न ही पक्की सड़क थी। घर में रात के वक्त लालटेन या ढिबरी से ही काम चलता था। इन सब कमियों के बावजूद बसेसर के लिए मानो उसका गाँव स्वर्ग से कम नहीं था। धान के लहलहाते खेतों को देख कर उसका मन खिल उठता था। गाँव में उसके प्राण बसते थे और हो भी क्यों नहीं, आखिर उसका जन्म भी उसी गाँव में हुआ था और वहीं उसका बचपन गाँव की गलियों, पगडंडियों पर दौड़ते-खेलते बीता था। वहीं उसके कई करीबी दोस्त गोविंद, सरजू थे।

इसी गाँव में जब उसकी मूछें निकलने को हुईं, तब उसके पिता ने पास के गाँव के बिरजू की बेटी प्यारी से उसका लगन करा दिया। उन्नीस वर्ष की आयु में बसेसर अपनी पत्नी का गौना कराकर अपने घर लाया। चौबीस वर्ष की आयु तक बसेसर के तीन बच्चे हो चुके थे। पहले और दूसरे नंबर पर बेटियाँ और बेटे के इंतज़ार में आखिर तीसरे नंबर पर बेटा हुआ। बसेसर के जब पहली संतान, बेटी हुई थी, तब घर वालों को उतनी खुशी नहीं हुई थी, लेकिन बसेसर और उसकी बीवी प्यारी की खुशी का ठिकाना नहीं था। दोनों ने मिलकर उसका नाम मालती रखा, लेकिन बसेसर उसे प्यार से मुनिया बुलाता था। उसके तो जैसे प्राण बसते थे मुनिया में। गोद में लेकर घण्टों उसके साथ खेलता, उससे बातें करता। जब भी कभी मुनिया के रोने की आवाज़ सुनाई पड़ती, वह बेचैन हो जाया करता था। वह अपनी मुनिया की आँखों में आँसू नहीं देख सकता था।

बसेसर के घर में उसके पिता भुवनेश्वर लोहार, उसकी माँ फुलमतिया देवी, बसेसर की एक छोटी बहन राधा, एक छोटा भाई मोहन, दो चाचा, उनका परिवार, सब साथ रहते थे। उसके चाचा ने कुछ दिनों तक धनबाद के कोयला खदान में नौकरी की थी, लेकिन कुछ ही दिनों के बाद टीबी के रोग से ग्रसित होकर वापस गाँव आ गए थे। अभी भी उनका इलाज चल रहा था। कोयला खदान में उस गाँव के कई लोग काम करते थे। दरअसल, हर छह महीने में धनबाद से वहाँ की प्राइवेट खदान का एक मुंशी गोरखपुर के आस-पास के इलाके के गाँव में आता और जवान लोगों को नौकरी का लालच दिखाकर उन्हें कोयला खदान में काम करने के लिए ले जाता था। गाँव में खेती छोड़ कर चूंकि रोजगार का कोई साधन नहीं था, इसलिए घर चलाने और पैसे की लालच में लोग उस तरफ खींचे चले जाते थे। वहाँ जाकर उन्हें पता चलता कि उन्हें बंधुआ मजदूर बनाकर रखा गया है, लेकिन तब तक देर हो चुकी होती थी। एक दिन में काम करने की कोई सीमा तय नहीं हुआ करती थी। बहुत दिनों तक वहाँ टिके रहने के बाद किसी तरह रहने के लिए एक

छोटा-सा टिन का कमरा मिलता था, जिसमें न खिड़की होती थी न ही उसमें बिजली और पानी की व्यवस्था। करीब पचास लोगों के लिए सामुदायिक शौचालय और वह भी सिर्फ दो और नहाने के लिए खुले में एक चापानल। एक बार भूमिगत खदान में अंदर घुसने पर दस से बारह घंटे की कमर तोड़ मेहनत। खाने तक के लिए अलग से कोई समय नहीं। किसी तरह कागज में लपेटकर दो-चार रोटियाँ, नमक के साथ लेकर जो मजदूर नीचे जाते थे, उन्हें खाना नसीब होता था। पीने का भी खदान के अंदर गंदा पानी मिलता था। कुछ दिनों तक काम करने पर ही वहाँ मजदूर फेफड़े की बीमारी या टीबी रोग से ग्रसित हो जाते थे। उन्हें वापस अपने गाँव जाने की आजादी नहीं थी। कभी-कभी मजदूरों को ताले के अंदर बंद कर भी रखा जाता था, जिससे वे भाग नहीं सकें। इन सब के बाद वेतन के रूप में थोड़े पैसे पकड़ा दिये जाते थे, जिससे उनके खुद का पेट पालना मुश्किल होता था। घर भेजने के पैसे की जुगाड़ में लोग सूदखोरों की चंगुल में आ जाते थे और फिर उसी जाल में फंस कर या तो पंगु हो जाते थे या अपनी जान गंवा बैठते थे। इन सब के बावजूद रोजगार के ख्याल से हर वर्ष बड़ी संख्या में गोरखपुर और बिहार के इलाके से बड़ी संख्या में युवा कोयला खदान में मजदूरी के लिए या तो खुद आते थे या अपने संगी-साथियों के दबाव में लाये जाते थे। बसेसर के परिवार में भी वर्ष की शुरुआत में खदान में नौकरी करने का दबाव पड़ा था। उसके छोटे चाचा से खदान के मुंशी ने बात की थी, लेकिन अपने बड़े भाई की हालत देख कर उन्होंने जाने से इंकार कर दिया था। खेती से जो कुछ अनाज मिल पाता था और अनाज बेचने से जो रकम मिलती थी, उसी से फिलहाल पूरे परिवार का काम चल रहा था।

बसेसर के परिवार के पास खेत ज्यादा नहीं थे, लेकिन इतना भर थे कि उसकी पैदावार से पूरे घर का खर्च चल सके। हर रोज अहले सुबह उठकर बसेसर नहा-धोकर खेतों पर जाने के लिए तैयार हो जाता। उसके साथ उसके छोटे चाचा भी जाते थे। तबतक घर

में माँ, बसेसर की पत्नी और अन्य महिलाएं घर के लोगों के लिए सुबह का नाश्ता रोटी-सब्जी तैयार कर देती थीं। सुबह के सात बजते-बजते नाश्ता कर दोनों खेतों की ओर निकल जाते थे। बसेसर का छोटा भाई बाद में तैयार होकर उनलोगों के लिए दिन का खाना लेकर खेत पर आता था और वह भी काम में हाथ बँटाता था। शाम में चार बजे तक खेत का काम निपटा कर सभी पाँच बजे तक घर वापस आ जाते और फिर कुछ देर घर के आँगन में बैठ कर परिवार के मसले पर बात होती और रात का खाना खाकर नौ बजे तक सो जाते थे। यही लगभग रोज की दिनचर्या थी। शाम में बसेसर थका-हारा घर लौटने के बाद भी मुनिया के साथ खेलना नहीं भूलता। उसकी तोतली बोली उसे अच्छी लगती थी। रात में पत्नी घर का काम निपटा कर आती और तब दोनों को अपने बारे में बात करने का कुछ मौका मिलता था। बसेसर की पत्नी उसका पैर दबाते-दबाते बातें करती और थका होने के कारण बसेसर को तुरंत नींद आ जाती थी।

अभी मुनिया डेढ़ वर्ष की हुई थी, तबतक बसेसर की दूसरी बेटी ने जन्म लिया। इसके जन्म के साथ बसेसर के घर वाले और कुछ गाँव वाले भी ताना देने से नहीं चूके कि क्या उसकी किस्मत में बेटे का सुख नहीं है, शायद बसेसर के औरत में ही कुछ कमी होगी, कुछ मन्नत मांगनी चाहिए। इन सब बातों से दोनों के मन को बहुत चोट पहुँचती थी। आखिर उनका या सिर्फ प्यारी का इसमें क्या कसूर, लेकिन समाज शायद ऐसे ही चलता है, समझता है। दूसरी बेटी का नाम भी बड़े प्यार से दोनों ने गुड़िया रखा। हालाकि, दोनों परिवार और समाज की बातों पर ध्यान नहीं देते, लेकिन मन के कोने में कहीं न कहीं दोनों की इच्छा थी कि भगवान कम से कम एक बेटा तो जरूर दे दे। आखिर ऊपर वाले ने उनकी सुन ली और गुड़िया के जन्म के दो वर्ष के बाद प्यारी ने एक सुंदर बेटे को जन्म दिया। सारे परिवार और गाँव में खुशी का माहौल हो गया। अब लोग प्यारी को दोष नहीं दे रहे थे। बेटे का नाम रखा कमल।

दूसरी बेटी और बेटे के आने से मुनिया पर बसेसर और उसकी बीवी का ध्यान जरूर कम हुआ, लेकिन बसेसर अब भी सब से ज्यादा अपनी मुनिया से प्यार करता था। अपनी छोटी बहन और छोटे भाई के आने के बाद अचानक मुनिया का व्यवहार बड़ी बहन का हो गया था। उसकी उम्र भी अब छह बरस की हो चुकी थी। कुछ खाने के लिए यदि बसेसर उसे देता, तब पहले वह अपने छोटे भाई-बहन को देती, तब बचा हुआ खुद खाती। तीन बच्चों के बावजूद बसेसर के दिल के करीब सबसे ज्यादा मुनिया थी। अपनी तोतली जुबान में जब वह बसेसर को बाबा कहती, तब उसे लगता जैसे उसे पूरा संसार मिल गया। वह उसके लिए घोड़ा बनता, उसे कभी-कभी अपने कंधों पर बैठा कर खेतों में घुमाने ले जाता। जो भी थोड़े पैसे उसके पास होते उसमें बाकी दोनों बच्चों के अलावा मुनिया के लिए विशेष सफ़ेद परी वाले कपड़े लेकर आता, जिसमें सलमा-सितारे जड़े होते। जब मुनिया उसे पहनती तब बसेसर उसे परी मुनिया कह कर बुलाता। रात में मुनिया अपने बाबा के साथ ही सोती थी। बाकी दोनों बच्चे अपनी माँ के साथ।

एक दिन घर के आँगन में मुनिया अचानक खेलते-खेलते गिर गयी। उसका घुटना छिल गया और खून बहने लगा। वह रोने लगी। बसेसर वहीं चापानल के पास स्नान कर रहा था। उसी भींगे हालत में दौड़ कर उसने मुनिया को अपनी गोद में लिया और पूरा घर उसने अपने सर पर उठा लिया। 'कहाँ हैं सब लोग। देखो मुनिया गिर गयी है और कितना खून बह रहा है उसका'। उसकी आवाज सुनकर उसकी पत्नी दौड़ती हुई कोठरी से आँगन में आई। बसेसर ने उसे देखते ही चिल्ला कर कहा 'तुम बच्चों का ख्याल नहीं रखती'। घुटने के घाव पर वहाँ नल के पास लगे गेंदे के पौधे के पत्ते तोड़ कर उसने लगाए और पास पड़े अपने गमछे को उसने फाड़ कर मुनिया के घुटने पर पट्टी बांधी। तबतक बाकी लोग भी आँगन में आ गए। सभी सोच रहे थे कि बच्चे तो खेलते वक़्त गिरते ही हैं, फिर बसेसर इतना क्यूँ शोर मचा रहा है। लेकिन शायद बसेसर के लिए मुनिया

अलग थी। वह उसके आँसू नहीं देख सकता था, फिर खून निकलने की बात तो बहुत है। धीरे-धीरे सब अपने काम में जुट गए, लेकिन बसेसर उसे तब तक अपनी गोद में लेकर बैठा रहा, जब तक उसने रोना बंद नहीं किया। उसने अपने छोटे भाई मोहन को दौड़ कर बगल के गाँव की दुकान से मुनिया के लिए चॉकलेट लाने के लिए भेजा। जब मामला थोड़ा शांत हुआ तब बसेसर की पत्नी ने उसके पास आकर कहा 'बच्चे खेल-खेल में गिरते ही हैं, इसमें इतना घबड़ाने की जरूरत नहीं'। तब बसेसर ने कहा 'मैं मुनिया को तकलीफ में नहीं देख सकता, मेरी जान निकल जाती है। उसका तुम्हें विशेष ख्याल रखना चाहिए'। थोड़ी देर में चॉकलेट खाकर मुनिया फिर से खेलने लगी, तब जाकर बसेसर शांत हुआ। बाकी दोनों बच्चों को भी मुनिया के कारण चॉकलेट खाने को मिला।

इस बीच बसेसर की छोटी बहन राधा की शादी हुई। गोरखपुर के पास सहजनवां से सटे गाँव के लड़के से। उस शादी में बसेसर ने औकाद से ज्यादा खर्च किया। एक ही छोटी बहन जो ठहरी। घर में अनाज की बिक्री से जो पैसा जमा हुआ था, उसी में कुछ पैसे पास के गाँव के साहूकार से उधार लेकर विवाह सम्पन्न हुआ। साहूकार के पैसे किश्तों में सूद के साथ अगले दो वर्षों में लौटाने थे। बसेसर को भरोसा था कि चूंकि हर वर्ष अच्छी फसल से अनाज की ज्यादा बिक्री होती थी, इसलिए पैसे लौटाने में कोई बहुत दिक्कत की बात नहीं होगी। इसके अलावा और कोई उपाय भी नहीं था। बहन को ससुराल विदा कर बसेसर ज़ोर-शोर से खेती के काम में जुट गया।

लेकिन मई महीने में बहन की शादी के बाद बरसात के मौसम में उस वर्ष बारिश नहीं के बराबर हुई। इसके कारण धान-गेहूं की बुआई और फिर पैदावार पर बहुत असर पड़ा। कुल फसल में आधे से ज्यादा की कमी आ गयी। इसके अलावा उसी बीच उसके पिता को बीमारी ने घेर लिया। उनके दाहिने हाथ और पैर काम नहीं कर रहे थे, जिसके कारण वे बिस्तर से लग गए। गाँव के वैद्य से इलाज का

जब कोई असर नहीं हुआ तब पास के शहर के डॉक्टर से सलाह ली गयी। डॉक्टर ने कहा कि उन्हें लकवा मार गया है और यदि ठीक से इलाज नहीं हुआ तब वे धीरे-धीरे कमजोर होते जाएँगे और तब उन्हें बचाना मुश्किल होगा। उनकी दवा और उनके इलाज में घर में जमा बाकी पैसे धीरे-धीरे खर्च हो रहे थे। वैसे भी बहन की शादी में अब तक के जमा पैसे का बहुत बड़ा अंश खर्च हो गया था। अनाज बेचकर जो भी कमाई होती थी, वह भी आधे से कम हो गयी थी। घर की माली हालत खराब हो रही थी। इसका असर पूरे परिवार पर और खासकर बसेसर के बच्चों के लालन-पालन पर भी पड़ने लगा। वह चिंतित रहने लगा। मन की बात अपनी पत्नी से नहीं कह पाता, लेकिन अंदर ही अंदर उसे चिंता सताये जा रही थी, कि आगे कैसे काम चलेगा। बहन की शादी में लिए सूद पर पैसे भी साहूकार को लौटाने थे। वह अब घर से कम निकलता था। बस अपनी कोठरी में चुपचाप पड़ा रहता।

मुनिया भी कुछ दिनों से अपने बाबा को गुमसुम देखा करती। मन ही मन उसे अच्छा नहीं लगता था। अब पहले की तरह उसके बाबा उसके साथ खेलते नहीं थे। कभी-कभी वह बसेसर के पास जाकर चुपचाप उसकी गोद में बैठ जाती और उससे पूछती 'बाबा क्या हुआ है। बाहर निकल कर हमारे साथ खेलो न'। तब बसेसर का मानो कलेजा बाहर आ जाता। वह मुनिया के सर पर हाथ फेरता और कहता 'बेटा कुछ नहीं हुआ है तेरे बाबा को। सब ठीक हो जाएगा'। अपनी तकलीफ को बच्चों से छुपाने के लिए वह उनके लिए घोड़ा बनता और कभी-कभी उनके साथ बैठ कर खेल भी लेता था। फिर भी मुनिया का चेहरा बताता जैसे वह कह रही हो कि अब घर पहले जैसा नहीं है। कभी बसेसर के सो जाने पर वह उसके सर के बाल से खेलती, मानो उसका सर सहला कर उसे सुला रही हो। वह शायद अपने बाबा की तकलीफ समझ पाने की कोशिश कर रही थी। बसेसर की बीच में नींद खुल जाती और वह अपने सर पर जब मुनिया के हाथ महसूस करता तब जान बूझ कर वह सोने का दिखावा करता और साथ ही

उसकी आँखों की पोर से आँसू भी बहने लगते। अनोखा रिश्ता था बाप-बेटी का, मानो पूर्व जन्म का साथ हो। कभी-कभी बसेसर कहता भी कि मुनिया पूर्व जन्म में जरूर उसकी माँ रही होगी, तभी वह इस जन्म में बेटी बन कर उसका ख्याल रखती है।

घर में खान-पान में भी अब कटौती होने लगी थी। तीन सब्जी की जगह अब मुश्किल से एक सब्जी और दाल-रोटी का जुगाड़ हो पाता था। बसेसर ने कई बार सोचा कि गाँव में ही रहकर कोई दूसरा धंधा करे, लेकिन ऐसा कोई धंधा उसे सूझ नहीं रहा था, जिससे दो पैसे की कमाई हो सके। गाँव से निकलकर शहर जाने का मतलब था अपनी जड़ से अलग हो जाना। वह उतना पढ़ा लिखा भी नहीं था कि कहीं ऑफिस में नौकरी कर सके। गाँव के ही स्कूल में कुल जमात तीसरे क्लास तक की उसकी पढ़ाई हुई थी। उसके बाद उसके पिता और चाचा ने खेती के काम में लगा दिया था। छोटा भाई थोड़ा ज्यादा पढ़ा-लिखा था, लेकिन अब उसकी भी शादी करानी थी और बसेसर अपने भाई पर बोझ नहीं डालना चाहता था। हालाकि, अब साहूकार ने किश्त के पैसे लौटाने का तगादा करना भी शुरू कर दिया था।

ऐसे में ही एक दिन बसेसर अपने घर पर था, तभी उसके पास के घर के गोविंद ने आकर उससे कहा कि गाँव के चौपाल के पास कोयले की खदान से कुछ लोग आए हैं और गाँव के लोगों से बातें कर रहे हैं। शायद वे सब एक दो दिन यहाँ गाँव के पास में रहेंगे और कुछ लोगों को अपने साथ लेकर जाएँगे। बसेसर समझ गया कि एक बार फिर प्राइवेट खदान का मुंशी आया है और कुछ लोगों को कोयला खदान में काम करने के लिए अपने साथ ले जाना चाहता है। उसने गोविंद को मना कर दिया और वापस अपनी कोठरी में आ गया। थोड़ी देर तक बैठने के बाद अचानक उसके दिमाग में बात आई कि यदि कुछ दिनों के लिए वह इस नौकरी के लिए तैयार हो जाता है, तब अभी किल्लत के समय कम से कम कुछ पैसे वह घर भेज सकता है, जिससे वर्तमान समस्या दूर हो सके। उसे साहूकार के

पैसे और अपने पिता की बीमारी का भी ख्याल आया। उसने सोचा कि आगे जब फसल अच्छी हो जाएगी तब शायद उसे कोयला खदान में नौकरी करने की जरूरत न पड़े और वह खूब मेहनत कर अपने गाँव की ज़मीन पर ही ज्यादा फसल उगा कर अपनी दिक्कत दूर कर सकता है। ज्यादा से ज्यादा अगले एक साल तक इस नौकरी की जरूरत पड़े और बीच-बीच में वह वहाँ से गाँव आकर परिवार को भी देख सकता है। हालाकि, कुछ दिनों के लिए ही अपने गाँव, अपने परिवार और खास कर अपनी मुनिया से अलग होने की बात सोच कर भी उसका जी घबड़ा रहा था। लेकिन मजबूरी ऐसी थी कि उसे कोई कड़ा कदम लेना ही था।

रात में घर का सब काम निपटा कर जब उसकी पत्नी कमरे में पहुंची तब तक तीनों बच्चे सो चुके थे। बसेसर खाट पर लेटा खदान की नौकरी के बारे में ही सोच रहा था। सोच इतनी गहरी थी कि उसकी पत्नी के कोठरी में आने का उसे बिलकुल एहसास नहीं हुआ। प्यारी ने सोचा कि शायद बसेसर सो गया। ढिबरी की रोशनी में नजदीक जाकर जब उसने देखा तब उसकी आँखें खुली थी और वह कोठरी की छत की तरफ टकटकी लगाए सोच में गुम था। प्यारी ने कहा ‘क्या सोच रहे हैं’। पत्नी की आवाज़ से उसकी तंद्रा टूटी। उसने प्यारी को पास में बिठाया और तब अपने मन की दुविधा बताई। बसेसर की बात सुन कर प्यारी के चेहरे पर तनाव के लक्षण दिखने लगे। शायद बसेसर के घर से इतनी दूर ज्यादा दिनों के लिए जाने की बात सुन कर उसके मन में घबड़ाहट हुई थी। बसेसर भी इस बात को भाँप गया। उसने अपनी पत्नी का हाथ अपने हाथों में लेकर समझाया कि अभी की दिक्कत से बचने के लिए यह एक रास्ता है और चूंकि यह मौका खड़ा होकर दरवाजे पर दस्तक दे रहा है, इसलिए इसे गंवाना नहीं चाहिए। इसके सिवा गाँव में रह कर कोई दूसरी कमाई का जरिया ढूंदना मुश्किल काम था और शायद असंभव भी। उसने समझाया कि कुछ ही दिनों की बात होगी और फिर बीच-बीच में वह गाँव आकर उन लोगों से मिलता रहेगा और जैसे ही अगली

फसल की कटाई हुई और अच्छी फसल के कारण पैसे ज्यादा मिले, वैसे ही वह कोयला खदान का काम छोड़ कर वापस गाँव आ जाएगा। उसकी पत्नी ध्यान से उसकी बात सुन रही थी। हालांकि, उसकी आँखें नम हो रही थीं। शायद इतने वर्षों बाद पति से इतने ज्यादा दिनों के लिए अलग होने का गम।

शादी के बाद वह बच्चों के लालन-पालन में इतनी व्यस्त हो गयी थी कि उसे अपने मायके जाने का भी कम वक्त मिला था। उसे याद है दो वर्ष पूर्व जब उसकी दूसरी बेटी हुई थी, तब उसके तीन महीने बाद एक सप्ताह के लिए वह मायके गयी थी, लेकिन साथ में बसेसर भी था। वह भी अपनी पत्नी के साथ सात दिनों तक ससुराल में रहा था और फिर पत्नी को साथ लेकर अपने गाँव वापस आ गया था। कभी-कभी बीच में प्यारी के पिता ही ससुराल में उससे मिलने, उसका हाल-चाल जानने आ जाया करते थे। इतने वर्षों में दोनों पति-पत्नी कभी अलग नहीं हुए थे। ऐसे में एक लंबी जुदाई का एहसास शायद प्यारी की आँखों को नम कर रहा था, साथ में मन में घबड़ाहट भी थी। फिर भी समय की नजाकत को समझते हुए उसने बसेसर के सुझाव को लगभग मान लिया। इसके बाद बसेसर तो सो गया लेकिन प्यारी की आँखों से नींद कोसों दूर जा चुकी थी। वह सोच रही थी कि बसेसर के बिना वह कैसे परिवार और साथ में तीन छोटे-छोटे बच्चों का ख्याल रख पाएगी। भले बसेसर सारा दिन खेतों पर रहता था, लेकिन शाम में घर आकर परिवार और बच्चों की देखभाल किया करता था, फिर पति के साथ रहने से प्यारी को एक मानसिक बल मिलता था और वह निश्चिंत होकर घर का काम करती थी। इन्हीं सब बातों को सोचते-सोचते देर रात उसे भी नींद आ गयी।

अगले दिन बसेसर सुबह जल्दी तैयार होकर खेत में जाने के बजाए गाँव की चौपाल के पास के घर में ठहरे कोयला खदान के लोगों के पास गया। वे तीन लोग थे और उनके पास गाँव के एक-दो और लोग बैठे साथ में चाय पी रहे थे। बसेसर भी उनके बीच जाकर

बेंच पर बैठ गया। उनमें से एक ने बसेसर की तरफ रुख कर उसका नाम पूछा। उसने बताया कि वे लोग धनबाद में कोयला खदान में काम करने के लिए मजदूरों को यहाँ ढूंढने आए हैं। उन्हें लगभग बीस लोगों की जरूरत है और अगले दिन ही धनबाद के लिए निकलना है। बसेसर ने उनमें से एक से पूछा 'क्या काम करना होगा वहाँ'। एक ने जवाब दिया 'कोयला खदान में अंदर जाकर काम करना है और वह हर तरह का हो सकता है। कभी दिन में और कभी रात में भी काम करना होगा'। बसेसर ने उनसे पूछा 'वहाँ जाकर हमें काम के दौरान घर आने की छुट्टी मिलेगी या नहीं'। उनमें से दूसरे ने कहा 'अभी जाते ही तुरंत छुट्टी नहीं मिलेगी, लेकिन कुछ दिनों के बाद घर जाने को मिलेगा'। बसेसर ने तब पगार के बारे में पूछा। उसने बताया 'रोज काम करने के दो रुपये मिलेंगे और काम बारह घंटे का होगा। उसके अलावा यदि कोई और ज्यादा काम करना चाहता है, तब उसे घंटे के हिसाब से कुछ और पैसे मिलेंगे'। बसेसर ने मन में सोचा कि यदि रोज के बारह घंटे भी काम करे तब महीने में साठ रुपये की पगार मिलेगी। उसके मन में कई और सवाल थे, जैसे वहाँ रहने के लिए घर और खाने-पीने की व्यवस्था। वह चाहता था कि उनलोगों से इसके बारे में पूछे, लेकिन उनमें से जो मुंशी था, उसने कहा 'बाकी का इंतजाम वहाँ जाकर समझ लेना। अभी जल्दी से बताना होगा कि कल सुबह धनबाद के लिए निकलना है या नहीं। अगर चलना है तब तैयार होकर सामान के साथ सुबह ग्यारह बजे तक चौपाल के पास आ जाना'।

बसेसर उनलोगों से बात कर घर वापस आ गया। रास्ते में उन्हीं लोगों की बातें उसके दिमाग में गूंज रही थीं। बारह घंटे का काम और दो रुपये। कुछ कम पगार थी, लेकिन मजबूरी के कारण इसमें ही संतोष करना था। अब उसके दिमाग में बात चल रही थी कि परिवार को छोड़ कर वह जाये या नहीं। एक तरफ बच्चों का मोह और दूसरी तरफ मजबूरी। बहुत सोचते-सोचते उसने फैसला लिया कि वह एक बार वहाँ जाकर काम करेगा। यदि सब कुछ ठीक रहा तब

आगे काम जारी रखेगा, वरना वापस गाँव। यह सब सोचते हुए वह घर में दाखिल हुआ। सबसे पहले एक कोठरी में बिस्तर पर पड़े अपने पिता के पास गया। बसेसर की माँ उन्हें नाश्ता करा रही थी। वे खुद के हाथों से खाना नहीं खा पा रहे थे। उन्हें बोलने में भी परेशानी होती थी। बसेसर उनकी खाट पर उनके पावों के पास बैठ गया। उसके पिता ने उसकी ओर देखा। इस वक़्त बसेसर के खेतों में न होकर घर पर होने के कारण उनकी आँखों में प्रश्न थे। उन्होने सर से इशारा कर मानो बसेसर से पूछा कि कोई खास बात है। तब बसेसर ने उन्हें धनबाद जाने की बात बताई। उसने वह सारा कुछ बताया जो उसने अभी-अभी चौपाल में कोयला खदान के लोगों से सुना था। उसके पिता सारी बातें गौर से सुनते रहे। उनके भाव से लग रहा था कि वे इस प्रस्ताव से बहुत खुश नहीं हैं। लड़खड़ाती जुबान में उन्होने बसेसर को कहा 'क्या जरूरत है उतनी दूर जाकर नौकरी करने की। यहीं रहकर काम करना अच्छा होगा'। उसकी माँ ने भी कहा 'तुम हम सब को छोड़ कर उतनी दूर चले जाओगे। अपने पिता की हालत देख रहे हो और फिर छोटे भाई से इतना काम हो पाएगा'। प्रश्न ही प्रश्न थे माता-पिता की तरफ से। तब बसेसर ने पिता का हाथ थाम कर उन्हें घर की माली हालत के बारे में समझाया और कहा कि कुछ दिनों तक नौकरी करने से कुछ पैसे मिलेंगे, जिससे साहूकार का कर्ज चुकता हो सकता है और घर की स्थिति भी ठीक हो जाएगी। एक वर्ष के बाद फसल अच्छी होने पर वह खुद वापस गाँव आ जाएगा। बसेसर के पिता ने बातों को सुन कर दोनों हाथों को ऊपर उठा कर इशारा किया, मानो कह रहे हों कि जैसी भगवान की मर्जी।

बसेसर वहाँ से निकलकर अपनी कोठरी में आया। उसके पीछे-पीछे उसकी पत्नी प्यारी भी कोठरी में दाखिल हुई। बसेसर ने उसे बैठा कर सारी बात बताई। एक बार फिर प्यारी की आँखें नम हो गई थीं। तबतक उनके बीच खेलते-खेलते मुनिया भी आ गयी। बसेसर ने उसे अपनी गोद में बिठा लिया और उसके बाल सहलाने लगा। मुनिया भी मानो पूछना चाह रही थी कि बात क्या है। बसेसर ने उसे

समझाया कि वह कुछ दिनों के लिए बाहर जा रहा है और फिर वापस लौट आएगा। मुनिया ने अचानक उसे ज़ोर से पकड़ लिया। उसकी आँखों में आँसू थे, मानो कह रही हो कि उन्हें छोड़ कर बसेसर कहीं नहीं जाये। बसेसर भी भावुक हो गया। उसने मुनिया को समझाया 'बेटा मैं जल्द ही लौट आऊँगा और तुम्हारे लिए परी वाली ड्रेस लेकर आऊँगा। तुम अपनी माँ के साथ रहना और अपनी बहन और भाई का ख्याल रखना'। ऐसा कहते-कहते बसेसर का गला भी रुँध गया था। उसका दिल रो रहा था। परिवार और खास कर मुनिया से अलग होने का दुख उसे कहीं अंदर तक झकझोर रहा था। फिर भी पत्नी और बच्चों के सामने उसने यह एहसास नहीं होने दिया। उन सब से बात कर उसने अपनी खाट के नीचे से लोहे का छोटा सा बक्सा निकाला। उसी में उसे अपना समान रख कर अगली सुबह धनबाद जाना था। पत्नी की आँखों से अविरल आँसू बह रह थे। इसके बावजूद वह बसेसर के कपड़े दीवार की खूंटी से उतार कर तह लगा रही थी। बसेसर उन्हें बक्से में रख रहा था।

रात भर बसेसर सो नहीं पाया। न ही उसकी पत्नी की आँखों में नींद थी। वह मन से कभी नहीं चाह रहा था कि वह गाँव छोड़ कर बाहर जाये, लेकिन फिर घर की हालत उसे मजबूर कर रही थी। किसी तरह पौ फटे और बसेसर अपने बिस्तर से उठ कर कोठरी से बाहर चला गया। एक घंटे के भीतर वह नहा-धोकर तैयार हो गया। पत्नी रोटी और सब्जी का नाश्ता लेकर आई। नाश्ते के बाद के दो घंटे वह अपनी कोठरी में अपने बच्चों के साथ खेलता रहा। कभी मुनिया को तो कभी छोटी बेटी और बेटे को दुलार करता। ऐसा लग रहा था जैसे वह उनसे कितने दिनों के लिए बिछड़ रहा हो। कुछ देर के बाद पत्नी ने आकर कहा कि साढ़े दस बज चुके हैं और उन्हें ग्यारह बजे तक निकलना भी है। वह कोठरी से बाहर निकला। घर के लगभग सभी लोग आँगन में बैठे थे। उसके पिता अपने बिस्तर पर लेटे हुए थे। पहले पिता के कमरे में गया। उसने उनके पाँव छूये। लेटे ही लेटे उसके पिता ने उसे पास बुला कर उसके सर पर हाथ फेरा। उनकी

आँखों में आँसू थे। वहीं पास में माँ की आँखों से भी आँसू निकल रहे थे। जब बसेसर उनके पैर छूने के लिए झुका तब माँ ने उसे पकड़ कर ज़ोर-ज़ोर से रोना शुरू कर दिया, मानो सब्र का बांध टूट चुका था। बसेसर भी रोने लगा। फिर उसने उसे अलग करते हुए समझाया कि कुछ दिनों की बात है, वह जल्द लौट आएगा। कोठरी से बाहर आँगन के ओसारे पर उसकी पत्नी खड़ी थी, साथ में मुनिया, छोटी बेटी और गोद में बेटा भी। मुनिया की आँखों में भी आँसू थे। बसेसर ने उनके नजदीक जाकर मुनिया को गोद में उठाया और कहा 'तुम मेरी सबसे अच्छी बिटिया हो न। रोते नहीं, माँ का और भाई बहनों का ख्याल रखना'। उसकी पत्नी पल्लू से अपने आँसू पोंछ रही थी और बसेसर को निहारे जा रही थी। छोटी बिटिया भी दौड़ कर बसेसर से लिपट गयी। उसे भी उसने गोद में उठा कर उसके गालों को चूमा। फिर सोते हुए बेटे के सर पर हाथ फेरा और ओसारे से आँगन में आ गया। उसका लोहे का बक्सा वहाँ रखा था, साथ में एक गठरी थी, जिसमें शायद पत्नी ने रास्ते के लिए खाना दे दिया था। छोटे भाई ने बक्से को उठाया और दरवाजे की ओर बढ़ चला। बसेसर ने एक बार फिर सभी की तरफ नज़र दौड़ाई। मुनिया तब तक ज़ोर-ज़ोर से रो रही थी। बसेसर बाहर निकलने के लिए अपने पैर बढ़ा चुका था, लेकिन मुनिया को देख कर वह वापस लपक कर उसकी तरफ आया। फिर उसे गोद में उठा कर उसे प्यार करने लगा। मुनिया ने उसे ज़ोर से पकड़ रखा था। ऐसा लग रहा था मानो अब उसे अपने पिता से भेंट नहीं होगी। बसेसर ने अपने आप को संयमित किया और मुनिया को गोद में लिए घर के बाहर निकल गया। दरवाजे के बाहर उसने एक बार फिर मुनिया को प्यार कर गोद से उतार दिया। तब तक उसकी पत्नी भी वहाँ आ गयी थी। उसने मुनिया को संभाला। बसेसर सबको हाथ हिलाता हुआ गाँव की चौपाल की तरफ बढ़ चला।

चौपाल पहुँचते-पहुँचते दिन के लगभग ग्यारह बज चुके थे। फरवरी का महीना था, इसलिए धूप अच्छी लग रही थी। चौपाल में करीब दस लोग खड़े थे। उनमें से बसेसर को मिला कर तीन लोग

और थे उस गाँव के, जिसमें बसेसर का दोस्त सरजू भी था। बसेसर को उसे देख कर अच्छा लगा कि कम से कम एक आदमी है, जिससे वह बातें कर सकता है। सरजू ने भी उसको देख कर हाथ हिलाया। इसके अलावा तीन लोग शायद दूसरे गाँव के थे और बाकी तीन लोग कोयला खदान से आए थे। सभी वहाँ की चाय की दुकान पर चाय पी रहे थे। बसेसर जब उनके नजदीक पहुंचा तब कोयला खदान से आए शख्स ने उससे पूछा 'तुम चल रहे हो'। बसेसर ने हाँ में सर हिलाया। वे शायद कुछ और लोगों का इंतजार कर रहे थे। लगभग पंद्रह मिनट के बाद दो लोग चौपाल की दूसरी तरफ से आते दिखे। शायद वे पास के गाँव से आ रहे थे। अब वहाँ कुल बारह लोग हो गए। इसी बीच खदान के आदमी ने चलने का ऐलान किया। सभी ने अपने-अपने समान उठाए और चौपाल की पगडंडी होते हुए गाँव से बाहर जाने के रास्ते पर चल पड़े।

बसेसर का छोटा भाई उसके टिन का बक्सा उठा कर साथ चल रहा था। बसेसर के हाथ में खाने की पोटली थी। वह जैसे-जैसे आगे बढ़ता जाता, उसका दिल भारी हो रहा था। आँख के आगे अपना परिवार, प्यारी और बच्चों के चेहरे उसके सामने बार-बार आ रहे थे। खास कर मुनिया का रोता हुआ चेहरा। अभी भी उसका मन हो रहा था कि दौड़ कर वापस घर चला जाये और मुनिया को गले लगा ले। लेकिन बाकी सभी तेजी से पगडंडी पर आगे बढ़ रहे थे, इसलिए उसे भी उनके साथ कदम से कदम मिला कर चलना पड़ रहा था। दस मिनट चलने के बाद वे सब गाँव के बाहर की सड़क पर आ चुके थे। वह सड़क देवरिया से चौरी-चौरा होते हुए गोरखपुर की ओर जाती थी। चौपाल से चलते समय उन्हें बताया गया था कि वे किसी सवारी से गोरखपुर तक जाएँगे और फिर दोपहर में वहाँ से ट्रेन पकड़ कर धनबाद के लिए निकलेंगे। सड़क पर निकलते ही एक खाली ट्रक आ कर रुकी। शायद खदान वालों ने उसका पहले से इंतजाम किया हुआ था। खदान के एक व्यक्ति ने उन्हें ट्रक के पीछे सवार होने के लिए कहा। अब बसेसर को अपने छोटे भाई से विदा लेना था। भाई

ने आकर बसेसर के पैर छुए। बसेसर ने उसे गले से लगा लिया और भरे गले से सिर्फ इतना ही कह पाया 'घर-परिवार का ख्याल रखना और बीच-बीच में चिट्ठी लिखते रहना। मैं वहाँ जाकर चिट्ठी में अपना पता भेज दूँगा'। छोटे भाई की आँखें भी नम थीं। इतने वर्षों के बाद पहली बार बड़ा भाई घर से बाहर जा रहा था। उसने हामी में सर हिलाया। बसेसर भी अपने समान के साथ ट्रक के पीछे सवार हो गया। ट्रक आगे चल पड़ी। वे सभी बैठ गए थे। ट्रक तेज गति से चली जा रही थी।

गोरखपुर की दूरी ज्यादा नहीं थी, कुल तीस किलोमीटर। जैसे-जैसे ट्रक आगे बढ़ रही थी, वैसे-वैसे बसेसर का घर का मोह और ज्यादा होता जा रहा था। वह अपने आप को अब रोक नहीं पाया और फफक-फफक कर रोने लगा। उसे लग रहा था मानो उसका कलेजा कोई काट रहा हो। तभी बगल में बैठे सरजू ने उसके कंधे पर हाथ रखा और उसे अपने पास ले लिया। बसेसर भी उसके कंधे पर सर रख कर सिसकियाँ लेता रहा। ट्रक करीब साढ़े बारह बजे गोरखपुर रेलवे स्टेशन के पास आ कर रुकी। सभी अपने-अपने सामान लेकर नीचे उतरे। खदान वालों ने बताया कि वहाँ से ट्रेन दो बजे दिन की है, तब तक स्टेशन के प्लैटफ़ार्म पर ही आराम करना है। सभी धीरे-धीरे चल कर कुछ देर में रेलवे स्टेशन के प्लैटफ़ार्म पर आ गए। बसेसर ने अपने साथ लाया खाना वहीं प्लैटफ़ार्म पर सरजू के साथ बाँट कर खा लिया। आधे घंटे के बाद खाली ट्रेन प्लैटफ़ार्म पर आकर लग गयी। भीड़ थोड़ी ज्यादा थी। ट्रेन के जनरल डिब्बे में इन सब को चढ़ना था। डिब्बे के अंदर घुसने में धक्का-मुक्की हो रही थी। किसी तरह जगह बना कर वे सब अंदर घुसे और लकड़ी की सीट पर जगह बना ली। एक लंबी सीट पर छह लोग बैठे थे साथ में पैर के पास और ऊपर भी लोग बैठे थे। समान को सीट के नीचे किसी तरह रखा गया। बसेसर बहुत दिनों के बाद ट्रेन की सवारी कर रहा था। बचपन में कभी अपने पिता के साथ एक बार अपने ननिहाल जाने के लिए वह ट्रेन पर बैठा था। गोरखपुर से उस वक़्त सीधी धनबाद

के लिए ट्रेन नहीं चला करती थी। वहाँ से पहले मुगलसराय और तब फिर ट्रेन बदल कर वहाँ से धनबाद। दोनों मिला कर लगभग अठारह घंटे की यात्रा थी।

ट्रेन ठीक दो बजे दिन में रवाना हो गयी। डब्बे में भीड़ ज्यादा होने के कारण इन्हें शुरू में तकलीफ हुई, लेकिन बाद में स्थिति व्यवस्थित हो गयी। लगभग दस बजे रात में ट्रेन मुगलसराय पहुंची और फिर वहाँ से रात के ग्यारह बजे की ट्रेन से वे सब सुबह दस बजे धनबाद स्टेशन पहुँच गए। रास्ते भर भीड़ ज्यादा होने के कारण सभी बस ऊँघते हुए आए। सोने की जगह नहीं मिली। वैसे भी बसेसर पूरे रास्ते अपने घर के बारे में ही सोचता रहा। धनबाद स्टेशन से फिर ट्रक से वे सब पचीस किलोमीटर की यात्रा कर दिन के बारह बजे कोयला खदान पहुंचे। स्टेशन से खदान के रास्ते में कई खदानें पड़ीं, जहां कोयले की धूल उड़ रही थी। यह माहौल गाँव के वातावरण से बिलकुल अलग था।

ट्रक से उतरते ही उन्हें कहा गया कि खदान के पास ही छोटे-सी दुकान में कुछ खा पी कर वे अगले पाँच घंटे तक आराम करें, फिर शाम में छह बजे उन्हें खदान के बारे में और उनके काम के बारे में बताया जाएगा। उनके रहने के लिए एक टिन की छत का छोटा-सा दरबा दिया गया, जिसमें जमीन पर पुआल बिछी थी और उसके ऊपर बोरे की चट्टी बिछी थी। उस दरबे से कुछ दूरी पर एक सार्वजनिक शौचालय था और बाहर में नहाने के लिए एक नल लगा था। उस कमरे में पहले से आठ लोग रह रहे थे। शायद कुछ दिनों पहले ही वहाँ पहुंचे थे। बसेसर को वह देख कर अपने चाचा द्वारा कोयला खदान के बताए गए हालात की याद आ गयी। आज उसे भी उसी माहौल में रहना होगा, उसने कभी सोचा नहीं था। सभी अपने-अपने समान रख कर किसी तरह नहा-धो कर उस दुकान में आ गए, जहां उन्हें दिन का खाना मिलता। खाने के नाम पर वहाँ चावल, पतली दाल और एक सब्जी थी। उसी को खा कर बसेसर भी उस दरबे में

आकर जमीन पर बिछे पुआल पर लेट गया। उतने से कमरे में सत्रह लोगों के रहने और सोने की व्यवस्था थी। दरबे में कुछ ऊपर एक खिड़की थी और छत पर तार से एक बिजली का बल्ब लटक रहा था। वह दरबा कम, जेल ज्यादा लग रहा था। फिर भी थकावट और रात के जागरण के कारण उसे नींद आ गयी। लगभग चार घंटे की नींद के बाद वे सभी लोग खदान के पास जाने के लिए तैयार हो गए।

खदान का मुहाना वहाँ से लगभग एक किलोमीटर की दूरी पर था। वह सब पैदल चल कर वहाँ पहुंचे। बसेसर के लिए यह नया अनुभव था। उसने आज तक कोयले की खदान नहीं देखी थी। खदान जाने के लिए एक तिरछा रास्ता था, जो अंदर जाता था। उसके बाहर कुछ लोग खड़े थे। एक व्यक्ति ने इन सब को लाइन में खड़ा कर दिया और खदान के बारे में बताने लगा। उसने कहा कि इसी रास्ते से पैदल अंदर खदान के नीचे उतरना है। कल सुबह छह बजे काम पर आना होगा और शाम छह बजे तक खदान के भीतर रह कर काम करना होगा। अंदर कोयला को काटने के बाद उसे टोकरी में भर कर नीचे रेलनुमा डिब्बे में भरना होगा। वहाँ की साफ-सफाई करनी होगी और इसके अलावा जो भी वहाँ काम होगा, उसे करना होगा। दिन के खाने के लिए खाना साथ लेकर जाना होगा। पीने के पानी की व्यवस्था वहाँ कर दी जाएगी। इतना सब कहने के बाद उन्हें वापस अपने दरबे में जाने के लिए कहा गया। साथ में हिदायत दी गयी कि सुबह छह बजे के पहले खदान के मुहाने पर पहुँच जाना है।

सभी फिर वापस अपने दरबे में आ गए। तब तक उस जगह पहले से रहने वाले लोग भी वापस खदान से लौट रहे थे। उनकी हालत देख कर बसेसर डर गया। उनका पूरा शरीर कोयले की कालीख से सना था। जाड़े के दिन में भी वे पसीने से लतफ़त थे। वे सब दरबे में घुसने के पहले पास के नल पर जाकर हाथ-मुंह धो रहे थे। कुछ देर बाद उनसे बात करने पर पता चला कि उनमें से ज़्यादातर लोग बिहार के भागलपुर के पास के गाँव से आए थे। उन्हें वहाँ आए अभी

बीस दिन हुए थे। उनकी हालत देख कर बसेसर को कुछ अच्छा नहीं लगा। एक व्यक्ति से जब उसने बात करनी चाही तब वह खाँसते हुए बोला 'बहुत ज्यादा काम करना होता है और नीचे खदान में आराम का कोई सवाल नहीं है। अंदर की हवा भी साफ नहीं होने से घुटन होती है, जिससे सांस लेने में तकलीफ होती है। मुंह के अंदर भी कोयले की धूल जाती रहती है। इससे सिर्फ बीस दिनों में ही कई लोगों को खांसी की शिकायत हो गयी है। इन सब के बाद इस छोटे से दरबे में पहले ही लोग ज्यादा थे अब और नौ लोगों के आने से आराम करना और सोना भी मुश्किल होगा। खदान के लोग कहते है कि कुछ दिनों तक वहाँ रहने पर खाली होने पर उन्हें रहने के लिए टिन का घर दे दिया जाएगा, लेकिन वह अभी संभव नहीं है'। बसेसर यह सुन कर चिंता में डूब गया। क्या ही अच्छी जिंदगी गाँव की वह जी रहा था। वहाँ भी खेतों में मेहनत लगती थी, लेकिन इस तरह का माहौल नहीं था। कम से कम खुली हवा में सांस लेता था। इसी गपशप में रात हो गयी। फिर उस दूकान में जाकर रात का खाना सभी ने खाया और वापस दरबे में आ कर सो गए।

अगले दिन गाँव की तरह बसेसर की नींद सुबह चार बजे खुल गयी। उन सब सोये हुए लोगों के बीच से रास्ता बनाते हुए वह दरबे से बाहर निकला और आधे घंटे में नहा-धोकर वापस आ गया। तबतक बाकी के लोग भी उठ कर खदान जाने की तैयारी कर रहे थे। पास का होटल सुबह पाँच बजे से चालू हो गया था। वहाँ जाकर सभी ने सूखी रोटी सब्जी का नाश्ता किया और दिन के खाने के लिए वही रोटी-सब्जी की पोटली लेकर खदान की ओर रवाना हो गए। खदान के अंदर जाने के पहले तैयारी के लिए उन्हें सिर्फ एक टोपी दी गयी, जिस पर बल्ब लगा था और उसकी बैटरी कमर में रस्सी के साथ बांधना था। पैर में पहनने के लिए जूते नहीं दिये गए। सिर्फ हाथ में एक डंडा दिया गया था। खदान में उतरते वक्त कुछ दूरी तक तो सतह की रोशनी थी, लेकिन बाद में अंधेरा हो गया था। तब टोपी की

लाइट से जहां तक नजर आता था, उतना ही उन लोगों को दिख रहा था। खदान की छत या बगल में कुछ दूरी के बाद लाइट नहीं थी।

बसेसर के लिए यह बिलकुल नया अनुभव था। उसने कभी सपने में भी नहीं सोचा था कि कभी कोयले की खदान में भी उसे काम करना होगा। मजबूरी कुछ भी करा देती है। खदान में नीचे जाते वक़्त उसे डर भी लग रहा था। सभी नौ लोग एक दूसरे का हाथ पकड़ कर छड़ी के सहारे आगे बढ़ रहे थे। खदान की छत और बगल से पानी रिस रहा था। वे चलते जा रहे थे, लेकिन खदान का अंत होने का नाम नहीं था। लगभग दो से तीन किलोमीटर जाने के बाद उन्हें कुछ दूरी पर कुछ लाइट दिखाई पड़ी और कुछ आवाज़ भी। नजदीक जाने पर उन लोगों ने देखा कि वहाँ की दीवार से कोयला निकाला जा रहा था और मजदूर उसे बेलचे से टोकरी में डाल कर ट्रेननुमा डिब्बे में भर रहे थे। पूरा माहौल कोयले की धूल से सना था। पैर के नीचे कोयले के साथ पानी मिल जाने के कारण कीचड़ जैसी स्थिति बन गयी थी, जिसमें साधारण जूतों के साथ चलना मुश्किल था। बसेसर ने गाँव में कुछ दिन पहले ही चमड़े का नया जूता लिया था, जिसे पहन कर यहाँ आया था। इस माहौल में काम करने से उस जूते का ज्यादा दिन चलना मुश्किल था।

कोयला खनन की जगह पहुँच कर सभी को काम पर लगा दिया गया। बसेसर और सरजू को वहाँ पड़े कोयले को एक जगह एकट्ठा करने का काम दिया गया और दूसरे लोगों को बेलचे से उस कोयले को टब में भरने का काम। उस जगह पर दमघोंटू माहौल था। बड़ी मुश्किल से सांस ली जा रही थी। बसेसर के साथ एक और पुराने मजदूर ने जब उसे इस हालत में देखा तब उससे कहा कि जल्द ही उसे इसकी आदत पड़ जाएगी, तब सब ठीक लगने लगेगा। खैर, उसी हालत में किसी तरह बसेसर ने काम करना शुरू कर दिया। कोयला एक जगह करते-करते वह तुरंत पसीने से तर हो गया था। इस तरह का काम उसने पहले कभी नहीं किया था। बीच-बीच में वहाँ के

मजदूर को कंट्रोल करने वाला सरदार उनसे काम में तेजी लाने को कहता। थोड़ी देर में वहाँ से जब सब कोयला उठ गया तब सरदार ने उन्हें वहाँ से कुछ दूर पर जाने के लिए कहा। इस बीच कोयला के फ़ेस पर बारूद लगाकर ब्लास्टिंग करनी थी, जिससे आगे और कोयला खदान से निकाला जा सके। सभी मजदूर वहाँ से दूर जाकर खड़े हो गए। लगभग आधे घंटे के बाद उन लोगों ने उस सरदार के चिल्लाने की आवाज सुनी। वह कह रहा था, कोयला के फ़ेस में ब्लास्टिंग होने वाली है, इसलिए सभी अपना बचाव करते हुए वहाँ से दूर खड़े रहें। उसके पाँच मिनट के बाद खदान में जोरदार धमाका हुआ। बसेसर बहुत घबड़ा गया। पूरी खदान मानो हिल-सी गयी थी। उसने अपने बगल के मजदूर का हाथ कस कर पकड़ा हुआ था। धमाका होते ही कोयले की जबर्दस्त धूल निकली और कुछ देर तक उनके आगे कुछ भी दिखाई नहीं दे रहा था। बसेसर के साथ खड़े मजदूर ने जब उसे डरते देखा तब उससे कहा कि यह हर रोज कई बार होता है और थोड़ी देर में सब शांत हो जाएगा। आज उसका पहला दिन है, इसलिए उसे अजीब लग रहा है, लेकिन धीरे-धीरे इसकी उसे आदत पड़ जाएगी। अगले दस मिनट में वहाँ धूल का गुबार कम हुआ और फिर सरदार की आवाज़ उन्हें सुनाई पड़ी कि अब आगे बढ़ कर विस्फोट से टूटे हुए कोयले को इकट्ठा कर टब में भरना है। उसके आदेश पर सभी आगे बढ़े और अपने-अपने काम में जुट गए।

इस तरह लगभग छह-सात घंटे का वक़्त निकल गया। उसके बाद उन्हें आधे घंटे की मोहलत मिली खाना खाने की। बसेसर ने कंधे के गमछे से अपना हाथ-मुंह साफ किया। कोयले की कालीख हाथों से नहीं जा रही थी, लेकिन वैसी ही स्थिति में उसने दूर कोने में पड़ी अपनी पोटली निकाल कर सरजू के साथ बैठ कर खाने लगा। खाते-खाते सरजू ने भी कहा कि वहाँ का काम काफी मेहनत वाला था। खाना खाने के बाद भी लगभग पाँच से छह घंटे तक वे काम करते रहे। इस बीच एक बार फिर ब्लास्टिंग हुई और उसके बाद सारा कोयला टब में डालने के बाद उनलोगों की छुट्टी हुई। अब शुरू हुई

वापस सतह पर लौटने की यात्रा। खदान में जाते समय ढाल होने के कारण नीचे उतरने में दिक्कत नहीं थी, लेकिन वापसी के समय तीन किलोमीटर की चढ़ाई चढ़ कर ऊपर सतह पर आना पहाड़ चढ़ने से कम नहीं था और वह भी तब, जब शरीर बारह घंटे के काम के बाद थक कर चूर हो चुका हो। फिर भी हिम्मत कर उन्होंने एक दूसरे को सहारा देते हुए खदान से वापस होना शुरू किया। थोड़ी दूर चलने के बाद बसेसर के पाँव थक गए थे। वह कुछ देर रुकना चाहता था, लेकिन बाकी सभी आगे बढ़ रहे थे, इसलिए उसे भी उनके साथ आगे बढ़ना था। खदान में पहला दिन होने के कारण शायद उसे यह तकलीफ हो रही थी। किसी तरह अगले एक घंटे में वे सब सतह पर आ गए। ऊपर पहुँच कर बसेसर और बाकी नए लोग निढाल होकर जमीन पर बैठ गए। उनकी सांस फूल रही थी और पसीने से बदन पर का कपड़ा बिलकुल गीला हो चुका था।

ऊपर थोड़ी ठंड होने के कारण उन्हें हल्की ठंड भी लगने लगी थी। थोड़ी देर सुस्ताने के बाद किसी तरह सभी अपने दरबे में सात बजे शाम तक वापस आ गए। सभी नए लोग अपने-अपने बिस्तर पर लेट गए। बसेसर अपने पैर पकड़ कर कराह रहा था। उसे बहुत दर्द महसूस हो रहा था। उनलोगों में इतनी हिम्मत नहीं बची थी कि रात का खाना खाने के लिए पास की दुकान में जाते। किसी तरह हिम्मत जुटा कर अगले एक घंटे के बाद बसेसर और सरजू ने जाकर खाना खाया और वापस दरबे में आ गए। कल फिर यह अभियान जारी रहना था। दिन भर के काम के बीच बसेसर को घर की याद नहीं आई लेकिन जब रात में दरबे में अपने बिस्तर पर आकर लेटा तब उसे अपने घर-परिवार की याद सताने लगी। कितना सुकून भरा माहौल था वहाँ। उसके सामने मुनिया का चेहरा नाचने लगा और घर से निकलते समय उसका रोता चेहरा सामने आया। एक बार फिर उसके दिल में कसक उठी। आँखों में एक बार फिर आँसू आ गए। लेकिन फिर थकावट के कारण कब उसे नींद आ गयी उसे पता नहीं चला।

अगले दिन सुबह चार बजे उसकी आँख खुली तब पूरा बदन टूट रहा था। उसे बिस्तर से उठने की हिम्मत नहीं हो रही थी। पैर भारी-भारी लग रहे थे और उसमें दर्द भी हो रहा था। वैसे भी रात में इतने लोगों के एक साथ उस छोटे से दरबे में सोने से जगह की कमी थी और उसे पैर सिकोड़ कर सोना पड़ा था। फिर भी किसी तरह वह बिस्तर से उठा और बाहर खुली हवा में निकला। बाहर की अहले सुबह की हवा में सांस लेने पर उसे थोड़ा सुकून महसूस हुआ। वह फिर नहा-धोकर खदान में जाने के लिए तैयार हो गया। बाकी लोगों में दो की तबीयत कुछ ज्यादा खराब हो गयी थी, लेकिन सरदार के डर से वे भी उठ कर खड़े हुए और खदान जाने के लिए तैयार हो गए। इस तरह अगले दस दिन निकाल गए। बसेसर को अब धीरे-धीरे खदान जाने, वहाँ काम करने और वापस लौटने की आदत पड़ने लगी थी। वह चाहता था कि अपने घर पर चिट्ठी के मार्फत अपना पता भेज दे, जिससे घर की खबर उसे मिलती रहे। लेकिन सुबह छह बजे से शाम के छह बजे के काम के बाद उसे वक़्त नहीं मिलता था।

पंद्रह दिनों के काम के बाद एक दिन खदान का आदमी उनके दरबे में आया और बसेसर सहित दस लोगों को बता गया कि अगले दिन से उनको काम पर शाम छह बजे से सुबह के छह बजे तक जाना है। बसेसर को लगा कि अब वह अपने घर किसी तरह चिट्ठी भेज सकता है। उसने पता किया कि पास में डाकखाना कहाँ है। पता चला वह खदान से लगभग पाँच किलोमीटर की दूरी पर था। अगले दिन चूंकि उसे सुबह की जगह शाम के छह बजे काम पर जाना था, इसलिए वह सरजू के साथ पैदल डाकखाने की तलाश में निकल गया। लगभग एक घंटे पैदल चलने के बाद उसे डाकखाना मिला। वहाँ जाकर दोनों ने पोस्टकार्ड खरीदा और वहीं बैठ कर दोनों ने अपने-अपने घर चिट्ठी लिखी। बसेसर की चिट्ठी में ज्यादा जिक्र मुनिया का था। उसने लिखा कि वह ठीक है और कुछ दिनों के बाद घर सबसे मिलने आएगा। उसने अपनी खदान का पता भी उसमें लिख दिया था और लिखा था कि जल्द से जल्द उसे घर की खबर

भेजी जाये, क्योंकि उसे चिंता हो रही थी। चिट्ठी को डाकखाने में डालकर दोनों वापस अपने दरबे में आ गए। बसेसर घर से चलते वक्त अपने साथ कुछ पैसे ले कर आया था, जिससे उसके फिलहाल खाने का खर्च निकल जा रहा था। खदान के पास की छोटी दुकान में पूरे महीने के नाश्ते और दो वक्त के खाने का खर्च पचीस रुपये था। बाकी पाँच रुपये भी यदि बसेसर अपने पास रखता, तब महीने के साठ रुपये की पगार में वह तीस रुपये आसानी से अपने घर भेज सकता था।

दिन भर बसेसर और सरजू ने अपने-अपने मैले कपड़े पास के नल पर जाकर साफ किए। दिन का खाना खाकर थोड़ा आराम किया। आज से उन्हें सारी रात खदान में काम करना था, जो उनके लिए नया अनुभव होने वाला था। शाम के पाँच बजे तैयार होकर वे छह बजने के पहले खदान पहुँच गए। सभी अंदर गए। शुरू के छह घंटे तो पता नहीं चला कि कैसे वक्त निकल गया, लेकिन रात के बारह बजे के बाद उन्हें नींद सताने लगी। रात का खाना भी उन्होंने खदान के अंदर ही खाया था। थोड़ी-थोड़ी देर पर काम करते-करते उन्हें झपकी आने लगती। आँख खुद-बखुद बंद हो रहे थे। जब भी ऐसा होता, वहाँ खड़ा सरदार उन्हें डांट लगाता। खदान में ही मौजूद पानी से आँख धोकर सुबह छह बजे तक काम पूरा किया। फिर बाहर निकले। दरबे में आकर हाथ मुंह धोकर सभी निढाल होकर बिस्तर पर गिर पड़े। यह पहला मौका था, जब बसेसर ने सारी रात जग कर काम किया था। दिन के बारह बजे जब उसकी नींद खुली तब भूख से पेट कुलबुला रहा था। जल्दी से मुंह धोकर पास की दूकान में जाकर दिन का खाना खाया। चूंकि दिन का वक्त था और बसेसर और सरजू ने अपनी-अपनी नींद पूरी कर ली थी, इसलिए वे खदान के दूसरे इलाके में घूमने निकल पड़े। बिलकुल गंदगी से भरा इलाका, ज़्यादातर कोयले की धूल में सना। खदान के बाहर आस-पास में कुछ छोटी-छोटी दुकानें थीं, जिनमें एक परचून की, एक कपड़े की, एक दवा की और एक दारू की शामिल थीं। कपड़े की दुकान के बाहर

बच्चों के कपड़े भी टंगे हुए थे, जिसे देख कर बसेसर को फिर अपने बच्चों की याद आ गयी। पता नहीं कैसे होंगे वे सब।

इधर गाँव में बसेसर के जाने के बाद कुछ दिनों तक उसकी पत्नी प्यारी वक़्त-वक़्त पर रोती रहती थी। उसे बसेसर की बहुत याद आती थी। खास कर रात के वक़्त जब घर का सारा काम निपटा कर वह अपनी कोठरी में आती तब बसेसर की कमी उसे बहुत खलती थी। उसके रहने से उसे बल मिलता था। तीन बच्चों को पालना और उसके साथ अपने सास-ससुर और देवर का ख्याल रखना आसान काम नहीं था। प्यारी बिलकुल मशीन की तरह हो गयी थी। बसेसर की जब पहली चिट्ठी उसे मिली तब उसे कलेजे से चिपका कर पहले वह खूब रोई। चिट्ठी में लिखी हरेक लाइन को वह कई बार पढ़ती। सबसे दिक्कत तब होती जब मुनिया उससे पूछती कि उसके बाबा कहाँ और क्यों चले गए और कब वापस आएंगे। हालाकि, उसका जवाब उसके पास नहीं था, फिर भी बच्चों का मन रखने के लिए वह कहती कि उनके बाबा जल्दी वापस आ जाएँगे। फिर वह शून्य में ताकने लगती कि वाकई वह दिन कब आएगा जब बसेसर अंततः गाँव में रहने आ जाएगा।

बसेसर के जाने के दस दिनों बाद ही उसके पिता की तबीयत भी ज्यादा खराब हो गयी। एक दिन वे अपनी खाट से गिर गए और उनके पूरे शरीर को लकवा मार गया। अब उनका बिस्तर से हिलना-डुलना भी नहीं होता था। प्यारी का देवर अब उनके कमरे में सोता था और रात-बिरात उनकी सेवा करता था। डॉक्टर के यहाँ ले जाने के साधन नहीं थे, फिर भी उसके देवर ने शहर जाकर डॉक्टर से बात की थी और डॉक्टर ने बताया था कि उन्हें बहुत हिफाजत की जरूरत है। दवा भी अलग से कुछ ज्यादा उसने लिखा था, जो उन्हें दी जा रही थी। शायद उन्हें भी बसेसर के जाने का दुख हुआ था। प्यारी ने यह सब बातें अपनी चिट्ठी में बसेसर को लिख दी थीं। हालाकि, उसने अंत में लिखा था कि उसे चिंता नहीं करनी

है। कुछ दिनों की बात है, सब ठीक हो जाएगा। प्यारी को बसेसर की भी चिंता सताती रहती थी। पता नहीं किस हाल में होगा, क्या खाता-पीता होगा।

बसेसर को खदान में काम करते हुए अब तीन महीने हो चुके थे। रोज के खदान के काम से वैसे तो वह वाकिफ हो गया था, लेकिन उसने महसूस किया कि उसे खांसी की शिकायत रहने लगी थी और खदान में अंदर से वापस ऊपर सतह पर आने में वह अब ज्यादा हाँफने लगा था। हालाकि, वह इसे नजर अंदाज़ कर रहा था। उसे लग रहा था कि खदान में धूल के कारण उसका सांस फूलता है। उसके आँख के नीचे काले गड्ढे पड़ने शुरू हो गए थे, जो कहीं न कहीं कमजोरी की निशानी थे। गाँव के खान-पान से बिलकुल अलग यहाँ रूखी-सूखी खा कर वह अपना गुजारा कर रहा था। उस दरबे में रहते हुए भी उसे बहुत दिक्कत होती थी। ढंग से वह रात में सो भी नहीं पाता था। एक बार पता करने पर मालूम हुआ कि अभी और तीन महीने लगेंगे अलग टिन का घर मिलने में। अपने घर-परिवार के लिए भी उसकी चिंता बनी रहती थी। विशेषकर अब अपने पिता की बीमारी का सुन कर वह चिंतित रहता था। उसने अपने छोटे भाई को पत्र लिख कर उनका अच्छे से ख्याल रखने की हिदायत दी थी। वह अपनी पगार में से हर महीने तीस रुपये मनीऑर्डर से अपनी पत्नी को पैसे भेजता था। उसमें हिदायत रहती कि दस रुपये महीने का साहूकार को देना है। बाकी बचे तीस रुपये में वह अपना खाना-खर्च चला रहा था। कभी-कभी सुबह का नाश्ता नहीं लेता था, जिससे कुछ पैसे बच जाते थे। लगभग हर दिन वह सोते समय अपनी पत्नी, बच्चों को और खासकर मुनिया की याद करता। कई बार सपने में वह अपने आप को गाँव में उन लोगों के बीच हँसते-खेलते देखता था। उसे मन करता था कि छुट्टी लेकर एक बार गाँव चला जाये और सब से मिलकर आ जाये। लेकिन हर दिन की पगार निश्चित थी। छुट्टी लेने पर उस दिन की पगार कट जाती, इसी मजबूरी में वह कोल्हू के बैल की तरह खदान में काम करता था।

दरबे में रह रहे सभी लोग अपने-अपने गाँव से आए थे और पहली बार इस तरह के काम कर रहे थे। लगभग सबकी हालत खराब थी। जो बसेसर से पहले आए थे उन्हें इतने दिनों तक काम करने पर भी घर जाने की छुट्टी नहीं दी गयी थी। सभी को अपने घर-परिवार की याद सताती थी। कभी-कभी शाम के वक़्त जब कुछ लोग एक साथ होते थे, तब उनमें से कोई अपने मन की व्यथा गीत गाकर सुनाता था। बसेसर भी बीच-बीच में गाता था। उसके सभी गीत अपनी मुनिया से जुड़े होते थे। जब भी कोई गाता, तब उसकी आवाज़ में दर्द होता था। इससे उसके साथ-साथ लगभग सभी अपने गाँव को याद कर रोते थे। यह सिलसिला लगभग हर दूसरे दिन का था। उन्हें ऐसा लगता था, जैसे वे जेल की सज़ा काट रहे हों। जिंदगी शायद उससे भी बदतर थी वहाँ। खासकर बरसात अब शुरू हो गयी थी और उस दरबे की छत टपकती थी। कई-कई दिन वे थके-हरे खदान से लौट कर भी बारिश के कारण रात भर जागे रहते थे। इसके बावजूद अगले दिन फिर उन्हें काम पर जाना होता था। सभी को लगभग खांसी की बीमारी ने जकड़ लिया था और सभी कमजोर दिख रहे थे।

बसेसर को पिछले कई महीनों से अपने घर की चिट्ठी नहीं मिली थी। वह लगभग हर पंद्रह दिन पर अपनी ओर से चिट्ठी भेजता, लेकिन उसका कोई जवाब नहीं मिल पा रहा था। एक बार वह सरजू के साथ डाकखाने भी गया था। वहाँ पता लगा कि एक महीने पहले उसके नाम की चिट्ठी आई थी, जिसे डाकिये ने खदान के ऑफिस में पहले की तरह दे दी थी, लेकिन पता नहीं क्यों बसेसर को वह चिट्ठी नहीं मिली। उसने वापस आकर जब खदान के ऑफिस में बात की तब पता चला कि सरदार सारी चिट्ठी को फाड़ कर फेंक देता है, जिससे मजदूर को अपने घर की परेशानी का पता नहीं चले और वे काम से नहीं भागें। बसेसर ने इस संबंध में सरदार से बात करनी चाही, पर उसने उसे डांट कर भगा दिया। इसका मतलब था कि अब बसेसर को अपने घर की कोई जानकारी आगे नहीं मिलने वाली थी।

उसे बहुत चिंता हुई। वह सोचने लगा कि अब बीच-बीच में सीधे डाकखाने जाकर उसे अपनी चिट्ठी के बारे में जानकारी लेनी चाहिए।

लगभग तीन महीने के बाद बसेसर को रहने के लिए एक टिन का छोटा-सा कमरा दे दिया गया, जिसमें एक और व्यक्ति को रहना था। उसने सरजू को अपने साथ ले लिया। उसी दौरान मजदूरों का अगला दल उसके इलाके से वहाँ खदान में काम करने के लिए आया। उसमें उसके गाँव का एक परिचित भी था। सभी को बसेसर वाले दल की जगह उस दरबे में रखा गया। बसेसर को जब इस बात का पता चला तब वह अपने गाँव के उस व्यक्ति से मिलने गया। वह रामप्रवेश था, जो गाँव में बसेसर के घर से कुछ दूरी पर रहता था। बसेसर को उसे देख कर खुशी हुई। बसेसर ने जब उससे अपने परिवार का हाल-चाल पूछा और खास कर अपने पिता के बारे में जानना चाहा, तब शुरू में रामप्रवेश झिझका और कुछ नहीं बोला। बसेसर को चिंता हुई। उसने उससे पूछा 'क्या बात है, घर पर सब ठीक है न'। तब रामप्रवेश ने बताया 'तुम्हें नहीं पता, तुम्हारे पिता एक महीने पहले गुजर गए'। बसेसर यह सुन कर सन्न रह गया। उसने रामप्रवेश को लोगों से अलग ले जाकर पूछा 'क्या हुआ था और लोगों ने मुझे खबर क्यों नहीं की'। रामप्रवेश ने कहा 'मैं तुम्हारे घर गया था उनके मरने पर, लकवे की बीमारी से वे ग्रस्त थे ही, उसी में एक दिन अचानक उनके सीने में दर्द हुआ और जबतक गाँव के वैद्य को बुलाकर दिखाया जाता, तबतक वे चल बसे। तुम्हारे परिवार वालों से बाद में पता चला कि उन्होंने तुम्हें चिट्ठी भी लिखी थी, लेकिन तुमने कोई जवाब नहीं दिया'। अब बसेसर की समझ में आया कि उसके घर से वही चिट्ठी आई होगी, जिसे फाड़ कर फेंक दिया गया। उसके बाद जो रामप्रवेश ने बताया उसके बाद बसेसर घबड़ा कर जमीन पर बैठ गया। रामप्रवेश ने कहा 'तुम्हारी बेटी मुनिया भी इस बीच बहुत बीमार थी। उसे सर में ज़ोरों का दर्द और तेज बुखार हुआ था। तुम्हारे भाई ने उसे शहर के डॉक्टर से जाकर दिखाया था। उसने दवा लिखी है, जिससे अभी थोड़ा आराम है'।

पिता की मौत और मुनिया की तबीयत की बात सुनकर बसेसर रोने लगा। वह तुरंत वहाँ से उठा और खदान के ऑफिस चला गया। वहाँ जाकर उसने बाबू से कहा कि उसे घर जाने की छुट्टी चाहिए, उसके पिता का देहांत हो गया है और उसकी बेटी की तबीयत भी खराब है। बाबू ने उसे सरदार से मिलने के लिए कहा। उस वक़्त वह वहाँ नहीं था। बसेसर की रात की ड्यूटी थी। वह वापस घर आकर बेचैनी से रात का इंतजार करने लगा। उसके सामने उसके पिता का चेहरा और मुनिया की शक्ल बार-बार आ रही थी और वह लगातार रो रहा था। सरजू ने उसे समझाया कि रात में सरदार से बात कर वह कल घर चला जाए।

रात की शिफ्ट में बसेसर थोड़ा पहले खदान के पास चला गया। खदान का मुंशी और सरदार वहाँ मौजूद थे। बसेसर ने बड़ी हिम्मत जुटा कर पहले खदान के मुंशी से बात की। उसने अपने घर की हालत बताई और बताते हुए उसकी आँखों में आँसू भी थे। तबतक सरदार भी वहाँ आ गया। उसने बसेसर से पूछा 'क्या बात है'। जैसे ही बसेसर ने छुट्टी की बात कही सरदार ने साफ मना कर दिया। उसने कहा 'एक वर्ष के पहले कोई छुट्टी नहीं मिलेगी, चाहे तुम्हारे यहाँ कोई मरे या जिये। बसेसर को यह बात खराब लगी। उसने कहा 'आप ऐसा क्यों बोल रहे हैं, मैंने पिछले छह महीने बिना नागा के काम किया है, आज मुझे अपने घर जाने की जरूरत है, तब आप छुट्टी देने से मना कर रहे हैं'। इतना सुनते ही सरदार ने हाथ में लिए डंडे से बसेसर को मारने की कोशिश की और उसे भद्दी-भद्दी गालियां देने लगा। उसने चिल्लाते हुए कहा 'तुम्हारी हिम्मत कैसे हुई मुझे जवाब देने की। अब तुमने अगर मुंह खोला तब तुम्हें मार पड़ेगी और जरूरत पड़ी तब तुम्हें ताले में बंद कर घर में रखा जाएगा, जिससे तुम भाग नहीं सको। चुप-चाप काम पर जाना है। कोई छुट्टी नहीं मिलेगी। साल भर बीतने के बाद देखा जाएगा'। बसेसर उसकी गालियां और उसकी धमकी सुनकर अवाक रह गया। वह खदान में नौकरी कर रहा था या जेल में था। उसका मन हुआ उसी वक़्त नौकरी छोड़ कर गाँव

चला जाये। उसने अपने दिमाग में लगभग तय भी कर लिया था, लेकिन सरजू उसके नजदीक आ गया और उसे एक तरफ ले जाकर समझाने लगा। उसने कहा कि यह नौकरी उसके लिए बहुत जरूरी है। गाँव जाकर क्या करेगा। शुरू में बसेसर कुछ भी सुनने के लिए तैयार नहीं था, लेकिन सरजू के बार-बार समझाने पर थोड़ी देर के बाद बसेसर सामान्य हुआ। अब उसे यह भी भान हो गया था कि यहाँ आवाज उठाने पर मार भी पड़ती है और ताले में भी बंद कर दिया जाता है। यह वाकई जेल का दूसरा रूप था। बड़े भारी मन से वह खदान में काम पर गया।

अगले दिन उसने अपनी पत्नी को चिट्ठी लिख कर यहाँ के माहौल के बारे में बताया और लिखा कि उसे पिछले कुछ महीनों से घर की कोई चिट्ठी नहीं मिली, इसलिए पिता के निधन के बारे में भी वह बाद में जान सका। उसने लिखा कि अभी थोड़े दिन और छुट्टी मिलनी मुश्किल होगी। उसे मुनिया का पूरा ख्याल रखना होगा। उसने डाकखाने के डाकिये से भी भेंट की और निवेदन किया कि जब भी उसके नाम की कोई चिट्ठी आए तब वह उसे अपने पास रख ले, खदान के ऑफिस में नहीं भेजे। बसेसर को जब भी हर एक दो दिनों में मौका लगेगा, वह डाकिये से अपनी चिट्ठी आकर ले लेगा। डाकिया उसकी बात मान गया।

एक दिन रात की शिफ्ट में बसेसर और सरजू खदान में और लोगों के साथ गए। उन दिनों उन्हें खदान की छत में लकड़ी के बल्ले लगाने का काम दिया गया था, जिससे खदान की छत मजबूत हो। हालाकि, बसेसर को बल्ले कमजोर दिखते थे। उसने इसके बारे में सरदार को कहा भी था, लेकिन उसने उसे अनसुना कर दिया था। बल्कि उल्टा उसने बसेसर को डांटते हुए कहा था 'जो काम दिया जा रहा है वह करो'। बसेसर, सरजू और चार अन्य लोग खदान के पास, जहां से कोयला निकाला जा रहा था, उसके बगल में पहले के बल्ले को निकालकर दूसरे बल्ले लगा रहे थे। एक-एक बल्ला निकाल

कर उसकी जगह दूसरा बल्ला लगाया जा रहा था। बसेसर को बल्ला निकालते वक़्त ऊपर की छत चरमराने की आवाज़ आ रही थी। उसने दौड़ कर सरदार को जाकर बताया था, लेकिन उसने फिर उसे डांट कर भागा दिया और कहा 'तुम बहुत काबिल बन रहे हो'। बसेसर वापस उस जगह आ गया। अभी तीन बल्ले ही लगे थे। बसेसर पीछे खड़ा था, सरजू उसके आगे और उसके आगे वे चारों मजदूर थे। तभी अचानक ज़ोर से चरमराने की आवाज आई और छत का एक बहुत बड़ा हिस्सा टूटकर उन चारों मजदूर के ऊपर आ गिरा। इससे वह जगह पूरी धूल से भर गयी थी। बसेसर सरजू का हाथ खींच कर पीछे हुआ। उसे सरजू की कराह सुनाई पड़ी, साथ में आगे के मजदूरों की भी चिल्लाने की आवाज थी। खदान में अफरा-तफरी मच गयी। कोयले की धूल में कुछ साफ नहीं दिख रहा था। बसेसर पीछे होकर दौड़ कर सरदार को बुलाने गया। तबतक वह भी दौड़ता हुआ उधर आ रहा था। पाँच मिनट बाद धूल छटी, तब कुछ दिखने लगा। छत का बहुत बड़ा टुकड़ा गिरा था। चारों तरफ से मजदूर दौड़े और बेलचे से उस चट्टान को तोड़ने की कोशिश करने लगे। बसेसर ने सरजू की तरफ देखा उसके पाँव से खून बह रहा था। संयोगवश बसेसर को कुछ नहीं हुआ था। लगभग आधे घंटे की मेहनत के बाद छत की चट्टान का वह टुकड़ा किसी तरह हटाया गया। बसेसर ने उस के अंदर तीन लोगों को दबे देखा। उनके हाथ हिल रहे थे, लेकिन शरीर बेजान थे। चौथा मजदूर दूसरे किनारे पर बैठा कराह रहा था। सभी मजदूरों ने मिलकर उन्हें बाहर निकाला और उनके हाथ और पैर को पकड़ कर खदान के मुहाने की तरफ लपके। बसेसर को आभास हुआ कि शायद उनमें से कोई बचा नहीं होगा। बाकी मजदूरों ने मिलकर उस जगह को साफ किया। बसेसर को लगा कि उस दिन का काम आगे नहीं होगा, लेकिन सरदार ने आकर वहाँ चिल्लाना शुरू कर दिया 'एक छोटा सा एक्सिडेंट हुआ है, उसके लिए काम नहीं रुकेगा। सभी अपने-अपने काम पर चले जाएँ'। बसेसर को महसूस हुआ कि उनके सामने मजदूरों की जान की कोई कीमत नहीं है। उसने सरजू के पैर में उसके

गमछे से पट्टी बांधी और उसे एक कोने में बैठ जाने के लिए कहा। काम फिर से शुरू हो गया। बसेसर जब सुबह काम खत्म कर खदान से बाहर निकला, तब उसे पता चला कि चार में से तीन मजदूरों की मौत हो चुकी थी। चौथा घायल अवस्था में पास के सरकारी अस्पताल में पड़ा था। बसेसर को बहुत धक्का लगा। वे तीन मजदूर उसी दरबे में रहते थे, जहां बसेसर अमूमन हर दो-तीन दिन बाद जाकर उन लोगों से मिलता था। उसके सामने अभी भी मरने वाले मजदूरों के चेहरे घूम रहे थे। इस एक्सिडेंट के बाद बसेसर थोड़ा सचेत हो गया था। अब वह बड़ी सतर्कता से खदान में काम करता था।

इधर बसेसर के गाँव में उसके पिता के जाने के बाद उसके छोटे भाई ने घर की जिम्मेवारी संभाल ली थी। मुनिया की बीमारी में भी वह खुद बार-बार शहर ले जाकर उसका इलाज करा रहा था। मुनिया को तेज सर दर्द और बुखार का दूसरा दौरा भी पड़ा था, जो पहले से ज्यादा तेज था। उसके बाद शहर के डॉक्टर ने उसका एक्सरे कर बताया था कि उसके सर में एक गांठ है, जो बचपन से है। उसी के कारण उसे बार-बार सर दर्द होता है। डॉक्टर ने उसके लिए दवाई लिखी थी और कहा था कि इससे अगर बीमारी ठीक हो गयी तो बेहतर है वरना गोरखपुर जाकर इसका ऑपरेशन कराने की भी जरूरत पड़ सकती है। प्यारी यह सुनकर बहुत घबड़ाई थी। लेकिन उसने बसेसर को चिट्ठी में इतना विस्तार से नहीं बताया था, वरना वह चिंतित हो जाता, लेकिन प्यारी मुनिया को लेकर चिंतित रहती थी। वह हमेशा उसके साथ रहती। मुनिया इस बीच थोड़ी कमजोर भी हो गयी थी। अब वह अपनी बहन और छोटे भाई के साथ ज्यादा देर तक नहीं खेल पाती थी।

बसेसर भी लगभग बीस दिनों के बाद डाकखाने गया, तब उसे डाकिये से अपने घर की चिट्ठी मिली। उसे बहुत उत्सुकता हुई घर की खबर जानने की। उसकी पत्नी ने अंतर्देशीय पत्र में बसेसर के पिता के गुजरने के बारे में और मुनिया की बीमारी के बारे में विस्तार से

लिखा था। उसने लिखा कि मुनिया को एक बार फिर उस तरह का दर्द और बुखार हुआ था। डॉक्टर ने कहा था कि मस्तिष्क में कोई घाव हो गया है, जिसका इलाज वे कर रहे हैं। उसने अभी चिंता की बात तो नहीं बताई, लेकिन डॉक्टर ने उसे बहुत हिफाजत से रखने के लिए कहा है। बसेसर यह जानकार चिंता में डूब गया था। उसका मन अब खदान में बिलकुल नहीं लग रहा था। फिर भी मजबूरी में वह कोल्हू के बैल की तरह काम किए जा रहा था।

अब जाड़े के दिन शुरू हो गए थे। दिसम्बर का महीना था। बसेसर को खदान में काम करते हुए दस महीने हो गए थे। बसेसर काम के बोझ से और घर की चिंता से बीमार-सा दिखने लगा था। उसकी खांसी भी उसका पीछा नहीं छोड़ रही थी। ज़ोर से खाँसने पर काला-काला बलगम निकलता था, जो कोयले की धूल के कारण थी। अब वह खदान में काम करते हुए जल्दी थक भी जाता था। वह दरअसल खदान की जिंदगी से ऊब गया था। पिछले पंद्रह दिनों से दिन कि शिफ्ट के कारण वह डाकखाने भी नहीं जा सका था। उसने दरबे में रहने वाले रामप्रवेश को कहा था कि वह डाकखाने जाकर उसके घर की चिट्ठी के बारे में पता करे। रामप्रवेश से भी बसेसर कई दिनों से मिल नहीं पाया था।

एक दिन सुबह से बारिश हो रही थी। ठंढ कड़ाके की हो चुकी थी। उसी में भींगता और ठिठुरता हुआ, बसेसर सुबह छह बजे अपनी ड्यूटी पर गया। उसे पता नहीं क्यों उस दिन मुनिया की बहुत याद सता रही थी। रात में उसे ऐसा कई बार लगा जैसे मुनिया उसे बुला रही हो। वह मन ही मन पूरे दिन उसी के बारे में सोचता रहा। शाम को जब वापस लौटा तब खदान की दूकान में खाना खा कर सीधे उस दरबे में रामप्रवेश से मिलने गया। उसके साथ सरजू भी था। बारिश में वह लगभग भींग गया था। दरबे के पास पहुँचते ही उसने देखा कि रामप्रवेश उसे देख कर उसी की ओर आ रहा है। नजदीक जाकर उसने बसेसर के हाथ में चिट्ठी पकड़ाई। बसेसर बहुत खुश हुआ कि

रामप्रवेश ने उसके लिए काम कर दिया था। रामप्रवेश ने बताया कि यह चिट्ठी पाँच दिन पहले डाकखाने में आ चुकी थी। बारिश से बचने के लिए बसेसर दरबे के अंदर गया। वहाँ बाकी सब बारिश से बचते हुए ठंड में सिकुड़ कर जमीन पर बैठे थे। बसेसर भी एक कोने में बैठ गया। ऊपर के एक बल्ब की रोशनी में उसने चिट्ठी पढ़ना शुरू किया। जैसे-जैसे वह चिट्ठी पढ़ता जाता, उसकी आँखों से आँसू बहते जाते। चिट्ठी में लिखा था कि मुनिया की तबीयत एक दिन ज्यादा खराब हो गयी। जब डॉक्टर को दिखाया गया तब उसने बताया कि उसे अब गोरखपुर ले जाकर बड़े अस्पताल में दिखाना होगा और जरूरत पड़ने पर उसके मस्तिष्क का ऑपरेशन करना पड़ेगा। बसेसर की पत्नी ने इतने दिनों में पहली बार चिट्ठी में लिखा था कि बसेसर अब जल्दी से वापस घर आ जाए, उसे बहुत डर लग रहा है। चिट्ठी खतम कर वह जमीन पर एक कोने में लेट गया और फफक-फफक कर रोने लगा। बाकी सभी उसे देखने लगे। सरजू भी उसके पास आया। उसने पूछा 'क्या बात है'। बसेसर की सिसकी रुक नहीं रही थी। उसी में उसने मुनिया का हाल लोगों को बताया। बताते-बताते वह एक बार फिर ज़ोर-ज़ोर से रोने लगा। उसे लग रहा था जैसे रोते-रोते उसका कलेजा फट जाएगा। मुनिया इतनी बीमार थी और वह उसके साथ नहीं था।

वह उसी जोश में वहाँ से उठा और बाहर निकलने लगा। बाहर तेज बारिश हो रही थी। सरजू उसके पीछे लपका। उसने उससे पूछा 'इतनी बारिश में कहाँ जा रहे हो'। बसेसर ने कहा 'मैं अभी गाँव जा रहा हूँ'। इसपर सरजू ने कहा 'अभी रात का समय है और बारिश भी बहुत तेज है, तुम्हें धनबाद जाने की कोई सवारी नहीं मिलेगी। रात में यहीं दरबे में रह जाओ सुबह उठ कर चले जाना'। बसेसर फिर भी नहीं माना, लेकिन एक दो लोग और उसके पास आ गए और उसे समझाया 'जोश में काम मत करो, सुबह चले जाना, हम सब यहाँ से निकलने में तुम्हारी मदद करेंगे'। बसेसर थोड़ी देर सोच कर मान गया। वह उसी कोने में चुपचाप बैठ गया। वह अब भी सिसक

रहा था। बार-बार उसे लगता जैसे मुनिया उसे पुकार रही हो 'बाबा जल्दी घर आ जाओ मैं तुमसे मिलना चाहती हूँ'। जब भी यह बात सोचता, वह फिर रोने लगता। उसी बीच दरबे में बैठे लोगों में किसी ने गाना शुरू कर दिया। बहुत ही करुण रस का गीत था। उसे सुन कर बसेसर की सिसकी और निकलने लगी। सरजू ने तब बसेसर का ध्यान बंटाने के लिए उसे भी गाने के लिए कहा। शुरू में तो वह तैयार नहीं हुआ, लेकिन जब उसने भिखारी ठाकुर का अपने हृदय से विरह गीत गाना शुरू किया, तब सभी के आँख नाम हो गए। किसी तरह बसेसर ने वहाँ रात गुजारी।

खदान के लोगों से उसे छिप कर निकलना था, इस ख्याल से वह सुबह चार बजे उठ कर सरजू के साथ अपने घर आ गया। बारिश थम गयी थी। जल्दी से तैयार होकर वह पाँच बजे तक अपने टिन के बक्से और एक गठरी को हाथ में लिए चुपचाप निकल गया। उसे डर था कि यदि छह बजे वह काम पर नहीं गया, तब वह जालिम सरदार उसकी खोज करा सकता है। तब उसका वहाँ से निकलना मुश्किल हो जाता। उस वक्त रात का अंधेरा ही था। किसी ने उसे वहाँ से जाते नहीं देखा। वह लगभग दौड़ता हुआ खदान के इलाके से बाहर निकला और धनबाद जाने वाली सड़क पर आ गया। उस वक्त तक सड़क पर ज्यादा सवारी नहीं चल रही थी। लगभग आधे घंटे तक उसे वहाँ इंतजार करना पड़ा। तबतक थोड़ा उजाला होना शुरू हो गया था। उसे डर था कि कहीं वह फिर से खदान के लोगों के चंगुल में न फंस जाये। कुछ देर में उसे एक ट्रक आता दिखा। उसने हाथ से उसे रोकने का इशारा किया। कुछ दूर पर जाकर ट्रक रुक गयी। बसेसर दौड़ कर उसके नजदीक गया और उसके ड्राईवर से कहा कि वह धनबाद रेलवे स्टेशन जाना चाहता है। ट्रक वाले ने उसे बिठा लिया। अगले एक घंटे में बसेसर धनबाद स्टेशन के सामने था। वहाँ लोगों से पूछने पर पता चला कि गोरखपुर जाने के लिए उसे फिर मुगलसराय तक जाना होगा और वहाँ से ट्रेन बदल कर उसे गोरखपुर जाना होगा। मुगलसराय जाने की ट्रेन दिन के ग्यारह बजे की थी।

करीब नौ बजने वाले थे। वह सोच रहा था कि पता नहीं उसके उस दिन काम पर नहीं जाने से क्या आफत आई होगी। उसने गमछे से अपना मुंह लपेट कर रखा था, जिससे कोई उसे पहचान नहीं सके। उसने वहीं एक छोटी-सी दुकान में सुबह का नाश्ता किया और चार रोटी रास्ते के लिए भी बांध कर अपनी पोटली में डाल ली। रेलवे स्टेशन के सामने की दुकानें तब तक खुल चुकी थीं। अचानक उसकी नजर सामने एक कपड़े की दुकान पर पड़ी, जो अभी खुल ही रही थी। दुकानदार दुकान के बाहर बच्चों के कपड़े लटका रहा था। उन कपड़ों में उसे एक सफ़ेद परी वाली ड्रेस नजर पड़ी। उसे याद पड़ गया कि मुनिया को उसने पहले भी यह ड्रेस दी थी, जिसको पहन कर वह बिलकुल परी की तरह लगती थी। बसेसर दुकान पर गया और उसने वह ड्रेस मुनिया के लिए खरीद लिया। उसने सोचा बीमारी में भी यह फ्रॉक देखकर मुनिया खुश हो जाएगी। उसने अपने दोनों बच्चों के लिए भी कुछ कपड़े लिए और अपने टिन के बक्से में सबको डाल लिया। उसके बाद वह स्टेशन के अंदर दाखिल हो गया। उसने जनरल क्लास का टिकट कटाया। टिकट खिड़की के पास उसे दो तीन हट्टे-कट्टे लोग नजर आए। बसेसर ने सोचा कि शायद उसकी तलाश में मुंशी ने किसी को धनबाद न भेज दिया हो। लेकिन फिर उसने जल्दी से टिकट लिया और प्लैटफ़ार्म में दाखिल हो गया। उसकी ट्रेन ठीक ग्यारह बजे आ गयी। वह जल्दी से जनरल डिब्बे में चढ़ गया। उस दिन ज्यादा भीड़ नहीं थी। वह अंदर घुसकर ऊपर की सीट पर चला गया, जिससे कोई उसे देख नहीं सके। जबतक ट्रेन धनबाद स्टेशन से खुल नहीं जाती, तबतक उसे खतरा था। ट्रेन अगले पंद्रह मिनट में खुल गयी, तब बसेसर की जान में जान आई।

रास्ते में ट्रेन लेट हो गयी थी, इसलिए वह रात को नौ बजे मुगलसराय पहुंची। वहाँ से गोरखपुर की ट्रेन रात के बारह बजे थी। उस ट्रेन में उसे पता चला कि गोरखपुर के पहले ट्रेन चौरी-चौरा भी रुकती है। रात के सफर में वह ऊँघता रहा। एक बार अहली सुबह

इसी ऊँघने के क्रम में उसे महसूस हुआ जैसे उसके सामने मुनिया खड़ी है और दोनों हाथ फैला कर उसे बुला रही है। वह चौंक कर उठा। मन में सोचता रहा कि उसने ऐसा सपना क्यों देखा। भगवान करे घर पर सब ठीक हो। सुबह के नौ बजे वह चौरी-चौरा उतर गया। उसे अब गाँव पहुँचने की जल्दी थी। वह जल्दी से मुनिया से मिलना चाहता था। बाहर निकल कर उसे एक जीप मिल गई, जो सवारी बिठा कर उसके गाँव की तरफ जा रही थी। वह उसमें बैठ गया और अगले एक घंटे के बाद दिन के साढ़े ग्यारह बजे वह अपने गाँव के सामने पहुँच गया।

लगभग एक साल के बाद वापस गाँव लौटने की उसकी खुशी उसके चेहरे से झलक रही थी। वह अपने बक्से और पोटली को उठाए अपने घर की तरफ लपका। दस मिनट के भीतर वह घर के दरवाजे पर था। उसे कुछ अजीब महसूस हो रहा था। घर के बाहर बिलकुल सन्नाटा था। बाहर का दरवाजा भी बंद था, जो पहले अमूमन खुला रहता था। उसने आगे बढ़ कर कुंडी खटखटाई। अंदर से कोई जवाब नहीं मिला। थोड़ी देर में उसने फिर कुंडी खटखटाई और दरवाजा भी खटखटाया। पाँच मिनट के बाद दरवाजा खुला। उसकी माँ सामने खड़ी थीं, अपने मुंह पर साड़ी का पल्लू लपेटे। बसेसर ने समान जमीन पर रखा और झुक कर जैसे ही उन्हें प्रणाम करने की कोशिश की, वह चिल्ला कर बसेसर से लिपट गयी और ज़ोर-ज़ोर से रोने लगी। बसेसर ने सोचा कि बहुत दिन के बाद भेंट होने के कारण शायद उसकी माँ रो रही थी। लेकिन माँ के पीछे आँगन में उसने अपनी पत्नी को औंधे मुंह लेटा हुआ दूर से देखा। उसे कुछ शंका हुई। माँ को अपने से अलग कर उसने पूछा 'क्या बात है'। माँ रोती जा रही थी। अब बसेसर का सब्र टूट रहा था। उसने माँ को झकझोरते हुए ज़ोर से पूछा 'बताओ क्या हुआ'। माँ के मुंह से सिर्फ एक शब्द निकला 'मुनिया'। बसेसर घबड़ा गया। उसने पूछा 'कहाँ है मुनिया'। उसकी माँ ने रोते हुए कहा 'मुनिया चली गयी'।

बसेसर वहीं धड़ाम से जमीन पर गिर गया। उसका दिल चीत्कार कर रहा था। वह दहाड़ मार कर रोने लगा। अब माँ ने उसे उठाने की कोशिश की। वह किसी तरह खड़ा हुआ और आँगन में अपनी पत्नी की तरफ बढ़ा। वह औंधे मुंह लगभग बेहोशी की हालत में थी। उसने उसे उठाया। वह कुछ बोलने की स्थिति में नहीं थी। बहुत झकझोरने पर उसने आँखें खोली और जब सामने बसेसर को देखा तब दहाड़ मार का रोती हुई उससे लिपट गयी। उसने रोते हुए कहा 'आज सुबह चार बजे मुनिया चली गयी'। बसेसर के काटो तो खून नहीं। उसने बस इतना पूछा 'कहाँ ले गए उसे'। तब उसकी पत्नी ने कहा 'दो घंटे पहले उसे लेकर गाँव के शमशान में गए हैं'। बसेसर तुरंत खड़ा हुआ और उसी हालत में दौड़ता हुआ घर से निकल गया। वह गाँव की पगडंडी पर बेतहासा 'मुनिया, मुनिया' चिल्लाता हुआ दौड़ता जा रहा था। कई बार वह रास्ते में गिरा भी, फिर उठा, फिर गिरा और अगले पाँच मिनट में वह गाँव के बाहर शमशान में पहुँच गया। दूर से उसने देखा वहाँ एक किनारे दस-बारह लोग खड़े थे और सामने एक चिता जल रही थी। वह वहीं जमीन पर निढाल हो कर गिर गया मानो उसने अब हिम्मत हार दी हो। वह एक बार झुका और फिर आकाश की तरफ मुंह उठा कर ज़ोर से चिल्लाया 'मुनिया'।

उसकी आवाज सुनकर लोग उसकी तरफ दौड़े। बसेसर का छोटा भाई भी उसके नजदीक आया। सब ने मिलकर उसे उठाने की कोशिश की और चिता के पास ले गए। बसेसर के सामने उसकी मुनिया की चिता जल रही थी। अंतिम समय में वह उससे मिल भी नहीं पाया। काश उस रात वह खदान से निकल गया होता। वह बार-बार सर उठा कर ऊपर देखता और 'मुनिया, मुनिया' पुकारता। उसके आँसू रुक नहीं रहे थे। उसकी स्थिति पागलों जैसी हो गयी थी। बड़ी देर तक उसी हालत में वह पड़ा रहा और अचानक चिता की तरफ दौड़ा। ऐसा लगा जैसे वह उसमें छलांग लगाना चाहता हो। लोग उसके पीछे दौड़े और उसे बिलकुल चिता के नजदीक जाकर पकड़ा। वह चिल्ला रहा था 'मुझे छोड़ दो, मैं भी अपनी मुनिया के साथ जाऊंगा, वह मुझे

बुला रही है'। लोग उसे पकड़ कर चिता से दूर ले गए और एक जगह बिठाया। किसी ने पानी लाकर उसका मुंह धोया।

अब वह चुप हो गया था और एक टक चिता की ओर देख रहा था, जैसे शून्य में किसी को खोज रहा हो। आँखों से आँसू अब भी बह रहे थे। तभी उसे अपने कंधे पर किसी के हाथ रखने का आभास हुआ। उसने बड़ी मुश्किल से पीछे मुड़ कर देखा, पीछे मुनिया खड़ी थी। उसी सफ़ेद ड्रेस में, जो वह धनबाद स्टेशन से खरीद कर लाया था। वह चौंक गया। उसने उसे हाथ से छूने की कोशिश की, पर वह दूर चली गयी। उसने कहा 'बाबा तुम हमसे मिलने नहीं आए। मैं तुम्हें बहुत याद कर रही थी। तुम रोना नहीं मैं हमेशा तुम्हारे साथ रहूँगी'। बसेसर खड़ा हो गया और मुनिया की तरफ आगे बढ़ा। मुनिया दोनों हाथों को फैलाये सफ़ेद लिबास में बिलकुल परी की तरह लग रही थी। बसेसर ज़ोर से चिल्लाया 'मुनिया परी मेरे पास आ जाओ' उसने आगे बढ़ कर उसे छूने की कोशिश की लेकिन वहाँ अब कोई नहीं था। बसेसर दहाड़ मारकर जमीन पर गिर पड़ा।

बसेसर की मुनिया सचमुच इस दुनिया से जा चुकी थी।

यह कहानी सच्ची घटनाओं पर आधारित है, सिर्फ नाम काल्पनिक हैं। इस कहानी के बारे में मुझे अपने मित्र से जानकारी मिली, जिनके कोई परिचित बसेसर के गाँव के पास के रहने वाले थे। उन्हीं से लंबी बातचीत के बाद बसेसर की कहानी लिखी गयी। यह कहानी वर्ष 1968-69 के कालखंड की है, जब ज़्यादातर कोयला खदानें प्राइवेट मालिक के अधीन थीं। दरअसल, सन 1942 में गोरखपुर लेबर ऑर्गनाइज़ेशन नामक एक संस्था बनी, जिसमें देश के पूर्व भाग से मजदूर कोयला खदानों में लाये जाते थे। इनमें ज़्यादातर मजदूर पूर्वी उत्तर प्रदेश और बिहार के होते थे। इन को उस वक़्त 'गोरखपुरिया वर्कर' कहा जाता था। यह सिलसिला कोयले के राष्ट्रीयकरण तक चला। इस कहानी के लिखने का मकसद लोगों को बताना था कि किस परिस्थिति में गाँव के ये बेबस लोग प्राइवेट मालिक की खदानों

में बंधुआ मजदूर की तरह रहते थे। मजबूरी में कुछ पैसे कमाने के लिए उन्हें कैसी नारकीय जिंदगी जीनी होती थी। घर-बार से दूर जमीन की गहराई में रोज बारह घंटे जेल के जीवन के जैसा था। कई जिंदगियाँ इन्हीं खदानों में काम करते-करते दफन हो गईं, जिनका कोई पता नहीं चला, न ही कहीं इसका जिक्र है। बसेसर की कहानी इसलिए सामने आई क्योंकि बाप-बेटी का यह रिश्ता किसी की भी सोच से परे था और हृदय को चीरने वाला था। इस करुण गाथा को आज भी बसेसर के गाँव वाले याद करते हैं और कहानियों में उसका जिक्र होता है।

बसेसर मुनिया के जाने का सदमा बर्दाश्त नहीं कर पाया। वह लगभग पागलों जैसा हो गया। हर वक़्त 'मुनिया, मुनिया' की रट लगाए रहता। कभी दिन, कभी रात में आँगन के दरवाजे की ओर दौड़ता और कहता 'देखो मुनिया आ गयी, दरवाजा खोलो'। खदान में लगभग एक वर्ष काम करने के बाद उसे दमे की बीमारी हो गयी थी। हर वक़्त खाँसता रहता और उसकी सांस भी फूलती थी। वह बिलकुल बिस्तर से लग गया था। उसे अपनी कोई सुध-बुध नहीं थी। उसकी पत्नी उसके नित्यकर्म में भी उसकी मदद करती और अपने हाथों से खिलाती। डॉक्टर ने कहा था कि सदमे और दमे के कारण बसेसर की यह हालत हो गयी है। एक डॉक्टर ने तो उसे पागलखाने भेजने के लिए भी कहा, लेकिन घर के लोग तैयार नहीं हुए।

बसेसर के खदान से बिना बताए निकलने के कारण सरजू पर खदान वालों ने बहुत जुल्म ढाया। उसे दंड के तौर पर चौबीस घंटे खदान के नीचे रखते थे। उसकी भी तबीयत खराब रहने लगी थी, इसलिए एक दिन मौका देख कर वह भी वहाँ से निकल भागा और गाँव आ गया। गाँव आकर उसने जब बसेसर के बारे में सुना तब उसे बहुत दुख हुआ। वह बसेसर से मिलने जाता, लेकिन बसेसर उसे पहचान नहीं पाता था। उसकी आँखों में शायद अब एक ही तस्वीर थी और जुबान पर सिर्फ एक ही नाम था 'मुनिया'। सरजू ने गाँव

वालों को कोयला खदान में काम करने की बसेसर और अपनी कहानी सुनाई।

बसेसर की बीमारी दिनों-दिन बढ़ती जा रही थी। अब वह बिस्तर से बिलकुल उठ नहीं पाता था। दवा के असर से वह हमेशा सोया रहता। मुनिया के जाने के लगभग पाँच वर्ष बाद वर्ष 1974 में सिर्फ बत्तीस वर्ष की उम्र में एक दिन बसेसर भी इस दुनिया से विदा हो गया। मरते वक्त भी उसके आखरी शब्द थे 'मुनिया'। बसेसर की पत्नी रोते-रोते कहती है कि मुनिया भी जब बेहोशी की हालत में आखिरी सांस ले रही थी, तब उसकी जुबान पर भी एक ही नाम था 'बाबा'। शायद बेटी ने बाप को अपने पास बुला लिया था। बसेसर की पत्नी बिलकुल टूट गयी थी। उसी हालत में वह दोनों बच्चों का लालन-पालन करती रही, लेकिन मुनिया और अपने पति के जाने के गम में वह भी ज्यादा दिन नहीं बच सकी। बसेसर के जाने के तीन साल बाद वह भी एक दिन हृदय रोग के कारण चल बसी। अब बसेसर के दोनों बच्चे अनाथ हो चुके थे।

बसेसर के छोटे भाई मोहन की शादी हो चुकी थी, लेकिन उसकी कोई संतान नहीं थी। वह बसेसर के दोनों बच्चों को ही अपनी संतान मान कर उनका लालन-पालन करने लगा। इस दौरान हर वर्ष बारिश अच्छी होने के कारण मोहन की देख-रेख में फसल अच्छी हुई थी, इसलिए घर में अब पैसों की कमी नहीं थी। साहूकार का कर्ज भी तीन वर्ष पहले चुकता हो गया था। बसेसर और मुनिया की याद में मोहन गाँव में कुछ करना चाहता था। उसने गाँव वालों से बात-चीत कर वहीं चौपाल के पास दो कमरे बनवा कर गाँव की महिलाओं और बच्चियों के लिए एक सिलाई, कढ़ाई स्कूल खोल दिया, जिसका नाम मुनिया के नाम पर 'मालती सिलाई स्कूल' रखा गया। वह स्कूल आज भी है और उस स्कूल के अंदर एक दीवार पर आज भी मुनिया और बसेसर की तस्वीर लगी है, जिसके नीचे लिखा है 'बसेसर की मुनिया'।

बसेसर का भाई मोहन आज पछत्तर वर्ष का हो चुका है और गाँव में ही रहता है। बसेसर की छोटी बिटिया, गुड़िया का ब्याह देवरिया के पास के गाँव में हुआ। बसेसर का बेटा कमल आज पचपन वर्ष का है और गोरखपुर की एक फ़ैक्टरी में काम करता है। वह वहीं अपनी पत्नी और बच्चों के साथ रहता है और महीने में दो-तीन बार गाँव जरूर आता है।

गाँव वाले आज भी जब चौपाल में बैठते हैं और पुराने समय की चर्चा होती है, तब उनकी जुबान पर अन्य कहानियों के अलावा एक कहानी प्रमुखता से आती है-

बसेसर की मुनिया.....।

ढाई सौ वर्षों की यात्रा

वैसे तो कोयला के आधिकारिक खनन का इतिहास में उल्लेख अठारहवीं शताब्दी के अंत से मिलता है, लेकिन पूर्व वैदिक काल (4000-1600 ई. पू.) में बड़े पैमाने पर स्वर्ण, रजत और तांबे के खनन और उससे आभूषण, बर्तनों और अन्य सामग्री के बनाए जाने का उल्लेख है, जिनके निर्माण के लिए ईंधन का इस्तमाल अवश्य होता होगा। अंदाजा लगाया जाता है कि वह ईंधन जमीन के नीचे का कोयला रहा होगा। वैदिक काल (1500-600 ई.पू) के कई ग्रन्थों में और ऋग्वेद में भी 'अंगारा' शब्द का प्रयोग हुआ है। यह समझना मुश्किल है कि उस वक्त उसे लकड़ी का कोयला मानते थे या कोयला। यजुर्वेद (1100-1000 ई.पू) में जमीन के भीतर 'अग्नि' की खोज का वर्णन है। कुछ इतिहासकारों का मानना है कि हमारे देश में ईसा पूर्व चौथी शताब्दी में उच्च गुणवत्ता वाले चाँदी और इस्पात की सामग्री का विवरण है, जो आगे भी विभिन्न साम्राज्यों में जारी रहा। इन सामग्रियों के निर्माण में अवश्य कोयले का उपयोग होता रहा होगा, लेकिन इसकी कोई आधिकारिक जानकारी नहीं है।

हमारे देश में कोयले का लिखित रूप से उल्लेख अठारहवीं शताब्दी के अंत में मिलता है, जब 1774 में जॉन समनर नामक

अंग्रेज़ ने ईस्ट इंडिया कंपनी के तत्कालीन अध्यक्ष वारेन हेस्टिंग्स को कोयले के खनन के लिए आवेदन दिया था। ग्यारह अगस्त, 1774 को समनर ने ग्रांट हिटली के साथ कलकत्ता में आवेदन दिया, जिसमें उल्लेख था कि उन्होंने बंगाल में पंचेत और बीरभूम में कुछ कोयले की खदानें खोज निकाली हैं और वहाँ से उनका कोयला खनन कर बेचने का प्रस्ताव है। उन्हें ईस्ट इंडिया कंपनी से छह कोयला खदानों में खनन करने की स्वीकृति मिल गयी। सबसे पहले दोनों ने रानीगंज कोलफील्ड में ग्रांड ट्रंक रोड के बगल में वर्तमान नियामतपुर से चार मील दूर एथोरा में पहली कोयले की खदान खोली। वहाँ से कोयले का खनन कर सितंबर, 1775 में उस कोयले की गुणवत्ता की जांच के लिए उनलोगों ने लगभग ढाई सौ मन कोयला कलकत्ता के मिलिटरी स्टोरकीपर को भेजा। इस जांच का सकारात्मक उत्तर उन्हें नहीं मिला। रिपोर्ट में कहा गया कि इस कोयले से बेहतर ब्रिटेन से आया हुआ कोयला है, जो इससे आधे वजन पर ज्यादा ऊर्जा पैदा करता है। हालाकि, उसमें लिखा था कि शायद यह कोयला सतह पर से निकाला गया है, यदि और गहराई में कोयले का खनन किया जाये तब अच्छी गुणवत्ता वाले कोयले के मिलने की संभावना है, लेकिन गहराई में कोयला खनन का उस वक़्त कोई इंतजाम नहीं था। रानीगंज में कम गुणवत्ता वाले कोयले के बावजूद ब्रिटिश सरकार ने वर्ष 1808 में ईस्ट इंडिया कंपनी को चिट्ठी देकर प्रश्न किया था कि ब्रिटेन से इतनी महंगी कीमत पर कोयले का आयात कर भारत में उसका उपयोग किया जा रहा है, क्या वहीं भारत में इसकी जगह बीरभूम के स्थानीय कोयले या चारकोल का उपयोग नहीं किया जा सकता है। उस वक़्त यह कोशिश की गयी कि ब्रिटेन से लाये गए कोयले में भारत से उत्पादित कोयले को मिलाकर काम चलाया जाए, लेकिन उसमें भी सफलता नहीं मिली।

इसके बाद अगले पचीस वर्ष तक 1788 से 1814 के दौरान कोयला के उत्पादन में मंदी रही, क्योंकि एक तरफ कोयले के परिवहन का कोई सुगम साधन नहीं था और दूसरे इस कोयले

के उपभोक्ता भी बहुत कम थे। वर्ष 1814 में जब मरकस ऑफ हेस्टिंग्स का भारत आगमन हुआ, तब उसने देश में कोयले के भंडार के अध्ययन का आदेश दिया। तब जाकर भारत में कोयला उद्योग को पुनर्जीवन मिला। इसी बीच देश के अन्य भाग से भी सतह पर कोयला पाये जाने की खबर मिलती रही।

वर्ष 1815 में ब्रिटिश सरकार द्वारा विलियम जॉंस नामक एक खनन विशेषज्ञ को हेस्टिंग्स के रानीगंज इलाके में किए गए कार्य को आगे बढ़ाने के लिए भेजा गया। जॉंस शायद पहला खनन अभियंता था, जिसने शाफ्ट सिंकिंग कर कोयले के खदान की शुरुआत की। उसने रानीगंज के पास दमालिया इलाके में पहली आधुनिक तकनीक वाली भूमिगत खदान खोली। उसने तीस से चालीस फीट की गहराई में जाकर सामान्य कोयला खनन और शाफ्ट के माध्यम से नब्बे फीट गहराई तक जाकर रानीगंज कोयला सीम से कोयले का उत्पादन किया। उसके शाफ्ट की परिधि नौ फीट थी।

जॉंस को रानीगंज इलाके में कोयला खनन के लिए सरकार से आसान किश्तों में चालीस हजार रुपये मिले। लेकिन 1820 तक उस रकम की अदायगी नहीं करने के कारण अलेक्जांदर ऐंड कंपनी ने उस रकम की अदायगी कर जॉंस से वह कंपनी ले ली। इस तरह भारत में पहली कोयला कंपनी की स्थापना हुई और 1820 में ही आधिकारिक तौर पर रानीगंज खदान की शुरुआत हुई। हालाकि, आज भी जॉंस को उसके शुरू के कोयला खनन के प्रयास के कारण भारत में आधुनिक कोयला खनन का जनक कहा जाता है।

उन दिनों रानीगंज खदान से कोयला उत्पादन कर दामोदर नदी के मार्ग से नाव द्वारा कलकत्ता भेजा जाता था। इसमें कभी-कभी अड़चन भी आती थी, जिससे कलकता शहर को लगातार कोयले की आपूर्ति नहीं हो पाती थी। उस वक़्त यह कोयला पंद्रह रुपये प्रति टन की दर से कलकत्ता में बिकता था, जबकि बंबई में ब्रिटेन से आए कोयले की कीमत चौदह रुपये प्रति टन हुआ करती थी।

वर्ष 1820 के बाद यूरोप के आधिपत्य में रानीगंज कोलफील्ड में कई नई कंपनियाँ खुलीं। इनमें 1823 में चिनाकुरी में हेस्टिंग्स की पुरानी खदान की जगह बेट्स नामक कंपनी, वर्ष 1824 में दामुलिया में जेसोप ऐंड कंपनी और 1830 में भी चांच और नुचिबाद इलाके में जेसोप ऐंड कंपनी द्वारा खदानें खोली गईं। वर्ष 1831 के बाद रेलवे स्टीम इंजिन शुरू होने से कोयले की मांग अचानक बढ़ी। कलकता से लगभग 130 किलोमीटर दूर रानीगंज इलाके में कोयला खदानें थीं और वहाँ से पानी के रास्ते कोयले की ढुलाई कलकत्ता तक होती रही। उस वक़्त उस इलाके में दो से तीन हजार लोग काम करते थे, जिनकी देखरेख एक विदेशी के हाथ में रहती थी। कोयला श्रमिकों को तीन से चार रुपये तनख़ाह प्रतिमाह मिलती थी।

उसकी सारी संपत्ति को प्रिंस द्वारका नाथ टैगोर (नोबल पुरस्कार विजेता रबीन्द्रनाथ टैगोर के दादा) ने अपने हाथों में ले ली। उस वक़्त उनके जिम्मे अन्य कंपनी भी हुआ करती थीं। कार, टैगोर ऐंड कंपनी की स्थापना की गयी, जिसमें द्वारकानाथ की प्रमुख भूमिका थी। वर्ष 1837 में इस कंपनी ने अपने कोयले के व्यापार को बढ़ाते हुए चिनाकुरी खदान खरीद ली। कंपनी ने अपना मुख्यालय रानीगंज के निकट नारायणकुरी में बनाया।

गिलमोर, होमफ्रे ऐंड कंपनी द्वारा वर्ष 1837 में चांच, नुचिबाद और नारायणकुरी खदान को अपने अधीन किया गया। वर्ष 1842 में जब द्वारकानाथ यूरोप से वापस लौटे तब उन्होंने कार, टैगोर ऐंड कंपनी को कठिनाई में पाया। वर्ष 1843 में दोनों कंपनी को मिलाकर बंगाल कोल कंपनी लिमिटेड की स्थापना की गयी, जिसकी शुरू की पूंजी ग्यारह लाख रुपये थी। इस कंपनी के खुलने से भारत में किसी भारतीय द्वारा व्यवस्थित रूप से कोयला खनन की कंपनी की शुरुआत हुई।

इस बीच वर्ष 1837 में एक कोयला समिति ने सभी जगह के कोयले के बारे में जानकारी लेकर वर्ष 1838 में एक रिपोर्ट सौंपी।

इस रिपोर्ट के आधार पर इंग्लैंड से अनुभवी खनिकों को भारत लाया गया, जिससे देश में कोयले की नयी खदानें खुल सकें। वर्ष 1842 तक सिर्फ रानीगंज इलाके से पचास हजार टन कोयले का उत्पादन होने लगा। फिर भी इस कोयले के परिवहन में अभी भी दिक्कत थी। इसको ध्यान में रख कर वर्ष 1855 में रानीगंज से कलकत्ता तक के लिए 120 मील लंबी रेलवे लाइन बिछाकर ट्रेन परिचालन की शुरुआत हुई, जिससे रानीगंज कोयला क्षेत्र का महत्व बढ़ गया।

कोयला समिति ने वर्ष 1846 में अपनी एक और रिपोर्ट सौंपी, जिसमें कहा गया था कि अब समय आ गया है कि भारत में कोयले की खोज के लिए बाकायदा सर्वे कराया जाये। तत्कालीन बंगाल सरकार से इस संबंध में निवेदन मिलने पर ग्रेट ब्रिटेन के भूगर्भ सर्वेक्षक के डी एच विलियम्स को भारत लाया गया, जिससे वे देश के विभिन्न जिलों में स्थित कोयला क्षेत्र का भूगर्भीय सर्वेक्षण कर सकें। विलियम्स का भारत आगमन फरवरी, 1846 में हुआ। उन्हें रानीगंज कोलफील्ड इलाके के सर्वेक्षण का काम पहले सौंपा गया। उन्होंने एक वर्ष में उस इलाके का सर्वेक्षण पूरा कर लिया। विलियम्स के ईस्ट इंडिया कंपनी के भूगर्भीय सर्वेयर के रूप में भारत आने से यहाँ कोयले के विधिवत भूगर्भीय सर्वेक्षण की शुरुआत हो गयी। बाद में विलियम्स ने बोकारो, रामगढ़ और करणपुरा कोलफील्ड के भूगर्भीय सर्वेक्षण का काम शुरू किया। उसी दौरान हजारीबाग में रहते वक़्त विलियम्स की तबीयत बुरी तरह खराब हुई, जब उसे जंगली बुखार हुआ। इस बुखार से वे उबर नहीं पाये और वर्ष 1848 में लंबी बीमारी के बाद उनका निधन हो गया।

विलियम्स के निधन के बाद उसके अधूरे काम को आगे बढ़ाने के लिए ईस्ट इंडिया कंपनी ने मैकक्लीलैंड को काम पर लगाया। उसने कुछ ही दिनों के भीतर बराकर नदी के रास्ते चलते हुए गिरिडीह कोलफील्ड की खोज की, जहां कोयला भंडार कम था, लेकिन वहाँ उच्च कोटी का कोकिंग कोयले का भंडार पाया गया। इसी क्रम में

उसने राजमहल पहाड़ के आसपास भी कोयले का भंडार खोज निकाला। उसने इन सब को लेकर भारतीय भूगर्भीय सर्वेक्षण की 1848-49 की रिपोर्ट तैयार की। उस रिपोर्ट के जमा करने के बाद मैकक्लीलैंड ने सर्वे के काम से अपने आप को अलग कर लिया। उसके जाने के बाद वर्ष 1851 में रॉयल सोसाइटी ऑफ लंदन के सदस्य और डबलिन में भूगर्भ शास्त्र के प्रोफेसर डॉक्टर थॉमस ओल्ढम को भारत लाया गया और उन्हें पूरे भारत देश के भूगर्भीय सर्वेक्षण का काम सौंपा गया, जिसमें कोयले के सर्वेक्षण की मुख्य भूमिका रखी गयी। ओल्ढम के भारत आने पर यहाँ भूगर्भीय सर्वेक्षण का कोई दफ्तर नहीं था। केवल कलकत्ता में इसके नाम पर इकनॉमिक जियोलोजी का एक म्यूज़ियम था। ओल्ढम को काम करने के लिए एक सहायक और एक अर्दली की सेवा दी गयी थी। दरअसल, 1851 में ही भारतीय भूगर्भीय सर्वेक्षण संस्थान की स्थापना हुई। हालाकि, बाद में वर्ष 1853 और 1855 में मेडलीकोट और ब्लंफोर्ड भाइयों के आने के बाद सर्वेक्षण के कार्य के लिए और सहयोगी दिये गए।

वर्ष 1856 तक राजमहल कोलफील्ड, सोन तथा नर्मदा-सतपुरा इलाके और तालचर में कोयले की खोज की जा चुकी थी। वर्ष 1856 में लॉर्ड कैनिंग के गवर्नर जनरल के पद पर आने के बाद भारत में भूगर्भीय रिसर्च के एक नए अध्याय की शुरुआत हुई। भूगर्भीय सर्वेक्षण को एक सरकारी विभाग के तौर पर मान्यता मिली और सर्वेक्षण का काम सुचारु रूप से शुरू हुआ। पहले प्रमुख कोलफील्ड के सर्वे के बाद अन्य छोटे इलाकों में सर्वेक्षण का कार्य शुरू किया गया।

वर्ष 1857 के गदर के समय सर्वेक्षण का काम रुक गया, लेकिन उस आंदोलन के समाप्त होने पर कोलफील्ड के सर्वेक्षण का कार्य फिर द्रुत गति से शुरू हुआ और यह 1876 तक जारी रहा। वर्ष 1859 में ओलधम ने रानीगंज कोलफील्ड इलाके को सात जोन में बांटा, जिनमें रानीगंज, सिंगरून, नूनिया, बराकर और दामोदर प्रमुख थे। उस इलाके में उस वक़्त तक कई विदेशी और देशी कंपनी ने कोयला

खनन का काम शुरू कर दिया था। ओलधम ने अपनी एक रिपोर्ट में लिखा था कि जून 1859 में पटना में कोयले की कीमत एक रुपये आठ आना प्रति मन थी, जबकि बनारस में एक रुपये बारह आने और इलाहाबाद में दो रुपये प्रति मन। वर्ष 1876 के अंत में ओल्धम ने अपने गिरते स्वास्थ्य के कारण नौकरी से सेवानिवृति ले ली थी।

इसी बीच मेडलीकोट भाइयों ने नर्मदा-सतपुरा घाटी के सर्वे का काम पूरा किया। एच बी मेडलीकोट ने 1872 की अपनी रिपोर्ट में नर्मदा घाटी के दक्षिण इलाके को वहाँ के गोंद राज्य के नाम के ऊपर कोयला क्षेत्र का नाम 'गोंडवाना' रखा। ओल्धम के काम को आगे जारी रखते हुए उन्नीसवीं शताब्दी के अंत तक भारतीय प्रायद्वीप के सभी कोलफील्ड तथा बंगाल के दार्जिलिंग और असम के कोलफील्ड के सर्वे और मैपिंग का कार्य पूरा हो चुका था।

उन्नीसवीं सदी के अंत तक रानीगंज कोलफील्ड से सबसे ज्यादा कोयले का उत्पादन होता था। वर्ष 1900 में देश में कुल कोयला उत्पादन इकसठ लाख टन हुआ, जिसमें रानीगंज कोलफील्ड से साढ़े पचीस लाख टन उत्पादन हुआ। हालाकि, इस वक़्त तक झरिया कोलफील्ड से भी उत्पादन बढ़ा और वहाँ से रेलवे की सुविधा के कारण वर्ष 1907 तक वहाँ से कोयला उत्पादन ने और गति पकड़ी। वर्ष 1907 में ईस्ट इंडियन रेलवे की वहाँ से ग्रैंड कॉर्ड लाइन गुजरने लगी, जिसके कारण 1907 और 1908 में वहाँ से बड़े पैमाने पर कोयले का उत्पादन और परिवहन होने लगा। उसके एक वर्ष के अंदर उस इलाके में लगभग पचास कंपनी की स्थापना हुई, जिसमें लगभग तीन करोड़ रुपये की पूंजी लगाई गयी। दरअसल, उस वक़्त बिहार और बंगाल के जर्मींदार को खनन की जमीन को पट्टे पर देने की छूट थी। इसके कारण छोटे-छोटे व्यापारी ने पहले रानीगंज और झरिया में और बाद में बोकारो और करणपुरा इलाके में जमीन लेकर कोयले के खनन का काम शुरू कर दिया। पहले विश्व युद्ध के दौरान कोयले की मांग बढ़ने के कारण पूरे युद्ध के दौरान झरिया और रानीगंज इलाके

में छोटी-छोटी आठ सौ संतावन खदानें खुल गईं, जिनमें से दो सौ अड़्डासी खदानों में महीने में केवल एक हजार टन कोयले का उत्पादन होता था। करीब दो सौ से ऊपर खदानें थोड़ी बड़ी थीं, जहां से महीने में एक हजार से पाँच हजार टन के बीच उत्पादन हुआ करता था। इन खदानों में काम करने का तरीका बिलकुल मामूली था। खदान से कोयला को निकालने के लिए एक चकरी का इस्तेमाल किया जाता था। इस चकरी में रस्सी लगा कर महिला मजदूरों द्वारा घुमाया जाता था, जिससे कोयला से लदी टोकरी खदान के बाहर निकाली जा सके। जब ढुलाई की दूरी लंबी हो गई और सीमों को गहराई तक काम करना पड़ा तब शाफ्ट और गड्ढों द्वारा काम करना अस्तित्व में आया और ढुलाई का मशीनीकरण आवश्यक हो गया। खदान में काम करने के लिए ज्यादा पूंजी या कौशल और तकनीकी ज्ञान की आवश्यकता नहीं होती थी।

खदान में काम करने के लिए मुख्य रूप से बिहार और उत्तर प्रदेश के पूर्वी जिलों के मजदूर काम की तलाश में अपनी गरीबी के कारण आते थे। उन्हें बंधुआ मजदूर की तरह काम करने के लिए मजबूर किया जाता था। नियमित या स्थायी रोजगार का कोई सवाल ही नहीं था। जब तक वे कर सकते थे, खदानों में काम करते थे और जब वे शारीरिक तनाव को सहन नहीं कर पाते थे तब अपना काम छोड़ देते थे। कोई आधुनिक उपकरण उपलब्ध नहीं था, न ही मेहनत वाले काम के अनूरूप मजदूरी थी।

बीसवीं सदी की शुरुआत में भारत में कोयले का उत्पादन लगभग छह मिलियन टन तक पहुंच गया, जिसमें से लगभग पाँच मिलियन टन रानीगंज, झरिया और गिरिडीह क्षेत्रों से हुआ। प्रथम विश्व युद्ध से पहले के वर्षों में और प्रगति हुई और बोकारो, पेंच घाटी और चांदा जैसे कई नए क्षेत्र खोले गए। इसके परिणामस्वरूप कुल उत्पादन लगभग साढ़े सोलह मिलियन टन प्रति वर्ष हो गया। हालांकि, झरिया और रानीगंज कोलफील्ड में क्रमशः नौ मिलियन टन और छह

मिलियन टन का उत्पादन हुआ। तेजी से विकास की इस अवधि में, अब तक उत्पादन का बड़ा हिस्सा रेलवे और उद्योग द्वारा इस्तेमाल किया गया था। लेकिन झरिया क्षेत्र का विकास, अपने अच्छे कोकिंग कोयले के साथ, लौह और इस्पात उद्योग के लिए बेहतर साबित हुआ। झरिया से अच्छी गुणवत्ता वाले कोकिंग कोयले के उत्पादन के कारण वर्ष 1911 में जमशेदपुर में टाटा आइरन ऐंड स्टील कंपनी की स्थापना हुई।

इतनी बड़ी संख्या में कोयला खनन की कंपनी के खुलने के बहुत सारे दुष्परिणाम भी जल्द ही नजर आने लगे। चाहे वह विदेशी या देशी मालिक की कंपनी हो, सभी जगह कोयला श्रमिकों का शोषण किया जाने लगा। बहुत सी खदानें घाटे में रहकर कोयला उत्पादन करने लगीं। किसी भी खदान में आधुनिक मशीनों का इस्तेमाल नहीं हो रहा था। कोयला परिवहन की कोई ज्यादा सुविधा नहीं थी और इन सबसे ऊपर बेतरतीब तरीके से कोयला का खनन किया जाने लगा, जिसमें खान सुरक्षा पर कोई ध्यान नहीं था। देसी कोयला खदान मालिकों में ज़्यादातर गुजराती थे, जो उस इलाके में रेलवे की ग्रैंड कॉर्ड लाइन बिछाने के काम के लिए आए थे लेकिन सतह पर कोयले को देख कर उन्होंने कोयला खनन के धंधे की भी शुरुआत कर दी।

वर्ष 1926 से 1936 के दस वर्षों में पूरे विश्व में आर्थिक मंदी के कारण कोयला उद्योग पर भी असर पड़ा। वर्ष 1931 में कोयला उत्पादन में बीस लाख टन की गिरावट आई। बहुत सी खदानें बंद हो गईं। कुछ जो बच गईं उनमें मालिकों ने अनाप-शनाप तरीके से अच्छे कोयले का उत्पादन शुरू कर दिया। इस दौरान खदानों में कई दुर्घटनाएँ भी हुईं, जिनमें कुछ श्रमिकों की जान भी गयी। यह सिलसिला कुछ वर्षों तक चला।

वर्ष 1937 से 1942 तक के वर्ष देश में कोयला उत्पादन के इतिहास में एक और महत्वपूर्ण कालखंड बनाते हैं। इन वर्षों के दौरान उद्योग की लगातार बढ़ती आंतरिक मांग थी, रेल भाड़े में दी गई

विशेष छूट और पोर्ट टर्मिनल शुल्क ने उत्पादन बढ़ाने में और मदद की।

देश के 1947 में स्वतंत्र होने के बाद पहली पंचवर्षीय योजना में कोयले के बड़े और कुशल उत्पादन की आवश्यकता पर बल दिया गया था। कोयला देश का सबसे महत्वपूर्ण ऊर्जा संसाधन होने के कारण, कोयला उद्योग के विकास और आधुनिकीकरण में तेजी लाना आवश्यक समझा गया। प्रथम पंचवर्षीय योजना के अंत तक उंचालिस मिलियन टन उत्पादन की परिकल्पना की गई थी। 1955-56 के अंत तक कोयले का उत्पादन साढ़े अड़तीस मिलियन टन तक पहुंच गया।

दूसरी पंचवर्षीय योजना में कोयला उत्पादन के लिए अधिक महत्वाकांक्षी लक्ष्य रखा गया। पहली पंचवर्षीय योजना के अंत में साढ़े अड़तीस मिलियन टन से दूसरी पंचवर्षीय योजना के अंत तक उत्पादन को साठ मिलियन टन तक बढ़ाया जाना था, जो देश के तीव्र औद्योगीकरण पर योजना में दिए गए जोर के अनुरूप था। यह माना जाता था कि अकेले निजी क्षेत्र इस उत्पादन को प्राप्त करने में सक्षम नहीं होगा। इस कारण से सार्वजनिक क्षेत्र को एक संगठनात्मक रूप देना पड़ा और इसके कारण वर्ष 1956 में राष्ट्रीय कोयला विकास निगम (एनसीडीसी) का गठन हुआ, जिसमें रेलवे से संबंधित कोयला खदानों को शामिल किया गया।

उसके बाद प्रत्येक योजना अवधि में, कोयला उत्पादन में सार्वजनिक क्षेत्र की हिस्सेदारी धीरे-धीरे बढ़ी। मध्य प्रदेश, उड़ीसा और आंध्र प्रदेश के कोयला क्षेत्रों में उत्पादन बढ़ाया गया, जहां खनन की स्थिति बंगाल-बिहार क्षेत्र की तरह अनुकूल नहीं थी। दूसरी पंचवर्षीय योजना के दौरान कोयले का उत्पादन साढ़े अड़तीस मिलियन टन से बढ़कर छप्पन मिलियन टन हो गया। हालांकि, साठ के दशक के दौरान, कोयला उद्योग ने निरंतर मांग की कमी की समस्या का अनुभव किया। तीसरी पंचवर्षीय योजना में वर्ष 1965-66 के लिए साढ़े अनठान्वे मिलियन टन उत्पादन लक्ष्य की परिकल्पना की गई

थी। पांच वर्षों की अवधि में उत्पादन में लगभग सतहत्तर प्रतिशत की वृद्धि करने के इस विशाल कार्य को करने के लिए निवेश योजनाएँ तैयार की गईं। मुख्य रूप से इस्पात, बिजली और अन्य उद्योगों के उत्पादन के लक्ष्यों को प्राप्त करने में कमी के कारण मांग अपेक्षित स्तर तक नहीं उठा। इन वर्षों के दौरान गंभीर परिवहन बाधाओं का भी उत्पादन पर प्रभाव पड़ा। इसका परिणाम यह हुआ कि वर्ष 1965-.66 तक उत्पादन केवल साढ़े सड़सठ मिलियन टन के स्तर पर पहुंच पाया।

कोकिंग कोल सहित देश के कोयला संसाधनों के संरक्षण और वैज्ञानिक विकास के विषय ने चौथी और पाँचवीं पंचवर्षीय योजनाओं के दौरान प्रस्तावित लौह और इस्पात उद्योग के विकास के बड़े पैमाने के कार्यक्रम के संदर्भ में अधिक महत्व ग्रहण किया। लोहे के निष्कर्षण के लिए आवश्यक धातुकर्म ग्रेड कोक तैयार करने के लिए कोकिंग कोयला आवश्यक होने के कारण, यह राष्ट्र निर्माण के लिए एक आवश्यक वस्तु थी और देश के सीमित भंडार को समग्र राष्ट्रीय हित में संरक्षित किया जाना था।

इन खदानों को संचालित करने वाले निजी खदान मालिकों ने अपने खनन कार्यों को सबसे अवैज्ञानिक और बेकार तरीके से अंजाम दिया। कोकिंग कोयले जैसी घटती संपत्ति पर तत्काल ध्यान देने की आवश्यकता थी और अपव्यय और आगे बर्बादी को रोकने के लिए तत्काल उपाय किया जाना था।

कोयला उद्योग की स्थिति की जांच के लिए गठित कई समितियों की प्रमुख सिफारिशों को लागू नहीं किया गया था। उन सभी में से अंतिम, बलवंतराय मेहता समिति ने 1956 में मुख्य रूप से दो खदानों के बीच की जगह में दबे कोयले को बचाने के लिए कोलियरी को जोड़ने की सिफारिश की। लेकिन, निजी मालिकों ने इस सुझाव पर कोई बड़ी प्रतिक्रिया नहीं दी। जब कोलियरियों का आपस में जोड़ना प्राइवेट मालिकों के द्वारा संभव नहीं हो पाया और

उन खदानों में नई तकनीक के इस्तेमाल के लिए भी उनके पास पूंजी नहीं थी, तब सरकार के सामने कोकिंग कोयले की खदानों का राष्ट्रीयकरण ही एकमात्र विकल्प बचा। कोकिंग कोयले की खदानों के राष्ट्रीयकरण के लिए जो तथ्य रखे गए थे उनमें कोकिंग कोल के भंडार का सीमित होना और इन भंडारों का इस्पात उद्योग के दीर्घकालिक हितों में सावधानीपूर्वक खनन करना, अधिकांश निजी क्षेत्र में कोकिंग कोयले का खनन गलत और गैर-तकनीकी तरीके से किया जाना और साथ में कई मामलों में अंधाधुंध खनन, सरकार द्वारा छोटी खनन इकाइयों को बड़ी इकाइयों के साथ मिलाने के प्रयास का विफल होना और कोकिंग कोयले की खदानों के कामकाज का तरीका, खदान और उपलब्ध कोयला के भंडार को गंभीर नुकसान पहुंचाना शामिल थे। इन सब को ध्यान में रख कर 16 अक्टूबर, 1971 को टाटा और सार्वजनिक क्षेत्र उपक्रम की खदानों को छोड़ कर सभी प्राइवेट मालिकों की खदान का प्रबंधन सरकार ने अपने हाथों में ले लिया। बाद में मई, 1972 में इन खानों का राष्ट्रीयकरण कर दिया गया।

कोकिंग कोयले के खदान के राष्ट्रीयकरण में जहां एक ओर तत्कालीन कोयला मंत्री श्री मोहन कुमारमंगलम ने प्रमुख भूमिका निभाई, वहीं इस विशेष काम में श्री के एस आर चारी का भी उल्लेखनीय योगदान रहा। उन्हें उस वक़्त कोकिंग कोयले की खदानों का कस्टोडियन जनरल बनाया गया था और भारत सरकार की ओर से उन्हें निर्णय लेने के पूरे अधिकार दिये गए थे। वे कोयला मंत्रालय में कोयला खनन सलाहकार के पद पर थे। वे कोयला उद्योग के एकमात्र अधिकारी हैं, जिन्हें बाद में भारत सरकार के सचिव के रूप में नियुक्त किया गया था।

विशेष रूप से, अक्टूबर, 1971 में सरकार द्वारा कोकिंग कोयले की खदानों का प्रबंधन अपने हाथ में लेने के बाद, निजी कोयला खदान मालिक अपने अल्पकालिक लाभ को अधिकतम करने के

उद्देश्य से गैर-तकनीकी खनन सहित अस्वास्थ्यकर खनन प्रथाओं में पहले से कहीं अधिक शामिल हो गए। उन्हें यह अंदाज़ा हो गया था कि अब सरकार गैर-कोकिंग कोयला खदानों को भी अपने कब्जे में लेने की कोशिश करेगी। ऐसे में स्थिति चिंताजनक थी। विकास के लिए नए निवेश करने के किसी भी प्रयास का पूर्ण अभाव था और रखरखाव के अभाव में मौजूदा खदानों के क्षतिग्रस्त होने का भी खतरा था। आसनसोल, रानीगंज इलाके में कई खदानें बंद कर दी गईं और यहां तक कि काम कर रही खदानें भी अपनी क्षमता का उचित तरीके से उपयोग नहीं कर रही थीं।

इस प्रकार गैर-कोकिंग कोयला खदानों का अधिग्रहण ऐतिहासिक स्थिति की प्रतिक्रिया थी। यह सोचा गया कि सरकार की ओर से आगे की निष्क्रियता का अर्थ होगा और ज्यादा गैर-तकनीकी खनन, आर्थिक रूप से कमजोर खदानें, कुप्रबंधन, श्रमिकों के कम भुगतान और बिक्री में कदाचार सहित अनुचित श्रम प्रथाओं सहित खराब खनन विधियों को जारी रखने की अनुमति देना शामिल होगा। इसके अलावा देश की सभी प्राइवेट कंपनी को एक अधिकार के तहत संचालित करना भी उद्देश्य था। इसके कारण कोयला खान (प्रबंधन का अधिग्रहण) अध्यादेश 1973, 30 जनवरी, 1973 से लागू हुआ। इस अध्यादेश को मार्च, 1973 में पारित एक अधिनियम द्वारा प्रतिस्थापित किया गया और इन खानों का स्वामित्व मई, 1973 में संसद द्वारा कोयला खान (राष्ट्रीयकरण) अधिनियम द्वारा अधिनियमित करके भारत सरकार को हस्तांतरित कर दिया गया।

कोयला उद्योग के राष्ट्रीयकरण के बाद भी कई बड़ी समस्याएँ सरकार के सामने थीं। चूंकि सरकार के पास कोयला खदान के चलाने का बहुत अनुभव नहीं था और इतनी बड़ी संख्या में खदानों के अधिग्रहण के साथ-साथ बड़ी संख्या में श्रम शक्ति के होने के कारण, सबसे पहले इनके सफल संचालन के लिए एक संगठन की आवश्यकता हुई। बीसीसीएल की स्थापना कोकिंग कोयले के

राष्ट्रीयकरण के समय हो चुकी थी। इसके बाद तीन नए ईस्टर्न, सेंट्रल और वेस्टर्न डिविजन के साथ कोल माइंस अथॉरिटी लिमिटेड की स्थापना की गयी। इसके अध्यक्ष श्री जे जी कुमारमंगलम बनाए गए।

इसके लगभग दो वर्षों के बाद एक नवंबर, 1975 को कोल इंडिया लिमिटेड की स्थापना की गयी। एक होल्डिंग कंपनी के रूप में इसके अधीन पाँच सहयोगी कंपनी की स्थापना हुई। ईस्टर्न कोल्फ़ेल्ड्स लिमिटेड का कार्यक्षेत्र ज़्यादातर रानीगंज कोलफील्ड में रखा गया। भारत कोकिंग कोल लिमिटेड का कार्यक्षेत्र झरिया कोलफील्ड में, सेंट्रल कोलफील्ड लिमिटेड का कार्यक्षेत्र बिहार, ओड़ीशा, और मध्य प्रदेश और उत्तर प्रदेश के सिंगरौली कोलफील्ड में रहा तथा मध्य प्रदेश के बाकी इलाके और महाराष्ट्र के कोलफील्ड को लेकर वेस्टर्न कोलफील्ड्स लिमिटेड कंपनी बनी। इसके अलावा सेंट्रल माइन प्लानिंग ऐंड डिज़ाइन इंस्टीट्यूट लिमिटेड की स्थापना इन सब कंपनी की प्लानिंग के लिए की गयी। इसके अलावा देश में कोयला के खनन की आंध्र प्रदेश में सिंगरेनी कोलियरी कंपनी लिमिटेड बनी। इस्पात उद्योग के लिए कैपटिव कोयला खनन के लिए टाटा आइरन ऐंड स्टील कंपनी और इंडियन आइरन ऐंड स्टील कंपनी तथा पावर प्लांट के कैपटिव कोयला खनन के लिए दामोदर वैली कार्पोरेशन को जिम्मेवारी दी गयी। लेफ्टिनेंट जनरल के एस ग्रेवाल, कोल इंडिया के नए अध्यक्ष बनाए गए। जनरल ग्रेवाल के सामने बहुत बड़ी जिम्मेवारी थी, लेकिन उन्होंने कंपनी को संगठित करने में अपनी महत्वपूर्ण भूमिका निभाई। वे तीन वर्षों तक कंपनी के अध्यक्ष रहे और इस दौरान उन्होंने कंपनी को एक नए रूप में लाने के लिए बहुत मेहनत की।

हालाकि, कोल इंडिया कंपनी का गठन हो गया था, लेकिन अभी भी छोटी-छोटी खदानों की समस्या थी। इसलिए तुरंत ऐसी खदानों को जिनको बगल की खदानों को जोड़ कर बड़ा किया जा सकता था, चिन्हित कर काम पूरा किया गया। राष्ट्रीयकरण के समय में विरासत

में मिलीं नौ सौ छोटी खदानों को बड़ा कर तीन सौ तीस खदानें की गईं। इनमें सबसे ज्यादा एक सौ बीस खदानें ईस्टर्न कोलफील्ड्स लिमिटेड के अधीन आर्यीं। इसके बाद अलग-अलग कोलफील्ड के विकास के लिए मास्टर प्लान बनाना शुरू किया गया। आधुनिक तकनीक के उपकरण पर भी ध्यान दिया गया।

कोल इंडिया के गठन के पाँच वर्ष पूरे हो चुके थे। नए अध्यक्ष के रूप में श्री आर एन शर्मा को जनवरी, 1979 में बीसीसीएल से लाया गया था। इस बीच नई खुली खदानों की शुरुआत करने की कोशिश जारी रही, जिससे कोयले का उत्पादन ज्यादा बढ़ाया जा सकता। इसके लिए विदेश की तकनीक के इस्तेमाल पर ज़ोर दिया गया। कई सहयोगी कंपनी में नई खुली खदानें खुलनी शुरू हो गईं। वर्ष 1980-81 में कंपनी ने सौ मिलियन टन से ज्यादा कोयले का उत्पादन किया। उसी दौरान पाँच नई वाशरी की शुरुआत की गयी।

श्री एम एस गुजराल जुलाई, 1983 में कोल इंडिया के अध्यक्ष बने। उन्होंने अपने कार्यकाल में कंपनी में अनुशासन और काम करने का बेहतर तरीका लागू करने की कोशिश की। उन्होंने अगले दो वर्ष के दौरान विभिन्न कंपनी में जाकर वहाँ की खदानों का मुआयना किया और काम करने की दिक्कत को जल्द से जल्द दूर करने की कोशिश की। वर्ष 1985-86 में ही सेंट्रल कोलफील्ड्स लिमिटेड और वेस्टर्न कोलफील्ड्स लिमिटेड को विभाजित कर नॉर्दर्न कोलफील्ड्स लिमिटेस और साउथ ईस्टर्न कोलफील्ड्स लिमिटेड का गठन किया गया। श्री गुजराल के जाने के बाद नए अध्यक्ष श्री जी एल टंडन आए, जिनका कार्यकाल तीन वर्षों का रहा। वे नवंबर, 1988 में सेवानिवृत हुए।

कंपनी में कोयला उत्पादन को बढ़ाने के लिए काम तेजी पर था, लेकिन इसके बावजूद कंपनी की वित्तीय स्थिति नाजुक होती जा रही थी। इसके कारण नई खदानों को खोलने के लिए कंपनी के पास पर्याप्त पैसे नहीं थे। उस वक़्त खदानों को खोलने तथा अन्य खर्चों

के लिए भारत सरकार से पैसे मिलते थे, लेकिन अचानक वर्ष 1990 में सरकार ने वित्तीय सहयोग बंद करने का निर्णय लिया। उस वक़्त कंपनी के अध्यक्ष श्री एम पी नारायणन हुआ करते थे। कोल इंडिया के सामने जल्द से जल्द कोयला उत्पादन बढ़ाने के सिवा कोई दूसरा चारा नहीं था। वित्तीय संकट के कारण कुछ कंपनी में कर्मियों की तनख़ाह देने में भी दिक्कत हो रही थी। सरकार से वित्तीय सहयोग नहीं मिलने के कारण अब यह आवश्यक हो गया था कि कंपनी को एक बड़ी राशि कहीं से कर्ज़ के माध्यम से मिले। लेकिन इसमें एक अड़चन थी। कंपनी के लगातार घाटे में रहने के कारण कोई भी बैंक यह कर्ज़ देने के लिए तैयार नहीं था। उस वक़्त तक श्री एस के चौधरी, कोल इंडिया के अध्यक्ष बन चुके थे। उन्होंने कोयला मंत्री के साथ जाकर तत्कालीन केंद्रीय वित्त मंत्री श्री मनमोहन सिंह से बात की। बड़ी मुश्किल से वित्त मंत्री के प्रयास से यूटीआई द्वारा कंपनी को सौ करोड़ का कर्ज़ मिला। इसे अगले दो वर्ष में वापस करने की शर्त थी। इस पैसे से तुरंत बड़ी मशीनों की खरीद हुई और उसे नई खुली खदानों में लगाया गया। कुछ ही महीनों में खदानों से उत्पादन बढ़ने लगा। उस वक़्त कोयला के मूल्य में भी वृद्धि की गयी। इन सब प्रयास से वर्ष 1991-92 में कोल इंडिया ने दो सौ मिलियन टन से ज्यादा का कोयला उत्पादन किया और अपनी स्थापना के बाद पहली बार एक सौ सड़सठ करोड़ का मुनाफा दर्ज किया। इससे कंपनी की हालत में तेजी से सुधार हुआ और कर्मियों के वेतन समय से मिलने लगे। कंपनी ने एक वर्ष के अंदर सौ करोड़ के कर्ज़ को सूद समेत चुकता कर दिया।

खदानों को लेकर नई कंपनी महानदी कोलफील्ड्स लिमिटेड की स्थापना की गयी। इस कंपनी में कोयले का भरपूर भंडार था, इसलिए वहाँ बड़ी-बड़ी क्षमता वाली कई खुली खदानों की शुरुआत की गयी। वर्ष 1995-96 में कोल इंडिया के पुराने कर्ज़ों और घाटे को लेकर वित्तीय संरचना की गयी, जिससे कंपनी की वित्तीय स्थिति में और सुधार हुआ। उस वर्ष कंपनी ने छह सौ बारह करोड़ रुपये का मुनाफा

दर्ज किया। कंपनी के अध्यक्ष तबतक श्री पी के सेनगुप्त बन गए थे, जो पहले कोल इंडिया में ही निदेशक वित्त के पद पर कार्यरत थे। वर्ष 1997-98 में कोल इंडिया का कोयला उत्पादन ढाई सौ मिलियन टन को पार कर गया। उसी वर्ष कोल इंडिया में चौबीस नयी खुली खदानों की शुरुआत के लिए वर्ल्ड बैंक और जापान से कंपनी को कर्ज़ की बड़ी रकम मिली। इससे महानदी कोलफील्ड्स लिमिटेड, नॉर्दर्न कोलफिलेड्स लिमिटेड और साउथ ईस्टर्न कोलफील्ड्स में बड़ी नयी खदानों की शुरुआत हो सकी। फरवरी, 2001 से अगस्त 2003 तक कोल इंडिया के अध्यक्ष श्री एन के शर्मा रहे। उनके बाद श्री शशि कुमार लगभग तीन वर्षों तक कोल इंडिया के अध्यक्ष रहे। कोल इंडिया ने वर्ष 2003-04 में तीन सौ मिलियन टन से ज्यादा का कोयला उत्पादन किया। उस वक़्त तक कुछ कंपनी में बड़ी खदानों से उत्पादन तेजी से शुरू हो गया था।

श्री पार्थ सारथी भट्टाचार्य ने 1 अक्तूबर, 2006 को कोल इंडिया के अध्यक्ष का कार्यभार संभाला। उसी दौरान कंपनी के मुनाफे को और बढ़ाने के लिए तथा बिजली घर के उपभोक्ताओं के अलावा दूसरे छोटे उपभोक्ताओं को सरल तरीके से कोयला दिये जाने के ख्याल से कंपनी ने ई-ऑक्शन की शुरुआत की। इसके कारण पहले वर्ष में ही कंपनी को बहुत मुनाफा हुआ और उपभोक्ताओं को बिना किसी करार के आसानी से कोयला मिला। उस वर्ष कंपनी की क्रिसिल रेटिंग में भी सुधार हुआ। इन सब कारणों से वर्ष 2006-07 में लगातार घाटे में रहने वाली कंपनी ईसीएल और बीसीसीएल ने भी अपनी स्थापना के बाद पहली बार मुनाफा दर्ज किया। उसी वर्ष श्री भट्टाचार्य के प्रयास से कोल इंडिया को मिनी रत्न का दर्जा मिला। इसके साथ उसकी चार और सहयोगी कंपनी एमसीएल, एसईसीएल, एनसीएल और डब्लूसीएल को भी मिनी रत्न कंपनी का दर्जा मिला। उसके अगले वर्ष यह दर्जा सीसीएल को मिला। वर्ष 2008-09 में कोल इंडिया ने 400 मिलियन टन कोयला उत्पादन की सीमा पार कर ली।

वर्ष 2007 के बाद देश में कोयले की मांग बहुत ज्यादा बढ़ गयी। देश के कोयले से जरूरत पूरी नहीं होने के कारण कोयले का आयात शुरू करना पड़ा। इसके लिए कोल इंडिया को कोयले का उत्पादन बढ़ाने की जरूरत थी। लेकिन इसमें एक बड़ी अड़चन थी। चूंकि कोल इंडिया को तबतक केवल मिनी रत्न का दर्जा मिला था, इसलिए कंपनी के बोर्ड को सिर्फ पाँच सौ करोड़ रुपये तक की परियोजनाओं को स्वीकृति देने का अधिकार था। उत्पादन तेजी से बढ़ाने के लिए बड़ी परियोजनाएं प्लान की गयी थीं, जिनपर पाँच सौ करोड़ रुपये से ज्यादा का खर्च था। इसकी स्वीकृति के लिए कोल इंडिया को प्रस्ताव कोयला मंत्रालय भेजना होता था, जहां से स्वीकृति मिलते-मिलते डेढ़ से दो वर्ष लग जाते थे। श्री भट्टाचार्य ने इन कारणों से कोयला मंत्रालय पर दबाव डाला कि कोयले के उत्पादन को बढ़ाने के लिए परियोजनाओं की जल्दी स्वीकृति मिलनी चाहिए और इसके लिए कोल इंडिया को नवरत्न का दर्जा तुरंत मिलना चाहिए। नवरत्न का दर्जा मिलने के लिए कंपनी की शेयर बाजार में लिस्टिंग जरूरी थी। श्री भट्टाचार्य ने कोयला मंत्रालय और अन्य सम्बद्ध मंत्रालय के सामने यह दलील रखी कि चूंकि शेयर बाज़ार में लिस्टिंग की प्रक्रिया काफी लंबी है, इसलिए कोल इंडिया को फिलहाल नवरत्न का दर्जा दे दिया जाये और तब कंपनी एक निर्धारित समय सीमा के अंतर्गत शेयर बाज़ार में अपनी लिस्टिंग करा लेगी। अंततः, वित्त मंत्रालय में प्रस्ताव भेजा गया और अक्तूबर, 2008 में कोल इंडिया को नवरत्न का दर्जा दे दिया गया। शर्त रखी गयी कि अगले तीन वर्षों में कंपनी अपनी लिस्टिंग शेयर मार्केट में करा लेगी अन्यथा नवरत्न श्रेणी में बने रहने के लिए रिवियू किया जाएगा। इस प्रकार से अक्तूबर, 2011 तक कोल इंडिया को शेयर मार्केट में आ जाना था।

कोल इंडिया के शेयर लाने का काम वर्ष 2010 के मध्य में ज़ोर-शोर से शुरू हो गया। पूरी तैयारी के साथ रोड शो हुए और बैंकर चुने गए। कंपनी के शेयर का मूल्य दो सौ पैंतालीस रुपये प्रति शेयर तय किया गया। भारत सरकार इस लिस्टिंग से पंद्रह हजार दो सौ करोड़

अर्जित करना चाहती थी। अठारह अक्तूबर, 2010 को कोल इंडिया के शेयर की बुकिंग शुरू की गयी। तीन दिनों के भीतर कंपनी के शेयर की मांग में जबर्दस्त उछाल आया और कंपनी ने एक नया रेकॉर्ड बना दिया। चार दिनों के समय में कंपनी ने शेयर की बुकिंग से दो सौ तैंतीस हज़ार करोड़ रुपये की उगाही कर ली थी, जबकि सरकार की तरफ से लक्ष्य सिर्फ पंद्रह हज़ार दो सौ करोड़ रुपये का रखा गया था।

उसके बाद चार नवम्बर, 2010 को कोल इंडिया के शेयर की लिस्टिंग बॉम्बे स्टॉक एक्स्चेंज में हुई, जहां एक बार फिर कंपनी ने रेकॉर्ड कायम किया। कंपनी के शेयर का भाव पहले दिन ही दो सौ पैंतालीस से तीन सौ बयालीस रुपये तक गया। कोल इंडिया का बाजार पूंजीकरण दो लाख सोलह हज़ार दो सौ चालीस करोड़ रुपये का हो चुका था और देश के सभी सार्वजनिक क्षेत्र उपक्रम में अब पूंजीकरण में उसका स्थान तीसरा और देश की सभी सूचीबद्ध कंपनी में उसका स्थान अब चौथे नंबर पर हो चुका था। नवरत्न का दर्जा अब कंपनी का पक्का हो गया था। उसके दो वर्ष बाद कंपनी को महारत्न का भी दर्जा मिल गया। वर्ष 2010 में ही कोल इंडिया की एक सहयोगी कंपनी के रूप में मोज़ाम्बिक में कोल इंडिया अफ़्रीकाना लिमिटाडा की स्थापना की गयी।

श्री भट्टाचार्य के फरवरी, 2011 में सेवानिवृत होने के बाद श्री एन सी झा एक वर्ष से कुछ ज्यादा समय के लिए कोल इंडिया के अध्यक्ष बने। उसके बाद कोल इंडिया के इतिहास में पहली बार कंपनी के अधिकारी की जगह भारतीय प्रशासनिक सेवा के अधिकारी को अध्यक्ष बनाया गया। सिंगरेनी कोलियरी के अध्यक्ष पद से श्री एस नरसिंहराव को अप्रैल, 2012 में कोल इंडिया का नया अध्यक्ष बनाया गया। उसके बाद भी भारतीय प्रशासनिक सेवा के श्री सुतीर्थ भट्टाचार्य की जनवरी, 2015 में कंपनी का अध्यक्ष बनाया गया। वे अगस्त 2017 तक उस पद पर रहे। उनके कार्यकाल में कोल इंडिया के कोयला उत्पादन में जबर्दस्त वृद्धि हुई। वर्ष 2014-15 में कंपनी

ने पिछले वर्ष से लगभग बत्तीस मिलियन टन ज्यादा का कोयले का उत्पादन किया, जो एक रेकॉर्ड था। उसके अगले वर्ष 2015-16 में फिर एक बार कोयला उत्पादन में भारी वृद्धि हुई और कंपनी ने पिछले वर्ष से लगभग पैंतालीस मिलियन टन ज्यादा उत्पादन किया। इसी वर्ष कंपनी ने पाँच सौ मिलियन टन उत्पादन की सीमा भी पार की। उत्पादन की रफ्तार जारी रही और मात्र तीन वर्षों में कोल इंडिया ने छह सौ मिलियन टन से ज्यादा का उत्पादन दर्ज किया। वर्ष 2018-19 में कंपनी ने छह सौ सात मिलियन टन उत्पादन कर इतिहास रच दिया। उस वर्ष कोल इंडिया की सभी सहयोगी कंपनी ने मुनाफा कमाया। उस वक़्त कोल इंडिया के अध्यक्ष श्री अनिल कुमार झा थे।

कोल इंडिया के सामने वर्तमान में चुनौती है, कोयले के भविष्य की। सौर ऊर्जा कोयले के विकल्प के रूप में तेजी से आगे आ रहा है। इसको ध्यान में रखते हुए कोल इंडिया के वर्तमान अध्यक्ष श्री प्रमोद अग्रवाल ने कंपनी को कोयला खनन के अलावा दूसरे क्षेत्र में भी ले जाने का निर्णय लिया। कंपनी ने सबसे पहले अगले दो वर्ष में तीन हजार मेगावाट के सौर ऊर्जा प्लांट को लगा कर पूरे कोल इंडिया को बिजली के उपयोग के मामले में नेट ज़ीरो की श्रेणी में लाने की योजना बनाई है। इसके अलावा कोल इंडिया की दो और सहयोगी कंपनी का गठन किया गया है, जिसमें एक में सौर ऊर्जा से संबन्धित उपकरण तैयार होंगे और दूसरा कंपनी ने एल्युमिनियम के उत्पादन के लिए भी सोचना शुरू कर दिया है। श्री अग्रवाल के नेतृत्व में कोल इंडिया ने वर्ष 2021-22 में लगभग छह सौ तेईस मिलियन टन कोयले का रेकॉर्ड उत्पादन किया। देश में कोयले की आंतरिक मांग और ताप विद्युत कोयले के आयात को कम करने के लिए कंपनी के सामने अगले तीन वर्षों में एक बिलियन टन कोयला उत्पादन की चुनौती है। इसके लिए वर्तमान बड़ी खुली खदानों की क्षमता बढ़ाई जा रही है और कुछ नई खदानें भी खोली जा रही हैं।

आज कोल इंडिया में कार्यरत कर्मियों के सामने यह सवाल है कि यदि आने वाले वर्षों में कोयले की मांग घटी और सौर ऊर्जा ने उसकी जगह ले ली तब कोल इंडिया के स्वरूप का क्या होगा। कुछ विशेषज्ञों का मानना है कि अभी देश में कोयले की मांग रहेगी और यह 2040 तक बनी रहेगी। उसके बाद जरूर कोयले की मांग घटेगी।

इस तरह लगभग ढाई सौ वर्षों के सफर के बाद कोयला उद्योग आज फिर अपने अस्तित्व के बारे में चिंतित है।

कोल इंडिया की स्थापना से अबतक की सैंतालीस वर्षों की यात्रा में कई ऐसे कर्मवीर हुए, जिन्होंने कंपनी को तेजी से आगे बढ़ाने का काम किया। कई ऐसे कर्मवीर आज हमारे बीच में नहीं हैं, लेकिन बहुत से ऐसे दिग्गज हैं, जिनके लिए उम्र एक संख्या की तरह है। ऐसे ही कुछ कर्मवीरों से बात कर उनके जीवन के बारे में आगे विवरण दिया गया है, जो कोयला उद्योग के आज की और भविष्य की पीढ़ी के लिए अनुकरणीय साबित होगा।

पीढ़ी के पितामह

सत्रह फरवरी, 2019 की सुबह आठ बजे। स्थान बुरला, सम्बलपुर, ओड़ीशा। मैं वेस्टर्न कोलफील्ड्स लिमिटेड के अध्यक्ष सह प्रबंध निदेशक (सीएमडी) के साथ-साथ उन दिनों महानदी कोलफील्ड्स लिमिटेड (एमसीएल) के सीएमडी के अतिरिक्त प्रभार में था। नागपुर से मैं दो दिनों पूर्व सम्बलपुर के बुरला इलाके में स्थित एमसीएल मुख्यालय आया था। कोयला खदानों का दौरा कर और कई बैठकों के बाद, मैं अपने पड़ाव के दूसरे दिन देर शाम गेस्ट हाउस लौटा था। वहाँ पहले से ही कुछ लोग मेरा इंतज़ार कर रहे थे। मालूम करने पर पता चला कि अगले दिन सत्रह फरवरी को एमसीएल द्वारा एमजीएमआई गोल्फ टूर्नामेंट का आयोजन किया गया है, जिसमें कोल इंडिया के पुराने वरीय अधिकारी और नए लोग हिस्सा लेंगे। इसका उद्घाटन मेरे हाथों किया जाना था। आए हुए लोगों ने कहा कि यह टूर्नामेंट लगभग हर वर्ष होता है और इसका उद्घाटन सीएमडी के द्वारा ही किया जाता है। मैंने निमंत्रण सहर्ष स्वीकार कर लिया।

अगले दिन सुबह जल्दी उठ कर तैयार हो गया। चूंकि गोल्फ कोर्स, गेस्ट हाउस के ठीक सामने था, इसलिए पैदल ही लगभग पौने आठ बजे के करीब मैदान पहुंचा। गेट पर एमजीएमआई की तरफ से

मेरे पुराने परिचित और सेंट्रल कोलफील्ड्स लिमिटेड के पूर्व सीएमडी श्री आर पी रिटोलिया मैदान के मुख्य द्वार पर मिले। अभिवादन का आदान-प्रदान हुआ। एमसीएल के निदेशकों के अलावा कई और पुराने लोग वहाँ खिलाड़ी के तौर पर मौजूद थे। सभी से बात-चीत होने लगी। टूर्नामेंट के उदघाटन की तैयारी चल रही थी। कुछ और लोग का आना शायद बाकी था। तभी श्री रिटोलिया और अन्य निदेशक मैदान की गेट की तरफ लपके। पता चला टूर्नामेंट में भाग लेने के लिए जिन आखिरी खिलाड़ी का इंतज़ार था, वे आ गए है। मुझे भी उत्सुकता हुई, आखिर वे कौन हैं। गेट पर गाड़ी आकर रुकी और एक औसत कद के गोरे वर्ण के बुजुर्ग व्यक्ति नज़र आए। मैंने दूर से उन्हें पहचानने की कोशिश की। लगा जैसे इन्हें कहीं देखा है। गाड़ी से उतरने के बाद हमारे एक डाइरेक्टर ने उन्हें सहारा देने की कोशिश की, लेकिन उन्होंने मना कर दिया और खुद तेजी से हमारी ओर आने लगे। नजदीक आने पर मैंने उन्हें पहचान लिया। वे श्री आर एन शर्मा थे, कोल इंडिया के पूर्व अध्यक्ष। मेरे आश्चर्य का ठिकाना नहीं था। मैंने सितंबर,1981 में कोल इंडिया की नौकरी की शुरुआत की थी। उस वक़्त कोल इंडिया के अध्यक्ष श्री शर्मा ही थे। वे वर्ष 1982 के मार्च में अंठावन वर्ष की आयु में सेवानिवृत हो गए थे। उस हिसाब से वे पंचानवे वर्ष की आयु के थे और इतने चुस्त-दुरुस्त। मैंने उनके नजदीक जाकर झुक कर उनका पैर छुआ और अपना परिचय दिया। गोरे चेहरे पर एक अजीब-सी लालिमा और आँखों में चमक। इसके साथ वे बिलकुल सीधे होकर चल रहे थे। गोल्फ खेलने का ड्रेस और सिर पर गोल्फ कैप। मैं वाकई हैरान था कि कैसे इतनी उम्र में कोई गोल्फ खेलने की सोच भी सकता है।

मैंने उनका अभिवादन करते हुए पूछा 'सर, आप अभी भी गोल्फ खेल लेते हैं'। उन्होंने तपाक से जवाब दिया 'हाँ, क्यों नहीं। मैं अभी भी चुस्त-दुरुस्त हूँ'। उनके बारे में पता चला कि वे जमशेदपुर में रहते हैं और वहाँ से टाटा कंपनी के एक विशेष विमान से पिछली शाम सम्बलपुर से पचास किलोमीटर दूर झारसुगुडा हवाई अड्डे पर

आए। रात में झारसुगुडा के ही एक होटल में उन्हें ठहराया गया और वहाँ से सुबह उठ कर तैयार होकर लगभग एक घंटे की गाड़ी से यात्रा कर यहाँ पहुंचे है। मैं मन ही मन उनके जज्बे के आगे नतमस्तक हो गया। टूर्नामेंट के उद्घाटन की औपचारिकता अगले आधे घंटे में पूरी हो गयी। उसके बाद चाय और नाश्ता था। मैंने उस दौरान रिटोलिया साहब से पूछा 'क्या श्री शर्मा कुछ देर टूर्नामेंट में भाग लेकर वापस चले जाएंगे'। उन्होंने कहा 'देखते हैं, वे कितनी देर तक खेल पाते हैं'।

मुझे चूंकि दफ्तर जाना था इसलिए वहाँ से निकल पड़ा। दोपहर के वक्त जब खाना खाने के लिए वापस गेस्ट हाउस आया, तब मैंने वहाँ के एक व्यक्ति से पूछा "शर्मा साहब हैं या वापस चले गए'। उसने बताया 'वे अब भी खेल रहे हैं और शाम तक रहेंगे'। मेरे आश्चर्य का ठिकाना नहीं था। एक पंचानवे वर्ष के बुजुर्ग को मैंने पहली बार इतना चुस्त-दुरुस्त और सक्रिय देखा था। वाकई श्री शर्मा मेरे लिए एक अजूबा के समान थे। मन ही मन मैंने उनकी और लंबी उम्र की कामना की।

श्री राम नाथ शर्मा। नई पीढ़ी और कोयला उद्योग के पितामह। जन्म 15 मार्च, 1924। लायलपुर, जो अब फैसलाबाद कहलाता है, पाकिस्तान में। उनके पिता पंडित अमीन चंद, अविभाजित भारत में लायलपुर के डाक विभाग में काम करते थे। श्री शर्मा के पाँच भाई-बहन थे। दो बहनें और तीन भाई। श्री शर्मा अपने माँ-बाप की तीसरी संतान थे। उनकी प्रारम्भिक शिक्षा लायलपुर के ही प्राइमरी और सेकेन्डरी स्कूल में हुई। वर्ष 1939 में उन्होंने हाइयर सेकेन्डरी की परीक्षा पास की। बाद में आगे की पढ़ाई के लिए उन्होंने लायलपुर के गवर्नमेंट कॉलेज में विज्ञान विषय में दाखिला लिया। वहाँ उन्होंने पहले इंटर्मीडियट की पढ़ाई और फिर डिग्री की पढ़ाई की। यह कॉलेज उस वक्त के अविभाजित भारत के पंजाब विश्वविद्यालय के अधीन होता था। श्री शर्मा के बड़े भाई उनसे उम्र में बहुत बड़े थे, इसलिए उनका सब आदर करते थे। बचपन में वे दो और भाइयों के साथ

ज्यादा उठते-बैठते थे। एक उनसे सिर्फ एक वर्ष बड़े थे। सभी ने उसी स्कूल और कॉलेज से पढ़ाई की, जहां से श्री शर्मा ने शिक्षा हासिल की।

उस वक़्त वहाँ के स्कूल थोड़े अलग हुआ करते थे। बच्चों के खेलने के लिए फुटबाल और हॉकी के अच्छे मैदान हुआ करते थे। बच्चों को हर दिन खेलने के लिए जाना होता था। पहले फुटबाल या हॉकी और उसके बाद वॉलीबॉल। किसी दिन कोई बच्चा यदि खेल के मैदान में नहीं जाता, तब उसके माता-पिता से शिकायत की जाती कि उनका बच्चा आज खेल से अनुपस्थित था। इस तरह स्कूल में खेलकूद, पढ़ाई के साथ-साथ अत्यंत आवश्यक माना जाता था। शिक्षक भी बहुत अच्छे थे और बच्चों को पूरी लगन से पढ़ाते थे। बोर्ड के इम्तहान के समय गणित के शिक्षक बच्चों को रविवार को अपने घर पर बुलाकर उनकी दिक्कत को दूर करते थे। वे इसके लिए अलग से फीस नहीं लेते थे। सिर्फ कहते 'इम्तहान में अच्छे नंबर लाना'। कॉलेज में लड़के-लड़कियां, दोनों पढ़ते थे, लेकिन लड़कियों की संख्या बहुत कम हुआ करती थी। कॉलेज के प्रोफेसर भी विद्यार्थियों को पढ़ाने के प्रति बहुत गंभीर थे। एक स्टडी सर्कल के माध्यम से आठ विद्यार्थियों को एक प्रोफेसर क्लास के अलावा समय-समय पर अलग से पढ़ाते थे, जिनमें विद्यार्थियों को पढ़ाई के दौरान होने वाली दिक्कतों को दूर किया जाता था। एक-एक विद्यार्थी का ध्यान रखा जाता था।

विज्ञान स्नातक की पढ़ाई के दौरान एक दिन कॉलेज के नोटिस बोर्ड पर श्री शर्मा ने भारतीय खनि विद्यापीठ (आईएसएम), धनबाद में भारत सरकार द्वारा प्रायोजित माइनिंग के कोर्स के बारे में जाना। उसमें लिखा था, यह कोर्स लंदन स्कूल ऑफ माइंस की तरह होगा। दरअसल, उस वक़्त आगे की इंजीनियरिंग की पढ़ाई के लिए ज्यादा कॉलेज नहीं हुआ करते थे। अविभाजित भारत के वर्तमान के पाकिस्तान, वर्तमान भारत के पंजाब, हिमाचल और हरियाणा राज्यों

को मिलाकर लाहौर मे सिर्फ एक कॉलेज हुआ करता था, जिसमें कुल साठ सीटें हुआ करती थीं। इसमें से तीस सीट मुसलमान के बच्चों के लिए, पंद्रह सीट किसान के बच्चों के लिए और शेष पंद्रह सीट में बाकी सभी शामिल हुआ करते थे। उस कॉलेज में श्री शर्मा जैसे लोगों का एड्मिशन लगभग असंभव था। इसके अलावा उन दिनों बनारस हिन्दू विश्वविद्यालय में एक इंजीनियरिंग कॉलेज और दूसरा सिविल इंजीनियरिंग की पढ़ाई रूड्की में होती थी। इसके अलावा आईएसएम में माइनिंग इंजीनियरिंग की पढ़ाई की शुरुआत हुई थी। श्री शर्मा के पास ज्यादा विकल्प नहीं थे, इसलिए उन्होंने धनबाद के आईएसएम में एड्मिशन लेने का मन बनाया। उन्हें माइनिंग के बारे में कोई जानकारी नहीं थी, फिर भी दोस्तों के कहने पर उन्होंने फार्म भरा और आईएसएम द्वारा संचालित इम्तहान में पास भी हो गए।

लायलपुर से निकलकर श्री शर्मा धनबाद आ गए। वे तबतक उस जगह से बिलकुल अंजान थे। वर्ष 1941 में आईएसएम में उनका माइनिंग में एड्मिशन हो गया। यहाँ आकर उनके एक सीनियर ने कोल माइनिंग पर लिखी एक किताब दी, जिसे पढ़ कर उन्हें कोल माइनिंग के बारे में विस्तार से पता चला। आईएसएम में उस वक़्त तीन वर्ष का सर्टिफिकेट कोर्स और चार वर्ष का डिग्री कोर्स हुआ करता था।

पहले वर्ष के बाद अगले साल 1942 में देश में अंग्रेजों के विरुद्ध 'भारत छोड़ो आंदोलन' शुरू हुआ। उसके कारण आईएसएम में एक ब्रिटिश इंजीनियरिंग कंपनी को अपना डेरा डालना पड़ा और सभी स्टूडेंट को हॉस्टल खाली करना पड़ा। जबतक आगे की पढ़ाई न हो, तबतक सभी स्टूडेंट को विभिन्न खदानों में ट्रेनिंग के लिए भेज दिया गया। अगले एक वर्ष तक सभी स्टूडेंट विभिन्न खदानों में ट्रेनिंग लेते रहे। एक वर्ष के बाद जब आईएसएम को ब्रिटिश कंपनी ने खाली किया, तब विधिवत क्लास शुरू हुए। इस एक वर्ष के व्यवधान के

कारण चार वर्ष का कोर्स पाँच वर्षों में 1946 में पूरा हुआ। हालांकि, इससे एक फायदा भी हुआ, पढ़ाई के बाद सेकंड क्लास माइन मैनेजर सर्टिफिकेट के लिए जो दो वर्ष के फील्ड ट्रेनिंग की जरूरत थी, वह श्री शर्मा के लिए एक वर्ष में ही पूरी हो गयी, क्योंकि उन लोगों ने एक वर्ष की ट्रेनिंग पहले ही पूरी कर ली थी।

वर्ष 1945 के आसपास श्री शर्मा के पिता का तबादला लायलपुर से लाहौर कैंट के पोस्ट मास्टर के रूप में हो गया था। एक वर्ष वहाँ रहने के बाद खबर मिलने लगी कि अब भारत को जल्दी आज़ादी मिलने वाली है और हो सकता है आज़ाद भारत से अलग होकर पाकिस्तान बने। इस कारण वर्ष 1946 के अंत होते-होते तक दोनों तरफ के कई शहरों में छिटपुट दंगा और खून-खराबा शुरू हो गया। ऐसे में श्री शर्मा के पिता को लगा, अब लाहौर में हिंदुओं का रहना मुश्किल होगा। यह सोच कर उन्होंने नौकरी छोड़ दी और वापस वर्तमान भारत के पंजाब राज्य के एक गाँव खोजा आ कर बस गए, जहां उनकी पहले से पुश्तैनी संपत्ति थी। यह गाँव सतलुज नदी के पास था। पढ़ाई के दौरान श्री शर्मा गर्मी की छुट्टियों में अपने गाँव जाया करते थे। उनके पिता की वहाँ बहुत ज़मीन थी। खेतों में अच्छी फसल हुआ करती थी। जमीन को देखने के लिए वहाँ गाँव में घुड़सवारी किया करते थे।

चौथे वर्ष के अंत में इम्तहान के वक़्त इंटरव्यू में बर्ड ऐंड कंपनी के एक अधिकारी श्री ऑस्कर सीनियर आए थे। श्री शर्मा के जबाबों से प्रभावित होकर उन्होंने उसी वक़्त उन्हें अपनी कंपनी में नौकरी की चिट्ठी दे दी। आईएसएम से पास करने के एक हफ्ते बाद ही श्री शर्मा ने बर्ड ऐंड कंपनी जॉइन कर ली। उन्हें उस वक़्त डेढ़ सौ रुपये प्रतिमाह मिलते थे। यहाँ उन्होंने एक वर्ष के भूमिगत खदान की ट्रेनिंग झरिया के पास स्टैंडर्ड कोल खदान में ली। एक वर्ष के बाद श्री शर्मा ने सेकंड क्लास की परीक्षा पास कर ली और उन्हें असिस्टेंट मैनेजर के पद पर प्रोन्नति मिली। उसके एक वर्ष के बाद फ़र्स्ट

क्लास की परीक्षा पास कर उन्हें उसी खदान में डेप्युटी मैनेजर के पद पर रखा गया।

बर्ड ऐंड कंपनी में काम करने के दौरान श्री शर्मा से टाटा स्टील के एक अधिकारी अक्सर मिला करते थे। श्री शर्मा के काम करने के तरीके से वे काफी प्रभावित थे। एक दिन उन्होंने श्री शर्मा से कहा 'तुम इस कंपनी को छोड़ कर क्यों नहीं टाटा स्टील में काम करते हो। इस कंपनी में पंद्रह-बीस खदानें हैं, जबकि टाटा स्टील के अंतर्गत सिर्फ छह खदानें हैं और उनमें से एक खदान की जिम्मेवारी तुम्हें दी जा सकती है। इसके अलावा टाटा में काम करने का स्तर काफी ऊंचा है और अधिकारियों को बहुत सारी सुविधाएं दी जाती है'। श्री शर्मा को यह बात पसंद आई। वे एक-दो दिनों के बाद टाटा स्टील के जनरल मैनेजर से मिले। बातचीत के बाद उन्होंने श्री शर्मा को सहर्ष टाटा स्टील में योगदान देने का निमंत्रण दे दिया। इस तरह बर्ड ऐंड कंपनी के बाद श्री शर्मा की यात्रा वर्ष 1949 में टाटा स्टील में शुरू हुई।

टाटा स्टील में श्री शर्मा ने डिग्वाडीह कोलियरी में मैनेजर के रूप में जॉइन किया। उसी दौरान श्री शर्मा को केंद्रीय लोक सेवा आयोग (यूपीएससी) से आईएसएम में प्रैक्टिकल ट्रेनिंग के निदेशक के पद के लिए बुलावा आया। उन्होंने साक्षात्कार दिया और उनका चयन भी हो गया। चयन के बाद मेडिकल टेस्ट आदि हुए और अब उन्हें जॉइन करना था। उस वक्त कलकत्ता में टाटा स्टील का एक एजेंट ऑफिस हुआ करता था। उस वक्त उस पद पर श्री रूसी मोदी का चयन हुआ था। उन्हें श्री शर्मा के यूपीएससी में चयन के बारे में खबर मिली। वे आकर श्री शर्मा से मिले और कहा 'आप टाटा स्टील की इतनी अच्छी नौकरी छोड़ कर क्यों जाना चाहते हैं'। श्री शर्मा ने जवाब दिया कि चूंकि आईएसएम के निदेशक की नौकरी सरकारी है, इसलिए वे जाना चाहते है। श्री मोदी ने कहा उन्हें टाटा स्टील में और भी सुविधाएं दे दी जाएंगी, इसलिए जाने का विचार मन से निकाल दें। श्री शर्मा ने बहुत सोच-विचार कर टाटा स्टील की नौकरी में ही रहना ठीक समझा।

वर्ष 1949 से 1957 तक श्री शर्मा टाटा स्टील में खदान के मैनेजर के पद पर रहे और उसके बाद उन्हें खदानों के एक समूह का एजेंट बना दिया गया। इसके पाँच साल बाद 1962 में वे वहीं डेप्युटी चीफ़ माइनिंग इंजीनियर बनाए गए और अंततः अगले वर्ष 1963 में उन्हें चीफ़ माइनिंग इंजीनियर के पद पर प्रोन्नत कर दिया गया। उन्होंने वहाँ अगले आठ वर्षों तक काम किया।

वर्ष 1971 में जब कोकिंग कोल की खदानों का राष्ट्रीयकरण हुआ उस वक़्त टाटा स्टील की खदानों को इससे बाहर रखा गया। एक दिन श्री शर्मा को तत्कालीन केंद्रीय कोयला मंत्री श्री मोहन कुमारमंगलम का फोन आया। उन्होंने हंसी के लहजे में कहा 'हमने आपकी कंपनी की खदानों का तो राष्ट्रीयकरण नहीं किया है, लेकिन आपका राष्ट्रीयकरण करना चाहते हैं। आप टाटा स्टील छोड़ कर सरकारी कंपनी में आ जाएँ, हमें आपकी जरूरत है'। श्री शर्मा ने कहा 'मैं यहाँ टाटा स्टील में ठीक हूँ और खुश हूँ। मैं शायद वहाँ नहीं जा सकूँगा'। तब कोयला मंत्री ने सीधे टाटा के मालिक श्री जे आर डी टाटा से बात की। श्री टाटा ने श्री शर्मा को बुला कर कहा कि चूंकि यह सरकार का मामला है, इसलिए उन्हें वहाँ जाना चाहिए। इस सूरत में टाटा स्टील अगले दो वर्ष के लिए उन्हें लियन पर जाने देगी और उसके बाद श्री शर्मा को निर्णय लेना होगा। श्री शर्मा ने उनकी बात मान ली। औपचारिकता पूरी करने के लिए कोयला मंत्रालय के तत्कालीन संयुक्त सचिव श्री शर्मा के घर आए और इंटरव्यू की औपचारिकता पूरी की गयी। श्री शर्मा को वहीं नियुक्ति पत्र दिया गया। उन्हें नव-निर्मित कंपनी भारत कोकिंग कोल लिमिटेड (बीसीसीएल) का प्रबंध निदेशक नियुक्त किया गया। श्री शर्मा ने 1 मई, 1972 को नए पद पर अपना पदभार ग्रहण कर लिया।

नए पद पर श्री शर्मा के सामने कई चुनौतियाँ थीं। उस वक़्त कुल दो सौ बारह भूमिगत खदानें थीं। इनमें कुछ खदानों के एक मालिक थे, कुछ खदानों पर पूरे परिवार के सदस्यों का आधिपत्य

था, कुछ खदानें भारतीय मूल के मालिकों के अधीन थीं और कुछ खदानें ब्रिटिश कंपनी के अंतर्गत। इन सब में काम करने वाले लोगों और काम के तरीकों में बहुत अंतर था। सबसे पहला काम था, उन सब खदानों को एक साथ लाकर उनमें एक तरह के कार्य करने की पद्धति लागू करना और एक तरह के नियम के अधीन करना। इसके साथ पुराने प्राइवेट खदान मालिकों का विरोध अलग था। उनसे किसी तरह की सहायता नहीं मिल पा रही थी। इसके साथ-साथ उन प्राइवेट मालिकों ने रातों रात अपनी-अपनी खदानों में श्रमिकों के रजिस्टर में ज्यादा संख्या में लोगों के नाम भर दिये थे, जिनमें ज्यादा छद्म नाम थे। इससे वास्तविक श्रमिकों की संख्या तय नहीं हो पा रही थी।

अगले महीने जून-जुलाई से बारिश का मौसम भी शुरू हो गया। कई खदानों में आग लगी थी, कई में अंदर पानी भरने का खतरा था। इस तरह कई चुनौतियाँ थीं, प्रबंधन के सामने। इसके लिए प्राथमिकता तय होना जरूरी था। सबसे पहले सभी कर्मियों तक यह बात पहुंचाई गयी कि अब वे सभी एक कंपनी के मुलाज़िम हैं और उन पर एक तरह के नियम लागू होंगे। ऑफिस का सिस्टम ब्रिटिश कोल की तरह रखा गया जैसे मैनेजर, एजेंट, सब-एरिया, एरिया ऑफिस का गठन किया गया। इस वक़्त श्री शर्मा ने आईआईएम, कलकता की सेवा मैनेजमेंट के गठन के सुझाव के लिए ली। इसके साथ आईआईएम, अहमदाबाद की टीम को भी कंपनी के गठन और उसके विकास के लिए लगाया गया। यह कार्य बिना रुके लगभग दो वर्षों तक चला। शनिवार और रविवार को भी कार्य होते थे। इसके साथ खान सुरक्षा के मामले में बरसात के दिनों में खदान की सुरक्षा के लिए सभी जनरल मैनेजर को आवश्यक उपाय करने को कहा गया। उस वक़्त बिजली की आपूर्ति सही नहीं थी, इसके चलते पम्प नहीं चलने के कारण भूमिगत खदानों के डूबने का संकट था। इसके लिए एक नया पावर स्टेशन तुरंत बनाया गया, जिससे बरसात के दिनों में बिजली की आपूर्ति निर्बाध मिलती रहे।

इसके अलावा छोटी-छोटी आसपास की खदानों को आपस में मिलाकर बड़ी करने का कार्य किया गया। इससे न केवल काम करने में सुविधा हुई बल्कि कोयले का उत्पादन भी बढ़ा। इसके साथ-साथ कंपनी में नियम कानून को पुख्ता तरीके से तैयार करने के लिए किसी योग्य अधिकारी की जरूरत थी। उस वक्त भारतीय प्रशासनिक सेवा के श्री वी एस दूबे, बिहार सरकार में कार्यरत थे। उन्हें प्रशासन प्रमुख के रूप में कंपनी में लाया गया और कुछ ही महीनों में उन्होंने कंपनी के नए नियम-कानून बना दिये।

कुछ विदेशी प्राइवेट खदानों को छोड़कर ज़्यादातर खदानों में श्रमिकों के रहने के लिए 'धौड़ा' बने थे, जो एक छोटे-से कमरे का घरनुमा था। इसमें न ही पानी की आपूर्ति होती थी न ही इसमें बिजली का प्रबंध था। इन धौड़ों की हालत भी जर्जर थी, जिसमें बरसात के दिनों में छत से पानी टपकता था। श्रमिकों के लिए एक-दो डिस्पेन्सरी थे, जो बस नाम के थे। कोई बड़ा अस्पताल आस-पास नहीं था। उनकी तबीयत खराब होने पर उन्हें यूं ही उन डिस्पेन्सरी के भरोसे रहना पड़ता था, जहां डॉक्टर भी कभी-कभी आते थे। श्रमिकों के साथ प्राइवेट मालिकों का बिलकुल अमानवीय व्यवहार था। कई खदानों के आस-पास तो श्रमिकों के रहने की कोई व्यवस्था भी नहीं थी। वे दूर किसी गाँव में रहते थे और वहीं से मीलों पैदल चल कर काम पर आते थे। सबसे पहले श्री शर्मा ने उन धौड़ों की मरम्मत कराने का आदेश दिया और साथ ही उनमें बिजली और पानी की व्यवस्था कराई गयी। इसके साथ धनबाद में एक सेंट्रल हॉस्पिटल और हरेक एरिया में एक-एक हॉस्पिटल बनाने का काम शुरू किया गया। ऑफिस और उस वक्त की कॉलोनी के रखरखाव के लिए व्यवस्था की गयी। इस प्रकार सभी तरह की सुविधाओं को ध्यान में रखते हुए उन पर एक साथ काम शुरू किया गया।

उस वक्त बीसीसीएल, केंद्रीय इस्पात मंत्रालय के अधीन हुआ करता था। इसके साथ मंत्रालय में स्टील अथॉरिटी भी शामिल था।

स्टील अथॉरिटी के तत्कालीन अध्यक्ष श्री वदूद खान थे, जो इस्पात मंत्री भी थे। उन्होंने श्री शर्मा का परिचय तत्कालीन प्लानिंग कमिशन के श्री डी पी धर और कैबिनेट सेक्रेटरी श्री पांडे से करा दिया और कहा कि उन्हें कंपनी को चलाने के लिए कोई भी जरूरत हो, वे बेझिझक इन लोगों की सहायता ले सकते है। श्री शर्मा को उन लोगों से आगे चल कर बहुत सहायता मिली।

इस बीच देश में इस्पात के निर्माण को गति देने के उद्देश्य से कोकिंग कोयले की मांग बढ़नी शुरू हुई। इसका दबाव श्री शर्मा पर भी पड़ा। टाटा स्टील ने इस दौरान अपनी खदानों से कोकिंग कोयले का उत्पादन एक मिलियन टन से बढ़ाकर दुगुना दो मिलियन टन कर दिया था। इसमें दो मुद्दे थे, पहला कोयले की उपलब्धता और दूसरा कोयले की गुणवत्ता। बीसीसीएल के पास कोयले की कमी नहीं थी, लेकिन इस्पात की भट्टी में जिस गुणवत्ता वाले कोयले की आवश्यकता थी, वह बीसीसीएल के पास कम था। उस वक़्त के केंद्रीय वाणिज्य मंत्री श्री प्रणब मुखर्जी इस समस्या का हल ढूंढने के लिए कोकिंग कोयले का विदेश से आयात करना चाहते थे। उन्होंने श्री शर्मा को इस संबंध में बात करने के लिए दिल्ली बुलाया। श्री शर्मा ने अपनी स्थिति उनके सामने दुहराई। उन्होंने कहा, कोयला पर्याप्त है लेकिन उचित गुणवत्ता वाला कम है। इस पर श्री मुखर्जी ने रास्ता बताया कि यदि कुछ अच्छी गुणवत्ता वाले कोयले का आयात किया जाए, तब उसे बीसीसीएल की कम गुणवत्ता वाले कोयले के साथ मिला कर इस्तेमाल किया जा सकता है। श्री शर्मा इसके लिए राजी हो गए। अब उन्हें जल्द से जल्द कंपनी में उत्पादन बढ़ाना था।

हालाकि, कंपनी उस वक़्त खदान के विकास, ज़मीन अधिग्रहण, नई तकनीक के इस्तेमाल जैसे विषयों से जूझ रही थी, फिर भी श्री शर्मा की टीम इतनी मजबूत थी कि इन सब दिक्कतों का सामना उनके लिए धीरे-धीरे आसान होता जा रहा था। उनकी टीम में अपने समय के दिग्गज मौजूद थे। एक तरफ जहां श्री सी एस झा उनके

निदेशक तकनीकी थे, वहीं दूसरी ओर श्री मित्रा निदेशक वित्त थे, जो पहले डेप्युटी कंट्रोलर जनरल ऑफ इंडिया हुआ करते थे। भारतीय प्रशासनिक सेवा के श्री एन के प्रसाद, उस वक्त बिहार सरकार में कमिशनर के पद पर थे, उन्हें निदेशक कार्मिक के पद पर लाया गया। हिंदुस्तान स्टील से श्री एस एस सिंह को लाकर कमर्शियल का काम दिया गया। इसके अलावा खनन के विशेषज्ञ के रूप में कोल बोर्ड से आए श्री यू एन झा और श्री एस एन सिंह हुआ करते थे। इन सब ने कंपनी को जल्द से जल्द एक स्वरूप देने का दिन-रात काम किया।

कोकिंग कोयले के राष्ट्रीयकरण के बाद सरकार ने गैर-कोकिंग कोयले के जल्द से जल्द राष्ट्रीयकरण का मन बनाया। चूंकि कोकिंग कोयले के राष्ट्रीयकरण के समय प्राइवेट मालिकों का बहुत विरोध हुआ था, इसलिए अगली पहल को बहुत गुप्त रखा जा रहा था। श्री शर्मा के पिछले अनुभव को ध्यान में रख कर उन्हें तत्कालीन कोयला मंत्री श्री मोहन कुमारमंगलम ने विचार-विमर्श के लिए दिल्ली बुलाया। तत्कालीन कोयला सचिव श्री के एस आर चारी के साथ बैठ कर तीनों ने गुपचुप तरीके से इस विषय पर कई बार मंथन किया। पिछली गलतियाँ फिर से दोहराई नहीं जाएँ, इसका खयाल रखा जा रहा था। इस तरह की कई बैठकों के बाद कोयला मंत्री ने तय किया कि 30 जनवरी, 1973 तक फैसला ले लिया जाएगा। समय के अनुसार फैसला लिया गया और उसके तीन महीने के बाद 1 मई, 1973 को विधिवत तरीके से आदेश जारी कर गैर-कोकिंग कोयले की खदानों का राष्ट्रीयकरण कर दिया गया। एनसीडीसी और बाकी खदानों को लेकर कोल माइंस अथॉरिटी लिमिटेड (सीएमएएल) की स्थापना हुई।

1 नवंबर, 1975 को जब कोल इंडिया का गठन किया गया तब उसके साथ पाँच सहयोगी कंपनी में बीसीसीएल को भी शामिल किया गया। अब इस कंपनी को इस्पात मंत्रालय से हटाकर कोल इंडिया के साथ कोयला मंत्रालय के अधीन कर दिया गया। श्री आर एन शर्मा इस कंपनी के अध्यक्ष सह प्रबंध निदेशक बनाए गए। उनके सामने

सबसे बड़ी चुनौती थी, बीसीसीएल में उपलब्ध खदानों से उत्पादन बढ़ाना। कंपनी के पास उस वक़्त दो नयी खदानें थीं- मूनिडीह और सुदामडीह। इन दोनों खदानों के अलावा कुछ खदानें आग की चपेट में थीं, क्योंकि भीतर से कोयला निकालने के बाद वहाँ बालू भराई का काम प्राइवेट कंपनी के द्वारा नहीं किया गया था। कुछ खदानों से पिलर का कोयला नीचे से हटाना संभव नहीं था, क्योंकि ऊपर सतह पर जमीन के धँसने की आशंका थी। ऐसे में विचार किया गया कि दो सौ मीटर की गहराई वाली भूमिगत खदानों को खुली खदान में परिवर्तित किया जाए और कोयले का उत्पादन किया जाये। इस बीच मूनिडीह में कंपनी की पहली लोंगवाल पद्धति से खनन की शुरुआत की गयी। इसके अलावा हरेक खदान के स्तर पर प्लानिंग और रिवियू सिस्टम की शुरुआत की गयी। इसके अंतर्गत एक खदान से जुड़े सभी कार्यों को एक नियम के तरह करने की कोशिश की गयी। इससे खदान में कोयले का उत्पादन बढ़ना शुरू हुआ। साथ में कोयले की गुणवत्ता में भी सुधार हुआ। कर्मियों की उत्पादकता भी बढ़ी। सभी खदानों के मैनेजर को वित्तीय और अन्य तरह के अधिकार दिये गए और कहा गया कि वे अपने अधीन हरेक खदान से सकारात्मक योगदान देना शुरू करें। सभी जनरल मैनेजर को कहा गया कि वे अपने-अपने एरिया को वित्तीय लाभ में लाने की कोशिश करें। इस तरह पूरे प्रबंधन को एक नए स्वरूप में लाने की शुरुआत की गयी।

इस बीच श्री शर्मा को धनबाद के कोयला क्षेत्र इलाके के विशेष दबंग लोगों का भी सामना करना पड़ा। उस वक़्त उस इलाके में जिनका वर्चस्व था, वह थे सूरजदेव सिंह। उनके छोटे भाई सत्यदेव सिंह, बीसीसीएल में मुलाज़िम थे। एक बार उन्होंने कुछ श्रमिकों के साथ गाली-गलौज और मार-पीट भी की। इसकी खबर श्री शर्मा को मिली। उन्होंने अनुशासत्मक काररवाई करते हुए उन्हें निलंबित कर दिया। इस बात की खबर पूरे धनबाद के कोयलांचल में आग की तरह फैल गयी। कई जगह धरने हुए, कई जगह मोर्चे निकाले गए। लोगों

ने कहना शुरू किया कि अब शायद श्री शर्मा की मुश्किलें बढ़ेंगी। कंपनी के नीचे के अधिकारी और कर्मचारी भी थोड़े सहमे हुए थे। हालाकि, श्री शर्मा पर इसका कोई असर नहीं हुआ। उन तक बात जरूर पहुंची, लेकिन उन्होंने इस पर कोई विशेष ध्यान नहीं दिया। उनका और कंपनी का काम यथावात चलता रहा।

घटना के लगभग दो माह बाद उनके ऑफिस में सूरजदेव सिंह का आना हुआ। गेट पर से ही ऑफिस में खलबली मच गयी कि शायद आज कुछ अप्रिय बात होगी। सूरजदेव सिंह ने श्री शर्मा से भेंट करनी चाहिए। उन्होंने इसकी इजाजत दे दी। कमरे में आने के बाद सूरजदेव सिंह ने पहले तो अपनी दबंगीयत दिखानी चाही, पर जब उसका असर श्री शर्मा पर नहीं हुआ तब थोड़ी नरमियत के साथ कहा कि इस घटना से उनके कोरोबार पर बहुत असर हुआ है और आगे भी होगा। अगर श्री शर्मा उनके भाई का केवल सात दिनों के लिए निलंबन वापस ले लें तब उसके बाद वह कंपनी से इस्तीफा देकर चला जाएगा। थोड़ी देर सोच कर श्री शर्मा ने कहा कि वह अपने भाई के इस्तीफे का पत्र बनाकर और खुद गवाह के रूप में दस्तखत कर के लाएँ, तब यह प्रस्ताव माना जाएगा। तीन दिनों के बाद सत्यदेव सिंह के इस्तीफे का पत्र श्री शर्मा को मिला। उसका निलंबन वापस हुआ और सात दिनों के बाद कंपनी से उसका इस्तीफा मंजूर हुआ। इस तरह श्री शर्मा ने एक मजबूत उच्च प्रबंधन का परिचय दिया। इसके अलावा बीच-बीच में कंपनी के कुछ खदानों में दो दबंग गुटों के बीच लड़ाई होती रहती थी, जिसमें गोलियां भी चलती थीं। यह माहौल कंपनी के गठन की शुरुआत में ज्यादा था। इन सब घटनाओं के बावजूद श्री शर्मा कंपनी के विकास के कार्यों में लगे रहे।

लगभग तीन वर्षों से कुछ महीने ज्यादा श्री शर्मा बीसीसीएल के सीएमडी रहे। इस दौरान उन्होंने कंपनी में न केवल कोयले के उत्पादन को बढ़ाया बल्कि नए नियम कानून स्थापित किए। कंपनी में काफी सुधार हुआ।

वर्ष 1978 के दिसम्बर में श्री शर्मा का चयन कोल इंडिया के अध्यक्ष के रूप में हुआ। उन दिनों वे बीसीसीएल के साथ-साथ सीसीएल और सीएमपीडीआई के सीएमडी के भी अतिरिक्त प्रभार में थे। अध्यक्ष के ऑर्डर निकलने के पूर्व दिसम्बर महीने में ही नॉर्थ ईस्ट कोलफील्ड की एक खदान में विस्फोट हुआ था, कई कोयला श्रमिक मारे गए थे। इस सिलसिले में श्री शर्मा को वहाँ बचाव कार्य की देखरेख के लिए तत्कालीन कोयला मंत्री ने भेजा। वहाँ उन्हें विभिन्न इंतजाम के कार्य में लगभग एक माह का समय लग गया। वापस आकर उन्होंने 27 जनवरी,1979 को आधिकारिक तौर पर कोल इंडिया के अध्यक्ष का पदभार ग्रहण किया।

कोल इंडिया के अध्यक्ष के रूप में श्री शर्मा को फिर कई चुनौतियों का सामना करना पड़ा। सबसे पहली चुनौती थी, कंपनी के बढ़ते वित्तीय घाटे की। श्रमशक्ति ज्यादा होने =और विशेष कर भूमिगत खदान की संख्या ज्यादा होने के कारण खदानों से कोयला उत्पादन की लागत बेचने के दर से कहीं ज्यादा थी। हालाकि, उस वक़्त भारत सरकार से वित्तीय कमी पूरी की जाती थी, लेकिन छोटे-छोटे वित्तीय मसलों के लिए भी श्री शर्मा को कोयला मंत्रालय का मुंह देखना पड़ता था। इसके अलावा कंपनी की ज़्यादातर खदानों में आधुनिक उपकरण नहीं लगे थे। इसके कारण कोयले का उत्पादन अपेक्षानुसार नहीं बढ़ पा रहा था। कोल इंडिया की बाहर की दुनिया में नकारात्मक छवि बनती जा रही थी।

इस बीच श्री शर्मा ने देखा कि कलकता स्थित कोल इंडिया मुख्यालय 10, नेताजी सुभाष रोड के दफ्तर में रोजाना बड़ी संख्या में अखबार के रिपोर्टर चक्कर लगाया करते हैं। वे किसी न किसी से वहाँ की खबर निकाल कर कोल इंडिया के बारे में उल्टा-सीधा छापते थे। श्री शर्मा को यह बात पसंद नहीं आई। एक दिन उन्होंने वैसे सभी रिपोर्टरों को अपने कमरे में बुलाया। सभी के लिए यह आश्चर्य की बात थी कि कोल इंडिया अध्यक्ष ने उन्हें खुद बिना कहे बुलाया

है। सभी उनके कमरे में पहुंचे। सभी से हाल-चाल लेने के बाद श्री शर्मा ने कहा कि वे हर महीने की एक निर्धारित तारीख को खुद सभी पत्रकारों को अपने पास बुलाकर कोल इंडिया की गतिविधियों के बारे में जानकारी देंगे। इसलिए रोज उन्हें कंपनी मुख्यालय में आने की जरूरत नहीं है। इस बीच यदि उन्हें किसी विशेष खबर की जानकारी मिलती है, तब वे सीधे अध्यक्ष से भी बात कर लें, जिससे कोल इंडिया के पक्ष की भी जानकारी रिपोर्टर को मिल सके। यह प्रस्ताव सभी पत्रकारों को अच्छा लगा और वे इस पर राजी हो गए।

इसके अलावा उस वक़्त कोल इंडिया मुख्यालय में कोयले के पर्मिट के लिए लोगों की भीड़ लगी रहती थी। कहीं न कहीं यह भ्रष्टाचार का भी एक गंभीर मुद्दा बन रहा था। इसे जल्द से जल्द ठीक करना जरूरी था। इसके लिए भी नियम कानून बनाए गए। सभी सहयोगी कंपनी से तारतम्य अच्छा बना रहे, इसके लिए कोल इंडिया मुख्यालय में विभागों के प्रमुख को जिम्मेवारी सौंपी गयी। सहयोगी कंपनी में एक तरह के बड़े बजट के सामान की कोल इंडिया स्तर पर एक जगह से खरीद की व्यवस्था की गयी। इसके लिए स्टैंडिंग कमिटी का गठन किया गया, जिसकी अनुशंसा पर सामानों की खरीद होने लगी। इसके अतिरिक्त विभिन्न स्तर पर एक तरह के नियम कानून के लिए मैनुअल और पॉलिसी बनाई गयी। खदानों में नई तरह की मशीनों के उपयोग पर भी काम हुआ। पहले की छोटी क्षमता की मशीनों को बदल कर खदान की जरूरत के अनुसार बड़ी क्षमता की मशीनें मंगाई गईं।

नई खदानों को खोलने और वर्तमान खदान में नई आधुनिक तकनीक के लिए कोयला मंत्रालय के सहयोग से विभिन्न देशों में काम में लायी जा रही तकनीक और मशीनों के बारे में विचार किया गया। इस सिलसिले में सीएमपीडीआई में उन दिनों रूस के सहयोग से काम चल रहा था। इसके अलावा श्री शर्मा ने कोयला सचिव श्री चारी के साथ पोलैंड, ब्रिटेन, जर्मनी और फ्रांस का दौरा कर वहाँ से तकनीकी सहयोग की व्यवस्था की।

इस बीच कोयला मंत्रालय में कोल इंडिया के कई नए प्रोजेक्ट स्वीकृति के लिए गए और उनमें विलंब होने लगा। कई बार प्रोजेक्ट की स्वीकृति में दो से तीन वर्ष लग गए। इससे न केवल कोयले के उत्पादन बढ़ाने में दिक्कत हो रही थी, बल्कि देरी के कारण प्रोजेक्ट की लागत भी बढ़ जा रही थी। इस सिलसिले में तत्कालीन प्रधानमंत्री श्रीमती इन्दिरा गांधी के स्तर पर एक बैठक हुई। उस बैठक में कोयला सचिव, कोयला मंत्री और कैबिनेट सचिव भी शामिल हुए। श्री शर्मा ने बैठक में कहा कि कोयले का उत्पादन बटन दबाकर शुरू नहीं किया जा सकता है। इसके लिए नए प्रोजेक्ट की मंजूरी जल्दी मिलने पर काम तेजी से शुरू किया जा सकता है, जिससे समय पर कोयला मिल सके। प्रधानमंत्री ने श्री शर्मा की बातें गौर से सुनी और तत्काल सभी प्रोजेक्ट की स्वीकृति देने के आदेश दे दिये। इसके बाद कभी भी प्रोजेक्ट स्वीकृति के मद में कोल इंडिया को दिक्कत नहीं हुई। इसके अलावा बीच-बीच में प्रधानमंत्री का विभिन्न राज्यों का दौरा हुआ करता था। उन दौरों में अन्य अधिकारियों के अलावा कोल इंडिया के अध्यक्ष के रूप में श्री शर्मा और रेलवे बोर्ड के अध्यक्ष को मौजूद रहना पड़ता था। बैठकों के अंत में प्रधानमंत्री श्री शर्मा से पूछा करती थीं कि उन्हें राज्य सरकार से कोई दिक्कत तो नहीं है। राज्य सरकार की तरफ से भी किसी मसले का हल तुरंत निकाल लिया जाता था। इस तरह देश के सर्वोच्च कार्यालय से कोल इंडिया को सहयोग मिलता रहा।

अपने तीन वर्षों के अध्यक्ष कोल इंडिया के कार्यकाल में श्री शर्मा ने कई उपलब्धियां हासिल कीं। विदेशी सहयोग से नई खदानें खोलना, जिससे कोयले का उत्पादन बढ़ा। उन्होंने उत्पादन बढ़ाकर कंपनी के वित्तीय घाटे को कम करने की कोशिश की, लेकिन कोयले के दाम समय से नहीं बढ़ने के कारण कोयले की उत्पादन लागत हमेशा बिक्री मूल्य से ज्यादा रही। कोयले के दाम को बढ़ाने में उन दिनों कई संस्थाओं की जरूरत पड़ती थी, जिससे प्रस्ताव को पारित होने में एक वर्ष से ज्यादा समय लग जाता था। कोल इंडिया के कार्यकाल

में श्री शर्मा को यही मलाल रहा कि वे कंपनी को वित्तीय लाभ की स्थिति में नहीं ला पाये।

श्री शर्मा ने 31 मार्च, 1982 को अध्यक्ष कोल इंडिया का अपना कार्यकाल समाप्त किया और सरकारी नौकरी से सेवानिवृत्त हो गए। शिष्टाचार के तहत उन्होंने अन्य गणमान्य लोगों को धन्यवाद देने के अलावा पश्चिम बंगाल के तत्कालीन मुख्यमंत्री श्री ज्योति बसु से भी मुलाक़ात की और उन्हें कोल इंडिया को सहयोग देने के लिए धन्यवाद दिया। श्री शर्मा ने तय किया कि वे नई दिल्ली में एक किराये के मकान में रहेंगे और बाद में वहीं बस जाएँगे। उन्होंने उस वक़्त टाटा स्टील के तत्कालीन मैनिजिंग डाइरेक्टर श्री रूसी मोदी से भी मुलाक़ात की और उन्हें बताया कि वे सेवानिवृत होकर दिल्ली बसने जा रहे हैं। श्री शर्मा ने कहा कि उन्हें तत्कालीन प्लानिंग कमिशन अपना सलाहकार नियुक्त करना चाहता है। श्री मोदी ने उन्हें तुरंत मना किया और कहा कि वे उन्हें लेकर जमशेदपुर जाना चाहते हैं।

अगले ही दिन श्री मोदी टाटा स्टील के हवाई जहाज से श्री शर्मा के साथ जमशेदपुर रवाना हो गए। वहाँ वे उन्हें लेकर टाटा की एक सहयोगी कंपनी टिन प्लेट पहुंचे। श्री मोदी ने सभी अधिकारियों और कर्मचारियों को एक जगह एकट्ठा किया और उन्हें संबोधित करते हुए कहा 'आज से श्री शर्मा टिन प्लेट कंपनी के मैनिजिंग डाइरेक्टर नियुक्त किए जाते हैं'। श्री शर्मा यह घोषणा सुन कर अवाक रह गए। उन्होंने श्री मोदी से कहा 'यह आपने क्यूँ किया, मुझे पहले बता दिया होता'। श्री मोदी ने कहा 'मैं पहले बता कर आपकी ना नहीं सुनना चाहता था। इस कंपनी को टाटा ने अपने अधीन किया है और अबतक इसका काम सेना के दो बड़े अधिकारी चला रहे थे, लेकिन उन्हें इस कंपनी को चलाने का कोई अनुभव नहीं था। आपने कोल इंडिया जैसी बड़ी कंपनी चलाई है और फिर आप टाटा स्टील के पुराने मुलज़िम रह चुके है। इसलिए हमलोगों ने निर्णय लिया कि आपके सिवा और

दूसरा कोई इस कंपनी को नहीं चला सकता है'। श्री शर्मा को उनकी बात माननी पड़ी।

अगले दिन श्री शर्मा को श्री रूसी मोदी के जमशेदपुर स्थित बंगले पर रात के खाने के लिए बुलाया गया। वहाँ टाटा के चेयरमैन श्री जे आर डी टाटा भी मौजूद थे। श्री टाटा श्री शर्मा को देख कर काफी प्रसन्न हुए। उन्होंने कहा 'तुम वापस टाटा स्टील क्यों नहीं जॉइन करते हो'। श्री शर्मा ने कहा 'आप ही ने कुछ वर्ष पहले कोल इंडिया की नौकरी करने के लिए टाटा स्टील से मुझे भेजा था। अब जब आप चाहते हैं कि मैं फिर टाटा स्टील वापस आ जाऊँ, तो मुझे इसमें कोई आपत्ति नहीं है'। श्री शर्मा को टाटा स्टील का वाइस प्रेसिडेंट बनाया गया। उनके जिम्मे टाटा स्टील का पूरा प्रशासन, नगर प्रशासन और रॉ मटेरियल विभाग था। इसके साथ-साथ वे टिन प्लेट कंपनी के चेयरमैन भी बनाए गए। अगले पाँच वर्ष तक श्री शर्मा ने इस पद पर काम किया। बाद में चूंकि टिन प्लेट कंपनी का कारोबार तत्कालीन मैनिजिंग डाइरेक्टर के नेतृत्व में ठीक नहीं चल रहा था, इसलिए श्री शर्मा को उस कंपनी का अध्यक्ष सह प्रबंध निदेशक बना दिया गया। उनके कार्यकाल में टिन प्लेट कंपनी ने बहुत तरक्की की। उन्होंने बाज़ार से पूंजी इकट्ठा की और नई रोलिंग मिल की स्थापना की।

यह क्रम वर्ष 1994 तक चला। उस वक़्त तक श्री शर्मा सत्तर वर्ष के हो चुके थे। टाटा स्टील में तभी एक नियम आया कि पैंसठ वर्ष से ज्यादा उम्र के अधिकारियों को सेवानिवृत किया जाएगा। श्री शर्मा को भी अपना पद छोड़ना पड़ा, लेकिन टाटा स्टील ने उन्हें नहीं छोड़ा। उन्हें मैनेजिंग डाइरेक्टर के सलाहकार के रूप में अगले चार वर्षों के लिए नियुक्त किया गया। इस तरह श्री शर्मा ने कोल इंडिया से वर्ष 1982 में सेवानिवृति के बाद अगले सोलह वर्षों तक टाटा स्टील में काम किया।

चौहत्तर वर्ष की आयु के बाद भी श्री शर्मा काम करने से नहीं रुके। इसके बाद उन्होंने टीवी ट्यूब बनाने वाली कंपनी 'सैमटेल' के

सलाहकार के रूप में अगले छह वर्षों तक काम किया। इसके कारण उन्हें ग्लास टेक्नालजी और इलेक्ट्रॉनिक्स के बारे में भी जानकारी मिली। यह सिलसिला वर्ष 2004 तक चला। तबतक श्री शर्मा अस्सी वर्ष के हो चुके थे।

श्री शर्मा के काम करने का जज्बा अस्सी वर्षों के बाद भी नहीं थमा। वे बिना काम के खाली बैठने वालों में से नहीं थे। तेल की एक ड्रिलिंग कंपनी 'ग्रेट ऑफशोर' द्वारा, जो ओएनजीसी जैसी कंपनी के साथ कांट्रैक्ट पर समुद्र में ड्रिलिंग का काम करती थी, श्री शर्मा को डाइरेक्टर नियुक्त किया गया। इस काम में श्री शर्मा को कई बार जमशेदपुर से बाहर और कभी-कभी समुद्र में ऑफ शोर जाना पड़ता था। इस उम्र में भी वे बिलकुल चुस्त-दुरुस्त होकर अपनी ड्यूटी पूरी तरह निभाते रहे। इस कंपनी में श्री शर्मा का योगदान बहुत बड़ा रहा। उनके नेतृत्व में कंपनी ने देश में कई जगह काम किए और काफी मुनाफा कमाया। श्री शर्मा अगले तेरह वर्ष तक इस कंपनी से जुड़े रहे और लगातार काम करते रहे। तिरानवे वर्ष की आयु में वर्ष 2017 में उन्होंने अपने पद से इस्तीफा दे दिया।

इसके बाद भी वे नहीं रुके। वाकई श्री शर्मा एक अजूबा हैं। उनके साथ के लोग लगभग अस्सी वर्ष की आयु आते-आते तक शरीर से कमजोर होकर घर बैठ जाते हैं, लेकिन श्री शर्मा तिरानवे वर्ष की आयु में भी आगे काम करने के लिए इच्छुक थे। उन्होंने 'अलाइड शिपयार्ड' कंपनी में सलाहकार के रूप में फिर नौकरी जॉइन की। इस कंपनी में जहाजों के निर्माण का काम होता था। श्री शर्मा ने यहाँ भी अपनी कुशलता दिखाई और अगले तीन वर्षों तक सलाहकार के रूप में काम करते रहे। वर्ष 2020 में छियानवे वर्ष की आयु में उन्होंने नौकरी करनी छोड़ी।

कोयला उद्योग के असल कर्मवीरों के बारे में लिखते समय मेरा ध्यान सबसे पहले श्री शर्मा की ओर गया था। वे कोयला उद्योग के भीष्म पितामह समान हैं। उन जैसे व्यक्तित्व के बारे में जानने की

मुझे बहुत उत्सुकता थी। मेरे एक सहयोगी और मित्र श्री एल एन मिश्र, मेरे साथ महानदी कोलफील्ड में थे, निदेशक कार्मिक के पद पर। उन्होंने ही महानदी, सम्बलपुर में वर्ष 2019 की शुरुआत में गोल्फ टूर्नामेंट का आयोजन किया था, जिसमें पंचानवे वर्ष की आयु में श्री शर्मा शामिल हुए थे। उनकी श्री शर्मा से उस वक्त की थोड़ी जान-पहचान थी। मैंने उनसे कहा कि वे श्री शर्मा से बात करें और जरूरत पड़ेगी तब उनके जमशेदपुर के घर पर जाकर कोई मुझसे विडियो से जुड़ कर मेरी उनसे बात करा देगा। श्री मिश्र ही इस काम के लिए जमशेदपुर जाने के लिए तैयार हो चुके थे। उन्होंने उनसे फोन पर बात कर मेरे किताब लिखने की जानकारी दी। श्री शर्मा ने अगले दिन दस बजे के करीब मुझसे फोन पर बात करने की इच्छा जताई। फिर श्री मिश्र से उनका मोबाइल नंबर लेकर मैंने श्री शर्मा से अगले दिन बात की। बिलकुल बुलंद आवाज़, जिसमें उम्र का तक़ाज़ा कहीं नहीं था। उन्होंने गौर से मेरे किताब के बारे में बातें सुनी। मैंने उन्हें कहा कि श्री मिश्र उनसे उनके आवास जमशेदपुर में जाकर उनकी मुझसे बात करने में मदद कर देंगे। तब उन्होंने कहा 'अभी मैं इतना बूढ़ा नहीं हुआ हूँ कि कोई मेरी मदद करे। आप जिस दिन चाहें मुझसे विडियो कॉल पर बात कर सकते हैं'। तय हुआ कि अगले 18 दिसम्बर, 2021 को दिन में ग्यारह बजे उनसे बात होगी। उसी अनुसार ज़ूम के माध्यम से मैं उनसे जुड़ा। मैंने शुरू में उनसे कहा कि वे यदि कम समय के लिए बात करना चाहते हैं तब दो दिन में इस बात को पूरी की जा सकती है, लेकिन श्री शर्मा कहाँ रुकने वाले थे। जब बातों का सिलसिला चला तब लगभग दो घंटे कब बीत गए, पता नहीं चला।

बातचीत के क्रम में जब उन्होंने छियानवे वर्ष की उम्र तक काम करने की बात बताई तब मैंने उनसे उनके इस जज्बे के पीछे का राज़ जानना चाहा। मैंने उनसे कहा कि वे लंबी आयु जीने के साथ-साथ हमेशा सक्रिय रहने के देश में एक ज्वलंत उदाहरण हैं। वर्तमान पीढ़ी और मुझ जैसे लोग भी इसके बारे में सोच नहीं सकते हैं। तब

उन्होंने हँसते हुए कहा 'मैं अपने पूरे जीवन में बहुत अनुशासित रहा हूँ। मैं सुबह चार बजे उठ जाता हूँ और साढ़े चार बजे से अगले डेढ़ घंटे तक योग और प्राणायाम करता हूँ। सुबह सवा छह बजे सुबह की सैर के लिए निकल जाता हूँ और आधे घंटे की सैर के बाद गोल्फ खेलता हूँ। इसके बाद घर वापस आकर एक घंटे के भीतर मैं दिन के कार्य के लिए तैयार हो जाता हूँ। इसके अलावा संयम से खान-पान ने मुझे जीवंत रखा है। दरअसल, मेरी व्यस्तता मुझे अपनी उम्र के बारे में सोचने नहीं देती है'।

उन्होंने बताया कि नौकरी के अलावा जमशेदपुर में रहते हुए पिछले तीस वर्षों से वे कई सामाजिक कार्यों से भी जुड़े रहे और व्यस्त रहे। वे सामाजिक संस्थाओं के लिए काम करते रहे और आज भी इस उम्र में उन कार्यों में व्यस्त हैं। इनमें जमशेदपुर स्थित दयानन्द पब्लिक स्कूल नामक दो आर्यसमाज स्कूल हैं, जिनमें लगभग दो हज़ार बच्चे पढ़ते हैं। इन दोनों स्कूल के विस्तार के कार्य में अभी श्री शर्मा व्यस्त हैं। इन स्कूल की बिल्डिंग का विस्तार कर वहाँ पाँच सौ और गरीब बच्चों का दाखिला किया जाना है। इसके अलावा वे गरीबों की सेवा के लिए जमशेदपुर में ही एक सौ बीस बेड के कैंसर हॉस्पिटल के प्रबंधन से जुड़े हैं। यह हॉस्पिटल एक सोसाइटी के द्वारा चलाया जाता है, जिसे टाटा तथा अन्य संस्थाओं से वित्तीय सहयोग मिलता है। हालाकि, श्री शर्मा ने हॉस्पिटल प्रबंधन से कहा कि उन्हें वित्त के मामले में आत्मनिर्भर बनना चाहिए। पिछले लगभग दो वर्ष तक इसपर श्री शर्मा ने मेहनत की और अब यह हॉस्पिटल खुद के कमाए पैसे से अपना विस्तार कर रहा है।

इस बीच टाटा ट्रस्ट ने फैसला लिया कि वह इस तरह के तीन कैंसर हॉस्पिटल पूरे झारखंड में खोल कर गरीबों की सेवा करेगा। पहला हॉस्पिटल रांची में निर्माणाधीन है, दूसरा देवघर में बनेगा और चूंकि जमशेदपुर में श्री शर्मा के नेतृत्व में एक कैंसर हॉस्पिटल चल रहा है, इसलिए टाटा ने इसी हॉस्पिटल को तीसरा हॉस्पिटल मान

कर इसे साठ करोड़ रुपये दिये, जिससे हॉस्पिटल का और विकास हो सके। इन पैसों से जमशेदपुर के उस हॉस्पिटल में नए आधुनिक उपकरण मंगाए गए हैं और वह हॉस्पिटल अब गरीबों का इलाज बेहतर तरीके से कर रहा है। श्री शर्मा आज भी इन संस्थानों से जुड़े हैं और सक्रिय होकर काम कर रहे हैं।

उनकी जीवनी संक्षेप में जानने के बाद मैंने उनसे कोयले के भविष्य के बारे में जानना चाहा। मैंने उनसे कहा कि दुनिया में कार्बन उत्सर्जन को लेकर सभी देश चिंतित हैं और भारत ने भी इस संदर्भ में कोयले पर आधारित उद्योगों को कम करके गैर-परंपरागत ऊर्जा की ओर ज़ोर-शोर से ध्यान देना शुरू कर दिया है, ऐसे में क्या उन्हें लगता है, कोयला आने वर्षों में ऊर्जा का मुख्य स्रोत रह पाएगा। इसपर उन्होंने जवाब दिया 'आने वाले कम से कम बीस से तीस वर्षों तक भारत में कोयले का वर्चस्व रहेगा। हालाकि, बहुत से विकसित देशों ने अपने यहाँ इस ऊर्जा स्रोत की कटौती शुरू कर दी है और उन देशों में कोयले की नई खदानें अब कम या नहीं खुल रही हैं। ऐसे में विश्व स्तर पर तकनीक के विकास से ऊर्जा का स्रोत आने वाले वर्षों में बदलेगा, इसका भी ध्यान हमें रखना चाहिए। तेल और गैस के क्षेत्र में भी डीजल और पेट्रोल की गाड़ियों की जगह अब इलैक्ट्रिक गाड़ियों का चलन शुरू हो गया है। ऐसे में उनके भविष्य पर भी खतरा है। ग्रीन हाइड्रोजन का भी उत्पादन बढ़ेगा। ऐसे में कोयला उद्योग को तैयार होना चाहिए कि आने वाले वर्षों में कोयले का उपयोग धीरे-धीरे घटना शुरू हो जाएगा और एक दिन इस उद्योग को बंद करना पड़ेगा। हालाकि, यह अभी इतनी जल्दी संभव नहीं है, फिर भी इसकी तैयारी शुरू कर देनी चाहिए'।

श्री शर्मा के दो बेटे है। सबसे बड़े बेटे का अपना बिज़नस है और वे श्री शर्मा के साथ जमशेदपुर में ही रहते है। छोटा बेटा प्राइवेट कंपनी के ऊंचे पद से सेवानिवृत होकर फिलहाल, कई बड़ी कंपनी के बोर्ड में निदेशक है।

बातचीत के अंत में अपनी कार्यशैली और अपनी सफलता के बारे में श्री शर्मा ने बताया 'मैंने हमेशा मानव संसाधन पर ध्यान दिया है। यदि आपकी टीम के लोग संतुष्ट हैं, तब आप कोई भी लक्ष्य हासिल कर सकते है। अच्छी मशीनें खरीदी जा सकती हैं, लेकिन अच्छे लोगों का मिलना मुश्किल होता है। इसलिए जो भी कर्मी ने मेरे साथ काम किया, मैंने उनका पूरा ख्याल रखा। दूसरा, मैंने जो कहा, वही किया। आप ऐसा नहीं कर सकते हैं कि आप कहें कुछ और करें कुछ। ऐसे में लोगों का विश्वास आपसे उठ जाएगा और आप सफल नहीं हो सकते हैं। तीसरा, मैंने कोई भी निर्णय सोच समझ कर लेकिन त्वरित लिया, जिससे मेरा काम कभी नहीं रुका। मैंने हमेशा किसी कठिन समय में सबसे आगे बढ़ कर खुद उसका सामना किया और बाद में अपने सहयोगियों की मदद ली। मैंने यह माना है कि आपका पद और आपका अधिकार केवल आपके काम तक सीमित है, इसका अहंकार और गलत इस्तेमाल नहीं होना चाहिए। हमेशा यह सोच कर काम करें कि आप किसी बड़े काम को अंजाम देने के लिए मात्र माध्यम हैं। मैंने हमेशा काम को अंजाम दिया और आगे दूसरे काम की ओर बढ़ गया, पीछे मुड़ कर देखना, मेरी आदत नहीं रही'।

श्री शर्मा आज अपने जीवन के 98 वर्ष पूरे कर चुके हैं और अभी भी सक्रिय हैं। उनसे बातचीत के क्रम में कहीं भी महसूस नहीं हुआ कि उम्र उनके आगे बढ़ने में कहीं बाधक है। वे उम्र को मात्र एक अंक मानते हैं। जज्बा दिमाग और दिल से कायम रहता है। ऐसे लोग न केवल कोयला उद्योग, बल्कि देश के लिए एक उदाहरण हैं। नई पीढ़ी और हमारी पीढ़ी के लिए भी एक जबर्दस्त प्रेरणास्रोत।

वाकई श्री शर्मा इस पीढ़ी के भीष्म पितामह साबित हुए हैं। उन्हें हम सब का नमन.....।

मानगुडी से शिखर तक

गेस्ट हाउस का एक बड़ा-सा कमरा। दोपहर के साढ़े बारह बजे का वक़्त। कमरे की दीवार से सटे कतार में चारों तरफ सोफा। बीच में दो बड़े चौकोर टेबल, जिनपर फाइलें और कागज़ बेतरतीब से पड़े थे। उन्हीं कागजों के बीच चाय के कप प्लेट भी। अलग से प्लेट में कुछ बिस्कुट। कमरे में चार लोग सोफ़े पर बैठे थे, लेकिन सभी चुपचाप, चाय पीते हुए। पूरे कमरे में एक अजीब-सा सन्नाटा पसरा था। बीच-बीच में सिर्फ चाय की चुस्की की आवाज़। पाँच में से दो लोग सिगरेट का धुआँ भी उड़ाते हुए। माहौल कुछ तनाव भरा लग रहा था। तभी एक ने कहा 'भाई हमें शायद कुछ और मोहलत मिलनी चाहिए थी, सिर्फ पाँच दिनों में इतने आंकड़ों को पढ़ना और उस पर एक मत हो कर अमल करना संभव नहीं लगता'। दूसरे ने कहा 'मुझे मालूम है कि चाहे जो हो जाए, हमें इस विषय पर आज ही अंतिम निर्णय लेना होगा, सरकार इस मामले में बहुत गंभीर है और कल से हमारे निर्णय को लागू करने के लिए प्रतिबद्ध है'। बाकी सभी ने मानो मौन रह कर इस बात की स्वीकृति दी। सभी ने चाय खत्म कर एक बार फिर कमर कस कर काम करना शुरू कर दिया। दो घंटे के बाद वहीं टेबल पर दोपहर का भोजन आया और खाने के साथ काम भी होता रहा। अगले छह घंटों तक लगातार काम चलता रहा। बीच-बीच में

कमरे में उन लोगों से अलग बैठे व्यक्ति को टाइप करने के लिए कहा जाता। दो लोग कागजों में लगे थे और दो रिपोर्ट को टाइप कराने में। जब कमरे में दीवार घड़ी ने रात के आठ बजे का घंटा बजाया, तब उन दो लोगों में से एक ने कहा 'लगता है अब रिपोर्ट का काम पूरा हो गया। इससे ज्यादा इसमें और कुछ नहीं लिखा जा सकता है। अब शायद हम बाहर सरकार के नुमाइंदे को यह रिपोर्ट सौंप सकते हैं और कल से हमारे इस काम पर कारवाई शुरू की जा सकती है'। सभी ने मानो चैन की सांस ली और एक दूसरे को धन्यवाद कहा।

यह बात उनतीस जनवरी,1973 की थी। स्थान था कलकता के बालीगंज स्थित हिंदुस्तान कॉपर लिमिटेड का गेस्ट हाउस। उस गेस्ट हाउस के एक कमरे में मौजूद थे कोयला उद्योग और देश के चुने हुए प्रशासनिक अधिकारी- सर्वश्री एस आर शंकरन, भाप्रसे, वी गोविन्दराजू, भाप्रसे, भारत के कोयला विभाग के साधन चट्टोपाध्या और कोयला खनन विशेषज्ञ के रूप में एम पी नारायणन। दोनों प्रशासनिक अधिकारी उस वक्त के केंद्रीय कोयला मंत्री श्री मोहन कुमारमंगलम के साथ दिल्ली में कार्य करते थे। उनके एक जगह इस तरह जुटने का कारण था, देश के गैर-कोकिंग कोयले का राष्ट्रीयकरण। लगभग एक हफ्ते पहले सभी को भारत सरकार के कोयला विभाग के सचिव श्री के एस आर चारी द्वारा टेलीफ़ोन पर गुपचुप तरीके से खबर दी गयी कि उन्हें फलां तारीख को कलकत्ता पहुँचना है। सभी को एक जगह बिलकुल गोपनीय ढंग से गेस्ट हाउस में ठहराया गया और उन्हें हिदायत दी गयी कि वे किसी भी हालत में गेस्ट हाउस से बाहर नहीं निकलेंगे। उनके सामने देश के सभी प्राइवेट गैर-कोकिंग कोयले की खदानों का विस्तृत विवरण रखा गया और कहा गया कि अगले पाँच दिनों में एक मत हो कर वे गैर-कोकिंग कोयले के राष्ट्रीयकारण की रूपरेखा तैयार करें। सभी चार लोगों ने बड़ी बारीकी से उन दस्तावेजों का अध्ययन किया और अंततः पाँच दिनों की कड़ी मेहनत और माथा-पच्ची के बाद उस गेस्ट हाउस में उपस्थित सरकार के नुमाइंदे

और राष्ट्रीय कोयला विकास निगम (एनसीडीसी) के उस वक्त के अध्यक्ष तथा राष्ट्रीयकरण के लिए नामित कस्टोडियन जनरल श्री जे जी कुमारमंगलम को अपनी रिपोर्ट सौंप दी। देश के विभिन्न कोयला क्षेत्र के लिए रिपोर्ट के अलग-अलग पुलिंदे बनाए गए। सभी कोयला क्षेत्र के लिए उप-कस्टोडियन जनरल नामित किए गए थे, जिन्हें वहाँ गेस्ट हाउस में उनतीस जनवरी को बुलाया गया था। उन्हें उन पुलिंदों को सौंप कर आवश्यक हिदायत दे दी गयी। सभी उसी दिन शाम में अपने-अपने गंतव्य के लिए रवाना हो गए। सभी को कहा गया इक्कत्तीस जनवरी को अपने-अपने इलाके में प्राइवेट खदान में जाकर सारे कागजात की जांच कर पूरा इलाका अपने कब्जे में कर लेंगे। चूंकि पूरे कार्य को गोपनीय रखना था, इसलिए कहा गया कि अधिकारी खदान जाते वक्त सरकारी गाड़ी नहीं लेंगे बल्कि प्राइवेट गाड़ी भाड़े पर लेकर जाएँगे। तीस जनवरी तक सभी अपने गंतव्य इलाके में पहुँच गए और अगले दिन एक साथ देश के सभी प्राइवेट गैर-कोकिंग कोयले की खदानों को अपने हाथ में ले लिया। सभी खदानें भारत सरकार के अधीन हो गईं। इसके बाद एक मई, 1973 को इन खदानों का राष्ट्रीयकरण कर दिया गया। इस पूरे प्रकरण में वैसे तो सभी ने अपनी भूमिका अदा की, लेकिन तकनीकी तौर पर इस अभियान के मुख्य नायक थे श्री एम पी नारायणन।

मानगुडी पंचपकेशन नारायणन। नाम में जुड़ा पहला शब्द मानगुडी एक गाँव है, जो वर्तमान शहर चेन्नई से लगभग चार घंटे की दूरी पर तंजावुर के पास स्थित है। एक बेहद छोटा-सा गाँव, लेकिन इस गाँव ने देश को कई बड़े महारथी दिये, जिनमें प्रशासनिक, न्यायिक और तकनीकी सेवा से जुड़े लोग शामिल हैं। उन्हीं में से एक हैं श्री नारायणन। नाम का दूसरा शब्द पंचपकेशन, श्री नारायणन के पिता का नाम- एम के पंचपकेशन। दक्षिण भारत में नाम का पहला शब्द गाँव का होता है और बीच का शब्द पिता के नाम का।

श्री नारायणन का जन्म सोलह जुलाई, 1933 को तत्कालीन मद्रास शहर के एक मध्यमवर्गीय परिवार में हुआ। तीन बहनों और तीन भाइयों के बीच श्री नारायणन अपने पिता की पाँचवीं संतान थे। पिता श्री पंचपकेशन मद्रास में महालेखाकार कार्यालय में एक उच्च अधिकारी थे। चूंकि पिता अपनी नौकरी में ज्यादा व्यस्त रहते थे, इसलिए मूलतः सभी बच्चों की परवरिश और शुरु की पढ़ाई-लिखाई में माता श्रीमती धर्ममबल का विशेष योगदान रहा। सभी बच्चे अपनी माँ के ज्यादा करीब थे। पिता का कोई खौफ नहीं था, लेकिन उनकी व्यस्तता के कारण उनसे कम बात हो पाती थी। केवल जरूरत के वक़्त ही बच्चे अपने पिता से बात करते थे और वह भी अपनी माँ के मार्फत। घर का सारा खर्च पिता की मासिक तनख़ाह से चलता था। पिता की कोई पैतृक संपत्ति नहीं थी। मद्रास में घर भी किराये का था। ऐसे में भी माता-पिता ने बच्चों की परवरिश में कोई कमी नहीं रखी। जरूरत की चीज़ें बच्चों को मिल जाती थीं, लेकिन विलासिता की कोई गुंजाइश नहीं थी। सिर्फ तनख़ाह में इतने बड़े परिवार को सुचारु रूप से चलाने का पूरा श्रेय श्री नारायणन की माता को जाता है। उसी पैसे में सभी के लिए भोजन, वस्त्र, पढ़ाई-लिखाई के खर्च आदि का समायोजन थोड़ा मुश्किल जरूर था, लेकिन उस वक़्त उतनी महंगाई के दिन नहीं थे, इसलिए काम चल जाता था।

श्री नारायणन की प्रारम्भिक शिक्षा मद्रास के राम कृष्ण मिशन स्कूल में हुई। स्कूल से मैट्रिक की परीक्षा पास कर इंटरमीडिएट की पढ़ाई साइन्स विषय में मद्रास के ही विवेकानंद कॉलेज से हुई। चूंकि उनकी माँ की इच्छा थी, श्री नारायणन पढ़ लिख कर डॉक्टर बनें, इसलिए इंटरमीडिएट के बाद विवेकानंद कॉलेज में ही श्री नारायणन ने बीएससी में दाखिला ले लिया। घर में पढ़ाई-लिखाई का माहौल था। इस के अलावा श्री नारायणन और घर के अन्य लोगों को क्रिकेट खेल में रुचि थी, माँ को विशेषकर। शहर के बाहर खेले जाने वाले मैच की कमेंटरी वह रेडियो पर चाव से सुना करती थीं। मद्रास में

खेले जाने मैच को देखने के लिए अपने बच्चों को वह स्टेडियम भी कभी-कभी भेजा करती थीं।

बीएससी की पढ़ाई के दौरान श्री नारायणन के जीवन में एक नया मोड़ आया। उनके छोटे मामा, श्री वी श्रीनिवास, जो एक बहुत अच्छे ज्योतिषी भी थे, एक दिन उनके घर आए। बातचीत के दौरान उन्होंने श्री नारायणन से हालचाल पूछा और उनकी पढ़ाई के बारे में जानकारी ली। तभी उन्होंने श्री नारायणन को पास बुलाया और उनके मस्तिस्क को गौर से देखा। इसके बाद उन्होंने उनकी कुंडली देखने की इच्छा जाहिर की। माँ ने बगल के कमरे में जाकर थोड़ी देर में नारायणन और अन्य बच्चों की कुंडली का पुलिंदा अपने छोटे भाई के हाथ मे दिया। उन कुंडलियों में से मामाजी ने श्री नारायणन की कुंडली निकाली और बड़े गौर से कुछ देर तक उसका अध्ययन किया। वे बार-बार कुंडली को देखते और फिर श्री नारायणन के मस्तिस्क की ओर। कुछ देर बाद उन्होंने कुंडली बगल में रख दी और अपनी बहन की तरफ देख कर कहा 'दीदी, तुम्हारा यह बेटा बहुत भाग्यवान है। आगे जाकर बहुत तरक्की करेगा और सफलता के शिखर तक जाएगा। इसे जमीन के अंदर के खनिजों का अध्ययन करने के लिए भेजो, इसी विधा में यह आगे बढ़ेगा और एक दिन राजा बनेगा'। माँ ने बात हंसी में टालते हुए कहा 'क्या बात करते हो भाई, हमलोग मध्यमवर्गीय परिवार के लोग हैं, कहाँ राजा बनेगा मेरा बेटा और फिर मैं तो इसे डॉक्टर बनाना चाहती हूँ, वही बन जाये यह हमलोगों के लिए बहुत है। यह ज़मीन के अंदर के विषय में क्या पढ़ेगा और उसमें आगे नौकरी मिलेगी भी या नहीं इसकी गारंटी नहीं है'। श्री नारायणन को भी लगा कि शायद उनके मामाजी ने उसका मन रखने के लिए यह बात कही होगी। लेकिन मामाजी ने फिर अपनी बात दुहराई 'बच्चे, जितना मैं कुंडली के बारे में जानता हूँ, उस हिसाब से मैं तुम्हें आगे जीवन में अपने चरम शिखर पर देख रहा हूँ'। फिर अपनी बहन की तरफ मुखातिब होकर कहा 'दीदी, मेरी बात मानो और इसे वही पढ़ने दो, जिसके बारे में इसकी कुंडली में लिखा है'।

वैसे तो माँ की इच्छा कुछ और थी, लेकिन अपने मामा की भविष्यवाणी का बहुत असर श्री नारायणन पर हुआ। उन्होंने स्वयं निर्णय लिया कि वे ज़मीन के अंदर के खनिज का ही अध्ययन करेंगे और इसके लिए उन्होंने माइनिंग इंजीनियरिंग की पढ़ाई करने की सोची। यह 1951 का वर्ष था। उन्हें कॉलेज में अपने दोस्तों से पता चला कि भारतीय खनि विद्यापीठ (आईएसएम) नामक एक संस्था धनबाद में है, जहां से इस विषय की पढ़ाई की जा सकती है। उन्होंने उसके एड्मिशन के लिए डाक से फॉर्म मंगाया और भर कर भेज दिया। एक महीने के भीतर उन्हें इसके एड्मिशन टेस्ट के लिए बुलावा आया। वे मद्रास से लगभग डेढ़ दिन की ट्रेन से यात्रा कर धनबाद पहुंचे। वहाँ वे अपने एक चाचा के घर ठहरे, जो वहीं धनबाद में बर्ड ग्रुप की कंपनी में कार्यरत थे। अगले दिन उन्होंने एड्मिशन टेस्ट दिया। अपने हिसाब से उन्होंने टेस्ट अच्छा दिया था, लेकिन दुर्भाग्यवश, वे टेस्ट में पास नहीं हो सके। रिज़ल्ट जानकर उन्हें बहुत निराशा हुई। एक क्षण लगा मानो आगे बढ़ने का सपना टूट गया और मामाजी की भविष्यवाणी भी गलत साबित होती दिखी। अपने चाचा के घर लौटकर आए और वापस मद्रास जाने के लिए अपना सामान बांधना शुरू किया। चाचा को पता चला तब उन्होंने पूछा 'आगे अब क्या करोगे'। श्री नारायणन ने मायूस होकर कहा 'अब शायद माँ की इच्छा ही पूरी होगी। मुझे पता नहीं, शायद वापस जाकर मैं बीएससी और फिर डॉक्टर बनने के लिए पढ़ाई करूंगा'।

उनके चाचा जी जिस बर्ड ग्रुप की कंपनी में काम करते थे, उनकी कई कोयले की खदानें भी थीं। उन खदानों के नियंत्रण के लिए उस कंपनी में एक मुख्य खनन अभियंता थे, जो चाचाजी के करीबी थे। संयोग से जिस वक़्त श्री नारायणन अपनी वापसी की यात्रा के लिए तैयार हो रहे थे, उसी समय चाचाजी के घर उनके मित्र, जो अभियंता थे, पहुंचे। बातचीत के दौरान चाचाजी ने श्री नारायणन का परिचय उनसे कराया। श्री नारायणन अँग्रेजी की बोलचाल और अपनी बात समझाने में स्कूल के दिनों से निपुन थे। उनसे बातचीत के क्रम में

उन अभियंता महोदय ने उनसे कहा 'तुम बातचीत से काफी होशियार लगते हो। आईएसएम में एड्मिशन नहीं मिला तो क्या हुआ, इससे तुम्हारे आगे करियर का अंत नहीं होता है। तुम अब भी चाहो तो माइनिंग क्षेत्र में आगे जा सकते हो'। श्री नारायणन को थोड़ा आश्चर्य हुआ। उन्होंने पूछा 'क्या आईएसएम के अलावा यह पढ़ाई और जगह भी संभव है'। तब उन महोदय ने विस्तार से बताया 'माइनिंग में आगे बढ़ने के लिए ज़रूरी है तुम माइन मैनेजर की सेकंड क्लास और फ़र्स्ट क्लास की परीक्षा पास करो। इसके लिए तुम्हें किसी भूमिगत खदान में तीन साल काम करने का अनुभव प्राप्त करना होगा और जहां तक माइनिंग की पढ़ाई की बात है तब यहाँ पास में ही भागा इलाके में माइनिंग इंस्टीट्यूट है, जहां माइनिंग की पढ़ाई होती है। वहाँ दाखिला लेना आसान होगा और वहाँ से तुम डिप्लोमा लेकर आगे बढ़ सकते हो'। उन्होंने इस संदर्भ में बर्ड कंपनी के दो अधिकारियों के नाम दिये और उनसे जाकर मिलने को कहा। उन्होंने यह भी कहा कि वे दोनों आईएसएम में नहीं पढे हैं, फिर भी खनन क्षेत्र में काफी सफल और उच्च पद पर हैं।

श्री नारायणन को उनकी बात अच्छी लगी। उनके चाचाजी ने भी कहा कि माइनिंग में आगे करियर बनाना उचित होगा। श्री नारायणन के दिमाग में बचपन से एक बात स्पष्ट थी कि इस दुनिया में कुछ भी असंभव नहीं है। इसके अलावा उनके मन में उनके मामाजी की कही हुई भविष्यवाणी भी थी। उन्होंने फिलहाल मद्रास वापसी के विचार को टाल दिया और तुरंत उन अभियंता द्वारा बताए गए दो लोगों से मिलने निकल पड़े। धनबाद शहर में कुछ दूरी पर ही कोयला खदान के इलाके में बर्ड ऐंड कंपनी का कार्यालय और उससे सटे उनके अधिकारियों की कॉलोनी थी। दोनों अधिकारियों से मिलने के बाद उनसे मिली जानकारी के अलावा उनके बड़े-बड़े बंगलों को देख कर श्री नारायणन काफी प्रभावित हुए। उन्होंने उसी वक्त निर्णय ले लिया कि वे माइनिंग की पढ़ाई करेंगे और साथ में सेकंड क्लास और फ़र्स्ट क्लास इम्तहान की भी तैयारी करेंगे।

श्री नारायणन का दाखिला भागा के माइनिंग इंस्टीट्यूट में हो गया। भूमिगत खदान की ट्रेनिंग के लिए बर्ड ऐंड कंपनी की ही दो खदानों मूदीडीह और लोयाबाद में उन्हें ट्रेनिंग देने की व्यवस्था उनके चाचाजी के सौजन्य से हो गयी। वे अपने चाचाजी के घर पर ही रहने लगे। तीन वर्ष की ट्रेनिंग के दौरान उनमें जल्दी सीखने की लालसा वहाँ के अधिकारियों में दिखी। श्री नारायणन भी खदान के एजेंट और मैनेजर से लगातार संपर्क में रहते और उनसे रोज कुछ न कुछ नया सीखते थे। शाम को घर आकर वे अपने इम्तहान की तैयारी करते थे।

कड़ी मेहनत से उन्होंने केवल दो वर्ष में सेकंड क्लास की परीक्षा पहली बार में अच्छे नंबर से पास कर ली। यह 1955 का वर्ष था। इस आधार पर उन्हें तुरंत एक प्राइवेट कंपनी में नौकरी लग गयी। इस कंपनी के मालिक श्री रामदास वर्मा थे। श्री नारायणन को धनबाद इलाके के ही बस्ताकोला खदान में असिस्टेंट मैनेजर के पद पर नियुक्त किया गया। उस वक़्त उन्हें अच्छी तनख़ाह मिलती थी। उन्हें खदान के पास की कॉलोनी में रहने के लिए एक बंगला दिया गया। श्री नारायणन की खुशी का ठिकाना नहीं था। उन्हें लगा कि अब वाकई खनन उद्योग में ही उन्हें आगे बढ़ना है। बड़ी मेहनत से उन्होंने अपना काम करना शुरू किया। जल्द ही वे खदान के मालिक और वहाँ के उच्च अधिकारियों के प्रिय पात्र बन गए। काम के साथ-साथ उन्होंने माइनिंग के फ़र्स्ट क्लास इम्तहान की भी पढ़ाई जारी रखी।

इस बीच एक बार फिर श्री नारायणन के लिए किसी ने भविष्यवाणी जैसी बात की। उनके परिवार के एक परिचित से, जो उस वक़्त रेलवे बोर्ड में उच्च पद पर थे, श्री नारायणन की एक दिन मुलाक़ात हो गयी। बातचीत के क्रम में उन्होंने कहा 'तुम काफी बोल्ड हो और अब माइनिंग के अच्छे जानकार भी, तुम्हारी काबलियत सरकारी नौकरी करने के लायक है और वहाँ तुम काफी तरक्की करोगे। वहाँ उनलोगों को तुम जैसे लोगों की जरूरत भी है। अब प्राइवेट नौकरी छोड़ कर

सरकारी नौकरी में जाने की कोशिश करो। प्राइवेट नौकरी में बहुत तरह की दिक्कतें तुम्हें आगे झेलनी पड़ सकती हैं, कुछ निर्णय ऐसे लेने होंगे, जिन्हें खदान के मालिक को पसंद नहीं होगा। ऐसे में तुम्हें निराशा मिलेगी'। श्री नारायणन को यह बात जांच गयी।

उस वक़्त केंद्रीय स्तर पर एक उत्पादन मंत्रालय हुआ करता था, जिसके अधीन देश के विभिन्न कोयला उत्पादन करने वाले राज्यों की ग्यारह खदानें थीं। विभाग का नाम कोल प्रॉडक्शन ऐंड डेव्लपमेंट कमिश्नर (सीपीडीसी) ऑफिस था, जिसके मुखिया कोल कमिश्नर कहलाते थे और वे आईसीएस थे। श्री नारायणन को पता चला कि उस विभाग को नए खनन अभियंता की जरूरत थी। उन्होंने पता किया कि उसका दफ्तर कलकत्ता में स्थित है। वे काम से समय निकालकर धनबाद से सुबह की ट्रेन पकड़ कर कलकत्ता पहुँच गए। वे लोगों से सीधे मिलने में शुरू से बिलकुल हिचकिचाते नहीं थे, इसलिए सीपीडीसी ऑफिस पहुँच कर सीधा उसके प्रमुख कोल कमिश्नर से मिले। अपना परिचय दिया और अपने काम के बारे में बताया। साथ में अपना आवेदन पत्र भी ले गए थे, जिसे उन्होंने कमिश्नर साहब को दिया। कमिश्नर साहब उनके काम के विवरण को जानकार काफी प्रभावित हुए। चूंकि उन्हें श्री नारायणन जैसे लोगों की सख्त जरूरत थी, इसलिए तुरंत उसी वक़्त उन्होंने उनके लिए नियुक्ति पत्र जारी करने का आदेश दे दिया। उन्हें रांची के पास भुरकुंडा कोलियरी में अंडर मैनेजर के पद पर बहाल किया गया। यह कोलियरी उन ग्यारह खदानों में शामिल थी, जो उस ऑफिस के अधीन थी। उनकी खुशी का ठिकाना नहीं रहा। अपने मामाजी की भविष्यवाणी के रास्ते पर वे एक कदम और आगे बढ़ गए थे।

वापस धनबाद आकर बस्ताकोला कोलियरी को अलविदा कह श्री नारायणन दो दिनों के भीतर धनबाद से रांची और फिर भुरकुंडा पहुँच गए। वहाँ भी उन्हें रहने के लिए अच्छा मकान मिला। कामकाज शुरू की और जल्द ही उन्होंने वहाँ अपनी पकड़ बना ली। वे कोलियरी

के लोगों के अलावा आस-पास के गाँव के लोगों से भी मिलते-जुलते थे, उनका ख्याल रखते थे। उन्हें भुरकुंडा में कार्य करते वक़्त एक बात का ध्यान आया कि प्राइवेट कोलियरी और सरकारी कंपनी में काम करने में क्या अंतर है। प्राइवेट में कोई भी निर्णय लेने के बाद मालिक द्वारा नामित एक मुनीम सरीखे व्यक्ति से आदेश लेना होता था। अगर वह नहीं चाहे तब कोई भी बड़ा निर्णय नहीं लिया जा सकता था, जबकि सरकारी कंपनी में ऐसी कोई बात नहीं थी। निचले स्तर के अधिकारियों को भी निर्णय लेने की आज़ादी थी। उस वक़्त ज़्यादातर प्राइवेट खदानों के मालिक गुजराती, कच्छी या मारवाड़ी थे। खदान में काम करने वाले श्रमिकों की ज़िंदगी भी प्राइवेट और सरकारी कंपनी में अलग थी। अंग्रेजों द्वारा चलायी जाने वाली प्राइवेट कंपनी जैसे बंगाल कोल, शॉ वालेस, बईस में श्रमिकों की हालत कुछ हद तक बेहतर थी, लेकिन बाकी भारतीय व्यापारियों द्वारा चलायी जा रही कंपनी में श्रमिकों की हालत बद से बदतर थी। न ही उनकी ड्यूटी का समय सीमित था और न ही उनके और उनके परिवार के रहने के लिए माकूल घर हुआ करते थे। जबकि श्री नारायणन की भुरकुंडा कोलियरी या उस सरकारी कंपनी की अन्य दस कोलियरी में श्रमिकों की सिर्फ आठ घंटे की ड्यूटी हुआ करती थी और उनके रहने के लिए वर्कर्स की अच्छी कॉलोनी भी थी। श्रमिक कल्याण से संबन्धित बाकी सुविधाएं भी मौजूद थीं और उन पर प्रबंधन द्वारा विशेष ध्यान दिया जाता था। श्री नारायणन की भूमिगत खदान में खनन, पारंपरिक बोर्ड-पिलर पद्धति से होता था। खदान में जॉय लोडर हुआ करता था और साथ में कंवेयर।

काम के साथ-साथ श्री नारायणन ने माइनिंग फ़र्स्ट क्लास की भी पढ़ाई जारी रखी और 1957 में पहली बार में ही परीक्षा अच्छे नंबरों से पास कर ली। फ़र्स्ट क्लास के बाद श्री नारायणन की उस कोलियरी में प्रोन्नति हो गयी। अभी कुछ ही दिन बीते थे कि उसी दौरान उस कंपनी की एक अन्य खदान, उस वक़्त के मध्यप्रदेश की चिरिमिरी खदान के पास, कुरासिया खुली खदान में कार्यरत कोलियरी

मैनेजर श्री आर जी महेंद्रू को श्री नारायणन के बारे में पता चला। उन्हें बताया गया कि वे एक कुशल खनन अभियंता के रूप में उभर रहे हैं। उन्होंने उच्च प्रबंधन के सामने श्री नारायणन का तबादला कुरासिया कोलियरी में करने की इच्छा प्रकट की। भुरकुंडा में काम करने वाले श्री नारायणन के उच्च अधिकारी इसके लिए तुरंत राजी नहीं हुए लेकिन ऊपर के प्रबंधन के दबाव के आगे उन्हें झुकना पड़ा। वर्ष 1957 के अंत में ही श्री नारायणन का तबादला कुरासिया कोलियरी में असिस्टेंट मैनेजर के पद पर कर दिया गया। उन्हें 590 से 850 रुपये के ग्रेड 1 वेतन पर रखा गया। कुरासिया में उनके रहने के लिए एक बड़ा बंगला दिया गया, जहां उन्हें काफी शान-शौकत मिली। वहाँ भी उन्होंने अपने काम का सिक्का जल्द जमा लिया। उस वक़्त कुरासिया खदान में पच्चीस हज़ार टन प्रतिमाह कोयले का उत्पादन होता था।

इस वक़्त तक भारत सरकार द्वारा वर्ष 1956 में सीपीडीसी की ग्यारह खदानों को लेकर एक नयी सरकारी कंपनी राष्ट्रीय कोयला विकास निगम (एनसीडीसी) की स्थापना कर दी गयी थी। इसका मुख्यालय रांची के दरभंगा हाउस में था। देश के एक वरीय आईसीएस अधिकारी श्री आर एस कृष्णस्वामी को इसका अध्यक्ष नियुक्त किया गया। इसके अलावा सीपीडीसी के अंतर्गत सभी अधिकारी एवं कर्मचारियों की नौकरी एनसीडीसी के अधीन हो गयी। कुछ नए अधिकारी भी नियुक्त किए गए। देश के विकास और ऊर्जा की जरूरत को पूरी करने के लिए ग्यारह खदानों के अलावा नयी खदानों का खुलना जरूरी था। इस इरादे से कई इलाकों के सर्वेक्षण के बाद कुछ नयी खदानों के खोलने का निर्णय लिया गया।

श्री नारायणन के जुझारूपन और अच्छे काम के कारण उनकी हर जगह पूछ थी। इस कारण से लगभग एक वर्ष कुरासिया में काम करने के बाद एक बार फिर श्री नारायणन की जरूरत उस कंपनी की दूसरी कोलियरी में महसूस की गयी। रांची के पास सौंदा कोलियरी में

उस वक़्त श्री सी बलराम असिस्टेंट सुप्रींटेंडेंट ऑफ कोलियरी के रूप में कार्यरत थे। उन्हें भी श्री नारायणन द्वारा किए जा रहे अच्छे काम की खबर मिली और उन्होंने उनका तबादला प्रोन्नति के साथ मैनेजर के रूप में सौंदा कोलियरी करा दिया। यहाँ भी उन्हें सिर्फ एक वर्ष काम करने का मौका मिला। तबतक उनकी पुरानी जगह कुरासिया में श्री महेंद्रू की प्रोन्नति असिस्टेंट सुपरिंटेंडेंट ऑफ कोलियरी के रूप में हो गयी थी और वहाँ मैनेजर का पद खाली हुआ था। श्री महेंद्रू ने पुनः श्री नारायणन का तबादला एक वर्ष के भीतर कुरासिया कोलियरी के मैनेजर के रूप में करा दिया। यह 1959 का वर्ष था। अब तक श्री नारायणन को खनन का अच्छा खासा अनुभव हो चुका था। कुरासिया खुली खदान में उन्होंने काफी मेहनत की और दो वर्षों के भीतर उस खदान से कोयले का उत्पादन प्रतिवर्ष दस लाख टन होने लगा। उस वक़्त कुरासिया में ही पहली बार ड्रैगलाइन का इस्तेमाल शुरू हुआ।

कुरासिया की सफलता से प्रभावित होकर प्रबंधन ने श्री नारायणन को जल्द ही प्रोन्नति दे दी। उन्हें उस वक़्त की पदवी के अनुसार डेप्युटी सुपरिंटेंडेंट ऑफ कोलियरी बनाया गया। इस दौरान उनके करियर में एक और नया मोड़ आया। यह 1961 का वर्ष था। प्रबंधन ने उनके काम से खुश होकर उन्हें मध्य प्रदेश के कोतमा इलाके में नयी खदान खोलने के लिए वहाँ का प्रोजेक्ट ऑफिसर बना कर भेजा। चूंकि उनकी कार्य प्रणाली में हमेशा से असंभव को संभव करने का जज्बा रहा था, इसलिए उन्होंने इस कार्य को भी सहर्ष स्वीकार किया। कोतमा का इलाका उस वक़्त एक बियाबान जंगल हुआ करता था। आने-जाने के लिए कोई सड़क नहीं थी और न ही बिजली। फिर भी श्री नारायणन ने हार नहीं मानी और जाते ही वहाँ अच्छे कर्मियों की एक टीम बनाई और जुट गए नयी भूमिगत खदान खोलने के कार्य में। दिन-रात काम करना शुरू हो गया। यह उनके लिए एक चुनौती भरा कार्य था। अपनी टीम के प्रत्येक सदस्य का वह खुद खयाल रखते थे। दिन भर के कठिन कार्य के बाद शाम में सब एक जगह जुट कर पेट्रोमैक्स की रोशनी में आपस में गप करते थे या

ब्रिज खेलते थे। चूंकि प्रोजेक्ट की शुरुआत हो रही थी इसलिए रहने के लिए क्वार्टर नहीं बने थे। कर्मियों के रहने के लिए मिट्टी के बने घर थे और टेंट भी। श्री नारायणन भी एक मिट्टी के बने घर में रहते थे। खदान खोलने का काम तेजी से शुरू हो गया था। श्री नारायणन बीच-बीच में रांची मुख्यालय जाकर अपने उच्च अधिकारियों को काम की प्रगति की जानकारी देते रहते थे। लगभग चार वर्षों की कड़ी मेहनत के बाद उस इलाके में श्री नारायणन और उनकी टीम ने तीन भूमिगत खदानें चालू कर दीं। इसके साथ-साथ कर्मियों के रहने के लिए क्वार्टर और कॉलोनी तथा अन्य जरूरी संरचना का निर्माण कार्य पूरा कर दिया गया।

वर्ष 1963 में कोतमा इलाके में रहने के दौरान श्री नारायणन का तीस साल की आयु में विवाह हुआ। उनकी पत्नी श्यामला मद्रास की ही रहने वाली थीं। वह अपने माता-पिता की अकेली संतान थीं। वे इक्नोमिक्स में स्नातक थीं। उनके पिता मद्रास में लोयड्स बैंक में उच्च अधिकारी थे। वे अपनी बेटी के नौकरी करने के पक्ष में नहीं थे। विवाह के बाद श्री नारायणन की पत्नी उनके साथ कोतमा कॉलोनी के उसी मिट्टी के बने मकान में रहने लगीं। शादी के समय ही उन्हें श्री नारायणन ने बता दिया था कि एक माइनिंग इंजीनियर की जीवन शैली कैसी होती है और फिलहाल वे कहाँ काम करते हैं और किन हालात में रहते हैं। उनकी पत्नी ने इसे सहर्ष स्वीकार कर लिया और उनके साथ रहने लगीं। उनके रहने से श्री नारायणन को एक फायदा हुआ। उनकी पत्नी ने जल्द ही कोतमा के कर्मियों की पत्नी के कल्याण के लिए कार्य करना शुरू कर दिया। वे उन सभी महिलाओं का ख्याल रखती थीं, ताकि उनके पति अपना काम बिना किसी परेशानी के कर सकें। उनकी पत्नी ने इसी दौरान न केवल हिन्दी भाषा में बोलना सीखा बल्कि उन्होंने कर्नाटक संगीत के साथ-साथ हिन्दी शास्त्रीय संगीत भी सीखना शुरू किया। बाद में उन्होंने ग्वालियर घराने के गुरु से विधिवत शिक्षा ली और एक अच्छी गायिका के रूप में उन्हें प्रसिद्धि मिली। कोतमा में ही वर्ष 1965 में

श्री नारायणन के बेटे ने जन्म लिया। दोनों पति-पत्नी ने मिलकर उसका नाम राजन रखा।

उन्हीं दिनों एनसीडीसी के अंतर्गत महाराष्ट्र के उमरेड़ तहसील में एकमात्र नयी खुली खदान की शुरुआत हुई थी, लेकिन उसमें कोयले का उत्पादन लक्ष्य के अनुसार नहीं हो पा रहा था। इस संबंध में उस वक़्त के महाराष्ट्र के मुख्यमंत्री श्री वसंतराव पी नायक ने एनसीडीसी के नए अध्यक्ष श्री आर सी दत्त से रांची में टेलीफ़ोन पर बात की और शिकायत के लहजे में कहा कि शायद एनसीडीसी महाराष्ट्र राज्य से सौतेला व्यवहार कर रही है, तभी इतने दिनों से खुली उमरेड़ खुली खदान में कोयले का उत्पादन सही तरीके से नहीं हो रहा है। श्री दत्त ने इस बात को गंभीरता से ली और तुरंत अपने अधीन कार्यरत निदेशक श्री सी बलराम को बुलाया। दोनों ने काफी देर तक इस विषय पर विचार-विमर्श किया। उन्हें एक ऐसे योग्य ऑफिसर की तलाश थी, जो उमरेड़ खदान को जाकर ठीक करे। श्री बलराम ने अपने संकटमोचन श्री नारायणन का नाम सुझाया। आनन-फानन में आदेश निकाला गया और श्री नारायणन का तबादला कोतमा से उमरेड़ खुली खदान कर दिया गया। यह 1967 का वर्ष था। श्री दत्त ने महाराष्ट्र के मुख्यमंत्री को फोन करके बताया कि उमरेड़ खदान के लिए एक योग्य खनन इंजीनियर की पोस्टिंग का आदेश निकाल दिया गया है और उम्मीद है कि यह ऑफिसर उस खदान में तुरंत परिवर्तन लाएगा, जिससे कोयला का उत्पादन बढ़ाया जा सके।

तबादले का आदेश हाथ में मिलते ही श्री नारायणन कोतमा की औपचारिकताएँ पूरी कर अगली सुबह गाड़ी से नागपुर के लिए रवाना हो गए। लगभग आठ घंटे की लंबी यात्रा के बाद वे शाम पाँच बजे सीधा उमरेड़ खदान के दफ्तर पहुंचे। वहाँ खदान के बारे में अधिकारियों से जानकारी ली और तुरंत शाम छह बजे खदान देखने की इच्छा प्रकट की। अधिकारी थोड़े संकोच में थे, क्योंकि उस वक़्त वहाँ कार्य नहीं हो रहा था। श्री नारायणन ने इस पर अधीनस्थ लोगों

को डांट लगाई। उन्होंने कहा 'इसी सब कारण से मुझे कोतमा से विशेष रूप से यहाँ भेजा गया है। मुझे खदान को तुरंत ठीक करना है। इस संबंध में कोई भी कोताही बर्दाश्त नहीं की जाएगी। सभी को रात-दिन काम कर इस खदान से जल्द से जल्द कोयले का उत्पादन बढ़ाना होगा'। तुरंत खदान देखने की तैयारी हुई। वहाँ जा कर पता चला कि उनके पूर्व के अधिकारी खदान नहीं जाते थे। कभी-कभार महीने में एक बार उनका दौरा होता था। शाम के धुंधलके में जितनी दूर खुली खदान दिखाई पड़ रही थी, उसी को देख कर श्री नारायणन ने खदान से जुड़े अधिकारियों को आवश्यक हिदायत दी। उस खदान में उस वक़्त ड्रैगलाइन मशीन लगी थी फिर भी कोयले की परत के ऊपर के ओवरबर्डेन को हटाने का कार्य बहुत धीमा चल रहा था। उन्होंने तुरंत सक्षम अधिकारियों की एक टीम बनाई और उन्हें काम पर लगा दिया।

जल्द ही पूरी टीम में एक नया जोश भर गया। लीडर की मात्र सकारात्मक सोच से लोगों की कार्य पद्धति में अचानक परिवर्तन हुआ। केवल एक महीने के अंदर खदान की स्थिति ठीक हो गयी। वहाँ से कोयले का उत्पादन भी बढ़ने लगा। जब श्री नारायणन खदान को लेकर पूरी तरह आश्वस्त हो गए तब उन्होंने रांची मुख्यालय फोन कर अध्यक्ष महोदय से बात की और महाराष्ट्र के मुख्यमंत्री को उमरेड़ बुलाकर खदान दिखाने की इच्छा जाहिर की। उन्हें इसकी स्वीकृति मिल गयी और एक सप्ताह के अंदर महाराष्ट्र के मुख्यमंत्री का उमरेड़ दौरा हुआ। उन्हें खदान ले जाकर कोयले के उत्पादन और अन्य कार्यों के बारे में बताया गया। ड्रैगलाइन जैसी बड़ी मशीन को चलते हुए देख वे काफी प्रभावित हुए। इतनी जल्दी खदान में जबर्दस्त परिवर्तन और विशेष कर वहाँ के कर्मियों के उत्साह को देख कर वे बहुत प्रसन्न हुए। उसी वक़्त उमरेड़ कार्यालय आकर उन्होंने एनसीडीसी के अध्यक्ष को फोन कर धन्यवाद दिया और श्री नारायणन के कार्य की जबर्दस्त तारीफ की। इससे श्री नारायणन का सिक्का महाराष्ट्र में भी जम गया।

धीरे-धीरे उन्होंने राज्य के संबन्धित जन-प्रतिनिधियों से अच्छा संपर्क बना लिया।

श्री नारायणन ने उमरेड़ में अगले छह वर्ष तक सफलतापूर्वक काम किया। इस दौरान खदान में कोयला उत्पादन में जबर्दस्त बढ़ोतरी हुई। उन्होंने न केवल खदान को ठीक किया बल्कि उससे जुड़ी कॉलोनी और आस-पास के इलाके की भी सूरत बदली। वे अपनी पत्नी और छोटे बच्चे के साथ उमरेड़ कॉलोनी के ही क्वार्टर में रहते थे। पास के स्कूल में राजन का नाम लिखा दिया गया था, जहां उसकी प्रारम्भिक पढ़ाई-लिखाई हो रही थी। श्री नारायणन का उनके बेहतरीन काम के कारण कोयला उद्योग में तब तक बहुत नाम हो चुका था।

वर्ष 1973 में जब भारत सरकार ने कोकिंग कोयले के राष्ट्रीयकरण के बाद गैर-कोकिंग कोयले के राष्ट्रीयकरण का निर्णय लिया तब खदानों और प्राइवेट मालिकों की संख्या ज्यादा होने और पूरे कोयला क्षेत्र में फैले होने के कारण उस कार्य को अंजाम देने के लिए एक सटीक रूपरेखा बनाने की जरूरत हुई। यह तय किया गया कि किसी भी हालत में ज्यादा दिनों तक इसे टाला नहीं जा सकता है। विचार हुआ कि 1 मई, 1973 को टाटा की खदानों को छोड़ कर सभी गैर-कोकिंग कोयले की खदानों का राष्ट्रीयकरण कर दिया जाएगा। इस संबंध में पहले ही भारत के माननीय राष्ट्रपति से आदेश ले लिया गया था। अप्रैल माह के दूसरे भाग में तय हुआ कि एक उच्चस्तरीय कमिटी का गठन कर 1 मई के पूर्व चार-पाँच दिनों में दिन-रात काम कर रूपरेखा तैयार करनी होगी। उस वक़्त भारत सरकार के कोयला विभाग के सचिव श्री के एस आर चारी थे। वे खुद एक माइनिंग इंजीनियर थे और प्राइवेट खदान मालिकों को भली-भांति जानते थे। उन्होंने देखा था कि कोकिंग कोयले के राष्ट्रीयकरण के वक़्त भारत सरकार को कितना विरोध झेलना पड़ा था, जबकि कोकिंग कोयले की खदानों की संख्या सीमित थी, ज्यादा बड़े इलाके में नहीं फैली

थीं और इसके मालिकों की संख्या भी कम थी। जबकि गैर-कोकिंग कोयले की संख्या भी ज्यादा थी और इसका देश के बड़े इलाके में प्रसार था। इसके मालिक भी ज्यादा थे और उनसे ज्यादा विरोध मिलने की भी संभावना थी। इसलिए राष्ट्रीयकरण की तारीख और उसके तरीके को बहुत गोपनीय रखा जा रहा था। दिल्ली के कोयला विभाग में भी सचिव के अलावा एक दो लोगों को ही इसकी जानकारी थी। कोयला सचिव ने एनसीडीसी के तत्कालीन अध्यक्ष श्री जे जी कुमारमंगलम को दिल्ली बुलाया। रूपरेखा बनाने के लिए गठित की जाने वाली कमिटी के सदस्यों के नाम तय किए गए, जिनमें भारत सरकार के प्रशासनिक अधिकारियों के अलावा तकनीकी विशेषज्ञ के लिए सर्वसम्मति से श्री नारायणन का नाम तय हुआ। यह भी तय हुआ कि इस कमिटी को 1 मई से छह दिन पूर्व कलकत्ता बुलाया जाए और वहाँ एक गोपनीय स्थान में इन्हें ठहरा कर जल्द से जल्द रूपरेखा तैयार की जाये। सभी बिन्दुओं पर विचार-विमर्श करने के बाद कोयला सचिव ने श्री जे जी कुमारमंगलम के साथ तत्कालीन केंद्रीय कोयला मंत्री और जे जी कुमारमंगलम के छोटे भाई श्री मोहन कुमारमंगलम से जाकर मुलाक़ात की और उन्हें सारी बातें बतायीं। उनसे सहमति मिलने के बाद ही कोयला सचिव ने कमिटी के सभी सदस्यों को एक-एक कर फोन पर कलकत्ता आने के लिए कहा। इस तरह श्री नारायणन के द्वारा किए गए उल्लेखनीय कार्यों के कारण उन्हें भारत सरकार ने गैर-कोकिंग कोयले के राष्ट्रीयकरण जैसे अहम मुद्दे पर फैसला लेने के लिए चुना।

गैर-कोकिंग कोयले के राष्ट्रीयकरण के वक़्त श्री नारायणन का तबादला उमरेड़ से तत्कालीन कोल माइन्स अथॉरिटी लिमिटेड के वेस्टर्न डिविजन के मुख्यालय नागपुर किया गया। उनकी जनरल मैनेजर में पदोन्नति की गयी। मुख्यालय में रहकर उस वक़्त का मुख्य काम राष्ट्रीयकरण के अधीन लिए गए प्राइवेट खदानों की व्यवस्था और उनमें जल्द से जल्द सुधार करना था। इसके लिए उनके साथ एक और अधिकारी श्री महिप सिंह को लगाया गया।

इसके अलावा श्री नारायणन को वेस्टर्न डिविजन के सेल्स एवं मार्केटिंग का भी प्रमुख बनाया गया। उस वक्त वेस्टर्न डिविजन के अंतर्गत महाराष्ट्र, दक्षिण मध्य प्रदेश एवं ओड़ीशा की ईब वैली की खदानें थीं। संचालन की दृष्टि से यह बहुत बड़ा इलाका था, फिर भी श्री नारायणन ने विभिन्न स्तर पर अच्छे ऑफिसर की टीम बना कर काम करना शुरू कर दिया। एक वर्ष के भीतर उन्होंने सेल्स मार्केटिंग के क्षेत्र में अच्छी पकड़ बना ली। वे उस इलाके के सभी उपभोक्ताओं का अच्छा ख्याल रखते थे, साथ ही कोयले के प्रेषण को लगातार बढ़ाने में भी लगे रहते थे।

इस बीच 1 नवंबर, 1975 को कोल इंडिया लिमिटेड का विधिवत गठन हुआ और इसका मुख्यालय कलकत्ता हुआ। इसके साथ-साथ कोल इंडिया की सहयोगी कंपनी के रूप में ईस्टर्न कोलफील्ड्स लिमिटेड (ईसीएल), भारत कोकिंग कोल लिमिटेड (बीसीसीएल), सेंट्रल कोलफील्ड्स लिमिटेड (सीसीएल), वेस्टर्न कोलफील्ड्स लिमिटेड (डब्लुसीएल) तथा सेंट्रल माइन प्लानिंग ऐंड डिजाइन इंस्टीट्यूट लिमिटेड (सीएमपीडीआई) की भी स्थापना हुई। नागपुर स्थित वेस्टर्न डिविजन का ही नाम डब्लुसीएल रखा गया। कोल इंडिया के नए अध्यक्ष लेफ्टिनेंट जनरल के एस गरेवाल बनाए गए। इनका चयन सीधा उस वक्त के प्रधानमंत्री कार्यालय से हुआ था। उस वक्त श्री के सी पंत, केंद्रीय कोयला मंत्री थे और कोयला मंत्रालय के सचिव, श्री के एस आर चारी थे। कोल इंडिया मुख्यालय में श्री के पी मुखर्जी को सेल्स एवं मार्केटिंग का निदेशक बनाया गया। उन्हें एक अच्छी टीम की जरूरत थी, जो उस वक्त देश के कोयले की मांग को पूरी करने में उनके विभाग की मदद करे। उन्होंने श्री नारायणन के बारे में सुन रखा था। एक बार फिर श्री नारायणन के करियर में नया मोड़ आया। श्री मुखर्जी ने डब्लुसीएल के तत्कालीन अध्यक्ष सह प्रबंध निदेशक श्री सी बलराम से निवेदन किया कि वे श्री नारायणन को कोल इंडिया मुख्यालय के लिए छोड़ दें। श्री बलराम शुरू में नहीं माने, क्योंकि उनका कहना था कि श्री नारायणन को डब्लुसीएल इलाके की पूरी

जानकारी है और उनके जाने से कंपनी को नुकसान होगा। लेकिन श्री नारायणन की शायद कोल इंडिया में ज्यादा जरूरत महसूस की गयी, इसलिए उनके तबादले के लिए अंततः कोल इंडिया के अध्यक्ष को बीच में आना पड़ा और इस तरह उनका तबादला कलकत्ता मुख्यालय हुआ। उन्हें सेल्स एवं मार्केटिंग विभाग का महाप्रबंधक बनाया गया। उनके अबतक के पूरे करियर में चूंकि उन्हें संकटमोचन समझा जाता था इसलिए कहीं भी किसी जगह कोई चुनौती भरा काम होता, श्री नारायणन को बुलाया जाता। इस कारण से वे एक जगह पर ज्यादा दिनों तक नहीं रह पाते थे। हालाकि, उनके अच्छे काम के कारण उन्हें समय से पदोन्नति भी मिलती गयी और मात्र 40 वर्ष की उम्र में वे महाप्रबंधक बन चुके थे।

कोल इंडिया मुख्यालय में जल्द ही श्री नारायणन ने एक बार फिर अपनी पकड़ बना ली। सेल्स ऐंड मार्केटिंग के कार्य में तेजी आ गयी। तत्कालीन अध्यक्ष ने भी उनके काम को देखा और सराहना की। वे उन्हें 'एम पी' कह कर बुलाते थे। उनकी काबलियत देख कर उनको सेल्स विभाग के अलावा एक नवगठित अंतर्राष्ट्रीय एवं क्षेत्रीय संयोजन विभाग का भी प्रमुख बना दिया गया। श्री नारायणन ने जल्द ही इस विभाग में भी कुछ नया किया। उन्होंने उन दिनों भारत से यूरोप के देशों को कोयला निर्यात करने की योजना बनाई। साथ ही नयी खदानों में अंतर्राष्ट्रीय सहयोग से भारी उपकरण एवं तकनीक लाने का भी महत्त्वपूर्ण कार्य किया।

वर्ष 1980 में श्री नारायणन की पदोन्नति मुख्य महाप्रबंधक के रूप में हुई। अगले वर्ष 1981 के अंत में सीसीएल के निदेशक तकनीकी के पद के लिए साक्षात्कार हुआ और उसमें अपनी काबलियत के बल पर श्री नारायणन का चयन हुआ। वर्ष 1982 की शुरुआत में उनका आदेश भी जारी हो गया, लेकिन कोल इंडिया मुख्यालय में काम ज्यादा होने की वजह से उन्हें छोड़ा नहीं गया। उन्हें तबतक वहीं चीफ़ ऑफ मार्केटिंग का पद देकर निदेशक की तनख़ाह दी जाने

लगी। डब्लुसीएल के तत्कालीन अध्यक्ष सह प्रबंध निदेशक (सीएमडी) श्री बी एल वडेरा इस बात से खुश नहीं थे। श्री नारायणन के रांची नहीं जाने से कंपनी में कई तरह की बातें भी होने लगीं कि शायद वे सेल्स ऐंड मार्केटिंग के प्रमुख के रूप में कोल इंडिया में बने रहना चाहते हैं।

इसी बीच अप्रैल,1982 में श्री वडेरा को सीसीएल के साथ-साथ कोल इंडिया के अध्यक्ष का भी अतिरिक्त प्रभार मिला। जब वे कलकत्ता आए तब उन्होंने श्री नारायणन को बुला कर पूछा 'तुम आखिर रांची क्यों नहीं जाना चाहते हो'। श्री नारायणन ने कहा 'अब जबकि मेरा चयन सीसीएल के निदेशक पद के लिए हो चुका है और आदेश भी जारी हो चुके हैं, तब ऐसे में मेरी इच्छा नहीं है कि मैं कलकत्ता में बना रहूँ। जैसे ही मुख्यालय से मुझे विरमित किया जाएगा मैं अगले दिन रांची जाकर निदेशक का कार्यभार ग्रहण कर लूँगा'। इसके बावजूद काम के बोझ के कारण श्री नारायणन को लगभग सात महीने तक कलकत्ता में रहना पड़ा। नवंबर, 1982 में जब उन्हें अंततः रांची जाने के लिए छोड़ा गया तब तक श्री वडेरा सीसीएल के सीएमडी के पद से हटा दिये गए थे। उनकी जगह श्री राजेंद्र सिंह ने कंपनी के नए सीएमडी का कार्यभार ग्रहण कर लिया था। श्री नारायणन को श्री सिंह पहले से जानते थे और उनकी पहुँच के बारे में भी बहुत सुना था। लेकिन श्री नारायणन ने उन्हें पहली मुलाक़ात में कहा कि अब चूंकि वे श्री सिंह के मातहत काम करेंगे, इसलिए उन्हें जिस भी डिविजन का निदेशक बनाना है, वह मंजूर होगा। श्री नारायणन के अलावा दूसरे तकनीकी निदेशक श्री महानन्द झा थे। श्री सिंह ने श्री नारायणन को हज़ारीबाग जैसे कठिन इलाके के डिविजन का निदेशक बनाया।

अपनी आदत के अनुसार श्री नारायणन ने उस डिविजन में भी कुछ ही दिनों में जबर्दस्त काम किया और एक वर्ष के अंदर डिविजन के अंतर्गत खदानों का कोयला उत्पादन पहले से दुगुना हो

गया। उनके मातहत काम करने वाले अधिकारी और कर्मचारी उनसे प्रभावित भी थे और खुश भी। एक अच्छी टीम बन गयी थी, जिससे काम सुचारु ढंग से चल रहा था। रांची में लगभग एक वर्ष और रहने के बाद श्री नारायणन का चयन वेस्टर्न कोलफील्ड्स के सीएमडी के पद के लिए हुआ। उन्हें बहुत खुशी हुई कि जहां उन्होंने अपने करियर का सबसे ज्यादा वक़्त गुजारा है, वहीं के मुखिया बनकर वे जाने वाले थे। लेकिन श्री नारायणन के करियर में हर बार एक नया मोड आता रहा था। इस बार भी आया।

एक दिन अचानक श्री नारायणन जब अपने दफ्तर में बैठे थे, तभी उनके सचिव ने बताया कि कोयला मंत्री उनसे बात करना चाहते हैं। उस समय तत्कालीन कोयला मंत्री श्री वसंत साठे थे। श्री नारायणन को समझ नहीं आया कि सीएमडी की जगह मंत्री जी ने उन्हें क्यों फोन किया है। उन्होंने तुरंत फोन उठाया। दूसरी तरफ से श्री साठे ने कहा 'कैसे हैं नारायणन जी, कैसा काम चल रहा है। श्री नारायणन पहले थोड़ा चौंके। मंत्री के मुंह से 'जी' शब्द उन्हें कुछ अटपटा लगा। फिर भी संयम बरतते हुए उन्होंने जवाब दिया 'बिलकुल ठीक हूँ सर और काम भी बहुत अच्छा चल रहा है। कोयले का उत्पादन काफी बढ़ा है। उधर से मंत्री जी ने कहा 'बहुत बढ़िया। मैंने आपके बारे में बहुत तारीफ सुनी है। मुझे आदेश मिला है कि आपका तबादला नेवेली लिग्नाइट कार्पोरेशन के अध्यक्ष के पद पर किया जाये'। श्री नारायणन थोड़े विचलित हुए, लेकिन हिम्मत जुटाते हुए जवाब दिया 'अभी-अभी तो मेरा चयन वेस्टर्न कोलफील्ड्स के लिए हुआ है, फिर क्यों बार-बार मेरा ही कुछ-कुछ दिनों पर तबादला होता है। श्री साठे थोड़ी देर चुप रहे, फिर कहा 'नारायणन जी, यह मेरा आदेश नहीं है, यह देश के प्रधान मंत्री की इच्छा है। नेवेली में बहुत दिक्कत है और प्रधान मंत्री चाहती हैं कि आप वहाँ के प्रमुख के रूप में जाएँ। तामिलनाडु के मुख्य मंत्री भी नेवेली के कार्य से संतुष्ट नहीं हैं और फिर वहाँ के पावर प्लांट बनाने की गति भी धीमी है। यूं समझ लीजिये कि वहाँ कुछ भी ठीक नहीं चल रहा है। वहाँ एक ऐसे

नेतृत्व की जरूरत है, जो साहस और बुद्धि से काम करे और वहाँ के हालात को जल्दी ठीक करे। आपको इस काम के योग्य समझा गया है, इसलिए आपके तबादले का आदेश मैंने तुरंत जारी करने के लिए कहा है"। श्री नारायणन के पास कोई जबाब नहीं था। जब देश की प्रधान मंत्री ने ही निर्णय लिया था तब इसमें किसी के कुछ बोलने की कोई गुंजाइश नहीं बची थी। देखा जाये तो भारत सरकार ने एक बार फिर श्री नारायणन की काबलियत की कद्र की थी।

वर्ष 1984 में वे नेवेली लिग्नाइट के अध्यक्ष बनाए गए। पहले उन्हें शिड्यूल 'बी' में रखा गया और बाद में उन्हें शिड्यूल 'ए' का दर्जा दिया गया। नेवेली पहुँचते ही कुछ लोग, जो उन्हें वहाँ नहीं चाहते थे कि श्री नारायणन जैसे कर्मठ व्यक्ति को सीएमडी बनाया जाये, ने अफवाह उड़ाई कि चूंकि श्री नारायणन तमिल ब्राह्मण हैं, इसलिए उस वक्त तामिलनाडु के डीएमके की सरकार उन्हें पसंद नहीं करेगी और उन्हें वापस कोल इंडिया लौटना होगा। श्री नारायणन ने इन अफवाहों पर कोई ध्यान नहीं दिया। नेवेली की हालत सचमुच बहुत खराब थी। वे जल्द से जल्द चीजों को ठीक करना चाहते थे।

सबसे पहली सफलता उन्हें तब मिली जब बहुत दिनों से लंबित नेवेली के पावर प्लांट के कमीशन का काम रेकॉर्ड समय में पूरा हुआ। दरअसल, जाते-जाते सबसे पहले उन्होंने प्लांट के अधिकारियों की बैठक बुलाई और प्लांट के कमीशन होने में देरी का कारण पूछा। पता चला कि लगभग एक वर्ष से प्लांट का कम ठप पड़ा है क्योंकि प्लांट में तेल को साफ करने के लिए एक पम्प की जरूरत थी, जो अपने देश में नहीं मिलता था। उसका आयात जर्मनी से करना था और पिछले आठ महीनों से पम्प जर्मनी में तैयार था, लेकिन पम्प के पानी के रास्ते जहाज से आने की व्यवस्था करने में पम्प बनाने वाली कंपनी असमर्थ थी। हालाकि, यह उस कंपनी के कांट्रैक्ट में शामिल था। कई बार पत्र लिखने के बावजूद उस कंपनी ने कोई जवाब नहीं दिया था। श्री नारायणन को यह जानकार बहुत कोफ्त हुआ। थोड़ी देर

सोच कर उन्होंने नेवेली के निदेशक तकनीकी से पूछा 'क्या उस पम्प को हवाई जहाज से जर्मनी से लाया जा सकता है'। बैठक में उपस्थित अधिकारी एक दूसरे का मुंह देखने लगे। ऐसा उन्होंने सोचा ही नहीं था। फिर भी थोड़ी देर सोच कर निदेशक तकनीकी ने कहा 'सर, हवाई जहाज से पम्प लाया जा सकता है'। श्री नारायणन ने निदेशक वित्त की तरफ मुखातिब होकर कहा 'मैं जानता हूँ कि आप के मन में क्या सवाल आ रहे है। आप सोच रहे होंगे कि हवाई जहाज और पानी के जहाज के माल भाड़े का अंतर का भुगतान कैसे होगा। कांट्रैक्ट वाली कंपनी इसके लिए तैयार नहीं होगी। आप लोग चिंता नहीं करें, प्लांट को जल्द से जल्द चालू करने के लिए मैं फ़ाइल पर लिखने जा रहा हूँ कि यह जरूरी है और इसलिए मैं इसकी अनुमति देता हूँ। भाड़े के अंतर का भुगतान नेवेली के द्वारा किया जाएगा'। निदेशक वित्त के साथ-साथ सभी अधिकारी श्री नारायणन की हिम्मत का लोहा मान चुके थे। वे यहीं नहीं रुके। तुरंत उन्होंने एयर इंडिया के तत्कालीन अध्यक्ष श्री राजकुमार को फोन लगाया और उन्हें सारी बात बताई। श्री राजकुमार एयर इंडिया के विमान से पम्प को लाने के लिए तैयार हो गए। श्री नारायण ने बैठक में ही एक वरीय अधिकारी को कहा कि किसी जूनियर अधिकारी को तुरंत जर्मनी भेजा जाये।

अगले तीन दिनों में वह अधिकारी जर्मनी पहुंचा और उसके तीन दीनों के भीतर फ्रंकफ़र्ट-दिल्ली एयर इंडिया विमान से वह पम्प दिल्ली पहुँच गया। बैठक के कुल चौदह दिनों में वह पम्प पूरी तरह तैयार होकर नेवेली पहुँच गया। जो काम पिछले एक वर्ष से रुका पड़ा था उसको श्री नारायणन ने अपनी सूझ-बूझ और त्वरित निर्णय से मात्र चौदह दिनों में पूरा किया।

इस बीच उस पम्प के निर्माता कंपनी से श्री नारायणन को बुडापेस्ट, हंगरी से फोन आया। उनके प्रमुख ने त्वरित निर्णय लेने के लिए पहले श्री नारायणन की जम कर तारिफ की और फिर कहा कि उनके बोर्ड ने यह निर्णय लिया है कि पम्प को हवाई जहाज से

लाने में जो अतिरिक्त खर्च हुआ है, उसका भुगतान पम्प बनाने वाली कंपनी करेगी, नेवेली को इसकी चिंता करने की जरूरत नहीं है। पम्प के आने के एक महीने के भीतर नेवेली के पावर प्लांट का उद्घाटन हो गया। इस प्लांट के चलने से न केवल तमिलनाडु सरकार को खुशी हुई, बल्कि नेवेली की वित्तीय स्थिति में भी सुधार होना शुरू हुआ।

इसके अलावा श्री नारायणन ने नेवेली की लेनदारी पर ध्यान दिया और एक महीने के भीतर कंपनी के खाते में बड़ी राशि आ गयी। इन कदमों के अलावा उन्होंने अपने कर्मियों के कल्याण पर ध्यान देना शुरू किया और कुछ ही दिनों में उनका दिल भी जीत लिया। बहुत दिनों से लंबित अधिकारियों की पदोन्नति की गयी। नेवेली में सकारात्मक परिवर्तन होना शुरू हो गया था। अगले चार वर्षों की कड़ी मेहनत से श्री नारायणन ने नेवेली की सूरत बदल दी और अपने आने के निर्णय को सार्थक किया।

नेवेली की सफलता से अबतक श्री नारायणन की ख्याति पूरे कोयला उद्योग में भी हो चुकी थी। इस बीच कोल इंडिया के तत्कालीन अध्यक्ष श्री जी एल टंडन की सेवानिवृति का समय आ गया था और अगले अध्यक्ष के चुनाव के लिए आवेदन मांगे गए। श्री नारायणन को भी तत्कालीन केंद्रीय कोयला मंत्री के द्वारा खबर भेजी गयी कि वे भी इस पद के लिए आवेदन दें। श्री नारायणन शुरू में तैयार नहीं थे क्योंकि वे नेवेली में शिड्यूल 'ए' के पद पर अध्यक्ष थे और काफी सफलता से काम कर रहे थे। इसके अलावा वे अपने राज्य तमिलनाडु में थे। लेकिन कहीं उनके मन के कोने में एक ख़्वाहिश बची थी कि जिस कंपनी में उन्होंने अपना सबसे ज्यादा वक़्त बिताया, वहाँ का मुखिया बन कर जाना भी रोचक होगा। यह सोच कर उन्होंने आवेदन दे दिया। इंटरव्यू में उनके मुख्य प्रतिद्वंदी के रूप में नॉर्दर्न कोलफील्ड्स लिमिटेड के तत्कालीन सीएमडी श्री महानन्द झा एवं भारत कोकिंग कोल के सीएमडी श्री पी आर सिन्हा थे। श्री नारायणन का रुतबा ज्यादा था और शायद कोयला मंत्रालय

की भी इच्छा थी कि वे कोल इंडिया के अध्यक्ष बनें। नतीजा वही हुआ, श्री नारायणन कोल इंडिया के नए अध्यक्ष चुन लिए गए। 15 नवंबर,1988 को उन्होंने कोल इंडिया के अध्यक्ष का भार संभाला। उनके मन में यह बात थी कि कोल इंडिया में उनके पुराने प्रतिद्वंदी उनको आगे बढ़ने में बाधा बन सकते हैं, लेकिन फिर उन्होंने सोचा, नेवेली की तरह वे सब को साथ लेकर चलने की पूरी कोशिश करेंगे।

श्री नारायणन के सामने सबसे बड़ी चुनौती थी, कोल इंडिया का घाटे में होना। वर्ष 1987-88 में कोल इंडिया ने लगभग 800 करोड़ रुपये का घाटा किया था। उन्होंने कोयला का उत्पादन बढ़ाने और कोयले की गुणवत्ता बरकरार रहने पर ज्यादा ज़ोर दिया। उस वक़्त कोल इंडिया में दो बड़े प्रोजेक्ट थे, जो विदेशी तकनीकी सहयोग से चल रहे थे। उनमें एक था ईसीएल का राजमहल प्रोजेक्ट और दूसरा था सीसीएल का पिपरवार प्रोजेक्ट। श्री नारायणन ने इन दोनों परियोजनाओं में उत्पादन बढ़ाने के लिए उपाय किए। इसके अलावा वे लगातार कोल इंडिया की विभिन्न सहयोगी कंपनी में जाकर लोगों की बात सुनते थे और किसी भी समस्या का जल्द से जल्द निपटारा करते थे। उनमें शुरू से विशेष गुण था, लोगों से संपर्क स्थापित करना। कोल इंडिया के मामले में भी वे कोयला मंत्रालय के साथ-साथ कोल इंडिया की सभी कंपनी के लोगों से लगातार संपर्क में रहते थे। धीरे-धीरे कोल इंडिया की वित्तीय स्थिति में सुधार होने लगा।

लगभग तीन वर्षों तक कोल इंडिया के अध्यक्ष के रूप में रहने के बाद 31 जुलाई, 1991 को श्री नारायणन सरकारी नौकरी से सेवानिवृत हुए। उन्होंने इस दौरान कंपनी के वित्तीय घाटे को कम किया और जब वे सेवानिवृत हुए तब तीन वर्षों में कंपनी का वार्षिक घाटा 800 करोड़ रुपये से 80 करोड़ रुपये तक आ गया। उनके कार्यकाल में ही ईसीएल में फ्रांस के सहयोग से झांझरा भूमिगत खदान की शुरुआत हुई, जिसमें लॉन्गवाल तकनीक का इस्तेमाल

हुआ। हालाकि, उन्हें आज भी अफसोस है कि वे अपने कार्यकाल में कोल इंडिया को वित्तीय लाभ की स्थिति में नहीं ला पाये।

सरकारी नौकरी से सेवानिवृत होने के बाद श्री नारायणन अपने बेटे की जिद पर नई दिल्ली आ कर बस गए और अपनी व्यस्तता बरकरार रखी। वर्ल्ड माइनिंग काँग्रेस संस्था से वह पूरी तरह जुड़ गए। इसके माध्यम से वे राष्ट्रीय एवं अंतर्राष्ट्रीय स्तर के कोयला उद्योग से अब भी जुड़े हैं। इसके अलावा वे सामाजिक और धार्मिक कार्यों में भी शामिल हो गए। ऑल इंडिया मूवमेंट फॉर सेवा संस्थान से जुड़ कर उन्होंने कमजोर वर्ग के बच्चों के लिए स्कूल खोलने के काम में हिस्सा लिया। वे कोल इंडिया के विभिन्न प्रोग्राम में आज भी जाते हैं।

आज श्री नारायणन 88 वर्ष के हो चुके हैं। इस वर्ष जुलाई में वे अपने जीवन के 89 वर्ष पूरे कर 90वें वर्ष में प्रवेश कर जाएँगे। दुर्भाग्यवश उनकी पत्नी और उनके एक मात्र बेटे का निधन हो चुका है। इसके बावजूद वे बड़ी शान और शिद्दत से अकेले जीवन जी रहे है। आज भी वे जियोस्पेशियल विज्ञान संस्था की स्थापना कर देश-विदेश के युवा वर्ग की एक टीम बना कर कार्य कर रहे हैं। नई दिल्ली के इंडिया इंटरनेशनल सेंटर के वे सदस्य हैं। आज भी इस उम्र में वे ग्रेटर नोएडा के अपने निवास से कम से कम सप्ताह में तीन दिन आते हैं। लोगों के साथ विभिन्न विषयों पर बैठक करते हैं और जीवंत हैं।

इंडिया इंटरनेशनल सेंटर में उनसे उनके जीवन के बारे में बातचीत हुई। उनकी पूरी जीवनी को जानने और समझने में दो दिन लगे। हर दिन लगभग चार-चार घंटों की बातचीत हुई। कहीं भी महसूस नहीं हुआ किएक बुजुर्ग व्यक्ति से बात हो रही है। आँखों में अब भी वैसी ही चमक। आवाज़ में वही तेजी और जोश। कहीं भी उम्र की थकावट के कोई लक्षण नहीं। सिर्फ चलने के लिए अब एक छड़ी की जरूरत पड़ती है। जब उनसे पूछा कि आप कोल इंडिया की नई पीढ़ी के लिए क्या संदेश देंगे, उन्होंने तपाक से जबाब दिया 'सबसे

पहले युवा वर्ग में नेतृत्व करने का गुण होना चाहिए। इसके लिए कोई शिक्षा या ट्रेनिंग की जरूरत नहीं है, स्वतः अनुभव से इस गुण को लाना है। इसके अलावा टीम भावना से कार्य करना और अपनी टीम के लोगों पर भरोसा करना, क्योंकि कोई भी बड़ा काम या प्रोजेक्ट का काम टीम वर्क के द्वारा ही होता है, सिर्फ एक व्यक्ति से यह संभव नहीं। सही विषय या तकनीक का ज्ञान और पूरी जिम्मेवारी के साथ कार्य करना'।

जब श्री नारायणन से इस उम्र में भी सक्रिय रहने के राज के बारे में पूछा तब उन्होंने बिना रूके कहा 'अरे, अभी तो मैं सिर्फ 88 वर्ष का हुआ हूँ, अभी तो बहुत लंबा सफर तय करना है। जीवन में बहुत कुछ और करना है। फिर भी मैं रोज योग और प्राणायाम करता हूँ। अपने खाने-पीने पर विशेष ध्यान रखता हूँ। हमेशा नए काम करने के बारे में सोचता रहता हूँ। मुझे इन सबसे फुर्सत नहीं मिलती की मैं अपनी बढ़ती उम्र के बारे में सोचूँ। यह सफर ऐसे ही चलता रहेगा'।

उनके मामाजी की भविष्यवाणी आखिर सच साबित हुई। मानगुडी का लड़का अंततः शिखर पर पहुंचा और राजा बना। उनके जीवन की शुरुआत में किसी ने भी नहीं सोचा था कि एक साधारण परिवार का लड़का इतनी ऊंचाई तक जाएगा।

वाकई, श्री नारायणन जैसे लोग शिखर के लिए ही बने हैं। वे कभी कमजोर और पुराने नहीं होंगे, अपने जीवंत इरादों से इसी तरह जीवन के सफर में आगे बढ़ते रहेंगे..........।

_____________________नई दिशा के स्तम्भ

वर्ष 1958। रांची का दरभंगा हाउस। शहर के केंद्र में राजभवन के सामने एक लंबी सड़क के अंत में महलनुमा दुतल्ला मकान। उसी में तत्कालीन राष्ट्रीय कोयला विकास निगम (एनसीडीसी) का मुख्यालय था। दोनों तल्लों पर लंबे और ऊंचे गलियारों के बीच बड़े-बड़े कमरे। नीचे के तल्ले के उन्हीं कमरों में से एक बड़ा कमरा उस कंपनी के अध्यक्ष का। दफ्तर खुला होने के बावजूद गलियारे में शांति। कुछ-कुछ देर पर एक्का-दुक्का लोग बगल में फाइल दबाये तेजी से आते-जाते नज़र आ रहे थे। तभी उस बड़े कमरे के बगल के कमरे के अंदर से ज़ोर-ज़ोर से बात करने की आवाज़ आने लगी। उस शांति के बीच वह आवाज़ ज़ोर की लग रही थी। अचानक उस कमरे का दरवाजा खुला और चार नौजवान लगभग चिल्लाते हुए बाहर निकले। उनकी उम्र लगभग तेईस-चौबीस वर्ष के बीच रही होगी। उनकी ज़ोर की आवाज़ स्पष्ट सुनाई पड़ रही थी। वे कह रहे थे 'इस दफ्तर में धांधली हो रही है और हमारी कोई सुनने वाला नहीं है'।

गलियारे के बड़े कमरे में अध्यक्ष अपने काम में मशगूल थे। उनके कानों में भी इनकी आवाज़ पड़ी। थोड़ी देर उन्हें समझने में लगा कि उस तेज आवाज में क्या कहा जा रहा है, लेकिन कुछ स्पष्ट

नहीं होने पर वे खुद उठकर अपने कमरे से बाहर निकले। दरवाजे से कुछ दूर पर ही ये नौजवान दरबान से ज़ोर-ज़ोर से बातें कर रहे थे। अध्यक्ष ने उन्हें इशारा कर नजदीक बुलाया और पूछा 'क्यों शोर मचा रहे हो, मसला क्या है'। उनमें से एक दुबले-पतले नौजवान ने आगे बढ़ कर कहा 'सर, मेरा नाम श्याम है और मैंने अभी-अभी आपकी कंपनी में जॉइन किया है। लेकिन मुझे अफसोस है कि आपकी कंपनी में भ्रष्टाचार हो रहा है और गलत तरीके से काम किया जा रहा है। हमारी कोई सुनने के लिए तैयार नहीं है, आपसे भी मिलने की मनाही है'। एक सांस में पूरी बात श्याम ने बता दी। किसी भी कंपनी के लिए यह बहुत बड़ा आरोप था। अध्यक्ष थोड़ा संभले फिर कहा 'चलो कमरे के अंदर बैठ कर बातें करते हैं'। वे मुड़ कर अपने कमरे में गए और उनके पीछे-पीछे श्याम के साथ-साथ बाकी के तीन नौजवान भी उनके कमरे में दाखिल हो गए। कमरे में एक बड़े से टेबल के सामने आठ-दस कुर्सियाँ लगी थीं। अध्यक्ष ने इशारा कर उन्हें बैठने के लिए कहा और टेबल के पीछे बड़ी-सी घूमने वाली कुर्सी पर बैठ कर उनके आने का कारण पूछा।

श्याम ने बताया 'हमलोग माइनिंग इंजीनियर हैं और कुछ दिनों पहले ही एनसीडीसी जॉइन किया है। हमारे बीच के लड़कों में से चुन कर एक ग्रुप को यूनाइटेड किंगडम ट्रेनिंग के लिए भेजा जाना है। पता नहीं क्यों उस ग्रुप की लिस्ट में हमलोगों का नाम नहीं है, जबकि हमारे साथ के कम नंबर पाने वाले लड़कों का चयन हो गया है। हम सब इसका कारण जानने के लिए जब यहाँ आए हैं तब हमें कोई कुछ बता नहीं रहा है और आपसे मिलने भी नहीं दिया जा रहा था'। अध्यक्ष ने उनकी बात ध्यान से सुनकर दरवाजे की घंटी बजा कर दरबान को बुलाया और किसी को बुलाने के लिए कहा। थोड़ी देर में वे सज्जन कमरे में आ गए। वे कंपनी के निदेशक श्री के राय थे। अध्यक्ष ने उनके आते ही उनको डांटना शुरू कर दिया और कहा कि मुझे पता चला है कि यूनाइटेड किंगडम जाने वाले ग्रुप का चयन शायद ठीक तरीके से नहीं हुआ है, वे इसमें पारदर्शिता चाहते हैं। उन्होंने कहा कि

सभी लड़कों के फिर से टेस्ट लिए जाएँ और उनके रिज़ल्ट के आधार पर आठ लोगों का चयन कर उन्हें ट्रेनिंग के लिए भेजा जाएगा।

सभी लड़कों को रांची में कंपनी के गेस्ट हाउस में ठहराया गया। दो दिनों में टेस्ट हुआ और उसमें इन चार नौजवानों में से दो का नाम आ गया। श्याम का दूसरा स्थान था। कुल आठ लोगों की टीम बनी, जिन्हें तुरंत लंदन भेजा जाना था। उन दिनों कलकत्ता से लंदन के लिए उड़ान हुआ करती थी। अध्यक्ष ने उन्हें कलकत्ता भेजने की विशेष व्यवस्था की। उन्होंने अपनी विदेशी गाड़ी और एक और गाड़ी से उन्हें सड़क के रास्ते रांची से कलकत्ता भेजा। अगले दिन वे सभी आठ लड़के अपने जीवन में पहली बार हवाई जहाज से लंदन के लिए रवाना हो गए।

श्याम। पूरा नाम श्याम किशोर चौधरी। जन्म 4 फरवरी, 1935, बिहार के वर्तमान मधुबनी जिले के बेनीपट्टी के पास के बरहा गाँव में। गाँव बहुत विकसित था और वहाँ पढे-लिखे लोगों की बहुतायत थी। संस्कृत के, हिन्दी के विद्वान लोग उस गाँव में थे। श्री चौधरी के दादाजी श्री राम सुंदर चौधरी उस गाँव के पहले व्यक्ति थे, जिन्होंने अँग्रेजी में मैट्रिक पास की थी। श्री चौधरी के पिता श्री जय भद्र चौधरी गाँव के हाईयर सेकेन्डरी स्कूल के प्रिन्सिपल थे। गाँव में वे अपने भाइयों के साथ संयुक्त परिवार में रहते थे। श्री चौधरी के चार भाई थे और तीन बहनें। वे अपने माता-पिता की दूसरी संतान थे। उनकी पढ़ाई-लिखाई गाँव के स्कूल में ही सातवीं क्लास तक हुई। बाद में उनके पिता दरभंगा डिस्ट्रिक्ट बोर्ड में नौकरी करने लगे, इसलिए आगे की पढ़ाई के लिए श्री चौधरी का नाम दरभंगा के ज़िला स्कूल में लिखाया गया। श्री चौधरी पढ़ाई-लिखाई में बहुत तेज थे और हमेशा क्लास में अव्वल रहे। ज़िला स्कूल से ही उन्होंने वर्ष 1951 में मैट्रिक की परीक्षा अच्छे नंबर से पास की।

आगे की पढ़ाई के लिए बिहार की राजधानी पटना में साइन्स कॉलेज का नाम बहुत था, इसलिए श्री चौधरी वहीं से आगे की

पढ़ाई करना चाहते थे। उस वक़्त उस कॉलेज में प्रोफेसर ज़्यादातर ऑक्सफोर्ड या कैंब्रिज से डिग्री लेकर आए थे। एड्मिशन भी मेरिट के आधार पर होता था। पहली बार दरभंगा से बाहर निकलकर श्री चौधरी पटना आए। उस वक़्त दरभंगा से पहलेजाघाट तक के लिए ट्रेन चलती थी। यह रेलवे स्टेशन पटना शहर होकर बहने वाली गंगा नदी के उस पार था। वहाँ से फिर स्टीमर पर बैठ कर पानी के रास्ते नदी के इस पार पटना शहर के महेंद्रु घाट आना होता था। श्री चौधरी के अच्छे नंबर के कारण उनका एड्मिशन साइन्स कॉलेज में आईएससी में हो गया। मेरिट के आधार पर ही उन्हें वहाँ रहने के लिए कर्वेंडिश हॉस्टल में जगह मिल गयी।

साइन्स कॉलेज, पटना से श्री चौधरी ने आईएससी की परीक्षा अच्छे नंबर से पास की। इस बीच उन्होंने आईआईटी खड़गपुर में एड्मिशन के लिए इम्तहान दिया और उनका वहाँ मेकैनिकल इंजीनियरिंग में चयन हो गया। उस समय आईआईटी में दाखिले के लिए लिखित परीक्षा नहीं होती थी। आईआईटी के प्रोफेसर कलकत्ता में लड़कों का इंटरव्यू लेते थे और उसके आधार पर एड्मिशन के लिए चयन होता था। श्री चौधरी को चालीस रुपये प्रतिमाह की छात्रवृति भी मिली। लेकिन इससे पहले कि वे खड़गपुर जाकर पढ़ाई शुरू करते, उन्हें इंडियन स्कूल ऑफ माइंस (आईएसएम), धनबाद में माइनिंग की पढ़ाई के बारे में जानकारी मिली। उन दिनों उनके इलाके के और परिचित लोग वहाँ माइनिंग इंजीनियरिंग की पढ़ाई कर रहे थे। इसके अलावा उनके साथ के भी कुछ लड़के आईएसएम में एड्मिशन लेने वाले थे। सब ने उन्हें समझाया कि माइनिंग में भविष्य अच्छा है। सब सोच-विचार कर श्री चौधरी ने भी आईएसएम में एड्मिशन लेने का मन बना लिया। वहाँ के इम्तहान में भी वे पास हो गए। कुल पैंतीस लड़कों को एड्मिशन मिला था। वहाँ भी छात्रवृति साठ रुपये प्रति माह की दी गयी। इस तरह वर्ष 1953 में श्री चौधरी ने माइनिंग इंजीनियरिंग की चार वर्षों की पढ़ाई शुरू की। उनके बैच में देश के विभिन्न कॉलेज से प्रतिभावान छात्र शामिल थे।

वर्ष 1957 में उन्होंने बहुत अच्छे नंबर से माइनिंग की पढ़ाई पूरी की। उस वक़्त आईएसएम से माइनिंग इंजीनियरिंग की डिग्री लेकर पास करने वाले अव्वल चार लोगों को ब्रिटिश मालिकों की कोयला कंपनी में पीजीपीटी के रूप में ग्रेजुएट ट्रेनी के पद पर लिया जाता था। उसके बाद के लोगों को बंगाल कोल कंपनी अपने यहाँ जगह देती थी। मैकडिल कंपनी ब्रिटिश मालिकों के अधीन थी। श्री चौधरी को उसी कंपनी ने ग्रेजुएट ट्रेनी के पद पर लिया। उस कंपनी का मुख्यालय आसनसोल के पास संकतोरिया में था, जहां आज ईस्टर्न कोलफील्ड्स लिमिटेड का मुख्यालय है। वहाँ ब्रिटिश कंपनी में श्री हौग उस वक़्त मुख्य खनन अभियंता के पद पर थे और वह पूरा इलाका उनके अधीन था। श्री चौधरी को उन्होंने बुलाया और उनकी पोस्टिंग जमुरिया ए एंड बी पिट खदान में कर दी। उस वक़्त उन्हें भारत सरकार से डेढ़ सौ रुपये प्रतिमाह की छात्रवृति मिलती थी, साथ में ब्रिटिश कंपनी से भी उन्हें वेतन मिलता था। श्री चौधरी की वहाँ एक समस्या थी कि उन्हें बंगला भाषा बोलने नहीं आती थी और उस इलाके में बिना बंगला भाषा के ज्ञान के काम करना मुश्किल था। लेकिन उन्होंने धीरे-धीरे उस भाषा पर अपनी पकड़ बनाई और कुछ दिनों में वे भाषा बोलने और समझने लगे। श्री हौग समय-समय पर खदान में जाकर कोयला उत्पादन की समीक्षा करते थे और उनमें कमी होने पर मैनेजर और एजेंट को डांट भी लगाते थे। उस खदान में ज़्यादा श्रमिक बिहार और गोरखपुर इलाके के थे और सुपर्वाइज़र के पद पर बंगाल के लोग थे। अधिकारियों के रहने के लिए अच्छे क्वार्टर थे, लेकिन श्रमिकों के रहने की कोई अच्छी व्यवस्था नहीं थी। ज़्यादातर श्रमिक पास के गाँव में रहकर खदान में काम करते थे।

इसी बीच वर्ष 1957 में एनसीडीसी की स्थापना हुई। उस कंपनी ने नए अधिकारियों की भर्ती के लिए विज्ञापन निकाला और उसमें कहा गया कि चुने गए लोगों को ट्रेनिंग के लिए यूनाइटेड किंगडम भेजा जाएगा, जहां के कोल बोर्ड की खदानों में उनकी ट्रेनिंग होती। श्री चौधरी ने वहाँ आवेदन दे दिया और उनका वर्ष 1958 में चयन

हो गया। उस वक़्त उस कंपनी के अध्यक्ष आईसीएस अधिकारी हुआ करते थे। श्री चौधरी को वहाँ जॉइन करते ही पहले कुछ दिनों की ट्रेनिंग पर नेवेली लिग्नाइट कार्पोरेशन भेजा गया। वहाँ कुछ दिनों की ट्रेनिंग के बाद जब वे वापस लौटे तब उन्हें पता चला कि लंदन ट्रेनिंग के लिए जाने वाले अधिकारियों की सूची में उनका और कुछ और लोगों का नाम नहीं है। वे वापस रांची आए और सीधे कंपनी के मुख्यालय दरभंगा हाउस पहुंचे। वहाँ उस वक़्त निदेशक ट्रेनिंग श्री के राय हुआ करते थे, जिनसे मिलने पर उन्होंने उनलोगों की मदद करने में असमर्थता जाहिर की। श्री चौधरी ने तब कंपनी के अध्यक्ष से मिलने की इच्छा जताई, लेकिन उन्हें मिलने नहीं दिया जा रहा था। तभी इस संबंध में आवाज उठाने पर अध्यक्ष ने उन्हें और अन्य लड़कों को बुलाया और श्री चौधरी सहित आठ लड़कों का चयन कर उन्हें विदेश भेजा गया।

श्री चौधरी और अन्य सभी सात लड़के कलकता से लंदन पहुंचे। वहाँ एयरपोर्ट पर उन्हें कोल बोर्ड के ट्रेनिंग के अधिकारियों ने अपने साथ लिया और वहाँ के एक अच्छे गेस्ट हाउस में ठहरा दिया गया। वहाँ का इंतजाम बहुत अच्छा था। अगले दिन सभी की पोस्टिंग हुई और श्री चौधरी एवं एक और लड़के की पोस्टिंग मैंचेस्टर डिविजन में की गयी। वहाँ के कोल बोर्ड का जब राष्ट्रीयकरण किया गया था, तब तीन स्तर के मैनेजमेंट के तहत मुख्यालय, डिविजन और एरिया का प्रारूप रखा गया। उसी के तहत मैंचेस्टर डिविजन बनाया गया था। श्री चौधरी मैंचेस्टर चले गए। वहाँ पास में विगन शहर था। वहीं श्री चौधरी की पोस्टिंग हुई। वहाँ से खदानें कुछ दूरी पर थीं। उन्होंने सोचा कि यदि वे खदान के इलाके में चले जाते हैं, तब वे शहर से दूर हो जाएँगे। इसलिए बड़ी सूझ-बूझ के साथ उन्होंने विगन शहर के माइनिंग कॉलेज में स्नातकोत्तर की पढ़ाई के लिए दाखिला ले लिया। वहाँ के माइनिंग के प्रोफेसर श्री बोल्टन पहले झरिया कोलफील्ड में काम कर चुके थे। उन्होंने श्री चौधरी की मदद की। खदान की ट्रेनिंग सप्ताह में चार दिन ही होती थी। शुक्रवार

को कॉलेज में पढ़ाई करने वालों की छुट्टी रहती थी और शनि एवं रविवार को वैसे ही छुट्टी रहती थी। फिर भी चार दिन की खदान की ट्रेनिंग काफी थका देने वाली थी। अगले छह महीने तक श्री चौधरी को सप्ताह के चार दिन सुबह छह बजे से अगले आठ घंटे के लिए भूमिगत खदान में काम करने के लिए कहा गया। वहाँ श्रमिकों का काम भी इन्हीं को करना था, जिससे वे माइनिंग के गुर सीख सकें। धीरे-धीरे श्री चौधरी ने वहाँ का काम सीखना शुरू किया। कुछ दिनों के बाद वहाँ के मैनेजर ने उनके सीखने की गति को देख कर काम के घंटों में रियायत दे दी।

डेढ़ वर्ष की ट्रेनिंग के बाद श्री चौधरी को पता चला कि वे यूनाइटेड किंगडम में ही फ़र्स्ट क्लास माइन मैनेजर सर्टिफिकेट का इम्तहान दे सकते हैं। वहाँ एक इंस्टीट्यूशन ऑफ माइनिंग इंजीनियर्स संस्थान थी, जहां से उन्होंने थिओरी इम्तहान पास की। चूंकि अब उन्हें फ़र्स्ट क्लास का इम्तहान पास कर आगे बढ़ना था, इसलिए वे भारत वापस आ गए। उन्हें एनसीडीसी ने रांची के पास बचरा कोलियरी में पोस्ट कर दिया। वहाँ उन्हें रहने के लिए अच्छा घर भी मिला। फ़र्स्ट क्लास की डिग्री अब उन्हें लेनी थी। वे उसकी तैयारी कर रहे थे, लेकिन एक दिन घर पर उन्हें एक टेबल लैम्प से करेंट लग गया। करेंट की तीव्रता इतनी थी कि श्री चौधरी का दाहिना हाथ लगभग लकवाग्रस्त हो गया। वे उस हाथ से लिख नहीं सकते थे। उन्होंने इंडियन स्कूल ऑफ माइंस में जाकर इस संबंध में बात की। वहाँ के प्रमुख ने इस संबंध में मदद करने में अपनी असमर्थता जाहिर की। लेकिन इसी बीच श्री चौधरी के यूनाइटेड किंगडम के इम्तहान के नंबर भारत आ गए। चूंकि उसमें उनका पहला स्थान था, इसलिए उन्हें फ़र्स्ट क्लास के इम्तहान में बैठने की इजाजत दे दी गयी। उन्हें एक अलग कमरे में बैठ कर प्रश्न का जवाब बोलना था और एक जूनियर स्टूडेंट को उनके लिए वह जवाब कागज़ पर लिखना था। इस तरह से श्री चौधरी ने वर्ष 1960 में फ़र्स्ट क्लास की डिग्री ली।

वापस बचरा कोलियरी में उन्हें असिस्टेंट मैनेजर का पद देकर खदान के एक सेक्शन का चार्ज दे दिया गया। लेकिन कुछ दिनों बाद उनका तबादला एनसीडीसी मुख्यालय में प्लानिंग डिविजन में कर दिया गया। उन्हें उनके दोस्तों ने बताया कि अमूमन प्लानिंग डिविजन में पोस्टिंग तब होती है जब अधिकारी को बिना काम के बिठाना हो। इस संबंध में उन्होंने ऊपर अपने सीनियर श्री के एस आर चारी से भी बात की, जो उस वक़्त मुख्य खनन अभियंता के पद पर मुख्यालय में निदेशक तकनीकी के अधीन कार्यरत थे। उन्होंने समझाया कि मुख्यालय में हर तरीके के विषय सीखने को मिलेंगे और जल्दी ही कोई अच्छी पोस्टिंग श्री चौधरी को दी जाएगी। श्री चौधरी अंततः वहीं रह गए। शुरू में उन्हें रहने के लिए घर नहीं मिला। उन्हें किसी तरह वहाँ गेस्ट हाउस में एक रूम में जगह मिली। उन्हें कहा गया कि रांची के कांके रोड पर जल्द ही एनसीडीसी द्वारा जवाहर नगर में कॉलोनी बनाई जा रही है, जो अगले छह महीने में बन कर तैयार हो जाएगी।

उस वक़्त धनबाद में एनसीडीसी के अंतर्गत एक नयी आधुनिक तकनीक वाली भूमिगत खदान सुदामडीह की तैयारी चल रही थी, जिसे पोलैंड के सहयोग से विकसित किया जा रहा था। वहाँ शुरू में शाफ्ट सिंकिंग का कार्य चल रहा था। अपने वादे के अनुसार अगले पाँच माह के अंदर श्री चारी ने श्री चौधरी की पोस्टिंग सुदामडीह प्रोजेक्ट में मैनेजर के पद पर कर दी। श्री चारी ने कहा कि श्री चौधरी वहाँ तुरंत जाकर काम संभालें, क्योंकि अगले एक महीने के भीतर वहाँ पोलैंड के एंबेसडर का दौरा होगा। श्री चौधरी अगले दिन सुदामडीह आ गए। उनका काम उस प्रोजेक्ट को शुरू करने का था। शुरू के काम में पास के तीन गाँव की ज़मीन लेनी थी, जहां खदान की शुरुआत होती। वहाँ रहने की कोई व्यवस्था नहीं थी। पास के सीएफआरआई के गेस्ट हाउस में श्री चौधरी को जगह मिल गयी। उन्होंने अपने साथ के सिविल इंजीनियर से उस इलाके में लोगों के रहने की व्यवस्था करने के लिए कहा। सुदामडीह खदान से बहुत

वर्षों पहले भी कोयले का उत्पादन हुआ करता था, लेकिन कोयले की सीम का ग्रेडिएंट ज्यादा होने के कारण वहाँ माइनिंग सफल नहीं हो सकी और वहाँ से लोगों को हटा लिया गया। तब से वह खदान बंद थी। वर्ष 1963 में सुदामडीह के अलावा उस इलाके में एक और नई खदान मूनिडीह को खोला जाना था, जहां पहले खनन का कोई काम नहीं हुआ था। वहाँ भी शाफ्ट सिंकिंग का काम करना था। दोनों प्रोजेक्ट को मिला कर एक नए एरिया प्रोजेक्ट ऑफिसर श्री चटर्जी की पोस्टिंग भी वहाँ की गयी, जिनके मातहत श्री चौधरी को काम करना था। उन्होंने पोलैंड के विशेषज्ञ के साथ मिलकर काम करना शुरू किया। दोनों खदानों में लगातार आठ वर्षों तक खदान के विकास का काम चलता रहा।

इस बीच वर्ष 1971 के अंत में कोकिंग कोयले के राष्ट्रीयकरण की बात सोची गयी। इस बात को बहुत गोपनीय रखनी थी। टाटा और एनसीडीसी की खदानों को छोड़ कर सभी प्राइवेट कोकिंग कोयले की खदानों को सरकार के अधीन करना था। उस वक़्त के कोयला मंत्री श्री मोहन कुमारमंगलम ने श्री के एस आर चारी को इस कार्य के लिए कस्टोडियन जनरल बनाया। श्री चौधरी उस वक़्त सुदामडीह के प्रोजेक्ट मैनेजर थे। वर्ष 1971 में दिवाली के एक दिन पहले 16 अक्तूबर को श्री चौधरी को उनके एरिया के जनरल मैनेजर श्री आर जी महेंद्रु ने बुलाकर कहा कि उस दिन सुदामडीह में लगभग 40 लोगों को लेकर एक सेमिनार का आयोजन किया जाना है, जिसका उद्घाटन केंद्रीय कोयला मंत्री श्री कुमारमंगलम करेंगे। श्री चौधरी को इसके अलावा सेमिनार के विषय या भाग लेने वाले लोगों की जानकारी नहीं दी गयी। जल्दी-जल्दी में वहाँ के गेस्ट हाउस में सेमिनार की तैयारी की गयी। दोपहर होते-होते तक एनसीडीसी और कोल बोर्ड के अधिकारी सुदामडीह गेस्ट हाउस पहुँच गए। सभी सेमिनार के विषय के बारे में जानना चाहते थे। श्री चौधरी ने उन्हें बताया कि सेमिनार की जानकारी खुद कोयला मंत्री उन्हें देंगे।

कोयला मंत्री वहाँ कस्टोडियन जनरल के साथ सुदामडीह गेस्ट हाउस पहुंचे। सभी प्रतिभागी बड़ी उत्सुकता से उनका इंतज़ार कर रहे थे। आते ही बिना देर किए उन्होंने मंच पर जाकर लोगों को संबोधित करना शुरू किया। उन्होंने बताया कि अगले दिन दिवाली की सुबह सात बजे उन सब लोगों को झरिया कोलफील्ड के विभिन्न इलाके में जाकर सभी प्राइवेट कोकिंग कोयले की खदानों का प्रबंधन भारत सरकार की ओर से कस्टोडियन के तौर पर अपने हाथ में लेना है। उन सब के लिए ड्राईवर सहित एक-एक जीप का इंतजाम कर दिया गया और साथ में सादे ड्रेस में एक-एक पुलिस के जवान को दिया गया। सभी चीजों के इंतजाम में श्री चौधरी और उनकी टीम सक्रिय थी। श्री कुमारमंगलम ने उस दिन श्री चौधरी से भी बात की और उनसे धनबाद इलाके की जानकारी लेनी चाही। श्री चौधरी ने उन्हें खदानों की हालत की बातें खुल कर बतायीं और कहा कि जबतक मंत्री खुद अपनी आँखों से नहीं देखते हैं तबतक उन्हें विश्वास नहीं होगा। श्री कुमारमंगलम ने शाम में एक जीप मंगाई और बिना लाव-लश्कर के उन्होने धनबाद के एक बड़े इलाके को खुद जाकर देखा। वे वहाँ की स्थिति से बहुत अप्रसन्न थे और उसी दिन उन्होंने शायद निर्णय ले लिया कि कोकिंग कोल की खदानों के बाद शेष सभी प्राइवेट गैर-कोकिंग कोयले की खदानों का भी राष्ट्रीयकरण होना जरूरी है। इस आशय की जानकारी उन्होंने दिल्ली लौट कर तत्कालीन प्रधान मंत्री को भी दी।

खदानों को अधीन करने के पहले इस आशय का आदेश भारत के राष्ट्रपति से लिया जाना था, जो उस वक्त विदेश के दौरे पर थे। इसके लिए कोयला मंत्रालय में पदस्थापित निदेशक श्री टी एल शंकर को विदेश भेजा गया और उन्हें ऑर्डिनेन्स पर राष्ट्रपति के हस्ताक्षर लेकर 16 तारीख की शाम में सुदामडीह गेस्ट हाउस पहुँचना था। वे शाम की जगह देर रात पहुंचे। ऑर्डिनेन्स की प्रति सभी कस्टोडियन को श्री चारी के हस्ताक्षर से नाम सहित जारी की गयी और अगले दिन उन सब ने अपने-अपने निर्धारीर इलाके में जाकर सभी प्राइवेट

कोकिंग कोयले की खदानों को सरकार के अधीन कर लिया। अंततः एक मई, 1972 को इन खदानों का राष्ट्रीयकरण कर दिया गया और भारत कोकिंग कोल लिमिटेड नामक नयी कंपनी बनाई गयी।

श्री चौधरी इन सब के बाद अपने काम में मशगूल हो गए। उनकी दोनों खदानें एनसीडीसी के अधीन ही रहीं। हालाकि उन खदानों का प्रशासनिक नियंत्रण बीसीसीएल के अंतर्गत रखा गया। कुछ दिनों के बाद उन्हें एरिया का जनरल मैनेजर बना दिया गया। उन्होंने एनसीडीसी एवं बीसीसीएल के बीच तालमेल बैठा कर काम करना शुरू कर दिया। उन्हें सभी तरह के अधिकार दे दिये गए। इसके अलावा उन्हें बीसीसीएल के अंतर्गत कुछ खदानों का भी कस्टोडियन बना दिया गया।

कोल इंडिया लिमिटेड का गठन 1975 में हुआ। बीसीसीएल उसकी सहयोगी कंपनी बनाई गयी। श्री चौधरी ने वर्ष 1978 तक मूनिडीह एरिया के जनरल मैनेजर का काम संभाला। इसी बीच उनके विरुद्ध उनके विरोधियों ने बीसीसीएल स्तर पर शिकायत दर्ज करा दी। उस वक्त तक बीसीसीएल के सीएमडी श्री बी एल वडेरा हो चुके थे। उन्होंने श्री चौधरी की पोस्टिंग बीसीसीएल मुख्यालय में महाप्रबंधक कार्मिक के पद पर कर दी। कुछ दिनों तक वहाँ काम करने के बाद नए सीएमडी श्री आर जी महेंद्रु आए। चूंकि श्री चौधरी ने पहले उनके साथ काम किया था और वे भी उनकी काबलियत जानते थे, इसलिए उन्होंने श्री चौधरी को निदेशक कार्मिक के अधिकार दे दिये। उस वक्त वह पद खाली था। कुछ दिनों बाद तत्कालीन कोयला मंत्री के पास किसी ने फिर श्री चौधरी की शिकायत कर दी। उसके आधार पर इस बार श्री चौधरी का तबादला एक तरह से सज़ा के तौर पर नॉर्थ ईस्टर्न कोलफील्ड्स के अंतर्गत मारगेरिटा कर दिया गया। वे वहाँ के जनरल मैनेजर बनाए गए।

बरसात के दिन थे। श्री चौधरी कलकता से विमान से गौहाटी पहुंचे और वहाँ से गाड़ी से मारगेरिटा के लिए रवाना हुए। पूरा रास्ता

जंगल से भरा था। साथ ही भारी बरसात के कारण जगह-जगह बाढ़ की स्थिति बनी थी। किसी तरह वे मारगेरिटा पहुंचे। उन दिनों उस इलाके में उल्फ़ा की गतिविधि बहुत तेज थी और उनके लोगों ने बहुत आतंक मचाया हुआ था। कुछ दिनों पहले जोरहाट के कमिश्नर की हत्या बम से की गयी थी। वहाँ के लोगों ने कहा कि वे उल्फ़ा के डर से अहले सुबह ऑफिस आ जाते हैं और जल्द वापस चले जाते है। उन्होंने श्री चौधरी को वापस चले जाने की सलाह दी। श्री चौधरी ने उन्हें समझाया कि डर कर काम नहीं किया जा सकता है। सभी अगर मिलकर एक साथ काम करें तब कोई भी बाहरी ताकत उन्हें नुकसान नहीं पहुंचा सकती है।

एक दिन आस-पास के इलाके की महिलाओं के दल ने ऑफिस का घेराव कर लिया। ऑफिस के लोग घबड़ा गए कि शायद उल्फ़ा के लोग भी वहाँ आ जाएँ। श्री चौधरी ने हिम्मत दिखाई और सभी महिलाओं को ऑफिस के बगल के बड़े कमरे में बैठाने के लिए कहा। वे उनसे सीधे बात करना चाहते थे। जब उनलोगों से बात की तब पता चला कि उनके गाँव और उसके आस-पास की हालत बहुत खराब है। पीने का पानी, सड़क, बिजली आदि की समस्या प्रमुख थी। श्री चौधरी ने उन्हें समस्या के जल्द से जल्द हल करने का आश्वासन दिया। इस संबंध में उन्हें कोल इंडिया मुख्यालय से बात की। उन्हें इस काम के लिए वहाँ से वित्तीय सहयोग मिल गया। सभी तैयारी कर कुछ ही दिनों के अंदर गाँव के अंदर जगह-जगह पर ट्यूब वेल लगाए गए। लकड़ी के पोल गाड़ कर बिजली के तार लगाए गए और सड़कों की मरम्मत की गयी। इस तरह एक महीने के अंदर गाँव वालों की समस्या का निदान कर दिया गया। इससे उनपर लोगों का विश्वास बढ़ा। उल्फ़ा के लोगों ने भी इस काम की सराहना की। इस तरह अगले चार वर्षों तक श्री चौधरी ने बड़े आराम से उस जगह काम किया। उन्होंने गौहाटी में एक गेस्ट हाउस भी खोला।

वर्ष 1981 में श्री चौधरी का चयन वेस्टर्न कोलफील्ड्स लिमिटेड के निदेशक तकनीकी के पद पर हुआ। वे खुश हुए कि अब उन्हें

वर्षों बाद नागपुर जैसे शहर में रहने का मौका मिलेगा, जहां बच्चों की पढ़ाई भी ठीक ढंग से हो सकेगी। अभी चार दिन ही बीते होंगे कि कोल इंडिया के तत्कालीन अध्यक्ष श्री गुजराल ने कंपनी के कोयला प्रेषण के बारे में जानकारी ली। उन्हें पता चला कि वेस्टर्न कोलफील्ड्स लिमिटेड के बिलासपुर क्षेत्र में कोयले का प्रेषण बहुत कम हुआ है। उन्होंने वहाँ के तत्कालीन निदेशक को हटाकर श्री चौधरी को वहाँ भेजने के लिए कहा। इस कारण से श्री चौधरी की पोस्टिंग कंपनी के बिलासपुर क्षेत्र में कर दी गयी। वह इलाका अभी ज्यादा विकसित नहीं हुआ था। वहाँ रहने का बढ़िया घर नहीं था, न ही चिकित्सा की कोई सुविधा थी। उन्होंने धीरे-धीरे वहाँ सुविधाएं बढ़ाईं, जिससे कर्मियों को काम करने में आसानी हो सके। जल्द ही वह इलाका ठीक-ठाक हो गया। वहाँ श्री चौधरी ने वर्ष 1986 तक काम किया। उसी वर्ष एसईसीएल कोल इंडिया की अलग सहयोगी कंपनी बनी और श्री चौधरी वहाँ के निदेशक तकनीकी बन गए। उन्हें जमुना कोतमा एरिया का इलाका दिया गया। दूसरे निदेशक तकनीकी श्री एस पी वर्मा कोरबा इलाके के प्रभारी थे। श्री जयरमन कंपनी के सीएमडी थे। वहाँ श्री चौधरी ने वर्ष 1988 तक काम किया।

वर्ष 1988 के अंत में श्री चौधरी का चयन सेंट्रल कोलफील्ड्स लिमिटेड के सीएमडी के पद पर हुआ। वहाँ जॉइन करने के बाद उन्हें पता चला कि कंपनी वित्तीय घाटे में है, जबकि कंपनी का अस्सी प्रतिशत कोयला उत्पादन खुली खदानों से हो रहा था। उन्होंने निदेशक तकनीकी एवं निदेशक वित्त से इसका कारण जानना चाहा। उन लोगों के पास इसका कोई माकूल जवाब नहीं था। कंपनी के लोगों में वित्तीय घाटे के कारण मायूसी का माहौल था। श्री चौधरी ने सबसे पहले माहौल को सुधारने के लिए कंपनी के परिसर और गेस्ट हाउस में सुधार करना शुरू किया। हालाकि, इसकी शिकायत ट्रेड यूनियन वालों ने तत्कालीन कोयला मंत्री से कर दी। उन्होंने उनपर आरोप लगाया कि वे कंपनी में उत्पादन को बढ़ाने के बजाए फिज़ूखर्ची कर रहे हैं। श्री चौधरी ने उन्हें समझाया कि वे कंपनी कि बाहरी सूरत में

सुधार कर वहाँ के नकारात्मक माहौल को बदलने की कोशिश कर रहे है।

श्री चौधरी ने हरेक खदान का अध्ययन करना शुरू किया। उन्होंने सीसीएल से अवकाशप्राप्त सीएमडी और निदेशकों की टीम बना कर उनसे सलाह लेनी शुरू कर दी। इससे खदानों में उत्पादन बढ़ना शुरू हुआ। एक वर्ष के भीतर वित्तीय स्थिति मजबूत हो गयी और कंपनी ने कई वर्षों के बाद लाभ दर्ज किया। अगले तीन वर्षों में श्री चौधरी ने कंपनी की सूरत बदल डाली। इसके आधार पर वर्ष 1991 में उनका चयन कोल इंडिया के अध्यक्ष के रूप में हो गया। उनका ऑर्डर उनके इंटरव्यू के दिन ही जारी कर दिया गया, लेकिन किसी तकनीकी कारण से उनका ऑर्डर निकलने में चार माह की देरी हुई। हालाकि, इस बीच श्री चौधरी ने कोल इंडिया अध्यक्ष और सीसीएल के सीएमडी, दोनों पदों का काम देखना शुरू कर दिया।

कोल इंडिया के अध्यक्ष पद पर श्री चौधरी 31 जुलाई, 1991 को आसीन हो गए। उन्हें यहाँ आने के पहले कंपनी की हालत का थोड़ा अंदाज़ा था, लेकिन वित्तीय स्थिति इतनी खराब होगी, यह उन्हें पहले से अंदाज़ा नहीं था। उन्होंने इसके बारे में तत्कालीन कोयला मंत्री श्री पी ए संगमा को भी बताया। उन्होंने कहा कि कोयला मंत्रालय और कोल इंडिया को एक साथ काम कर समस्या को दूर करनी होगी। श्री चौधरी ने सबसे पहले कंपनी के वित्तीय हालत की समीक्षा की, जिससे जल्द से जल्द कोल इंडिया को लाभ की स्थिति में लाया जा सके। उन्होंने स्टेट बैंक ऑफ इंडिया के अधिकारियों को बुला कर कहा कि कोल इंडिया को तुरंत वित्तीय सहयोग की जरूरत है, क्योंकि कुछ सहयोगी कंपनी जैसे ईसीएल और बीसीसीएल में कर्मियों के वेतन भुगतान में भी दिक्कत हो रही थी। बैंक के लोगों ने लोन देने से साफ मना कर दिया क्योंकि उनके नियम के अनुसार किसी घाटे वाली कंपनी को लोन नहीं दिया जा सकता था और उस समय कोल इंडिया का कुल घाटा करोड़ों में चला गया था।

श्री चौधरी ने फिर कोयला मंत्री से बात की। उन्होंने कहा कि इस संबंध में वित्त मंत्री श्री मनमोहन सिंह से बात करनी होगी और इसके लिए वे तुरंत दिल्ली आ जाएँ। श्री चौधरी अगले दिन दिल्ली पहुँच गए और कोयला मंत्री के साथ वित्त मंत्री से मिले। श्री चौधरी ने बताया कि वे कोल इंडिया को वित्तीय संकट से निकालना चाहते हैं, जिसके लिए कोयले का उत्पादन बढ़ाना होगा, लेकिन उसके लिए नई मशीनों की जरूरत होगी, जिनको खरीदने के भी पैसे नहीं हैं कोल इंडिया के पास। उन्होंने बताया कि फिलहाल उन्हें लगभग सौ करोड़ रुपयों की जरूरत होगी। चूंकि भारत सरकार ने वित्तीय सहायता देना बंद कर दिया है, इसलिए कहीं से लोन लेना अत्यंत आवश्यक है। श्री चौधरी ने कहा कि उनका वादा है कि वे कोल इंडिया को इस वित्तीय संकट से उबार लेंगे और अगले एक वर्ष में सौ करोड़ का लोन भी चुकता कर देंगे। वित्त मंत्री ने ने यूटीआई के अध्यक्ष श्री दवे को उनके सामने ही बंबई फोन लगाया और उनसे कहा कि श्री संगमा और श्री चौधरी उनके सामने बैठे हैं और उन्हें कोल इंडिया के लिए सौ करोड़ रुपये के लोन की जरूरत है, जिसे वे सूद समेत एक वर्ष में लौटा देंगे, इसलिए वे इनकी मदद करें। इसके लिए यूटीआई के बोर्ड ऑफ ट्रस्टी की बैठक बुलानी जरूरी थी। श्री दवे ने वित्त मंत्री के आदेश का पालन करते हुए उसी दिन तुरंत बोर्ड की बैठक बुलाई। वित्त मंत्री ने श्री चौधरी को तुरंत बंबई जाकर श्री दवे से मिलने के लिए कहा। लोन इतना जरूरी था कि श्री संगमा खुद श्री चौधरी के साथ उसी दिन बंबई जाने के लिए तैयार हो गए। दोनों बंबई जाकर श्री दवे से मिले। उन्होंने जल्द ही लोन देने की प्रक्रिया पूरी कर सौ करोड़ रुपये का ड्राफ्ट श्री चौधरी के हाथों में दे दिया। श्री चौधरी को कलकत्ता भेज कर श्री संगमा वापस दिल्ली लौट गए।

श्री चौधरी ने कलकत्ता लौटकर सभी सहयोगी कंपनी के सीएमडी की बैठक बुलाई और उनसे सौ करोड़ रुपये के लोन मिलने की बात कही। उन्हें हिदायत दी गयी कि अपनी-अपनी कंपनी में कोयले का उत्पादन बढ़ाने के साथ उन्हें फिजूलखर्ची पर भी अंकुश लगाना होगा।

श्री चौधरी ने उन्हें एक नारा दिया 'रिफॉर्म, परफ़ार्म ऑर पेरिश' और कहा कि यह हर कर्मी, यूनिट, एरिया और मुख्यालय पर लागू रहेगा। इसके साथ-साथ सभी ताप विद्युत केन्द्रों से कोल इंडिया की बकाया राशि के भुगतान के लिए राज्य सरकार और अन्य सार्वजनिक क्षेत्र उपक्रम पर ज़ोर देकर वसूली की गयी। इसके साथ कोयला मंत्री ने बिजली के उपभोक्ताओं के लिए एक नए नियम की शुरुआत की, जिसे 'कैश एंड कैरी' कहा गया। इसमें सभी बिजली कंपनी के उपभोक्ताओं को कोल इंडिया से कोयला लेने के पहले कोयले का मूल्य अग्रिम जमा करने का आदेश निकाला गया। शुरू में बिजली कंपनी द्वारा इसका विरोध किया गया और उन्होंने कोल इंडिया से कोयला लेना लगभग बंद कर दिया। लेकिन तीन-चार दिनों बाद जब बिजली संयंत्र के बंद होने का खतरा होने लगा, तब उन्होंने नियम का पालन करते हुए अग्रिम पैसे देकर कोयला लेना शुरू किया। रेलवे को कहा गया कि उनकी तरफ से बिजली घरों को कोयले के प्रेषण को प्राथमिकता दी जाये और उसके लिए ज्यादा से ज्यादा रैक की व्यवस्था कि जाये। इन सब प्रयासों से कोल इंडिया की वित्तीय स्थिति ठीक होनी शुरू हो गयी। वर्ष 1991-92 में पहली बार कोल इंडिया ने 167 करोड़ रुपये से ज्यादा का मुनाफा दर्ज किया, जबकि उसके पिछले वर्ष कंपनी को 253 करोड़ रुपये का घाटा हुआ था। इसके कारण यूटीआई से लिया गया लोन भी एक वर्ष के भीतर कोल इंडिया ने चुका दिया।

इसके बाद सभी बड़ी कोयला परियोजनाओं में कोयला उत्पादन पर ध्यान देना शुरू किया गया। इनमें से कुछ को मॉडल खदान के रूप में विकसित करने के लिए कहा गया। सभी कंपनी में कोयला उत्पादन के बढ़ाने का काम शुरू हो गया। वर्ष 1992 में श्री चौधरी द्वारा एसईसीएल से अलग कर ओड़ीशा की खदानों को लेकर महानदी कोलफील्ड्स लिमिटेड का गठन किया गया, जिसका मुख्यालय सम्बलपुर रखा गया। वहाँ कई बड़ी खदानों की शुरुआत की गयी। अन्य बड़ी खदानों में भी आधुनिक तकनीक के इस्तेमाल पर ज़ोर दिया गया।

श्री चौधरी ने कोल इंडिया के अध्यक्ष के अपने कार्यकाल में अन्य कई महत्वपूर्ण कार्य किए। उन्होंने नयी खदानों को खोलने के लिए वर्ल्ड बैंक से एक बिलियन डॉलर के लोन स्वीकृत कराने में महत्वपूर्ण भूमिका निभाई, जिसका मिलना आसान नहीं था। भविष्य में विकास और कोयले की मांग को पूरी करने के लिए कॉर्पोरेट प्लान बनाया गया। इसके साथ विभिन्न कोयला उत्पादक देशों और वहाँ खनन की बड़ी मशीनें बनाने वाली कंपनी के साथ कोल इंडिया ने संयुक्त उपक्रम बनाए। इससे वर्ष में सौ से एक सौ बीस मिलियन टन कोयले का ज्यादा उत्पादन होता। लेकिन देश में उन दिनों राजनैतिक माहौल बदलने से इन संयुक्त उपक्रम के काम पर रोक लगा दी गयी।

कोल इंडिया के कर्मियों को प्रोत्साहित करने के उद्देश्य से वर्ष 1992 में 'अवार्ड फॉर एक्सेलेन्स' की शुरुआत की गयी। वर्ष 1992 में कर्मियों को कोयला मंत्री के हाथों पुरस्कृत किया गया, जबकि वर्ष 1994 में स्वयं प्रधान मंत्री ने उत्कृष्ट सेवा के लिए कोल इंडिया के कर्मियों को पुरस्कार दिये।

श्री चौधरी ने कंपनी के मध्यम ग्रुप और सीनियर ग्रुप के अधिकारियों की विशेष ट्रेनिंग के लिए रांची में इंडियन इंस्टीट्यूट ऑफ कोल मैनेजमेंट (आईआईसीएम) की स्थापना की। उनकी इच्छा थी कि यह संस्थान आईआईएम की तर्ज पर लोगों को शिक्षा और ट्रेनिंग प्रदान करे। इस तरह का ट्रेनिंग संस्थान यूनाइटेड किंगडम में कोल बोर्ड द्वारा लंदन में चलाया जा रहा था। श्री चौधरी का विचार था कि इस ट्रेनिंग संस्थान में न केवल अधिकारियों को ट्रेनिंग दी जाये, बल्कि उनके शरीर, दिमाग और उनकी आत्मा की शुद्धि भी हो सके, जिससे वे नयी स्फूर्ति के साथ अपना काम कर सकें।

अध्यक्ष के रूप में लगभग साढ़े तीन वर्ष तक काम करने के बाद श्री चौधरी वर्ष 1994 के दिसम्बर में सेवानिवृत हो गए। उनकी जगह श्री पी के सेनगुप्ता नए अध्यक्ष बनाए गएं। सेवानिवृति के बाद श्री चौधरी ने कोल इंडिया की गतिविधियों से अपने आप को अलग

कर लिया। उन्होंने देश में कोयला उद्योग के विकास में सलाह देने के ख्याल से 'इंडियन कोल फोरम' नाम की संस्थान की शुरुआत की, जिसमें वे आज भी वे पूरी तरह समर्पित हैं।

इस किताब के लिए उनसे नई दिल्ली के उनके वसंत विहार आवास पर बात हुई। वे अपनी पत्नी के साथ वहाँ रहते हैं। आज सतासी वर्ष की आयु में भी वे पूरी तरह सक्रिय है। अपने आवास में बने फोरम के दफ्तर में वे रोजाना तैयार होकर बैठते हैं। उनके दफ्तर में उनके अधीन तीन और लोग काम करते हैं और श्री चौधरी अपने आप को लगभग दिनभर व्यस्त रखते है। उनसे बातचीत का क्रम दो दिनों तक चला, जिसमें कई विषयों पर उनसे बात हुई। उनसे जब कोयला उद्योग के राष्ट्रीयकरण के पूर्व और बाद तथा फिर से निजीकरण के बारे में पूछा तब उन्होंने बताया कि राष्ट्रीयकरण के पूर्व उद्योग की हालत बहुत ज्यादा खराब थी। खास कर कोयला श्रमिकों की स्थिति बदत्तर थी। लेकिन राष्ट्रीयकरण के बाद न केवल कोयला उद्योग का विकास हुआ, बल्कि श्रमिकों के जीवन की गुणवत्ता में भी उल्लेखनीय परिवर्तन हुए। उन्होंने बेबाकी से कहा कि राष्ट्रीयकरण के बाद सामाजिक और राजनैतिक हस्तक्षेप के बढ़ने से कोयला उद्योग में काम करने वालों को उतनी स्वतन्त्रता नहीं मिली, जितनी मिलनी चाहिए थी। इसलिए निजीकरण से कम से कम प्राइवेट लोगों के द्वारा स्वतंत्र रूप से कोयले का उत्पादन होगा और देश में कोयले का आयात रुकेगा। कोल इंडिया अकेले देश की कोयले की बढ़ती हुई मांग को पूरी नहीं कर सकती है।

कोल इंडिया के अधिकारियों के बारे में उन्होंने कहा कि उन्हें अच्छी ट्रेनिंग की जरूरत है, जिससे भविष्य में आने वाली चुनौती का वे सामना कर सकें। कोयले के भविष्य के बारे में उनका कहना था कि सौर ऊर्जा जरूर एक विकल्प है, लेकिन काफी महंगा है। आज के दिन में कोयला से सस्ता ईंधन नहीं है। इसलिए अभी आने वाले कई वर्षों तक देश को कोयले पर आधारित विद्युत केन्द्रों पर ही आश्रित

रहना होगा, जब तक सौर ऊर्जा को संचय कर उसका इस्तेमाल सस्ते दर पर नहीं हो। हालाकि, कार्बन के उत्सर्जन को कम करने के लिए कोयला उद्योग को नई तकनीक का भविष्य में इस्तेमाल करना होगा। भारत सरकार को भी सौर, पनबिजली, और वायु ऊर्जा के विकास के लिए नई तकनीक का उपयोग करना होगा।

श्री चौधरी का कोल इंडिया के अध्यक्ष का कार्यकाल कई मायनों में उल्लेखनीय रहा। एक तरफ जहां उन्होंने कंपनी की वित्तीय स्थिति को सुधारा, वहीं दूसरी ओर उनके कार्यकाल में नयी परियोजनाओं से कोयला का उत्पादन बढ़ा। कोल इंडिया में कार्य करने वाले कर्मियों की मेहनत को भी उन्होंने न केवल सराहा बल्कि उन्हें सर्वोच्च पुरस्कार से सम्मानित किया।

यूं कहें कि श्री चौधरी ने कंपनी को एक नई दिशा प्रदान की और इसलिए उन्हें कोल इंडिया की नई दिशा का स्तम्भ कहा जाता है।

कर्मयोगी

ईस्टर्न कोलफील्ड्स लिमिटेड का संकतोरिया स्थित मुख्यालय। 3 मार्च, वर्ष 1994। शाम के चार बजे कंपनी की कॉलोनी में स्थित दिसेरगढ़ क्लब में वरीय अधिकारी दूर-दूर से पहुँच रहे थे। उन्हें कहा गया था कि कंपनी के नए सीएमडी उन्हें साढ़े चार बजे से संबोधित करेंगे। क्लब के हाल में लगभग साढ़े तीन सौ लोगों के बैठने की व्यवस्था थी, लेकिन चार बजते-बजते तक हाल अपनी क्षमता से ज्यादा भर चुका था। लोगों में उत्सुकता थी कि नए सीएमडी क्या कहने वाले हैं। इस तरह से सभी वरीय अधिकारियों को शायद पहले नहीं बुलाया गया था। ईसीएल का क्षेत्र दो भागों में विभाजित है। एक में पश्चिमी भाग के सात एरिया आते थे और पूर्वी भाग में सात एरिया। उस दिन पश्चिमी भाग के एरिया और मुख्यालय के सभी वरीय अधिकारियों को क्लब में बुलाया गया था। सभी अपनी-अपनी जगह पर बैठ गए थे। देर से आने वाले हाल के पीछे और बगल में खड़े थे।

ठीक चार बजकर पचीस मिनट पर क्लब के पोर्टिको में सफ़ेद एंबेसडर गाड़ी आकर रुकी। उसमें से दुबले-पतले कद-काठी के व्यक्ति बाहर निकले। गाड़ी से निकलते ही उन्होंने घड़ी देखी। साढ़े चार बजने

में चार मिनट बाकी थे। पोर्टिको के बाद क्लब के बरामदे में खड़े कुछ महाप्रबंधक स्तर के अधिकारियों का उन्होंने अभिवादन स्वीकार किया और तेज कदमों से चलते हुए क्लब के हाल की तरफ बढ़ गए। उनके प्रवेश करते ही पूरा हाल तालियों से गूंज उठा। उस व्यक्ति ने हाथ जोड़ कर सभी का अभिवादन स्वीकार किया और पहली पंक्ति में रखे सोफ़े पर जाकर बैठ गए। ठीक साढ़े चार बजे मुख्यालय के एक विभागाध्यक्ष ने ऊपर स्टेज पर जाकर माइक से पहले नए सीएमडी का अभिवादन किया, जिसके बाद हाल फिर एक बार तालियों से गूंज उठा। उसके बाद बिना किसी देर के उसने नए सीएमडी को मंच पर आमंत्रित किया।

नए सीएमडी मंच के बगल की सीढ़ियों से होते हुए मंच पर गए और एक बार फिर सभी का हाथ जोड़ कर अभिवादन किया। हाल एक बार फिर ताली की गड़गड़ाहट से गूंज उठा। उन्होंने हाथ का इशारा कर सभी को शांत किया और माइक से बोलना शुरू किया। 'नमस्कार। मैं आज ही सीधा सिंगरौली से यहाँ पहुंचा हूँ। दफ्तर में निदेशकों से बात कर आपको संबोधित करने आया हूँ। मेरा कोल इंडिया का लंबा अनुभव है। आप शायद जानते होंगे कि इससे पहले मैं सीएमपीडीआई और एनसीएल का सीएमडी रह चुका हूँ। उन कंपनी की हालत अच्छी थी, लेकिन ईसीएल की हालत अच्छी नहीं है। यह कंपनी रुग्ण घोषित होने की कगार पर खड़ी है। पूर्व में किसने क्या किया इस बात में मैं नहीं जाऊंगा, लेकिन यदि इस कंपनी को बीमारी से उबारना है, तब बहुत से कड़े कदम उठाने होंगे। आप सभी को दुगुनी मेहनत के साथ काम करना होगा। अभी मुझे पता चला है कि शिफ्ट के आठ घंटे में मुश्किल से चार घंटे का काम होता है। मशीनों की क्षमता उपयोगिता इसलिए बहुए कम है। इससे कोयले के उत्पादन पर असर पड़ रहा है। कोयले की गुणवत्ता भी सही नहीं है। आप सभी इसके लिए ज़िम्मेवार हैं। आपको अपनी कार्यशैली बदलनी होगी, जिससे कंपनी को बचाया जा सके। यह करो या मरो की स्थिति है।

फिर नए सीएमडी ने गीता के द्वितीय अध्याय के छत्तीसवें पद को सभी के सामने दुहराया। उसका अर्थ था 'आपके शत्रुलोग आपके सामर्थ्य की निंदा करते हुए बहुत से अकथनीय वचनों को कहेंगे, जिससे अधिक दुख होगा'। उन्होंने समझाते हुआ कहा 'आज कंपनी की ऐसी हालत हो गयी है कि दूसरी कंपनी और बाहर के लोग यह समझ रहे हैं कि यहाँ के कर्मी किसी काम के लायक नहीं हैं। उन्हें ऐसा कहने से रोकने के लिए कड़ी मेहनत करनी होगी और लोगों को बताना होगा कि हम मेहनत कर रहे हैं और जरूर सफल होंगे। इसके बाद उन्होंने कहा 'सबसे पहले कंपनी की फिजूलखर्ची पर रोक लगेगी। ओवरटाइम बंद करना होगा। किसी भी परिस्थिति में उत्पादन से ज्यादा रिपोर्ट नहीं करना है। उन्होंने न्यू केंदा की दुर्घटना के बारे में भी कहा कि वह खान सुरक्षा में लापरवाही के कारण हुआ। उन्होंने आगे कहा कि वे कभी भी कोयला उत्पादन का लक्ष्य नहीं रखेंगे, बल्कि कोयले की गुणवत्ता ही अबसे लक्ष्य होगा। यदि किसी ने उत्पादन लक्ष्य नहीं भी हासिल किया हो, लेकिन उसके उत्पादित कोयले की गुणवत्ता सही है, तब उसे सफल माना जाएगा। उन्होंने कहा कि वे किसी को बिना बताए खदानों का निरीक्षण करेंगे और किसी भी तरह की लापरवाही अब से बर्दाश्त नहीं की जाएगी।

हाल में बैठे सभी वरीय अधिकारी बिलकुल शांत होकर अपने नए सीएमडी की बातों को सुन रहे थे। उन्हें इस तरह से शायद कभी भी नहीं समझाया गया था। उनके मन भी चिंता के भाव थे। उन्हें सुनने के बाद उनके मन में भी बात जम रही थी कि यदि सही से मेहनत की जाये तब इस कंपनी को संकट से उबारा जा सकता है। लगभग एक घंटे तक बोलने के बाद नए सीएमडी मंच से उतर कर सभी का अभिवादन स्वीकारते हुए वहाँ से रवाना हो गए। अगले दिन इसी तरह का कार्यक्रम कंपनी के कुनुस्तोरिया एरिया के हाल में पूर्वी भाग के एरिया के वरीय अधिकारियों के लिए आयोजित किया गया, जहां नए सीएमडी ने फिर से अपनी बात दुहराई।

ईसीएल के नए सीएमडी थे श्री आर एन मिश्र। दुबले-पतले, सादे लिबास में। चेहरे पर ओज, तेज चाल और नजर पैनी। अपनी कार्यशैली और अपनी स्वच्छ छवि के कारण इन्हें कोल इंडिया का कर्मयोगी भी कहा जाता है। जहां भी रहे, अपनी पारदर्शिता को बरकरार रखा और जो भी कहना था, व्यक्ति के सामने स्पष्ट बोलते रहे। उनकी कार्यशैली से कभी-कभी उनके सीनियर या सहकर्मियों को परेशानी भी हुई, लेकिन उन्होंने कभी भी परिस्थिति से समझौता नहीं किया। समय के पाबंद और समय का सही उपयोग करने के वे कोल इंडिया में उदाहरण साबित हुए। जहां भी रहे उन्होंने अपनी कार्य पद्धति से अपनी अमिट छाप छोड़ी।

श्री रघुनंदन मिश्र का जन्म चार अप्रैल, 1938 को चैत्र रामनवमी के दिन उनके ननिहाल धनबई में हुआ, जो संथाल परगना में हंसडीहा के पास का गाँव है। उनके पाँच भाई और पाँच बहनें हैं। उनके एक सौतेले भाई थे, जो उम्र में उनसे बारह वर्ष बड़े थे। उनके बाद की संतानों में वे सबसे बड़े हैं। उनके पिता श्री नरसिंह प्रसाद मिश्र, बंगाल नागपुर रेलवे में रेलवे गार्ड की नौकरी करते थे और टाटानगर में पदस्थापित थे। जन्म के कुछ महीनों बाद श्री मिश्र अपनी माँ सुभद्रा देवी के साथ अपने पैतृक गाँव सगुनी आ गए, जो भागलपुर शहर से लगभग पचीस किलोमीटर दूर, शंभुगंज के पास स्थित है।

श्री मिश्र जब चार वर्ष के थे, तब अपनी माँ के साथ टाटानगर, अपने पिता के पास रहने चले गए। लगभग दो वर्ष वहाँ रहने के दौरान दूसरा विश्व युद्ध छिड़ गया और जापान की सेना बर्मा के पास अरुणाचल प्रदेश की सीमा तक आ गयी। टाटानगर में टाटा की स्टील की फ़ैक्टरी थी, जिस पर जापान द्वारा बमबारी करने का अंदेशा था। ऐसी स्थिति में श्री मिश्र के पिता ने उन्हें अपनी माँ के साथ वापस गाँव भेज दिया।

सगुनी गाँव में श्री मिश्र एक संयुक्त परिवार में रहते थे, जहां उनके दादा श्री अयोध्या प्रसाद मिश्र की पुश्तैनी जमीन थी। घर का

मुख्य कारोबार खेती हुआ करता था, जिसमें श्री मिश्र के चाचा वगैरह भी शामिल थे। गाँव में श्री मिश्र की पढ़ाई गाँव के स्कूल से शुरू हुई और साथ में वे गाँव के मास्टर से टिउशन भी लिया करते थे।

वर्ष 1946 में उनके बड़े भाई, जो भागलपुर में पढ़ा करते थे, श्री मिश्र को आगे की पढ़ाई के लिए अपने साथ भागलपुर ले आए। उस वक़्त वहाँ एक नए स्कूल नवयुग विद्यालय की शुरुआत हुई थी, जहां क्लास तीन में श्री मिश्र का एड्मिशन करा दिया गया। उतनी कम उम्र में भी वहाँ श्री मिश्र अपने भाई के साथ अकेले रहते थे और उनकी माँ गाँव में रहती थीं। लगभग एक वर्ष की भागलपुर में पढ़ाई के बाद उनके पिता ने उनसे कहा कि वे उनकी माँ को लेकर टाटानगर जा रहे हैं, यदि वे भी उनके साथ जाना चाहें तो चल सकते हैं। नवयुग विद्यालय की पढ़ाई बीच में छोड़कर श्री मिश्र अपने माता-पिता के साथ टाटानगर चले गए। उस वक़्त उनकी उम्र नौ वर्ष की थी। वहाँ उनका दाखिला बर्मा माइन्स मिडिल स्कूल में क्लास पाँच में करा दिया गया। वहाँ वे अपने पिता के रेलवे क्वार्टर में रहते थे और पैदल स्कूल जाते थे। पाँचवीं से सातवीं क्लास तक की पढ़ाई के बाद श्री मिश्र का दाखिला टिस्को के एक नामी हाई स्कूल में हुआ, जहां से उन्होंने आठवीं से ग्यारहवीं तक की पढ़ाई की। इस बीच वर्ष 1947 में भारत-पाकिस्तान बंटवारा के समय उनके पिता की पोस्टिंग कुछ दिनों के लिए पंजाब कर दी गयी।

वर्ष 1954 में श्री मिश्र ने मैट्रिक की परीक्षा अच्छे नंबर से पास कर ली। उनका पूरे टाटानगर के स्कूल में दूसरा स्थान रहा। उन्होंने फ़िज़िक्स, केमिस्ट्री और गणित के साथ इम्तहान पास की। अतिरिक्त विषय संस्कृत में उन्हें सौ में सनतानवे नंबर मिले थे। स्कूल में श्री मिश्र से एक वर्ष सीनियर श्री एम ए उबैद थे, जो मैट्रिक की परीक्षा पास कर पटना के साइन्स कॉलेज में आईएससी की पढ़ाई कर रहे थे। उन्होंने श्री मिश्र को भी साइन्स कॉलेज में एड्मिशन लेने के लिए कहा। उस दौरान श्री मिश्र ने साइन्स कॉलेज के अलावा संत

ज़ेवियर कॉलेज, रांची में भी एड्मिशन का फार्म भरा था। लेकिन श्री उबैद के समझाने पर वे पटना चले गए और वहाँ साइन्स कॉलेज में एड्मिशन ले लिया। चूंकि पढ़ाई का सेशन शुरू होने में दो महीने का वक़्त था, इसलिए श्री मिश्र एड्मिशन लेकर वापस टाटानगर आ गए। वहाँ उनकी अपने स्कूल के दोस्तों से मुलाक़ात हुई। उन सब ने रांची के संत ज़ेवियर कॉलेज में आईएससी में एड्मिशन लिया था। उन सब ने श्री मिश्र को उकसाया कि वे भी रांची में ही पढ़ाई करें। चूंकि टाटानगर से रांची की दूरी कम थी, इसलिए अंततः श्री मिश्र ने रांची में ही रह कर आगे पढ़ाई करने की सोची। लेकिन चूंकि संत ज़ेवियर कॉलेज में एड्मिशन लगभग समाप्त हो गया था, इसलिए उन्हें लगा कि वहाँ अब उनका एड्मिशन नहीं होगा। फिर भी दोस्तों के कहने पर वे रांची गए। मैट्रिक में अच्छे नंबर आने के कारण उनका एड्मिशन रांची के कॉलेज में हो गया। उस वक़्त बिहार में पटना विश्वविद्यालय के अलावा केवल एक संयुक्त विश्वविद्यालय हुआ करता था, जिसके अंतर्गत रांची के कॉलेज आते थे।

श्री मिश्र ने वर्ष 1954 में संत ज़ेवियर कॉलेज, रांची से आईएससी की परीक्षा पास कर ली। उनका पूरे विश्वविद्यालय में दूसरा स्थान स्थान रहा। उन दिनों श्री मिश्र के दिमाग में आगे फ़िज़िक्स विषय लेकर पढ़ाई करने का जुनून था। वे अमेरिका के प्रिंसटन विश्वविद्यालय में एडवांस इंस्टीट्यूट ऑफ फ़िज़िक्स के तत्कालीन निदेशक श्री अल्बर्ट आइंस्टीन के मातहत फ़िज़िक्स की पढ़ाई करना चाहते थे। इसके साथ उनका फ़िज़िक्स में नोबल पुरस्कार लेने का भी सपना था। हालाकि, जब श्री मिश्र आईएससी के दूसरे साल में थे, तभी उन्हें श्री आइंस्टीन के निधन की खबर मिली। वे काफी दुखी हुए, लेकिन अपने सपने के साथ जुड़े रहे।

तभी फिर एक बार उनके यहाँ श्री उबैद का आगमन हुआ, जो उस समय इंडियन स्कूल ऑफ माइंस (आईएसएम), धनबाद में माइनिंग इंजीनियरिंग की पढ़ाई कर रहे थे। उन्होंने श्री मिश्र और

उनके पिता को समझाया कि इधर-उधर की पढ़ाई से आगे नौकरी मिलनी मुश्किल होगी, इसलिए बेहतर है कि श्री मिश्र भी उनकी तरह आईएसएम से माइनिंग इंजीनियरिंग की पढ़ाई करें। श्री मिश्र के पिता मान गए और उन्होंने उनपर दबाव डाला कि वे श्री उबैद की बात मान लें।

इस तरह वर्ष 1956 में श्री मिश्र ने आईएसएम, धनबाद में माइनिंग इंजीनियरिंग के चार वर्ष के कोर्स में एड्मिशन ले लिया। उन्हें मैट्रिक में अच्छे रिज़ल्ट के कारण भारत सरकार की ओर से सौ रुपये प्रतिमाह की छात्रवृति मिलने लगी। वे आईएसएम में अकेले विद्यार्थी थे, जिसे यह छात्रवृति मिली थी। इसके अलावा आईएससी में पूरे विश्वविद्यालय में दूसरे स्थान पर रहने के कारण उन्हें पचीस रुपये प्रति माह की अलग छात्रवृति मिली। साथ ही उनके पिता, चूंकि रेलवे में अधिकारी के पद पर नहीं थे, इसलिए बच्चे को पढ़ाने के लिए उन्हें पैंतालीस रुपये प्रतिमाह मिलते थे। इन सब को मिलाकर उस वक़्त श्री मिश्र को प्रतिमाह एक सौ सत्तर रुपये मिला करते थे, जिससे उनके कॉलेज की फीस और बाकी सब खर्च का काम चल जाता था। उन्हें किताब पढ़ने का बहुत शौक था, इसलिए अन्य खर्च के अलावा किताब खरीदने का भी उनका अच्छा खासा खर्च था। इन सब के बावजूद उनका महीने का खर्च एक सौ बीस रुपये हुआ करता था। इसलिए श्री मिश्र के पिता पर उनकी पढ़ाई का कोई बोझ नहीं था। आईएसएम से वे 1960 में डिग्री लेकर निकले।

आईएसएम से निकलने के बाद श्री मिश्र ने पोस्ट ग्रेजुएट प्रैक्टिकल ट्रेनिंग झरिया के खदान में डेढ़ वर्ष तक की। वह ईस्ट इंडिया कोल कंपनी की कोलियरी थी, भागाबांध एरिया में साउथ बलिहारी। उस समय की ब्रिटिश कोल कंपनी में बंगाल कोल, टर्नर मॉरिसन और ईस्ट इंडिया कोल कंपनी हुआ करती थी। इसके बाद श्री मिश्र ने सेकंड क्लास माइन मैनेजर की परीक्षा पास की। इसके पास करने पर उनकी पोस्टिंग वर्ष 1962 में आसनसोल के पास बड़ा

धैमो कोलियरी में असिस्टेंट मैनेजर के पद पर हुई। यह रामदास वर्मा की प्राइवेट कोलियरी थी। उस कोलियरी में बहुत जमाने पहले पानी भर गया था और बहुत दिनों बाद भी उसमें से कुछ मजदूर को जिंदा निकाला गया था। श्री मिश्र को वहाँ रहने के लिए बंगला दिया गया था। चूंकि उनका बंगला खदान के बहुत नजदीक था, इसलिए वे पैदल ही अपने घर से खदान आते-जाते थे। रास्ते में एक गाँव पड़ता था, जहां खदान में काम करने वाले श्रमिक रहते थे और वे ज़्यादातर भागलपुर से वहाँ आ कर बसे थे। वे श्रमिक श्री मिश्र से भागलपुर इलाके की भाषा में बात किया करते थे। उन्हीं में से एक खूंटा मिस्त्री था रविदास, जो श्री मिश्र की खदान में काम करता था और उनसे अक्सर बातें करता था और बहुत घुलमिल गया था। श्री मिश्र उसकी मदद से खदान में छत में खूंटा लगवाते थे। एक दिन खदान की सेकंड शिफ्ट में छत गिरने से दुर्घटना हुई, जिसमें कई लोग मारे गए और उसमें वह खूंटा मिस्त्री भी था। श्री मिश्र को उसके जाने का बहुत दुख हुआ। उन्हें इस घटना से बहुत आत्मग्लानि हुई। कहीं न कहीं कुछ कमी रह गयी थी।

इस बीच श्री मिश्र का वर्ष 1962 के जून महीने में भागलपुर में विवाह हुआ। उनकी पत्नी मणिका मिश्र के पिता उस वक़्त डाक एवं तार विभाग, नई दिल्ली में अतिरिक्त डाइरेक्टर जनरल के पद पर थे। विवाह के बाद श्री मिश्र फ़र्स्ट क्लास माइन मैनेजर के इम्तहान की तैयारी करने लगे। वर्ष 1963 में उन्होंने फ़र्स्ट क्लास का इम्तहान पास कर लिया। उसके बाद उनकी पोस्टिंग धनबाद इलाके में मूदीडीह भूमिगत कोलियरी में असिस्टेंट मैनेजर के रूप में हुई। उसके मुख्य कर्ता-धर्ता अंग्रेज़ हुआ करते थे। उस कोलियरी से अठारह हज़ार टन महीने का उत्पादन होता था। श्री मिश्र को वहाँ रहने के लिए एक घर दिया गया, जहां वे अपनी पत्नी को लेकर आए। हालाकि, श्री मिश्र की पत्नी पहली बार किसी खदान के इलाके में आयीं थीं, इसलिए उन्हें शुरू में वह इलाका अच्छा नहीं लगा। लेकिन धीरे-धीरे उन्होंने अपने आप को वहाँ व्यवस्थित कर लिया।

श्री मिश्र की आदत थी कि वे अपने साथ काम करने वाले श्रमिकों और अन्य कनीय अधिकारियों की सलाह सुनते थे, उससे सीख लेते थे और उसपर अमल भी करते थे। मूदीडीह में काम करते हुए एक दिन सुबह नौ बजे श्री मिश्र के पास उनकी खदान का एक ओवरमैन आया, जिसने बताया कि खदान में सुरक्षा का एक गंभीर मामला है। श्री मिश्र तुरंत उसके साथ खदान में अंदर जाने के लिए निकले। रास्ते में उस ओवरमैन ने उन्हें बताया कि सुरक्षा की दृष्टि से उसने खदान के अंदर के सभी मजदूरों को सतह पर बुला लिया है, क्योंकि उसे लगता है कि खदान में थोड़ी देर में हवा का जोरदार विस्फोट होने वाला है, जिससे मजदूरों की जान भी जा सकती थी। दरअसल, खदान में जब कोयले के खंभे को तोड़ा जाता है, तब वहाँ हवा का जबर्दस्त दबाव पैदा हो जाता है, जिसके कारण विस्फोट की स्थिति बन जाती है। श्री मिश्र भूमिगत खदान में उस खंभे तक जाकर विषय को समझना चाहते थे, लेकिन उस ओवरमैन ने सुरक्षा की दृष्टि से उन्हें वहाँ जाने से रोकने की कोशिश की। फिर भी हिम्मत कर दोनों खदान के नीचे गए और वहाँ जाकर कोयले के मोटे खंभे को देखा और ओवरमैन की बातों को समझा। उसके बाद दोनों लगभग ग्यारह बजे दिन तक खदान से सतह पर आ गए। श्री मिश्र की उत्सुकता बनी थी, इसलिए वे खदान के मुहाने के पास ही कुर्सी लेकर बैठ गए। लगभग तीन घंटे के इंतजार के बाद लगभग दो बजे वाकई हवा का जोरदार विस्फोट हुआ, जिसका असर खदान के मुहाने पर ऊपर तक हुआ। कोयले की धूल मुहाने के बाहर सतह पर निकलती दिखी। श्री मिश्र ने ओवरमैन को गले लगाकर धन्यवाद दिया और शाबासी भी दी। उसकी सूझ-बूझ के कारण खदान में एक बड़ी दुर्घटना होने से बची। इस तरह श्री मिश्र कई अवसरों पर अपने साथ के श्रमिकों की सलाह मानते थे और उससे सीखते भी थे।

श्री मिश्र को मूदीडीह में एक वर्ष काम करने के बाद वहाँ का मैनेजर बना दिया गया। वे अपने बैच के पहले अधिकारी थे, जिन्हें मैनेजर का पद इतनी जल्दी मिल गया। वहाँ एक अधिकारी की

पैरवी के कारण श्री मिश्र को वहाँ से एक वर्ष के अंदर बर्ड कंपनी के सिजुआ ऑफिस में एक अंग्रेज़ अधिकारी के मातहत तबादला कर दिया गया। वहाँ उनका काम उस कंपनी के अंतर्गत विभिन्न खदानों के निरीक्षण का था। उसके बाद वर्ष 1966 में श्री मिश्र का तबादला रानीगंज के पास बंकोला कोलियरी में कर दिया गया जो बहुत बड़ी भूमिगत खदान थी। वहाँ का मैनेजर श्री मिश्र से आईएसएम में एक वर्ष सीनियर थे। इस कारण से श्री मिश्र ने वहाँ जाने से इंकार कर दिया और अपने पद से इस्तीफा दे दिया। बहुत दिनों तक उनका इस्तीफा मंजूर नहीं हुआ लेकिन बाद में श्री मिश्र ने पैरवी कराकर अपना इस्तीफा मंजूर करा लिया। उसके बाद वे रामदास वर्मा की अंगारपथरा खदान में मैनेजर के पद पर आ गए। वहाँ वे तीन वर्ष रहे। वर्ष 1970 के जनवरी में अंगारपथरा खदान को श्री सत्यदेव सिंह ने खरीद लिया और उसे गजलीटांड़ खदान से जोड़ कर दोनों के लिए श्री मिश्र को उप मुख्य खनन अभियंता का पद दे दिया। वहाँ उनका काम श्री सिंह को सलाह देने का था। इस कारण से वे देश की कई बड़ी राजनैतिक हस्ती से मिले। इस तरह राजनैतिक कार्य का यह सिलसिला अगले एक वर्ष तक चला। इस बीच श्री मिश्र को मांडू से विधान सभा सीट के लिए चुनाव लड़ने का प्रस्ताव मिला। श्री सिंह ने उनपर बहुत ज़ोर दिया चुनाव लड़ने का लेकिन श्री मिश्र नहीं माने।

वर्ष 1971 के अक्तूबर माह में कोकिंग कोयले की खदानों का राष्ट्रीयकरण हुआ। पहली अप्रैल, 1972 को बीसीसीएल कंपनी का गठन हुआ। उसके सीएमडी श्री आर एन शर्मा बनाए गए। श्री सी एस झा को निदेशक तकनीकी के पद पर लाया गया। श्री मिश्र को बीसीसीएल में नौकरी के लिए इंटरव्यू देना पड़ा। उस समय प्राइवेट कोलियरी में उनकी बेसिक तनख़्वाह छब्बीस सौ रुपये थी, लेकिन बीसीसीएल में उन्हें चौदह सौ रुपये बेसिक का पद दिया गया। उस समय बीसीसीएल में इलाके को चार एरिया में बांटा गया और उसमें से सबसे बड़ा एरिया-एक था। वहाँ के महाप्रबंधक बर्ड कंपनी के श्री मिश्र के सीनियर श्री आर जे सिन्हा बनाए गए। श्री मिश्र को उन्हीं

का स्टाफ ऑफिसर बनाया गया। सिजुआ इलाके में ही एक बंगले में एरिया-एक का ऑफिस बनाया गया। उसी दौरान गैर-कोकिंग कोयले की प्राइवेट खदानों का राष्ट्रीयकरण कर दिया गया। उसके बाद वर्ष 1974 में श्री मिश्र को कुसुंडा का सब एरिया मैनेजर बना दिया गया। उसी दौरान श्री मिश्र ने ऑल इंडिया मैनेजमेंट असोसिएशन से दो वर्ष का पोस्ट ग्रेजुएट डिप्लोमा किया।

वर्ष 1975 में देश की अब तक की सबसे बड़ी खदान दुर्घटना हुई। इंडियन आयरन ऐंड स्टील कंपनी (इस्को) की चासनाला कोलियरी में तीन सौ पचहत्तर लोगों की भूमिगत खदान में जल समाधि हो गयी। उस दुर्घटना में श्री मिश्र को कंट्रोल रूम में व्यवस्था के लिए भेजा गया था। उन्होंने वहाँ लगभग दो-तीन महीने तक काम किया और खदान के अंदर से श्रमिकों के मृत शरीर को निकलवाने का काम किया।

वर्ष 1976 में श्री मिश्र को कुसुंडा का महाप्रबंधक बनाया गया। उस दौरान उस इलाके की पहली खुली खदान खास कुसुंडा खोली गयी। उसके बाद श्री मिश्र भागाबांध एरिया में महाप्रबंधक बने। यह बहुत अच्छा एरिया माना जाता था। यहाँ का कोयला प्राइम कोकिंग था और सीधा इस्पात सयन्त्रों के इस्तेमाल के लिए भेजा जाता था। वहाँ वे दो वर्ष रहे। इस बीच उन्हें कंपनी की तरफ से आधुनिक खनन तकनीक लोंगवाल माइनिंग को सीखने के लिए एक छह सदस्यीय दल का प्रमुख बना कर पोलैंड भेजा गया। वहाँ उन लोगों ने एक महीने की ट्रेनिंग ली।

वर्ष 1979 की शुरुआत में बीसीसीएल के सीएमडी श्री आर एन शर्मा कोल इंडिया के अध्यक्ष बन गए। वहाँ जाकर कुछ दिनों के बाद उन्होंने कॉर्पोरेट प्लानिंग विभाग का गठन किया। चूंकि वे श्री मिश्र को पहले से जानते थे और उनकी प्रतिभा से वाकिफ थे, इसलिए उन्होंने उनका तबादला वर्ष 1980 में बीसीसीएल से कोल इंडिया मुख्यालय कर दिया और उस विभाग का प्रमुख बना दिया। उन्हें इस

काम के लिए हैदराबाद के एड्‌मिनिस्ट्रेटिव स्टाफ कॉलेज में ट्रेनिंग के लिए भी भेजा गया। वहाँ से लौट कर उन्होंने कोल इंडिया का पहला कॉर्पोरेट प्लान बनाया। बाद में श्री बी एल वडेरा के अध्यक्ष काल में उन्हें प्रोजेक्ट मोनिट्रिंग का भी प्रमुख बनाया गया। उस विभाग में भी उन्होंने अच्छा काम किया। उन्हें श्री जैन ने ऑल इंडिया मैनेजमेंट असोसियेशन के तत्वावधान में नई दिल्ली के विज्ञान भवन में वर्ल्ड मैनेजमेंट काँग्रेस में भाग लेने के लिए भेजा। श्री वडेरा के बाद जब श्री एस आर जैन कोल इंडिया के अध्यक्ष बने तब श्री मिश्र को दो विभागों के अलावा अध्यक्ष का तकनीकी सचिव बना दिया गया। उन्हें श्री जैन ने इनवेस्टमेंट बैंकर आईडीबीआई को सहयोग देने का भी काम दिया। उन्हें गोवा में जापान के व्यापार दल के साथ बातचीत के लिए कोल इंडिया के प्रतिनिधि के तौर पर भेजा गया। श्री एम एस गुजराल के कार्य काल में भी श्री मिश्र अध्यक्ष के तकनीकी सचिव बने रहे।

श्री गुजराल नियम-कानून को मानने वाले व्यक्ति थे। उन्होंने श्री मिश्र को कोल इंडिया मुख्यालय में नियम लागू करने के लिए भी लगाया। इससे कर्मियों के समय पर ऑफिस आने और जाने की सख्त पाबंदी लागू कर दी गयी। श्री गुजराल के साथ श्री मिश्र अब हरेक सहयोगी कंपनी में जाते थे। इस दौरान दोनों ने कई कंपनी की भूमिगत और खुली खदानों का दौरा किया। श्री गुजराल श्री मिश्र पर पूरी तरह आश्रित थे। वे श्री गुजराल के साथ फ्रांस में भूमिगत खदान में लोंगवाल तकनीक का अध्ययन करने के लिए भी गए। इस दौरान वर्ल्ड बैंक के लोन के लिए श्री मिश्र को कई बार उनसे बातचीत के लिए भेजा गया। इस तरह से श्री मिश्र ने कोल इंडिया मुख्यालय में वर्ष 1986 तक काम किया। उन्हें कोल इंडिया में ही मुख्य महाप्रबंधक बना दिया गया।

वर्ष 1986 में श्री मिश्र का चयन सीएमपीडीआई के निदेशक तकनीकी के पद पर हुआ। ऑर्डर आने के पूर्व उन्हें मुख्य महाप्रबंधक

के रूप में कोल इंडिया से वहाँ पोस्ट कर दिया गया। निदेशक बनने के बाद उन्हें संचालन विभाग दिया, जिसके अंतर्गत सीएमपीडीआई के सभी क्षेत्रीय संस्थान का संचालन आता था। इसके अतिरिक्त श्री मिश्र के जिम्मे गवेषण एवं कार्मिक विभाग था। उन्होंने शुरुआत में गवेषण में हाइड्रोजिओलोजी विभाग के सहयोग से ई सी एल की राजमहल परियोजना में खदान से पानी कम कर खनन कराने का काम कराया। इसके अतिरिक्त पलामू के बेतला जंगल में पीने का पानी उपलब्ध कराने का काम किया। इसके अलावा उन्होंने गवेषण विभाग को कह कर सिंगरौली और तालचर कोलफील्ड का मास्टर प्लान तैयार कराया जिसकी मदद से आज एन सी एल और एम सी एल में बड़ी-बड़ी परियोजनाएं कोयले का उत्पादन कर रही है और देश की ऊर्जा की जरूरत को पूरा कर रही हैं।

अपने चार वर्ष के निदेशक (संचालन) के कार्यकाल में श्री मिश्र ने विभिन्न समितियों के माध्यम से कई देशों का दौरा किया, जिससे भारत में कोयला की उपयोगिता के नए तकनीक लाये जा सकें। सबसे पहले निदेशक बनने के तुरंत बाद उन्हें आईआईएम कलकत्ता के माध्यम से एडवांस्ड मैनेजमेंट का कोर्स करने के लिए भेजा गया, जिसके अंतर्गत उन्हें दस दिनों तक ब्राज़ील जाने का मौका मिला। वहाँ उन्होंने ब्राज़ील के सार्वजनिक क्षेत्र उपक्रमों में जाकर उनके कामकाज करने के तरीके का अध्ययन किया, जिससे उसे अपने देश में लागू किया जा सके। वर्ष 1988 में सीएसआईआर टीम के साथ कोयला मंत्रालय का प्रतिनिधित्व करते हुए वे बाईस दिनों के विश्व भ्रमण पर गए। इसमें उन्होंने जर्मनी, इटली, अमेरिका, जापान में जाकर क्लीन कोल तकनीक के बारे में जानकारी ली। जर्मनी में उन दिनों लिग्नाइट को गैस में परिवर्तित कर उससे बिजली का उत्पादन होता था। उसी तरह अमेरिका के लूजियाना में उन्होंने कोयले को सतह पर लाकर उससे गैस पैदा कर बिजली सयंत्रों को चलते देखा। इससे वे बहुत प्रभावित हुए और उसे सीएमपीडीआई के माध्यम से अपने देश के कोयले में लागू करने की एक योजना के बारे में कोयला

मंत्रालय को अपनी रिपोर्ट सौंपी। वे इस तरह का प्लांट सीसीएल क्षेत्र में शुरू करवाना चाहते थे। हालाकि, बाद में प्रबंधन में बदलाव के कारण यह योजना ठप हो गयी। यदि आज से चौंतीस वर्ष पूर्व उस योजना को लागू कर दिया गया होता, तब आज भारत के कोयले को सतह पर लाकर गैस बनाने का काम काफी आगे निकल चुका होता और शायद सफल भी होता। आज नए सिरे से कोल इंडिया की कुछ सहयोगी कंपनी में इस पर काम किया जा रहा है, जो अभी भी पायलट के चरण में है। अपने निदेशक के कार्यकाल में श्री मिश्र इंग्लैंड भी गए, जहां उन्होने भूमिगत खदान में लोंगवाल तकनीक के बारे में अध्ययन किया।

लगभग चार वर्षों तक निदेशक (संचालन) का कार्य कर श्री मिश्र को वर्ष 1990 में सीएमपीडीआई का अध्यक्ष सह प्रबंध निदेशक बनाया गया। उन्होंने सबसे पहले सीएमपीडीआई का कॉर्पोरेट प्लान तैयार करवाया। उनका मानना था कि इस तरह का प्लान सभी कंपनी को बनाना चाहिए। इसके बाद उन्होंने ब्रिटिश माइनिंग कार्पोरेशन लिमिटेड के साथ एक करार किया, जिसमें विदेशों में उस कंपनी के काम करने पर तकनीकी सहायता के लिए सीएमपीडीआई के तकनीकी अधिकारी सहयोग देंगे। इसके बाद श्री मिश्र ने यूएनडीपी के साथ विएना में जाकर सीएमपीडीआई को तकनीकी सलहकार के रूप में काम देने के लिए समझौते किए। इस कार्य में कोयले से तेल निकालने का प्रयास किया जाना था। इसके लिए विदेश से सलाहकार भी आए, जिन्होंने भारत के ज्यादा राख़ वाले कोयले पर प्रयोग किए। इस संबंध में एक पायलट परियोजना को भी चिन्हित किया गया था। श्री मिश्र ने राजस्थान के बारमेड में लिग्नाइट की खदान खोलने के लिए भी सीएमपीडीआई को तकनीकी सलाहकार के काम दिलवाए। इसके अलावा बांग्लादेश और विएतनाम में कोयला खनन की प्लानिंग के लिए अपनी कंपनी से तकनीकी विशेषज्ञों को भेजा, जिससे उन देशों के काम कंपनी को मिल सकें। उनके इन सब पहल से उस दौरान सीएमपीडीआई कोयला मंत्रालय का प्रमुख अंग बन गया था।

श्री मिश्र को राजभाषा हिन्दी के प्रचार-प्रसार का बहुत ध्यान था। उन्होंने अपने सीएमपीडीआई के कार्यकाल के दौरान 'कोयले की गवेषणा' नामक हिन्दी में किताब लिखी, जिसे बहुत प्रसिद्धि मिली। इस किताब का विमोचन नई दिल्ली में भारत के उपराष्ट्रपति के द्वारा किया गया। इसके अलावा श्री मिश्र की खेलकूद में भी उतनी ही रुचि थी। उनके कार्यकाल के दौरान कंपनी में क्रिकेट, हॉकी और एथलेटिक्स की क्षेत्रीय और राष्ट्रीय स्तर की टीम का गठन किया गया, जिसमें कई राष्ट्रीय स्तर के खिलाड़ी शामिल किए गए। उनकी इस रुचि के कारण उन्हें अखिल भारतीय सार्वजनिक क्षेत्र खेलकूद नियंत्रण बोर्ड का अध्यक्ष बनाया गया। उस दौरान उन्होंने कई राष्ट्रीय स्पर्धा का आयोजन करवाया, जिससे कोल इंडिया का नाम हुआ।

वर्ष 1992 में अचानक श्री मिश्र का तबादला नादर्न कोलफिलेड्स लिमिटेड, सिंगरौली के सीएमडी के पद पर हो गया। उन्हें एक दिन की सूचना पर वहाँ योगदान देना पड़ा। रांची से सिंगरौली पहुँच कर उसी दिन उन्होंने कंपनी के सभी वरीय अधिकारियों और अपने निदेशकों को बैठक के लिए बुलाया। उसमें उन्होंने स्पष्ट किया कि यह कंपनी बिना किसी मेहनत के हर वर्ष लगभग साढ़े तीन सौ करोड़ रुपये का मुनाफा कमाती है। यह मुनाफा ईसीएल और बीसीसीएल के घाटे की भरपाई के लिए बढ़ाए गए कोयले के मूल्य के कारण होता है। उन्होंने सबको कहा कि अब कंपनी का लक्ष्य साढ़े चार सौ करोड़ रुपये लाभ का होगा। इसके लिए सभी को मेहनत करनी होगी। उन्होंने यह भी कहा कि वे बिना बताए किसी भी खदान में जाकर उसका निरीक्षण करेंगे। उस दौरान कंपनी का कोयला उत्पादन कुछ खदानों में पानी भर जाने के करणं कम हो रहा था। उन्होंने हिदायत दी कि जल्द से जल्द उन खदानों को ठीक कर उनसे कोयला का उत्पादन बढ़ाया जाये। उन्होंने कंपनी में पहली बार खदान में बड़ी खनन उपकरण में 'हॉट सीट' पद्धति लागू कराई। इसके अंतर्गत हरेक शिफ्ट में वे मशीनें लगातार चलती रहेंगी और शिफ्ट बदलने से भी उस मशीन को चलाने वाला समय से पहले अपनी सीट पर बैठ जाएगा, जिससे मशीन का

संचालन बाधित नहीं हो। उन्होंने ट्रेड यूनियन के लोगों को कहा कि वे कभी भी उनसे श्रमिकों की शिकायत के संबंध में मिल सकते हैं, लेकिन साथ में खदान में अनुशासन लागू कराना भी जरूरी होगा।

अपनी स्वच्छ छवि के लिए जाने जाने वाले श्री मिश्र ने एक दिन एनसीएल में कोयला ढुलाई के टेंडर के लिए सभी ट्रांसपोर्टर को अपने पास बुलाया। उन्होंने स्पष्ट शब्दों में उनसे कहा कि यदि टेंडर भरते समय उनके दिमाग में पहले की तरह यह बात आती है कि उनकी कमाई में से कुछ कंपनी के सीएमडी को भी देना है, तब वे उस राशि को घाटा कर टेंडर भरें। उन्होंने साफ शब्दों में कहा कि उनके रहते किसी भी स्तर पर भ्रष्टाचार बर्दाश्त नहीं किया जाएगा। उनके इस पहल के कारण उस वर्ष टेंडर के मूल्य कम हो गए, जिससे कंपनी को बहुत वित्तीय फायदा हुआ।

एनसीएल के कार्यकाल के दौरान ही श्री मिश्र आध्यात्म से जुड़े। चूंकि सिंगरौली से वाराणसी नजदीक था और कलकत्ता या कहीं और जाने के लिए वाराणसी होकर ही जाना पड़ता था, इसलिए श्री मिश्र अक्सर वाराणसी के विश्वनाथ मंदिर जाकर भगवान शिव की पूजा करते। वे वाराणसी से थोड़ी दूर विंध्याचल जाकर भी देवी माँ की पूजा किया करते थे। उन्होने इस दौरान धार्मिक ग्रन्थों का भी अध्ययन किया। वे वैसे भी शुरू से किताब खरीद कर पढ़ने के शौकीन रहे। उसी दौरान वर्ष 1994 में उन्होंने रामकृष्ण मिशन के महंत से दीक्षा भी ली।

वर्ष 1994 में ईसीएल की न्यू केंदा खदान में आग लगने की घटना हुई, जिसमें बहुत से श्रमिकों की जान चली गयी। चूंकि श्री मिश्र को पूर्व में चासनाला और महावीर खदान की दुर्घटना के वक़्त काम करने का अनुभव था, इसलिए उन्हें सिंगरौली से वहाँ तकनीकी सलाह के लिए बुलाया गया। वहाँ चार-पाँच दिन रह कर उन्होंने खदान का मुआयना किया और जरूरी सलाह दी। उस दुर्घटना के कुछ ही दिन के बाद श्री मिश्र का तबादला ईसीएल के सीएमडी के पद पर

कर दिया गया। इस तबादले के बारे में उन्हें पहले से भान नहीं था और वे एनसीएल में अच्छा काम भी कर रहे थे, लेकिन उन्होंने हर बार अपने तबादले के आदेश को माना और उसे कभी चुनौती नहीं दी। इस बार भी वे बिना कुछ कहे एनसीएल से निकलकर ईसीएल आ गए। कंपनी की हालत बहुत ही खराब थी। कई वर्षों से लगातार घाटे के कारण कंपनी रुग्ण घोषित होने की कगार पर थी। श्री मिश्र को अंदाज था कि उन्हें किस तरह से उस कंपनी में काम की शुरुआत करनी है।

वहाँ जाते ही सबसे पहले उन्होंने सभी एरिया के महाप्रबंधक की बैठक बुलाई और उन्हें कहा कि वे अपने-अपने एरिया में फिजूलखर्ची पर रोक लगाएँ। किसी तरह का दिखावा नहीं करना है, जिसपर खर्च हो। कंपनी में लोग सही वक़्त पर काम पर आयें, जिससे उत्पादन पर असर नहीं पड़े। इसके अलावा उन्होंने दो खंडों में कंपनी के वरीय अधिकारियों को संबोधित कर अपने काम करने के तरीके और अपनी मंशा को बताया।

अगले ही दिन श्री मिश्र ने कंपनी के निदेशक वित्त को अपने कमरे में बुलाया और उनसे कंपनी की वित्तीय हालत के बारे में जाना। उन्होंने बताया कि कंपनी बहुत दिनों से बीआईएफआर के अंतर्गत है और वित्तीय हालत बहुत ही खराब है। यहाँ तक की अवकाशप्राप्त करने वाले कर्मियों की ग्रैचुइटी का भी भुगतान बहुत दिनों से नहीं हो पाया है। उन्होंने बताया कि कंपनी की हालत खराब रहने के बावजूद प्रबंधन ने सीएसआर के अंतर्गत कई परियोजनाओं के लिए भारी वित्तीय सहायता देने का मन बना लिया है, जबकि कंपनी ऐक्ट के अनुसार घाटे वाली कंपनी को सीएसआर मद में खर्च करने की छूट नहीं है। जब श्री मिश्र ने इस कठिन स्थिति में कंपनी के आने का कारण उनसे पूछा, तब उन्होंने कहा कि कोयला की बिक्री का सही मूल्य कंपनी को नहीं मिल पा रहा है, क्योंकि कोयले की गुणवत्ता खराब है। एरिया स्तर पर इस पर कोई ध्यान नहीं दिया जा

रहा है। उनसे उपाय पूछने पर निदेशक वित्त ने बताया कि कोयले की बिक्री से आय बढ़ानी होगी और कोयले की चोरी रोकनी होगी, जिससे जल्द से जल्द कंपनी की वित्तीय स्थिति में सुधार हो और कर्मियों की लंबित ग्रैचुइटी की राशि का अविलंब भुगतान किया जा सके नहीं तो उस पर भी सूद देने की नौबत आ जाएगी।

श्री मिश्र ने उन्हें बड़ी गंभीरता से सुना और फिर कहा कि उन्हें कंपनी की हरेक खदान के कोयले के ग्रेड और अभी प्रति टन कोयले की बिक्री से होने वाली आय का ब्योरा दिया जाये। इसके अलावा उन्होंने कहा कि कंपनी में ओवरटाइम बिलकुल बंद होनी चाहिए और इसकी शुरुआत मुख्यालय से होनी चाहिए। सभी कर्मियों को काम पर टाइम से आना और जाना होगा, जिससे हर स्तर पर उत्पादकता बढ़ाई जा सके। इससे जब वित्तीय स्थिति में थोड़ा सुधार होने लगे तब ग्रैचुइटी का भी भुगतान कर दिया जाएगा। उन्हें आभास हुआ कि इस वक्त कंपनी और उसके कर्मियों के लिए वास्तव में 'करो या मरो' की स्थिति है।

श्री मिश्र ने अपने गुरु श्री आर एन शर्मा से एरिया में जाकर रिवियू करने का गुर सीखा था। उन्होंने अब हर एरिया के दौरे में अपने साथ महाप्रबंधक वित्त को अपने साथ रखा, जिससे हरेक खदान की वर्तमान वित्तीय स्थिति का अंदाज़ा लग सके। उन्होंने सभी एरिया को कोयले के वास्तविक मूल्य को हासिल करने का लक्ष्य दे दिया। इसके बाद उन्होंने खदान के तकनीकी पक्ष का रिवियू करना शुरू किया। कर्मियों के खदान नहीं जाने कि खबर मिलने पर वे किसी को बिना बताए खदान के हाजरी घर में चले जाते थे और जिसने भी खदान जाने में देरी की थी उसकी उस दिन की हाजरी काट दी जाती।

चूंकि हाल में ही ईसीएल में न्यू केंदा खान दुर्घटना हुई थी, इसलिए श्री मिश्र ने अपने एरिया दौरे में खान सुरक्षा पर भी बहुत ज़ोर डाला। वे खदान में एजेंट और मैनेजर को लेकर जाते और उनसे

पूछते कि वे कितनी बार खदान का दौरा करते है। उचित उत्तर नहीं मिलने पर उस अधिकारी को खदान से हटाकर एरिया ऑफिस में डाल दिया जाता था। इसी तरह का रिवियू उन्होने अपने तकनीकी सचिव को भी करने के लिए कहा। एक बार सतग्राम एरिया से खबर मिली कि वहाँ एक खदान में एजेंट और मैनेजर बिना गए हाजरी लगा देते है। श्री मिश्र ने उन्हें अपने दफ्तर में बुलाया। श्री मिश्र हर रोज दफ्तर में शाम चार बजे से पाँच बजे तक कंपनी या बाहर के लोगों से मिलते थे। इसे वे 'ओपेन डोर' पॉलिसी कहते थे। सतग्राम एरिया के एजेंट और मैनेजर जब उनसे मिलने आए तब उन्होंने श्री मिश्र से झूठ बोला कि वे खदान का नियमित दौरा करते है। उन दोनों का तत्काल प्रभाव से एरिया ऑफिस में तबादला कर दिया गया। इसी तरह केंदा एरिया में भी एजेंट खदान में नहीं जाते थे। उसका भी तबादला किया गया। यहाँ तक की उस वक़्त के केंदा एरिया के महाप्रबंधक का भी तबादला कंपनी के मुख्यालय में कर दिया गया। इस तरह से श्री मिश्र ने शुरू से ही कंपनी में कोयले की बिक्री, कोयले की गुणवत्ता और अनुशासन पर ज़ोर देना शुरू कर दिया। हालाकि, इसके कारण उन्हें कोयला मंत्रालय से यह भी पता चला कि कुछ लोग उनके इस तरह के व्यवहार से दुखी होकर उनपर जानलेवा हमला भी कराना चाहते है। श्री मिश्र को एरिया के भ्रमण के दौरान सीआईएसएफ की सुरक्षा लेने की सलाह दी गयी। हालाकि, उनका मानना था कि यदि कंपनी का मुखिया सुरक्षा घेरे में रह कर काम करेगा, तब कर्मियों पर इसका गलत असर होगा। वे इस तरह की धमकियों से डरते नहीं थे, फिर भी आगे से उन्होंने अपने साथ एक रिवॉल्वरधारी गार्ड रखना शुरू किया।

इसके बाद उन्होने कंपनी की पुनर्रचना (री-इंजीनियरिंग) के बारे में सोचा। इस संबंध में उन्हें कोल इंडिया मुख्यालय के अपने कार्यकाल के दौरान सीसीएल में ब्रिटेन के प्रोफेसर रेवांश के पाँच दिवसीय री-इंजीनियरिंग के कोर्स में भाग लेने का मौका मिला था। श्री मिश्र ने प्रोफेसर रेवांश की इस विषय पर लिखी पुस्तक भी पढ़ी

थी। इसके तहत उन्होंने कंपनी की कमियों को ढूंढ कर निकाला और उसे ठीक करने के उपाय बताए। इस काम में उन्होंने उस वक़्त के मुख्य महाप्रबंधक श्री अनूप गुप्ता को अपने साथ लिया, क्योंकि वे कार्मिक विभाग के होने के कारण बाहर से खनन में काम करने वाले लोगों की कमियों को समझ सकते थे, जो माइनिंग के लोग नहीं समझ पा रहे थे।

श्री मिश्र के कार्यकलाप से कुछ लोग संतुष्ट नहीं थे। उन्होंने री-इंजीनियरिंग के क्रम में कुछ एरिया की ज्यादा घाटा देने वाली खदानों से कोयला उत्पादन बंद करने का निर्णय लिया। इसका असर ट्रेड यूनियन पर हुआ और उस वक़्त उस इलाके के सबसे बड़े ट्रेड यूनियन ने स्थानीय सांसद के नेतृत्व में एक एरिया के काम को पूरी तरह ठप कर दिया। उन्हें लगा कि इस कदम से श्री मिश्र घबड़ा कर फिर पहले जैसी स्थिति बहाल करने का निर्णय देंगे। कंपनी के वरीय अधिकारी भी ट्रेड यूनियन के इस तरह की रुख से घबड़ा गए थे। लेकिन श्री मिश्र अपने निर्णय से टस से मस नहीं हुए। उन्होंने कहा कि यदि उस एरिया में कोयला उत्पादन बंद होता है तब होने दिया जाये, वे कंपनी के हित के लिए कड़े निर्णय लेंगे। दोनों पक्ष अपनी बात पर ड़े रहे और एरिया बीस दिनों तक बंद रहा। लेकिन उसके बाद ट्रेड यूनियन ने श्री मिश्र की जिद के आगे हथियार डाल दिये। कंपनी में अनुशासन लाने के क्रम में यह एक बहुत बड़ी सफलता थी।

श्री मिश्र ने कंपनी में एक नारा दिया 'हरेक काम में कम से कम एक रुपया बचाना है'। इसके अलावा उन्होंने भूमिगत खदान की कार्यशैली में भी बदलाव किया। अब तक ये खदानें सप्ताह में सातों दिन काम करती थीं और रविवार के काम के लिए कर्मियों को भारी ओवर टाइम का भुगतान होता था। श्री मिश्र ने आदेश दिया कि अब से भूमिगत खदानें सप्ताह में सिर्फ छह दिन ही चलेंगी और रविवार को खदान में मशीनों के मैंटेनेंस का काम होगा। उन्होंने इस संबंध में हर एरिया के महाप्रबंधक को बिना रविवार को काम किए एक वार्षिक

योजना बनाने के लिए कहा। इसके अलावा लगभग सभी भूमिगत खदानों की डिप साइड में पानी भरा होने के कारण वहाँ से कोयला उत्पादन नहीं होता था। श्री मिश्र ने सभी खदानों से पानी निकालकर वहाँ से कोयला उत्पादन बढ़ाने का आदेश दिया। एरिया के महाप्रबंधक ने जब वार्षिक योजना बनाई, तब उसमें जानकारी मिली कि इन सब उपायों से अगले पाँच वर्षों में भूमिगत खदान से पाँच मिलियन टन कोयले का उत्पादन बढ़ाया जा सकता है। श्री मिश्र के कार्यकाल में ही उत्पादन दो मिलियन से ज्यादा बढ़ गया था।

इन सब उपायों से कुछ ही महीनों के अंदर खदानों से कोयले का उत्पादन बढ़ने लगा और ओवर टाइम में जबर्दस्त कमी आई। कोयले की गुणवत्ता में भी सुधार हुआ। सीआईएसएफ की मदद से कोयले की चोरी रुक गयी। इसके कारण कंपनी की वित्तीय स्थिति में भी सुधार हुआ और सबसे पहले एक वर्ष के अंदर ग्रैचुइटी के मद में सारी बकाया राशि का भुगतान कर दिया गया। श्री मिश्र ने कंपनी के ग्रह की शांति के लिए उन दिनों देवघर के शिव मंदिर में सवा लाख महामृत्युंजय मंत्र का जप करवाया था और उसकी समाप्ति पर ट्रेड यूनियन सहित सभी लोगों को प्रसाद का वितरण हुआ था।

श्री मिश्र जब एकत्तीस जनवरी, 1996 को कंपनी से सेवानिवृत हुए तबतक ईसीएल कोल इंडिया की बेहतरीन चार कंपनी में एक हो चुकी थी। लगभग दो वर्षों में श्री मिश्र ने अथक मेहनत और सूझ-बूझ से एक बीमार कंपनी का कायाकल्प कर दिया। उनके इस काम की पूरे कोल इंडिया में बहुत तारीफ हुई। उनके गुरु श्री आर एन शर्मा ने भी उन्हें इस अद्वितीय कार्य के लिए शाबासी दी। कोयला उद्योग के एक और वरीय सदस्य श्री एच बी घोष ने प्रसन्नता जाहिर करते हुए यहाँ तक कहा था कि काश श्री मिश्र सीएमडी बन कर पहले ईसीएल आ गए होते।

सेवानिवृत्ति के बाद श्री मिश्र रांची आकर बस गए। कई संस्थानों से उन्हें सेवानिवृति के बाद काम करने का प्रस्ताव मिला, जिनमें

कोयला मंत्रालय, सीएजी ऑफिस, एस्सार नामक प्राइवेट कंपनी, वामपंथी ट्रेड यूनियन, शामिल थीं। लेकिन श्री मिश्र ने वर्ष 1994 में दीक्षा लेने के बाद अपने जीवन के बारे में मन बना लिया था कि अंठावन वर्ष के बाद वे वानप्रस्थ जीवन व्यतीत करेंगे और इस दौरान उनका ध्येय केवल अध्ययन या अध्यापन होगा। उन्होंने उस वक्त यह भी निर्णय लिया था कि सत्तर वर्ष कि आयु के बाद वे सन्यास ग्रहण कर लेंगे। इसी मंशा से उन्होंने सेवानिवृति के बाद किसी भी दूसरे पद पर काम नहीं किया। रांची में बसने के कारण वे आईआईसीएम में क्लास लेने जाते थे। वे हर वर्ग के अधिकारियों को विभिन्न विषयों पर पढ़ाते थे, ज्ञान देते थे। यह क्रम अगले बारह वर्षों तक चला। इस बीच उन्होंने वेद, पुराण और अन्य आध्यात्मिक ग्रन्थों का भी अध्ययन किया। वे सम-सामयिक विषयों से भी जुड़े रहे और इसके लिए विदेशों की आर्थिक विषयों पर छपी मैगज़ीन को बड़े मन से पढ़ते रहे,जो आज भी जारी है। इस बीच वे कोल इंडिया के कार्यकलापों से दूर रहे। उन्हें कोल इंडिया की जानकारी या तो आईआईसीएम से मिलती थी या वे कंपनी के बारे में अखबारों में पढ़ते थे। उनकी दिनचर्या में दिन में तीन अखबार पढ़ने और अन्य पुस्तकों को पढ़ना शामिल रहा। इस तरह वे सत्तर वर्ष तक पूरी तरह अध्ययन और अध्यापन से जुड़े रहे। अपनी मंशा के अनुसार उन्होंने तीन जनवरी, 2008 को सत्तर वर्ष की आयु पूरी होने के ठीक पहले आखरी बार आईआईसीएम में क्लास लिया। उसके बाद वे वहाँ क्लास लेने नहीं गए। उन्होंने आईआईसीएम प्रबंधन से कहा कि यदि उन्हें आध्यात्म पर क्लास लेने के लिए बुलाया जाएगा, तो वे अवश्य आएंगे।

श्री मिश्र को मैं बहुत वर्षों से जानता हूँ। दरअसल, मैं अपने कर्मक्षेत्र का उन्हें अपना गुरु मानता हूँ। कोल इंडिया में आने के बाद मैं जिस भी ऊंचाई पर अपने आप को ला सका, उसमें उनकी कार्यशैली और शुरू के दिनों में उनके प्रोत्साहन का बहुत बड़ा योगदान रहा। उन्होंने भी मुझे अपने शिष्य की तरह समझा। मैं अपनी पूरी

नौकरी के दौरान उनके कर्म और उनके जीवन की शैली को अनुसरण करने की कोशिश करता रहा। मैंने उन्हें हमेशा से एक कर्मयोगी माना। कर्मयोगी मतलब कर्म मार्ग की साधना करने वाला व्यक्ति। शुद्ध हृदय और निष्काम भाव से कर्म करने वाला व्यक्ति।

श्री मिश्र से मेरी पहली मुलाक़ात वर्ष 1987 में हुई। मुझे वह दिन भी याद है। नौ फरवरी, 1987। वे कोल इंडिया मुख्यालय से सीएमपीडीआई में निदेशक संचालन बन कर आए थे। मुझे अभी कोल इंडिया में आए हुए केवल छह वर्ष ही हुए थे। अपने कमरे में उन्होंने मुझे बुलाया था और पूछा था 'क्या तुम मेरे साथ काम करोगे'। उसी वक़्त से मैंने उनके साथ काम करना शुरू किया। उसके बाद से सही मायने में मेरी जिंदगी की धारा बदल गयी। उन्होंने मुझे हर काम में इतना प्रोत्साहित किया कि बहुत ही कम उम्र में मैंने कोल इंडिया मे अपने आप को स्थापित कर लिया। मैंने उनके साथ अगले नौ वर्षों तक काम किया और उन्हें नजदीक से देखते हुए जीवन के कई मूल्यों के बारे में जाना। विपरीत परिस्थिति में भी बिना धैर्य खोये काम को सफलतापूर्वक अंजाम देना मैंने उनसे सीखा। सबसे बड़ी सीख मिली अनुशासन, समय की पाबंदी और उसका सही उपयोग। उनकी सेवानिवृति के बाद भी मैं उनसे जुड़ा हुआ हूँ और तकरीबन महीने में एक-दो बार टेलीफ़ोन से बातचीत हो जाती है। वे अपनी पत्नी के साथ रांची के कांके रोड इलाके में अपने फ्लैट में रहते है। उनकी बड़ी बेटी अमेरिका में रहती है और बेटा मुंबई में। आज चौरासी वर्ष की उम्र में भी वे सक्रिय है। घर में रह कर पूजा-पाठ और अध्ययन करते है। आज भी दुनिया के किसी विषय पर कोई उनसे शास्त्रार्थ कर सकता है। विशेषकर आर्थिक विषयों पर। मुझे यांद है जब मैं उनके साथ काम करता था, उस वक़्त वे अन्य पत्रिकाओं के अलावा विदेश की पत्रिका 'दी एकोनोमिस्ट' पढ़ा करते थे। उस पत्रिका को एक बार देख ही लेना उस वक़्त हमलोगों के लिए काफी होता था, लेकिन वे उसे पढ़ कर, समझ कर उसके पृष्ठों पर कलम से चिन्ह लगा कर हमें पढ़ने के

लिए भेजते थे। उन्हें किताबें खरीद कर पढ़ने का बहुत शौक रहा, जो आज भी है।

इस किताब के बारे में सोचते वक्त मेरे जेहन में श्री मिश्र हमेशा से रहे। हालाकि, उन्होंने कभी नहीं चाहा कि कोई उनकी तारीफ लिखे या उनके बारे में किसी को बताए, लेकिन जब मैंने उनसे इस किताब के बारे में बताया और कहा कि मैं उनकी जीवनी के बारे में जानना चाहता हूँ और उसे इस किताब में लिखना चाहता हूँ, तब वे सहर्ष तैयार हो गए। मुझे थोड़ा आश्चर्य हुआ, लेकिन फिर मैंने सोचा कि एक शिष्य मान कर शायद उन्होंने हामी भरी होगी। बाद में बातचीत के क्रम में उन्होंने ऐसी बात बताई, जिसे मैं सुनकर आश्चर्यचकित रह गया। उन्होंने कहा कि तुम वाकई मेरे असल शिष्य हो और तुम्हारा और मेरा संबंध पूर्वजन्म का है, जब हम दोनों नर्मदा नदी के किनारे कहीं साथ रहते थे। उस जीवन में तुम्हारा मेरे ऊपर एक ऋण बाकी रह गया था, इसलिए जब तुमने अपनी किताब में मेरे बारे में लिखना चाहा तब मैंने सोचा कि इसी माध्यम से मैं तुम्हारा ऋण चुका सकूँगा। उनकी बात सुनकर मैं वाकई अवाक रह गया था। उन्होंने यह भी कहा कि कभी आमने-सामने बैठने पर वे पूर्वजन्म के बारे में मुझे विस्तार से बताएँगे।

श्री मिश्र से इस किताब के लिए बातचीत विडियो कॉल के द्वारा हुई। मेरे सहयोगी श्री एल एन मिश्र, जो मेरे साथ महानदी कोलफील्ड्स लिमिटेड में निदेशक कार्मिक के पद पर काम करते थे, वहीं रांची में श्री मिश्र के घर के पास रहते हैं। उन्होंने जिम्मा लिया कि वे हर रोज उनके घर जाकर उनसे विडियो के मार्फत मुझसे बात कराएंगे। हमारी यह बातचीत चार दिनों तक चली। हर दिन लगभग दो घंटे की बात हुई, जिसमें श्री मिश्र ने अपने जीवन के कई अनुभव साझा किए। पूरे जीवन की यात्रा जान लेने के बाद मैंने उनसे कोयले के भविष्य के बारे में पूछा। उन्होंने बताया 'मानव जाति के भविष्य के लिए कोयले को दुनिया से जाना होगा। हालाकि,

यह अभी तुरंत संभव नहीं होगा, लेकिन सौर ऊर्जा का दुनिया में वर्चस्व धीरे-धीरे कायम होगा और कोयला पर निर्भरता खत्म होती जाएगी। वर्ष 2050 तक कोयला पर आधारित उद्योग लगभग खत्म होने की स्थिति में होंगे'। उन्होंने कहा 'हर व्यक्ति को पर्यावरण को बचाने में अपना योगदान देना होगा। घरों में एसी का कम उपयोग, प्लास्टिक को घर से बाहर करना, पेट्रोल और डीजल पर आधारित वाहनों का कम उपयोग, इन सब माध्यम से कार्बन के उत्सर्जन को कम करना होगा'।

नयी पीढ़ी के बारे में उन्होंने कहा 'उन्हें अपना काम ठीक से करना होगा और लगातार अपने ज्ञान को बढ़ाना होगा। देश-दुनिया की जरूरत के हिसाब से उन्हें अपने आप को बदलता रहना होगा'। उन्होंने कोल इंडिया के परिपेक्ष में कहा 'नई पीढ़ी को कांट्रैक्ट पर काम देना बंद करना होगा। उन्हें खुद आगे बढ़ कर कोयला और ओवरबर्डेन का खनन करना होगा'। कमर्शियल माइनिंग के बारे में पूछने पर उन्होंने बताया 'कोयला उद्योग के राष्ट्रीयकरण के बाद जिस दिन से आउटसोर्सिंग की शुरुआत हुई, उसी वक़्त से राष्ट्रीयकरण का मतलब समाप्त होने लगा। कमर्शियल माइनिंग उसी का अगला कदम है। कोयला उद्योग फिर प्राइवेट की ओर जा रहा है'। हालाकि, उनका मानना है कि कोयला का वर्चस्व अब भारत और दुनिया से जल्द खत्म होगा।

कोल इंडिया में अपने कार्यकाल के दौरान कुछ कार्य नहीं कर पाने के बारे में पूछने पर उन्होंने कहा कि वे सीएमपीडीआई को अंतर्राष्ट्रीय स्तर का संस्थान बनाना चाहते थे, जिसके लिए उन्होंने वहाँ रहते बहुत प्रयास किए। उनके जाने के बाद इस संबंध में सोची गई सभी परियोजनाओं को अधूरा छोड़ दिया गया। यदि वे कुछ दिन और वहाँ रहते, तब जरूर सीएमपीडीआई का स्वरूप आज दूसरा होता। इसके अलावा उन्हें यह भी मलाल है कि वे सीएमपीडीआई की तरफ से वियतनाम में खदान नहीं खुलवा सके। इसके अलावा

वे चाहते थे कि कंपनी की रांची स्थित जमीन पर कोल इंडिया का बारहवीं कक्षा तक के लिए लड़के और लड़कियों के लिए स्कूल खोला जाये, जो पूरा नहीं हो सका।

कोल इंडिया के अपने कार्यकाल के दौरान श्री मिश्र ने कई मील के पत्थर लगाए। जहां भी उन्होंने काम किया पूरी लगन और निष्ठा से अपनी जिम्मेवारी को निभाया। उनकी सबसे बड़ी ताकत उनकी साफ छवि और काम करने में उनकी पारदर्शिता रही। वाकई जहां भी उन्होंने काम किया बिलकुल शुद्ध हृदय और निष्काम भाव से। तभी तो उन्हें जानने वाले लोग उन्हें कहते हैं-

कर्मयोगी.....।

हमारी पहचान के सारथी

कलकता का नेताजी सुभाष चन्द्र बोस हवाई अड्डा। 3 नवंबर, 2010 की शाम सात बजे का वक़्त। हवाई अड्डे के पोर्टिको में एक लंबी-सी गाड़ी आकर रुकती है और उसमें से एक अधेड़ उम्र का लंबा और औसत शरीर का व्यक्ति बाहर निकलता है। शरीर पर ब्लू रंग के ऊनी सूट और टाई में। वहाँ पहले से मौजूद एक व्यक्ति ने उसके हाथ में हवाई जहाज का टिकट पकड़ाया और कान में कुछ कहा। शायद प्लेन के छूटने की ताज़ा स्थिति के बारे में जानकारी दी होगी। वह व्यक्ति तेज कदमों से मुख्य द्वार होता हुआ आगे बढ़ने लगा। उसकी चाल में मजबूती और आत्मविश्वास था। सधे कदमों से तेजी से आगे बढ़ता हुआ अगले दस मिनट में वह प्लेन के अंदर बिज़नस क्लास की अपनी सीट पर बैठ चुका था। प्लेन के अंदर दाखिल होने वाला शायद वह आखिरी यात्री था। उसके बाद एयर होस्टेस की उद्घोषणा और फिर अगले पंद्रह मिनट में प्लेन का कलकता के हवाई अड्डे से मुंबई के लिए टेक ऑफ। प्लेन के उड़ते ही उस व्यक्ति ने अपने साथ लाये हाथ के छोटे से बैग से कुछ कागज निकाले और पढ़ने में तल्लीन हो गया। बीच-बीच में कलम निकालकर कागज पर कुछ लिखता और फिर आगे पढ़ने लगता। थोड़ी देर में उसने कागज़ से

नज़र हटाकर कुछ सोचना शुरू कर दिया, जैसे कुछ गंभीर विचारों में खो गया हो। वह शायद कल के विशेष दिन के बारे में सोच रहा था। कल उसे अपने करियर का सबसे विशेष काम करना था। एक ऐसा काम, जिससे उसकी कंपनी को न केवल देश में बल्कि विश्व स्तर पर ख्याति मिलने वाली थी। उसे और उसकी कंपनी के लोगों को गर्व होने वाला था। मन ही मन उसके अंदर तरह-तरह के ख्याल आने लगे। समय बीतता गया। उसकी चेतना तब जागी जब प्लेन में उद्घोषणा हुई कि कुछ ही देर बाद विमान मुंबई हवाई अड्डे पर उतरेगा। अगले आधे घंटे के बाद विमान सुरक्षित मुंबई उतर गया।

वह देर रात अपने होटल के कमरे में आ गया। रात को सोने के क्रम में भी वह पिछले पंद्रह दिनों के घटनाक्रम के बारे में सोच रहा था। कैसे उसकी कंपनी की ख्याति, जो अब तक लोगों की नज़र में ज्यादा नहीं थी, रातों-रात पूरे विश्व में चर्चा का विषय बन चुकी थी। कैसे विगत दो महीनों की मेहनत वाकई रंग लाई थी। कैसे एक कंपनी का इनीशियल पब्लिक ऑफरिंग (आईपीओ) ने देश में नया रेकॉर्ड बनाया था। कल यानि 4 नवंबर की सुबह इसी आईपीओ की बॉम्बे स्टॉक एक्स्चेंज में आधिकारिक लिस्टिंग होनी थी, जो कंपनी के लिए गर्व की बात थी। यह सब सोचते-सोचते उसे नींद आ गयी।

अगले दिन सुबह जल्दी तैयार होकर वह अपने होटल से सीधा दलाल स्ट्रीट स्थित बॉम्बे स्टॉक एक्स्चेंज के दफ्तर पहुंचा। एक्स्चेंज में उसकी मुलाक़ात इस अवसर के लिए नई दिल्ली के विभिन्न मंत्रालयों से आए वरिष्ठ अधिकारियों से हुई। सभी एक्स्चेंज के मुख्य हाल में पहुंचे। वहाँ एक बड़े से बोर्ड के नीचे चेन से बंधा एक पीतल का घंटा था, जिसे एक हथौड़े से बजा कर आईपीओ का उदघाटन करना था। इस घंटे को 'गौंग' कहा जाता है। सभी उस घंटे के पास पहुंचे और जब घड़ी ने सुबह के सवा नौ बजाए तब उस व्यक्ति ने उस हथौड़े से 'गौंग' को बजाकर अपनी कंपनी की लिस्टिंग का उदघाटन किया। उसके चेहरे पर खुशी थी और आँखों में गज़ब की

चमक। शायद गर्व की चमक। वाकई, उसने ऐसा कर दिखाया था, जिसे आज तक उसकी कंपनी में किसी ने नहीं किया था। उसका नाम कंपनी के दस्तावेज़ों में अब स्वर्णाक्षर में लिखा जाने वाला था। वहाँ खड़े सभी लोगों ने तालियाँ बजाईं और उसे बधाई दी। उसने सभी का अभिवादन स्वीकार किया और कुछ मिनटों के बाद बढ़ चला अपने गंतव्य की ओर। व्यक्ति का नाम था पी एस भट्टाचार्य और यह कोल इंडिया लिमिटेड के आईपीओ की लिस्टिंग के उदघाटन की घटना थी। श्री भट्टाचार्य उस वक़्त कंपनी के अध्यक्ष थे। वाकई एक चमत्कार हुआ था उस दिन और उस चमत्कार के जादूगर थे श्री भट्टाचार्य।

पी एस भट्टाचार्य। पूरा नाम पार्थ सारथी भट्टाचार्य। जन्म फरवरी,1951,शहर हावड़ा। पिता बिनय कृष्ण भट्टाचार्य, पेशे से आँख के डॉक्टर थे और इंडियन नेशनल आर्मी (आईएनए) में अधिकारी थे। उनके पिता ने कलकत्ता मेडिकल कॉलेज से 1938 में मेडिकल की पढ़ाई पूरी कर ब्रिटिश आर्मी में काम करना शुरू किया। वे मेरठ शहर में पदस्थापित थे। हालांकि, उनके मन में देशप्रेम की भावना बहुत गहराई तक बैठी थी। वर्ष 1939 में उनका तबादला सिंगापुर हो गया, जहां उन्होंने मिलिटरी हॉस्पिटल में काम किया। उसी दौरान विश्व युद्ध चल रहा था और जापान ने सिंगापुर शहर पर बमबारी की थी। इस बमबारी में उस हॉस्पिटल को भी बहुत क्षति पहुंची थी। श्री भट्टाचार्य के पिता इस हमले में बाल-बाल बच गए। हालांकि, उन्हें युद्ध बंदी बना लिया गया और जापान की सेना के साथ टोक्यो ले जाया गया। उसी दौरान टोक्यो में इंडियन नेशनल आर्मी (आईएनए) की स्थापना हुई और उन्होंने उसमें अपना योगदान दे दिया। वैसे तो वे आईएनए में मुख्यतः डॉक्टर का काम किया करते थे, लेकिन उन दिनों लोगों की कमी के कारण डॉक्टर को भी जमीनी लड़ाई लड़ने के लिए जंगलों में भेजा जाता था। इन्हीं लड़ाई में भाग लेते-लेते उन्हें बर्मा के अराकान के जंगल से ब्रिटिश सेना ने पकड़ कर बंदी बना लिया। वहाँ से उन्हें भारत लाया गया और दिल्ली के लाल किले में बंदी बना कर रखा गया। बहुत दिनों तक यूं ही बंदी के रूप में रहने

के बाद उन्हें वर्ष 1946 में महात्मा गांधी के आंदोलन के फलस्वरूप रिहा किया गया। उस दौरान उनके साथ और भी कई आईएनए के अधिकारियों को रिहा किया गया। उसके बाद वे कलकत्ता आ गए, जहां उन्होंने एक अस्पताल में नौकरी कर ली। इसी दौरान उनके बड़े भाई टीबी रोग से ग्रसित हो गए। उन दिनों टीबी का इलाज बहुत महंगा और कठिन था। उनके इलाज के लिए काफी पैसे खर्च होने थे, जो वर्तमान की नौकरी से संभव नहीं था। ऐसे में श्री भट्टाचार्य के पिता ने फिर से सेना में योगदान देने का मन बना लिया। उन्होंने 1950 में सेना की नौकरी जॉइन कर ली और उनकी पोस्टिंग दिल्ली कैंटॉन्मेंट में हुई।

उसी दौरान हावड़ा में श्री भट्टाचार्य का जन्म 27 फरवरी, 1951 को हुआ। वे अपने माता-पिता की पहली संतान थे। बचपन में उनके माता-पिता उन्हें बबलू के नाम से पुकारते थे। कुछ दिनों तक वहाँ रहने के बाद वे सब दिल्ली रहने आ गए। हालाकि, दो वर्ष के बाद ही श्री भट्टाचार्य के पिता का तबादला त्रिवेंद्रम हो गया और उसके बाद वर्ष 1958 में वे पूना आ गए। पूना में ही श्री भट्टाचार्य की प्रारम्भिक पढ़ाई-लिखाई नेशनल हाई स्कूल से हुई। दो वर्षों के बाद उनके पिता ने सेना की नौकरी से इस्तीफा देने का फिर मन बना लिया। वे अगरतला जाकर बसना चाहते थे, जहां ग्लूकोमा जैसे आँख के रोग के ज्यादा मरीज थे। वे वहाँ रह कर उनकी सेवा करना चाहते थे। अगरतला में सिर्फ एक साल ही वे अपने परिवार को लेकर रह पाये, तभी वर्ष 1961 में गोवा में पुर्तगालों के साथ भारतीय सेना की लड़ाई छिड़ गयी। ऐसे में सेना ने श्री भट्टाचार्य के पिता को वापस योगदान देने के लिए कहा और उन्हें लड़ाई में हिस्सा लेने के लिए गोवा जाना पड़ा। वहाँ से उनका तबादला श्रीनगर हुआ। उस दौरान श्री भट्टाचार्य के पिता को अंबाला में रहने के लिए सेना का क्वार्टर दिया गया, जहां श्री भट्टाचार्य, उनका छोटा भाई देबाशीष और माँ आकर बस गए। उसके अगले वर्ष 1962 में भारत के साथ चीन का युद्ध हुआ और उसमें फिर उनके पिता को लड़ाई के मैदान में लद्दाख

जाना पड़ा। वर्ष 1963 में लद्दाख में ही श्री भट्टाचार्य के पिता को हार्ट अटैक आया और उन्हें श्रीनगर के अस्पताल में भर्ती कराया गया। वहाँ से वे अगस्त, 1963 में मेडिकल की छुट्टी पर अंबाला आ गए। हालाकि, उसके अगले महीने एक दिन उन्हें दोबारा हार्ट अटैक आया और वे चल बसे।

श्री भट्टाचार्य ने आठवीं कक्षा तक की पढ़ाई अंबाला से ही की। वे बारह वर्ष से थोड़े बड़े थे जब उनके पिता का निधन हुआ। उनका भाई उनसे छह वर्ष छोटा था। पिता के गुजरने के बाद उनकी माँ को बच्चों के लालन-पालन में बहुत दिक्कत हुई। इसी बीच श्री भट्टाचार्य के बड़े चाचा अंबाला आए और उनलोगों को कलकत्ता में बसने की सलाह दी। इस तरह श्री भट्टाचार्य अपनी माँ और छोटे भाई के साथ कलकत्ता आ कर बस गए। चूंकि घर में पैसे की बहुत तंगी थी और घर का खर्च सिर्फ उनके पिता के पेंशन के पैसे से चल रहा था, इसलिए दक्षिण कलकत्ता के कालीघाट इलाके में एक छोटे से किराये के मकान में उनका रहना हुआ। नीचे की मंज़िल पर उनके चाचा रहते थे। इस दौरान आईएनए में उनके पिता की पुरानी कमाई की अच्छी ख़ासी रकम बाकी थी, जो उनके परिवार को वर्ष 1969 में मिली। इससे आर्थिक तंगी कुछ हद तक दूर हुई। इस रकम से श्री भट्टाचार्य और उनके छोटे भाई की पढ़ाई-लिखाई का खर्च निकलने लगा। श्री भट्टाचार्य भवानीपुर के एक स्कूल में आगे की पढ़ाई कर रहे थे।

श्री भट्टाचार्य दसवीं कक्षा तक औसत विद्यार्थी थे, लेकिन ग्यारहवीं कक्षा में आते ही उनपर पढ़ाई का जुनून सवार हुआ। वे फ़िज़िक्स, केमिस्ट्री और मैथेमैटिक्स विषय की पढ़ाई कर रहे थे। इन विषयों में उनकी दिलचस्पी बढ़ने लगी। इसके कारण उन्होंने पहली बार में ही वर्ष 1967 में आईआईटी का इम्तहान पास कर लिया। उन्हें आईआईटी, खड़गपुर में मेटालर्जी विषय में दाखिला मिला। लेकिन लगभग डेढ़ महीने की पढ़ाई के बाद उन्हें लगा कि वे इंजीनियरिंग की पढ़ाई आगे नहीं कर पाएंगे। पहले तो उन्हें इंजीनियरिंग की पढ़ाई

पसंद नहीं आई, दूसरे उनके ऊपर घर के बड़े लड़के होने का बोझ था। हालाकि, उस वक़्त आईआईटी की फीस ज्यादा नहीं हुआ करती थी, लेकिन घर की माली हालत के कारण उन्होंने इस पढ़ाई को आगे जारी रखना उचित नहीं समझा। उन्होंने सोचा कि यदि उनके पिता के पेंशन की बड़ी रकम उनकी पढ़ाई पर ही खर्च हो जाएगी, तब घर का खर्च कैसे चलेगा या छोटे भाई की पढ़ाई कैसे होगी। वैसे उनके पिता की अच्छी ख़ासी बकाया रकम उनके परिवार को दो वर्ष बाद मिल गयी थी, लेकिन तब तक श्री भट्टाचार्य ने इंजीनियरिंग की पढ़ाई छोड़ दी थी। इसके अलावा उनकी माँ की तबीयत भी बीच-बीच में खराब रहने लगी थी। हालाकि, पिता के गुजरने के बाद उन्होंने पूरे परिवार को बड़ी जिम्मेवारी के साथ संभाला था। ग्यारहवीं और बारहवीं कक्षा में ज्यादा पढ़ाई के दौरान श्री भट्टाचार्य सुबह चार बजे उठ कर पढ़ा करते थे, तब उनकी माँ बीमार रहते हुए भी उस वक़्त उठ कर उनके लिए चाय बनाया करती थी। श्री भट्टाचार्य को उनके बड़े चाचा से, जो पेशे से डॉक्टर थे, पढ़ाई के दौरान मार्गदर्शन मिलता रहता था। दरअसल, उनके चाचा उनके पूरे परिवार के लिए एक ढाल के समान थे। वे श्री भट्टाचार्य के अभिभावक के समान थे।

श्री भट्टाचार्य के आईआईटी छोड़ने के निर्णय का उनके चाचा ने भी समर्थन किया। उनका कहना था कि जब उनका मन इंजीनियरिंग की पढ़ाई करने में नहीं लग रहा है, तब बेहतर है कि कोई दूसरे विषय की वे पढ़ाई करें। इसलिए श्री भट्टाचार्य ने आईआईटी छोड़ कर कलकत्ता में ही आशुतोष कॉलेज में बीएससी में फ़िज़िक्स ऑनर्स में एड्मिशन ले लिया। उस वक़्त उन्हें किसी और कॉलेज में एड्मिशन नहीं मिला, क्योंकि वे सेमेस्टर के बीच में एड्मिशन के लिए आ गए थे। अपनी पढ़ाई का खर्च निकालने के लिए श्री भट्टाचार्य ने हाइयर सेकेन्डरी के बच्चों को टिउशन देना शुरू कर दिया। इस कमाई से उनकी पढ़ाई का पूरा खर्च निकलने लगा। चूंकि आशुतोष कॉलेज में पढ़ाई का उतना अच्छा माहौल नहीं था, इसलिए श्री भट्टाचार्य का बीएससी का रिज़ल्ट उतना अच्छा नहीं रहा। वे सेकंड क्लास में

पास हुए। ऐसे रिज़ल्ट के कारण उनका कलकत्ता विश्वविद्यालय में एमएससी फ़िज़िक्स में एड्मिशन नहीं हो सका। उन्हें अप्लाइड फ़िज़िक्स विषय में बी टेक करने का अवसर मिला, लेकिन वे फिर इंजीनियरिंग की तरह पढ़ाई नहीं करना चाहते थे।

आगे की पढ़ाई वहीं छोड़, श्री भट्टाचार्य ने वर्ष 1971 में बैंक की नौकरी कर ली। उन्होंने यूनाइटेड बैंक ऑफ इंडिया के देशप्रिय पार्क ब्रांच में क्लर्क की नौकरी से शुरुआत की। हालाकि, इस काम से भी श्री भट्टाचार्य संतुष्ट नहीं थे। इस बीच कलकत्ता के जादवपुर विश्वविद्यालय के उनके एक जानकार प्रोफेसर ने उन्हें कहा कि चूंकि श्री भट्टाचार्य का मन फ़िज़िक्स विषय पढ़ने में लगता है, इसलिए वे जादवपुर से फ़िज़िक्स विषय में एमएससी कर सकते हैं। श्री भट्टाचार्य को उनकी बात भा गयी। तबतक उनके घर की माली हालत भी अच्छी हो गयी थी और बैंक की नौकरी से भी उन्हें साढ़े तीन सौ रुपये प्रतिमाह से ज्यादा की ठीक-ठाक तनख़ाह मिल रही थी। यही सोच कर उन्होंने जादवपुर विश्वविद्यालय में वर्ष 1972 की शुरुआत में एमएससी कोर्स में दाखिला ले लिया। वे दिन में बैंक की नौकरी करते और शाम को पढ़ाई के लिए क्लास में जाते थे। इस व्यवस्था से वे संतुष्ट थे, कमाई के साथ-साथ उनके मन लायक पढ़ाई भी चल रही थी।

तीन वर्ष की पढ़ाई में श्री भट्टाचार्य ने बहुत मेहनत की और अपने बैच में में वे अव्वल रहे। उन्हें सत्तर प्रतिशत से ज्यादा नंबर आए। वर्ष 1975 में एमएससी की परीक्षा पास करने के बाद उन्होंने बैंक की नौकरी छोड़ने का मन बना लिया। लेकिन उनके सामने यह प्रश्न था कि वे आगे क्या करेंगे। इसलिए नौकरी के साथ-साथ उन्होंने विभिन्न कॉम्पटिशन की तैयारी शुरू कर दी। उन्होंने बैंक में ऑफिसर बनने का पहले इम्तहान दिया और उसमें वे पूरे देश में तीसरे स्थान पर रहे। उन्हें और पूरे परिवार को बहुत खुशी हुई। उन्हें कलकत्ता के ही एक अच्छे बैंक में ऑफिसर का पद दे दिया गया। हालाकि, वे बैंक की नौकरी से ऑफिसर बनने के बाद भी

संतुष्ट नहीं थे। इसी बीच वर्ष 1976 में कोल इंडिया लिमिटेड में मैनेजमेंट ट्रेनी वित्त के दाखिले के विज्ञापन आए। इसके लिए ऑल इंडिया स्तर पर इम्तहान हुए। श्री भट्टाचार्य ने इसमें भाग लिया। इसके अलावा उन्होंने ओएनजीसी में साइंटिस्ट के पद के लिए भी इम्तहान दिये। वे दोनों इम्तहान की लिखित परीक्षा में पास हो गए। फ़िज़िक्स में एमएससी होने के कारण श्री भट्टाचार्य का मन ओएनजीसी जॉइन करने का था। वे उसके इंटरव्यू के लिए दिल्ली गए, लेकिन वहाँ पता चला कि उस कंपनी में फ़िज़िक्स के साथ-साथ इलेक्ट्रॉनिक्स की जानकारी भी होनी जरूरी है, जो श्री भट्टाचार्य के पास नहीं थी। इसलिए उनका चयन वहाँ नहीं हो पाया। वे वापस कलकत्ता आ गए। इसके बाद कोल इंडिया का इंटरव्यू हुआ और उसमें श्री भट्टाचार्य चुन लिए गए। उनका ग्यारहवाँ स्थान था। मई, 1977 में उन्होंने कोल इंडिया जॉइन कर लिया। उन्होंने कलकत्ता अपने घर के नजदीक आसनसोल अपनी पोस्टिंग चाही, लेकिन उस बैच में वरीयता क्रम के अनुसार पोस्टिंग दी जा रही थी। अंततः उनकी पोस्टिंग सीएमपीडीआई मुख्यालय, रांची हुई।

एक मई की शाम, अपनी माँ, छोटे भाई और अपने बड़े चाचा से विदा लेकर श्री भट्टाचार्य हावड़ा-हटिया ट्रेन से रांची के लिए रवाना हुए। रास्ते भर उनके मन में नई जगह में नौकरी करने की उत्सुकता थी। अगले दिन सुबह रांची पहुँच कर वे सीधे कांके रोड स्थित सीएमपीडीआई मुख्यालय पहुंचे। वहाँ के भव्य गोंडवाना गेस्ट हाउस में उनका और उनके साथ आए अन्य दो नए लड़कों के ठहरने की व्यवस्था की गयी थी। सबको अलग-अलग कमरों में ठहराया गया था। वहाँ के इंतजाम से सभी नए लड़के बहुत खुश हुए। उस वक़्त सीएमपीडीआई के सीएमडी श्री एच बी घोष हुआ करते थे। श्री भट्टाचार्य को आठ सौ रुपये मासिक के वेतन पर रखा गया था। उन्हें दो वर्ष तक मैनेजमेंट ट्रेनी के रूप में रहना था, जिसमें उन्हें दो परीक्षा पास करनी थी, तभी जाकर आगे की नौकरी पक्की होनी थी। शुरू में ज्यादा काम नहीं था। सभी को रिपोर्ट पढ़ने का काम दिया

गया था। श्री सुरेश झा वित्त विभाग में सबसे सीनियर थे और वे फ़ाइनेंस मैनेजर के पद पर थे।

अगले सात दिनों तक वे सब गेस्ट हाउस का आनंद लेते रहे, लेकिन उसके बाद उन्हें ख़ुद के ठहरने की व्यवस्था करनी थी। श्री भट्टाचार्य ने लालपुर इलाके में एक 'माशीमाँ' मेस में एक रूम किराये पर लिया, जिसमें दो लड़कों के रहने की व्यवस्था थी। दो सौ रुपये महीने के भाड़े पर रात का खाना मुफ्त था। हालाकि, वहाँ मच्छड़ों की तादाद ज्यादा थी। दिन का खाना दफ्तर की कैंटीन में हो जाता था। शाम के समय सभी लड़के घूमने के ख्याल से रांची मेन रोड के 'फिरायालाल' चौक चले जाते थे। शेष बची तनख़ाह से साढ़े तीन सौ रुपये वे अपनी माँ को खर्च के लिए भेज देते थे। हर पंद्रह दिन के बाद शनिवार को वे कलकत्ता अपनी माँ, छोटे भाई और चाचा से मिलने चले जाते थे। दो दिन रुक कर फिर सोमवार को वापस आ जाते थे।

अगले दो महीने तक काम करने के बाद सभी नय लड़कों को दो महीनों के लिए ईसीएल की चिनाकुरी भूमिगत खदान भेजा गया, जहां उन्हें अपने विषय और माइनिंग की ट्रेनिंग लेनी थी। वहाँ से लौटकर फिर सबको पैंतालीस दिन की ट्रेनिंग पर कलकत्ता के रास बिहारी एवेन्यू के कोल इंडिया मैनेजमेंट इंस्टीट्यूट में भेजा गया। यह इंस्टीट्यूट सभी मैनेजमेंट ट्रेनी की शुरुआत की ट्रेनिंग के लिए कोल इंडिया के द्वारा बनाया गया था। कर्नल बनर्जी और श्री बरुआ उस इंस्टीट्यूट के करता-धरता हुआ करते थे।

वहाँ से वापस रांची आकर श्री भट्टाचार्य ने काम करना शुरू कर दिया। इस बीच उन्होंने अपने विभाग के कई अकाउंटेंट से दोस्ती कर ली थी। हालाकि, इन अकाउंटेंट को इस बात की खुंदक थी कि उनके रहते कोल इंडिया ने बाहर से सीधे नए लड़कों को मैनेजमेंट ट्रेनी के पद पर ले लिया था। इस संदर्भ में उन्होंने कई चिट्ठियाँ भी कोल इंडिया को लिखी थीं, जिसके लिखने में श्री भट्टाचार्य उन लोगों

की मदद किया करते थे। इस कारण से उनमें दोस्ती हो गयी थी। कुछ दिनों के बाद श्री भट्टाचार्य उन तीन अकाउंटेंट के साथ रांची के पथलकुदवा इलाके में एक बड़े मकान में रहने चले गए। यहाँ उन चार लोगों के लिए रहने की अच्छी व्यवस्था थी। खाना बनाने के लिए उनलोगों ने एक आदमी को रख लिया था।

श्री भट्टाचार्य को प्रोजेक्ट प्लानिंग में कार्य करने की इच्छा थी। लगभग एक वर्ष तक दूसरे विभाग का काम सफलतापूर्वक करने के बाद उन्हें प्रोजेक्ट प्लानिंग के कार्य में लगाया गया। इस कार्य में श्री भट्टाचार्य को बहुत मन लगता था। इस विभाग में उन्होंने कई नए काम किए। उनके काम को देश के एक प्रतिष्ठित फ़ाइनेंस मैगज़ीन में प्रकाशित किया गया। इसके बाद श्री भट्टाचार्य को अपने काम में ज्यादा मन भी लगने लगा और उनका अपने विभाग में सिक्का भी जम गया। इस बीच उन्हें ईस्को के रामपुर कोलियरी का काम मिला, जिसमें भी श्री भट्टाचार्य ने अपने विभाग के काम को नए आयाम दिये। वर्ष 1979 में सीएमपीडीआई के सीएमडी श्री ए एन बनर्जी बन गए थे। वे शुरू में फ़ाइनेंस विभाग के काम से संतुष्ट नहीं थे, लेकिन श्री भट्टाचार्य के द्वारा किए गए अच्छे काम के बारे में उन्हें पता चला। सीएमडी ने उन्हें अपने कमरे में बुलाया और उनकी और उनके विभाग की बहुत तारीफ की। इसी तरह चासनाला खदान के लिए अच्छा काम हुआ। इसके बाद सीएमडी ने खुद श्री भट्टाचार्य पर नज़र रखनी शुरू कर दी। वे सीधे उन्हें इन तरह के चुनौती भरे काम के लिए बुलाते और श्री भट्टाचार्य उन कामों को अच्छी तरह समय से पूरी करते थे।

इस बीच आईआईएम, कलकत्ता ने एक विज्ञापन निकाला, जिसमें पढ़ाने के साथ-साथ रिसर्च का भी काम था, जिससे पीएचडी की डिग्री मिलने वाली थी। श्री भट्टाचार्य ने उसमें आवेदन कर दिया और उनका चयन हो गया। उन्हें अपने वर्तमान वेतन से दो इंक्रेमेंट ज्यादा का ऑफर दिया गया। उन्होंने सीएमपीडीआई छोड़ कर वहाँ

जाने का मन बना लिया। लेकिन इसमें एक दिक्कत थी। कोल इंडिया में जॉइन करने के दौरान श्री भट्टाचार्य ने पाँच वर्ष का बॉन्ड भरा था। उसकी अवधि पूरी नहीं हुई थी। इसके लिए उन्होंने सीएमडी के तकनीकी सचिव श्री आर के सचदेव से मदद करने के लिए कहा। दो दिन बाद उन्होंने बताया कि चूंकि ये बॉन्ड कोल इंडिया के स्तर पर है, इसलिए सीएमपीडीआई से कुछ नहीं किया जा सकता है। उन्होंने कहा कि सीएमडी श्री भट्टाचार्य की मंशा जानना चाहते हैं कि वे वाकई में आईआईएम की नौकरी क्यों जॉइन करना चाहते हैं। क्या वे नौकरी के साथ-साथ अपनी पढ़ाई जारी रखना चाहते हैं या वे कलकत्ता के नजदीक अपने परिवार के साथ रहना चाहते हैं। श्री भट्टाचार्य ने कहा कि वे कलकत्ता के नजदीक रहना चाहते हैं, लेकिन कलकत्ता में सीएमपीडीआई का कोई दफ्तर नहीं है। उन्हें बताया गया कि कलकत्ता के पास एक नया प्रोजेक्ट डानकुनी में खुल रहा है, जहां कोयला के अतिरिक्त उपयोग पर काम किया जाएगा। अगर वे चाहें तब उनका तबादला डानकुनी किया जा सकता है। श्री भट्टाचार्य ने उनकी बात मान ली और उनका तबादला वर्ष 1980 के अगस्त में डानकुनी कोल कॉम्प्लेक्स में फ़ाइनेंस के हेड के रूप में हो गया।

इसी बीच वर्ष 1979 में श्री भट्टाचार्य का विवाह हुआ। उनकी पत्नी इंद्राणी भी बैंक में काम करती थीं। उन्होंने कलकत्ता विश्वविद्यालय से राजनीति शास्त्र में एम ए किया था और उसके बाद उन्होंने बैंक की परीक्षा पास कर नौकरी करनी शुरू कर दी थी। डानकुनी जॉइन कर श्री भट्टाचार्य ने पहले अपने घर कालीघाट से आना-जाना शुरू किया, लेकिन दूरी बहुत होने के कारण उन्होंने डानकुनी के पास उत्तरपाड़ा इलाके में एक किराये का मकान ले लिया और अपनी माँ और पत्नी के साथ शिफ्ट हो गए। उनके छोटे भाई उस वक्त तक बैंक की नौकरी करने लगे थे। इन्हीं दिनों श्री भट्टाचार्य के बेटे का जन्म सितंबर, 1983 में हुआ। अगले सात वर्षों तक श्री भट्टाचार्य ने डानकुनी में काम किया। इस दौरान उनकी प्रोन्नति डेप्युटी मैनेजर के रूप में हो चुकी थी।

वर्ष 1987 में कोल इंडिया के निदेशक वित्त श्री स्वामीनाथन को एक अच्छे तकनीकी सचिव की जरूरत थी। वे उन दिनों श्री भट्टाचार्य से मिलते रहे थे, इसलिए उन्होंने उनका तबादला डानकुनी से कोल इंडिया मुख्यालय करा दिया। श्री स्वामीनाथन खुद बहुत मेहनती थे और अपने नीचे के अधिकारियों से भी खूब काम कराते थे। श्री भट्टाचार्य को पुनः इस काम में मन लगने लगा।

लगभग तीन वर्ष के बाद वर्ष 1990 में श्री स्वामीनाथन रिटायर हो गए। उनके बाद कोल इंडिया के निदेशक वित्त के पद के लिए ईसीएल के निदेशक वित्त श्री पी के सेनगुप्ता का चयन हो चुका था। लेकिन जाने के पहले श्री स्वामीनाथन ने कोल इंडिया के भविष्य के लिए बहुत अच्छा काम किया। उस वक़्त तक कंपनी को भारत सरकार की तरफ से वित्तीय सहायता मिलती थी। तब तक कोई भी परियोजना को बिना लाभ-हानी के शुरू कर दिया जाता था। किसी भी कीमत पर कोयला उत्पादन का लक्ष्य था, चूंकि वित्तीय सहयोग की दिक्कत नहीं थी। लेकिन वर्ष 1990 से ही भारत सरकार ने इस वित्तीय सहयोग को आगे वापस लेने का मन बना लिया। इसके लिए आने वाले दिनों में परियोजना को लाभप्रद बनाना जरूरी था। कोल इंडिया लगातार वित्तीय घाटे में चल रही थी। हालाकि, घाटे में हर साल कमी हो रही थी, लेकिन कोयले के दाम में समय से वृद्धि नहीं होने के कारण उत्पादन लागत कोयले के दाम से कहीं ज्यादा हो जाता था। नई परियोजना को भविष्य में लाभप्रद बनाकर खोलने के लिए अमेरिका के हावर्ड विश्वविद्यालय में ट्रेनिंग दी जाती थी। तय हुआ कि कोल इंडिया से अगले दो महीनों के लिए दो अच्छे अधिकारी को हावर्ड भेजा जाये, जिससे वे इस विधा के बारे में सीख कर आयें। दो अधिकारियों में फ़ाइनेंस से श्री भट्टाचार्य का चयन हुआ और माइनिंग विभाग से श्री आर भास्करन का चयन किया गया। दोनों को आठ सप्ताह के लिए अमेरिका भेजा गया। यह ट्रेनिंग प्रोग्राम श्री भट्टाचार्य के लिए काफी लाभप्रद रहा। दोनों ने उस दौरान काफी मेहनत की। उस ट्रेनिंग में उन्होंने कोल इंडिया की राजमहल

परियोजना को लाभप्रद बनाने का काम किया। इस परियोजना से एनटीपीसी के कहलगाँव और फरक्का ताप विद्युत केन्द्रों को कोयला जाता था। यह परियोजना बिलकुल उनके प्लांट के नजदीक था, जिससे उन्हें माल भाड़े के मद में कम खर्च करना पड़ता था। एनटीपीसी कंपनी इस कारण से वित्तीय लाभ की स्थिति में रहती थी, लेकिन राजमहल परियोजना को वित्तीय घाटा हो रहा था। इस कारण से हावर्ड के सिद्धान्त को लागू कर राजमहल के कोयले के दाम पर एक सौ तैंतालीस रुपये प्रति टन और जोड़ कर एनटीपीसी से वसूल किया जाने लगा। इससे राजमहल परियोजना लाभ की स्थिति में आ गयी। इससे ईसीएल की वित्तीय स्थिति में भी सुधार हुआ।

वर्ष 1991 से भारत सरकार ने कोल इंडिया को वित्तीय सहयोग देना बंद कर दिया। हालाकि, कोल इंडिया को कोयले के दाम को बढ़ाने की छूट दे दी गयी। इससे कोल इंडिया वर्ष 1991-92 में पहली बार वित्तीय लाभ की स्थिति में आ गयी। उस वर्ष कंपनी ने एक सौ सड़सठ करोड़ रुपये का मुनाफा दर्ज किया। अगले वर्ष यह मुनाफा बढ़ कर दो सौ सनतानवे करोड़ का हो गया। हालाकि, कंपनी के बैलेन्स शीट में लगभग तीन हज़ार करोड़ रुपये सरकार को सूद के मद में लौटाने थे और लगभग इतनी ही रकम का अब तक का कुल घाटा कंपनी को हो चुका था। कंपनी को आगे की परियोजनाओं पर खर्च करने के लिए बड़ी रकम की जरूरत थी, जिसके लिए लोन लेना जरूरी था। लेकिन कंपनी की माली हालत देख कर कोई भी लोन के तौर पर पैसे देने के लिए तैयार नहीं था। उस वक्त श्री भट्टाचार्य ने दिमाग लगाया और अपने निदेशक वित्त को कहा कि कोल इंडिया वर्ल्ड बैंक को लोन के लिए निवेदन करे। कंपनी ने वर्ल्ड बैंक से संपर्क साधा और एक महीने में श्री पीटर पोलोक के नेतृत्व में वर्ल्ड बैंक की टीम कोल इंडिया के दौरे पर आ गयी। उनकी शर्त थी कि वे कोल इंडिया को तभी लोन दे सकते हैं, जब कंपनी एक तगड़ा वित्तीय मॉडल तैयार करे, जिससे आगे कंपनी और ज्यादा लाभ की स्थिति में हो सके और बैंक का लोन चुका सके। बैंक की

टीम के साथ आई फ्रांस के एक्सपर्ट को मॉडल तैयार करने के लिए कहा गया, लेकिन उसने इसमें असमर्थतता जाहिर की। उसने कहा कि यदि कोल इंडिया अपने आगे की योजना के बारे में विस्तार से बता सके तभी वह मॉडल तैयार कर सकती है। यह उस वक़्त करना संभव नहीं लग रहा था। ऐसे में वर्ल्ड बैंक लोन का मुद्दा भी खत्म होने की स्थिति में आ गया था और कंपनी पर भविष्य में भारी संकट आने वाला था।

श्री भट्टाचार्य ने इस स्थिति को समझा और आगे बढ़ कर राय दी कि यदि उन्हें कुछ दिनों के लिए ऑफिस के काम से मुक्त कर दिया जाये, तब वे इस मॉडल को तैयार करने की कोशिश कर सकते है। बैंक की टीम ने निदेशक वित्त श्री सेनगुप्ता से बात की और वे अपने तकनीकी सचिव श्री भट्टाचार्य को इस काम के लिए छोड़ने के लिए तैयार हो गए। देर रात तक काम करने की स्थिति में श्री भट्टाचार्य के लिए एक गाड़ी की भी व्यवस्था कर दी गयी, जो उनको रात में उनके घर छोड़ सकती। श्री भट्टाचार्य ने मॉडल पर काम करना शुरू कर दिया। उनके जेहन में यह बात थी कि यह लोन कंपनी के लिए कितना जरूरी है। वे सुबह से लेकर कभी-कभी रात के दो बजे तक ऑफिस में काम करते और देर रात घर लौटते थे। फिर सुबह से वही रूटीन। लगभग सात दिनों की मेहनत के बाद एक दिन रात के दो बजे श्री भट्टाचार्य ने वह मॉडल तैयार कर दिया। उन्होने उसका प्रिंट निकालकर अपने निदेशक वित्त श्री सेनगुप्ता के कमरे में छोड़ दिया और लिखा कि वे रोज़ कि तरह रात के दो बजे काम पूरा कर घर लौट रहे हैं। अगले दिन श्री भट्टाचार्य देर से लगभग एक बजे ऑफिस पहुंचे। निदेशक वित्त के कमरे में वे और श्री पोलक मौजूद थे और दोनों उनको देख कर मुस्कुरा रहे थे। श्री पोलक ने उनसे मॉडल की सॉफ्ट कॉपी लेकर उसकी जांच की और कहा कि इसको अंतिम रूप देने के लिए श्री भट्टाचार्य को वर्ल्ड बैंक टीम के साथ दार्जिलिंग जाना पड़ेगा, जहां बैंक की टीम की एक और बैठक दूसरे काम के लिए होने वाली थी। श्री भट्टाचार्य ने श्री सेनगुप्ता से आदेश लिया और बैंक की

टीम के साथ दार्जिलिंग चले गए। वहाँ दो दिनों तक मॉडल पर काम हुआ और उसे पूरा कर लिया गया।

मॉडल मिल जाने पर लोन की अगली बैठक वर्ल्ड बैंक के साथ दिल्ली में हुई, जिसमें कोयला सचिव भी शामिल हुए। उस बैठक में वर्ल्ड बैंक ने लोन की सहमति दे दी लेकिन शर्त रखी की इस मॉडल को और बेहतर बनाने और वर्ल्ड बैंक मुख्यालय को बताने के लिए उन्हें दो सप्ताह के लिए दो योग्य व्यक्ति को लेकर वॉशिंग्टन जाना होगा। इस कार्य के लिए फिर एक बार श्री भट्टाचार्य और माइनिंग विशेषज्ञ के रूप में श्री एस के वर्मा को भेजा गया। वहाँ पहुँच कर वर्ल्ड बैंक ने एक और काम करने के लिए कहा। उनका कहना था कि चूंकि कोल इंडिया की सभी सहयोगी कंपनी का अस्तित्व अलग है, इसलिए हरेक कंपनी के लिए अलग मॉडल तैयार करना होगा। यह काम दो सप्ताह में पूरा करना संभव नहीं था। श्री भट्टाचार्य ने इच्छा जताई कि वे वापस कलकत्ता लौटकर इसे पूरा कर भेज देंगे। लेकिन बैंक के अधिकारियों का कहना था कि काम की शुरुआत वॉशिंग्टन में ही की जाये। श्री भट्टाचार्य और श्री वर्मा ने काम शुरू किया और दो सप्ताह में जितना हो पाया उतना कर वापस आ गए और बाकी का काम कलकत्ता में पूरा किया।

यह 1994 का वर्ष था। उसके बाद दोनों अधिकारी फिर तीन सप्ताह के लिए वॉशिंग्टन गए। वहाँ रहकर अंतिम ड्राफ्ट तैयार किया गया। इस बीच कलकत्ता से निदेशक वित्त श्री सेनगुप्ता और निदेशक तकनीकी डॉ. एस के घोष भी वॉशिंग्टन पहुँच गए। बैंक के साथ आखिरी बैठक हुई और वर्ल्ड बैंक ने कोल इंडिया को एक बिलियन यूएस डॉलर से थोड़ा ज्यादा के लोन की स्वीकृति दे दी। यह लोन इतना जरूरी था, इसका कोल इंडिया के बाकी लोगों को अंदाज़ा नहीं था। उस वक़्त और किसी बैंक से लोन नहीं मिल पा रहा था। कंपनी का नेट वर्थ ढाई हज़ार करोड़ से नेगेटिव हो गया था और कोई भी सप्लायर जल्दी अपनी मशीन देने के लिए तैयार

नहीं था। ऐसे में 1998 में मिले वर्ल्ड बैंक के लोन ने रामबाण का काम किया।

तब तक वर्ष 1994 में श्री पी के सेनगुप्ता कोल इंडिया के अध्यक्ष बन चुके थे। इसके बाद भारत सरकार ने कंपनी के नेटवर्थ को भी पॉज़िटिव करने में मदद की। कोयले की मांग बढ़ी और कोयले के दाम में भी वृद्धि की गयी। इन सबसे कंपनी की वित्तीय स्थिति में जबर्दस्त सुधार हुआ। वर्ल्ड बैंक के पूरे लोन की भी जरूरत नहीं पड़ी और वर्ष 2000 तक आधी रकम में ही काम हो गया। इसके अलावा मॉडल लागू हो जाने से कोई भी नई खदान बिना वित्तीय लाभ के नहीं खोला गया। इसके अलावा यह भी नियम बनाया गया कि किसी भी परियोजना के लिए अगले दस वर्षों तक की ज़मीन शुरू में ले ली जाये। इसके तहत अगली चौबीस परियोजनाओं को चिन्हित किया गया और उन सभी को लाभ की स्थिति में खोला गया। वर्ल्ड बैंक के लोन के कारण मशीनें भी सस्ती मिलीं और ज़मीन भी उपलब्ध हुई। इन सबसे कंपनी के वार्षिक लाभ में भी हर वर्ष तेजी से वृद्धि हुई। इस तरह से वर्ष 1998 से 2002 के बीच लिए गए सभी सकारात्मक कदम के कारण कोल इंडिया में न केवल नयी लाभप्रद परियोजनों की शुरुआत हुई, बल्कि बड़ी संख्या में नई मशीनें आ गईं और एक समय की डूबती हुई कंपनी को नया जीवनदान मिल गया। इसमें श्री सेनगुप्ता के पूर्व कोल इंडिया के अध्यक्ष श्री एस के चौधरी और बाद में श्री सेनगुप्ता के कुशल नेतृत्व का कमाल था और उनके साथ श्री भट्टाचार्य और अन्य तकनीकी विभाग के लोगों की दिन-रात की मेहनत थी, जिससे यह चमत्कार संभव हो पाया।

वर्ष 1998 में श्री भट्टाचार्य की प्रोन्नति मुख्य वित्त प्रबन्धक के पद पर हो गयी। वर्ष 2001 में श्री भट्टाचार्य ने वेस्टर्न कोलफील्ड्स लिमिटेड के निदेशक वित्त का इंटरव्यू दिया। वैसे तो वे सभी चालीस कैंडिडैट में सबसे जूनियर थे, लेकिन उनकी योग्यता और वर्ल्ड बैंक के लोन के लिए किए गए उनके उल्लेखनीय काम के

लिए उन्हें चुन लिया गया। मात्र चौबीस वर्ष पूर्व श्री भट्टाचार्य ने मैनेजमेंट ट्रेनी के रूप में कोल इंडिया में अपना योगदान दिया था और 2001 में अपनी काबलियत की बदौलत कोल इंडिया की एक सहयोगी कंपनी के निदेशक वित्त बन गए। मार्च 2001 में उन्होंने डब्लूसीएल जॉइन कर लिया। वह कंपनी उस वक़्त मुनाफे में थी, इसलिए निदेशक वित्त का काम सामान्य था। उनके साथ उस वक़्त निदेशक तकनीकी के तौर पर वहाँ श्री पुरेकर और श्री एम एन झा थे। श्री एस एन चाओजी कंपनी के सीएमडी थे। श्री भट्टाचार्य ने श्री पुरेकर के साथ मिलकर वहाँ सभी माइन मैनेजर के स्तर पर वित्तीय बजट बनवाना शुरू किया और वे खुद एरिया में जाकर उसकी लगातार मोनिट्रिंग करते थे। इससे मैनेजर की जिम्मेवारी बढ़ जाती थी और वह अपनी खदान की वित्तीय स्थिति को नियंत्रण में रख पाते थे। श्री भट्टाचार्य ने इसके अलावा ग्रैचुइटी के लिए भारतीय जीवन बीमा से सहयोग लेना शुरू किया, जिससे सेवानिवृत होने वाले अधिकारी और कर्मचारी को किसी तरह की दिक्कत नहीं हो सके। इसमें एक और अलग से फायदा था कि अगर किसी कर्मी का नौकरी के दौरान असामयिक निधन हो जाता, तब उसकी बची हुई नौकरी के वर्ष को भी जोड़ कर ग्रैचुइटी का भुगतान किया जाने लगा। श्री भट्टाचार्य ने कोयले की मार्केटिंग में भी नए आयाम स्थापित किए।

श्री भट्टाचार्य श्री सेनगुप्ता के पद चिन्हों पर चल कर कोल इंडिया का निदेशक वित्त बनना चाहते थे। वर्ष 2002 में जब उस पद के लिए इंटरव्यू हुआ, उस वक़्त श्री भट्टाचार्य बीमार पड़ गए। उन्हें चिकेन पौक्स हो गया था। इस कारण से वे इंटरव्यू में नहीं जा सके और उनका चयन भी नहीं हो सका। उनकी जगह एसईसीएल के निदेशक वित्त श्री डी के वर्मा, कोल इंडिया के नए निदेशक वित्त के रूप में चुने गए, जिन्हें वर्ष 2006 तक निदेशक वित्त के पद पर रहना था। इससे श्री भट्टाचार्य को मायूसी हुई कि अब वे कोल इंडिया के निदेशक वित्त के पद पर नहीं जा सकेंगे।

इसके बाद श्री भट्टाचार्य कोल इंडिया से बाहर की कंपनी में निदेशक वित्त बनने की राह देखने लगे, लेकिन उस दौरान किसी कंपनी का कोई विज्ञापन नहीं निकला। इसी बीच वर्ष 2003 के मध्य में कोल इंडिया की दो सहयोगी कंपनी ईसीएल और बीसीसीएल के सीएमडी के पद के लिए विज्ञापन निकला। श्री एन के शर्मा उस वक्त कोल इंडिया के अध्यक्ष हुआ करते थे। श्री भट्टाचार्य की रुचि उन कंपनी में नहीं थी। उन्हें लगा कि उस पद पर उनका चयन नहीं हो सकेगा क्योंकि उस वक्त तक उसमें माइनिंग या अन्य तकनीकी विषय के जानकारों का ही चयन हुआ करता था। कभी किसी फ़ाइनेंस के व्यक्ति का सीएमडी के पद के लिए चयन तबतक नहीं हुआ था। लेकिन उस वक्त ईसीएल के सीएमडी श्री अशोक मेहता हुआ करते थे, जिन्होंने श्री भट्टाचार्य को कहा कि वे इन कंपनी में जरूर आवेदन दें, पता नहीं उनकी किस्मत में क्या लिखा है। उनकी बात मान कर श्री भट्टाचार्य ने दोनों कंपनी में आवेदन दे दिया।

इंटरव्यू में उनका भी बुलावा आया। उनके साथ कई माइनिंग इंजीनियर भी इस इंटरव्यू में बुलाये गए। पीईएसबी इंटरव्यू बोर्ड के उस वक्त के अध्यक्ष श्री टी के नायर हुआ करते थे। श्री भट्टाचार्य को देख कर पहले तो वे मुस्कुराय, मानो कह रहे हों कि वित्त विषय के जानकार का इस पद पर क्या काम। उन्होंने उनसे पहले पूछा कि वित्तीय स्तर पर कौन सी कंपनी की हालत ज्यादा खराब है। श्री भट्टाचार्य ने बीसीसीएल का नाम लिया, क्योंकि वह कंपनी कैश के घाटे में चल रही थी। इसके बाद श्री नायर ने कहा कि चूंकि बीसीसीएल का मुख्य मुद्दा घटता कोयले का उत्पादन है, इसलिए उसमें एक वित्त विषय का व्यक्ति क्या काम कर सकता है। इस पर श्री भट्टाचार्य ने जवाब दिया कि घटता उत्पादन असल समस्या नहीं है, इससे बड़ी समस्या है कि वह कंपनी पिछले चार वर्षों से बीआईएफआर में है। जरूरत है, उस कंपनी को पुनर्जीवित करने का प्लान बनाया जाए। उन्होंने उनसे पूछा कि क्या इस विषय का उनको अनुभव है। इसपर श्री भट्टाचार्य ने उन्हें अपने तीन पुराने अनुभवों

213

के बारे में बताया। उनके जवाब से श्री नायर संतुष्ट दिखे। अगले दिन शाम में कोल इंडिया के अध्यक्ष श्री शर्मा ने श्री भट्टाचार्य को फोन पर खबर दी कि उनका चयन बीसीसीएल के सीएमडी के पद के लिए हो गया है। दरअसल, श्री भट्टाचार्य उस वक़्त सीएमडी बन कर अपने करियर को भी आगे ले जाना चाहते थे और उन्हें किसी भी कंपनी के वित्तीय पुनरुद्धार का भी पुराना अनुभव था। इस लिए उन्होंने चुनौती स्वीकार कर बीसीसीएल के पद के लिए आवेदन दिया था और संयोगवश वे चुन भी लिए गए।

नवंबर, 2003 में श्री भट्टाचार्य ने बीसीसीएल के सीएमडी के पद पर जॉइन कर लिया। जॉइन करने के बाद सबसे पहले उन्होंने सीएमडी बंगले की जानकारी ली। पता चला कि सीएमडी का बंगला एक सुनसान इलाके में था और हमेशा खाली रहता था, क्योंकि सुरक्षा कारणों से कोई भी सीएमडी वहाँ रह कर लोगों को अपनी पहचान नहीं बताना चाहता था। उस वक़्त के सीएमडी एक निदेशक के बंगले में रहते थे। दूसरा विषय था, श्री भट्टाचार्य की पत्नी नागपुर में एक बैंक में काम करती थीं, इसलिए अब उनका तबादला धनबाद के किसी ब्रांच में कराना जरूरी था। बहुत मशक्कत के बाद श्री भट्टाचार्य की पत्नी का तबादला धनबाद हो गया और श्री भट्टाचार्य सीएमडी बंगले में शिफ्ट हो गए।

घर से निश्चिंत होकर अब कंपनी की सुध लेनी थी। उस वक़्त कंपनी के पास ज्यादा कैश नहीं था। किसी तरह हर महीने की पचीस तारीख तक बड़ी मुश्किल से कर्मियों के पिछले महीने के वेतन का भुगतान किया जाता था। हालाकि, कर्मियों के मद में कंपनी की तरफ से भविष्य निधि कोष में हर महीने कोई भुगतान नहीं हो पता था। सीआईएसएफ को भी महीनों से उनके खर्च का भुगतान नहीं हुआ था। यह रकम तबतक ढाई सौ करोड़ रुपये हो चुकी थी। उन्हें प्रतिमाह ढाई करोड़ का भुगतान किया जाना था, जो पिछले सौ महीनों की भुगतान के बराबर था। मशीन या अन्य उपकरण बनाने वालों को

उनके भुगतान के लिए दो वर्ष का इंतज़ार करना पड़ता था। कंपनी को कुल छह सौ से छह सौ पचास करोड़ रुपये का प्रतिवर्ष वित्तीय घाटा हुआ करता था, जिसमें तीन सौ करोड़ रुपये कैश का घाटा था। यह सिलसिला पिछले पाँच वर्षों से जारी था। खान सुरक्षा के मद में खदानों में सुरक्षा उपकरण या अन्य मद के लिए फ़ंड नहीं दिये जाते थे, इसलिए ट्रेड यूनियन के साथ वर्षों से खान सुरक्षा की बैठक आयोजित नहीं की जा रही थी।

सबसे पहले श्री भट्टाचार्य ने अपने निदेशकों के साथ-साथ एरिया के जनरल मैनेजर की बैठक बुलाई। सभी ने फ़ंड का दुखड़ा रोया। उत्पादन को बढ़ाने और खान सुरक्षा के लिए पैसों की जरूरत थी, इसलिए जबतक उसका इंतजाम नहीं होता, तब तक जनरल मैनेजर से उत्पादन बढ़ाने के लिए कहना बेमानी था। उसके बाद ट्रेड यूनियन की बैठक बुलाई गयी। उस बैठक में एक प्रेजेंटेशन के माध्यम से श्री भट्टाचार्य ने कंपनी के वित्तीय घाटे और कैश की स्थिति के बारे में बताया। उन्होंने बताया कि यदि इसके बाद कंपनी का उत्पादन एक मिलियन टन भी घटता है, तब प्रतिवर्ष कंपनी को अतिरिक्त अस्सी करोड़ रुपये का घाटा होगा और ऐसी सूरत में कर्मियों को बारह महीने का वेतन मिलना असंभव हो जाएगा। ज्यादा से ज्यादा दस महीनों का वेतन दिया जा सकेगा। यदि उत्पादन में गिरावट ऐसे ही चलता रहा, तब दो साल के भीतर कंपनी को बंद करना पड़ेगा। इस पर ट्रेड यूनियन के सदस्यों ने चिंता प्रकट की और श्री भट्टाचार्य से इसका हल जानना चाहा। श्री भट्टाचार्य ने तब बताया कि अब से कर्मियों के वेतन को तीसरी वरीयता पर रखना होगा। पहली वरीयता होगी, उत्पादन और खान सुरक्षा के मद में होने वाला खर्च। यदि कोई तकनीकी निदेशक यह समझता है कि कोयले के उत्पादन को बढ़ाने के लिए किसी उपकरण की जरूरत है, तब उस उपकरण के सप्लायर को अगले दिन उसके बिल का भुगतान करना होगा। श्री भट्टाचार्य ने उन्हें समझाया कि सबसे पहले हर वर्ष गिरते हुए कोयला के उत्पादन को स्थिर करना होगा और उसके बाद उसे हर वर्ष बढ़ाने की जुगत

लगानी होगी। वर्ष 2003-04 तक बीसीसीएल का उत्पादन लगातार गिरता रहा था और अब यह जरूरी था कि 2004-05 में उत्पादन में और गिरावट नहीं आए। इसलिए उसी वक्त आदेश जारी कर दिया गया कि उत्पादन बढ़ाने से जुड़े सामानों की खरीद को पहली प्राथमिकता दी जाएगी। दूसरी प्राथमिकता रखी गयी, भविष्य निधि का कर्मचारी के मद का भुगतान। इसके बाद ही तीसरी प्राथमिकता में कर्मियों के वेतन का भुगतान किया जाएगा। कंपनी की गंभीर स्थिति को भाँपते हुए ट्रेड यूनियन के सभी सदस्यों ने श्री भट्टाचार्य के इस प्रस्ताव को तुरंत मान लिया।

वर्ष 2004-05 समाप्त हुआ। उस वर्ष भी बीसीसीएल के कोयले के उत्पादन में गिरावट हुई, लेकिन पिछले वर्षों में जहां एक मिलियन टन से ज्यादा की गिरावट हुआ करती थी वह उस वर्ष कम होकर तीन लाख टन हो गयी। जब श्री भट्टाचार्य ने फिर हुए इस गिरावट का आंकलन किया तब पता चला कि खदानों में लगी मशीनें बहुत पुरानी हो चुकी थीं और उन्हें तुरंत सर्वे ऑफ करके नई मशीनों की खरीद की जरूरत थी। आंकलन में यह भी पता चला कि इन मशीनों की पिछली बार 1998-99 में अस्सी प्रतिशत से ज्यादा क्षमता उपयोगिता थी, जब मशीनें नयी थीं। उसके बाद मशीनें पुरानी होने पर हर वर्ष उनकी क्षमता उपयोगिता गिरती गयी और बासठ प्रतिशत तक पहुँच गयी थी, जिससे कोयले का उत्पादन हर वर्ष गिरता गया। कंपनी को इन मशीनों को बदलने के लिए कोल इंडिया से राशि मिल सकती थी, लेकिन उत्पादन में हर वर्ष होने वाली गिरावट और बढ़ते हुए घाटे के कारण, यह राशि नहीं मिल रही थी। पिछले चार-पाँच वर्षों में कंपनी को इस मद में कोई वित्तीय सहयोग नहीं मिला था।

श्री भट्टाचार्य ने इसका भी उपाय निकाला। उन्होंने फिर आंकलन कर यह निष्कर्ष निकाला कि अभी कंपनी के पुनरुद्धार के प्लान बनाने से ज्यादा जरूरी है कोयले के गिरते उत्पादन को संभालना। ऐसे में

कंपनी को बचाने के लिए यदि अभी मशीनों की खरीद पर आठ सौ करोड़ रुपये खर्च किए जाएँ तब क्षमता उपयोगिता बीस प्रतिशत बढ़ने के कारण कोयले का हर वर्ष उत्पादन ज्यादा होगा, और पाँच मिलियन टन की बढ़ोत्तरी पर चार सौ करोड़ रुपये का फायदा होगा। हालाकि, बिना पुनरुद्धार प्लान के किसी घाटे वाली कंपनी को इतने पैसे देना कठिन था, लेकिन श्री भट्टाचार्य ने दलील रखी कि कंपनी वर्ष 1999 से बीआईएफआर में है और पिछले पाँच सालों में कंपनी में कोई सुधार नहीं हुआ है। यदि अब समय गंवाया गया, तब शायद इस कंपनी को बचाना नामुमकिन हो जाएगा। चूंकि प्लान बनाने में वक़्त लगेगा और वैसे भी उस प्लान में मशीन की इन ख़रीदों का जिक्र किया जाएगा, इसलिए मशीनों की तुरंत खरीद के इस प्रस्ताव को माना जाये। तत्कालीन कोयला सचिव श्री पी सी परख ने श्री भट्टाचार्य की दलील और उनका प्रस्ताव मान लिया और तत्कालीन कोल इंडिया अध्यक्ष श्री शशि कुमार को इस प्रस्ताव को मानने के लिए कहा। कोल इंडिया ने प्रस्ताव मान लिया और किश्तों में पैसे देने के लिए तैयार हो गए।

पहली किश्त तीन सौ करोड़ रुपये की थी। यह रकम एक रामबाण की तरह थी। पुरानी मशीनों के सर्वे ऑफ करने के आदेश दिये गए। इसके पहले सर्वे ऑफ दस वर्ष पहले हुए थे, इसलिए इसके सम्बद्ध विभागाध्यक्ष सर्वे ऑफ करने की तकनीक भी भूल चुके थे। खैर, सभी को फिर से समझा कर शुरुआत में डेढ़ सौ मशीनों का सर्वे ऑफ किया गया। श्री भट्टाचार्य ने इस काम की स्वयं निगरानी करनी शुरू कर दी। नई मशीनों की खरीद के लिए टेंडर निकाले गए। यह टेंडर बीईएमएल को मिला। यह अप्रैल 2005 का वर्ष था। उसके छह महीने के बाद दूसरी खेप में मशीनों का सर्वे ऑफ किया गया और फिर टेंडर निकाला गया। इस बार फिर बीईएमएल कंपनी दूसरी पार्टी के दाम पर मशीन देने के लिए तैयार हो गयी। हालाकि, तबतक बीईएमएल ने कोल इंडिया की अन्य सहयोगी कंपनी के भी ऑर्डर ले लिए थे। श्री भट्टाचार्य को लगा कि यदि यह ऑर्डर बीईएमएल

को गया, तब वे समय पर नई मशीनों की सप्लाइ नहीं कर पाएंगे। इसके लिए बीईएमएल के सीएमडी को श्री भट्टाचार्य ने बुलाया और उनसे बात की। उन्होंने लिख कर दे दिया कि वे इस ऑर्डर के लिए सक्षम नहीं हैं, इसलिए वे दूसरी पार्टी के दाम पर मशीन की आपूर्ति नहीं कर पाएंगे। अंततः ऑर्डर दूसरी पार्टी, कैटरपिलर को गया। इस तरह दो कंपनी से बीसीसीएल को मशीनों की अब आपूर्ति होनी थी। सभी सम्बद्ध विभागाध्यक्ष ने इस मद में काफी मेहनत की। इससे सभी लोगों का उत्साह भी बढ़ा। श्री भट्टाचार्य इस बीच कर्मियों का हौसला बढ़ाने के लिए खदानों का भी दौरा करते रहे। वर्ष 2005 की शुरुआत में नयी मशीनों का आना शुरू हो गया और खदानों का उत्पादन बढ़ना शुरू हो गया। इन सब का असर वर्ष 2005-06 में हुआ और लगभग सात वर्षों की लगातार कोयला उत्पादन में गिरावट के बाद उस वर्ष उत्पादन में एक मिलियन टन से ज्यादा की बढ़ोतरी हुई और कंपनी ने वर्षों बाद ढाई सौ करोड़ रुपये से ज्यादा का मुनाफा दर्ज किया।

इसके बाद श्री भट्टाचार्य ने कोयले का उत्पादन बढ़ाने के लिए अगला कदम उठाया। उन्होंने पूरी कंपनी में दो खदानों के बीच की जगह निकाल कर छोटे-छोटे पैच में कोयला उत्पादन करने का मन बना लिया। उन्होंने यह निर्णय लिया कि उन पैच में विभागीय मशीनों की जगह कांट्रैक्ट देकर कोयले का उत्पादन शुरू किया जाये। इसका मुख्य कारण था, उस इलाके में कई जगह जमीन के नीचे कोयले में आग लगना और श्री भट्टाचार्य नहीं चाहते थे की बीसीसीएल के अधिकारी या कर्मचारी अपनी जान जोखिम में डालकर वहाँ कोयले का उत्पादन करें॥ उन्हें इस तरह के कोयले के उत्पादन का अनुभव भी नहीं था। मशीनों को भी नुकसान होने का खतरा था, जबकि कांट्रैक्ट पर काम करने वाली कंपनी के लोगों को इसका अनुभव था और उनके पास इसके माकूल मशीनें भी थीं। इसके पहले बीसीसीएल में कांट्रैक्ट पर कोयला उत्पादन का काम कभी नहीं हुआ था। कुछ वर्ष पूर्व लोगों ने कोशिश की थी, लेकिन असफल हुए थे।

वर्ष 2004 के जून में सबसे पहले जो पैच निर्धारित किया गया, वह था धनबाद-पाथरडीह रेलवे लाइन का इलाका। दरअसल, उस लाइन के नीचे कोयला था, लेकिन उसमें आग लगी हुई थी। इसके कारण उस लाइन पर ट्रेन का परिचालन बहुत दिनों से बंद था। यह ऐसा इलाका था, जहां विभागीय कर्मी और मशीन से कोयला उत्पादन नहीं किया जा सकता था। इसलिए इस इलाके से कोयला निकालने के लिए कांट्रैक्ट पर काम दिया गया। वहाँ का कोयला अच्छी गुणवत्ता वाला स्टील ग्रेड दो का था। इस संबंध में रेलवे अधिकारियों से बात हुई थी। उनसे कहा गया था कि वे उस लाइन को हटा दें, जिसके लिए बीसीसीएल साढ़े तीन करोड़ की राशि भी देने के लिए तैयार था। रेलवे ने शर्त रखी कि कोयला निकालने के बाद उस इलाके को समतल कर ज़मीन वापस रेलवे को दे दी जाये, जिससे उसपर रेलवे लाइन डाल कर फिर से ट्रेन का परिचालन शुरू किया जा सके। बीसीसीएल ने शर्त मान ली और रेलवे ने कुछ ही दिनों में वहाँ से रेलवे लाइन को हटा लिया। बीसीसीएल ने उस ज़मीन को अपने कब्जे में ले लिया, कोयला उत्पादन के लिए टेंडर निकाला गया और सफलतापूर्वक पूरा कर लिया गया। कांट्रैक्टर को काम का ऑर्डर दे दिया गया।

उसी बीच मई महीने में लोक सभा का चुनाव हुआ और धनबाद से वर्तमान बीजेपी सांसद को हराकर काँग्रेस के नए सांसद बने। उन्हें उनके नजदीकी लोगों ने समझा दिया कि बीसीसीएल में विभागीय लोगों से कोयला उत्पादन कराने के बजाय, अब बाहरी कांट्रैक्टर को लाया गया है। उनके लोगों ने रेल लाइन वाले पैच पर शुरू होने वाले काम को रोक दिया। जब बातचीत से अगले चार महीनों तक मसला हल नहीं हो सका तब उसी दौरान अक्तूबर महीने में प्रधानमंत्री ने दिल्ली में एक बैठक बुलाई थी, जिसमें कोल इंडिया और उसकी सहयोगी कंपनी के सभी सीएमडी को बुलाया गया था। प्रधानमंत्री के जिम्मे उन दिनों कोयला विभाग भी था और श्री दसरी नारायण राव, कोयला राज्य मंत्री हुआ करते थे। उस बैठक में जब श्री भट्टाचार्य को बोलने का मौका मिला तब उन्होंने रेलवे लाइन वाली जगह में

काम को रोके जाने की भी बात उठाई। उन्होंने कहा कि इस जगह से कंपनी को हर वर्ष एक मिलियन टन कोयला ज्यादा मिल सकता है और देश में जो अभी प्राइम कोकिंग कोयले की किल्लत हो रही है, उसमें यहाँ की अच्छी गुणवत्ता वाले कोयले से कुछ हद तक परेशानी दूर की जा सकती है। प्रधानमंत्री ने इस मामले में मदद करने का आश्वासन दिया। इस आधार पर दिल्ली से लौट कर श्री भट्टाचार्य ने कांट्रैक्टर को काम शुरू करने का निर्देश दिलवाया, लेकिन फिर भी विरोध नहीं रुका। इस दौरान उस इलाके में ज़मीन के नीचे में लगी आग सतह पर आ गयी और लगभग एक किलोमीटर के दायरे में रात के समय आग को सतह पर देखा जा सकता था। इससे बहुमूल्य कोयले का भारी नुकसान हो रहा था। इसकी खबर उस दौरान धनबाद के लगभग हरेक अखबार ने प्रमुखता से छापा। बाद में उस वक़्त बने नए कोयला राज्य मंत्री श्री शिबू सोरेन की मध्यस्थता से उस इलाके में खनन का काम शुरू किया जा सका।

अबतक कंपनी में कोयला का प्रेषण भी बढ़ा और सेल को कोकिंग कोयले की आपूर्ति भी बढ़ाई गयी। इससे पैसे का आना तेजी से शुरू हो गया। कंपनी में कैश फ्लो की स्थिति अच्छी हो गयी। इसके कारण तय किया गया कि इसका फायदा सबसे पहले मेहनत से काम कर रहे कोयला श्रमिकों को मिलना चाहिए। तबतक हर महीने की तनख़ाह अगले महीने की पचीस तारीख तक मिलती थी। पैसे आ जाने से तय किया गया कि इस अवधि को हर महीने पाँच दिन घटा कर ऐसी स्थिति आनी चाहिए कि महीने की तनख़ाह अगले महीने के पहले सप्ताह तक मिल जाये। इस संबंध में आदेश लागू कर दिया गया और तीन महीनों के भीतर कर्मियों को पहले सप्ताह में वेतन मिलना शुरू हो गया। इससे न केवल कर्मियों का उत्साह बढ़ा, बल्कि वर्तमान प्रबंधन पर उनका भरोसा भी हुआ। इसके बाद श्री भट्टाचार्य ने पचास करोड़ रुपये जमा कर भविष्य निधि खाते में भेजे, जिससे पुराना बकाया चुकाया जा सके। इसकी भी चर्चा पूरे इलाके में हुई। इससे लोगों में एक बात बैठ गयी कि कांट्रैक्ट पर दिये गए काम के

कारण कंपनी की वित्तीय स्थिति में सुधार हो रहा है। इसके कारण श्री भट्टाचार्य ने पूरे बीसीसीएल इलाके में लगभग सोलह-सत्रह जगहों पर नए पैच खोज कर वहाँ कांट्रैक्ट पर कोयला निकालने का काम दे दिया। इससे न केवल कोयले का उत्पादन बढ़ा, बल्कि कंपनी को जबर्दस्त वित्तीय फायदा भी हुआ।

इसके बाद जो सबसे बड़ी पहल श्री भट्टाचार्य ने की, वह था कोयले का ई-ऑक्शन। उन्होंने ताप विद्युत केन्द्रों को भेजे जाने वाले कोयले को छोड़ कर बाकी कोयले का ई-ऑक्शन करने का मन बनाया, क्योंकि उन दिनों इनमें से ज़्यादातर कोयला बाजार में ऊंचे दाम में बेच दिया जाता था, जिसका फायदा बीसीसीएल को नहीं मिलता था। ऐसे उपभोक्ताओं पर श्री भट्टाचार्य की नज़र थी और उन्होंने इसको ध्यान में रखते हुए इसका प्रस्ताव कोयला मंत्रालय और कोल इंडिया को भेज दिया। यह व्यवस्था कोल इंडिया में पहली बार सोची गयी थी। इसकी जानकारी मिलने पर कोल इंडिया से लिंकेज कोयला से जुड़े उपभोक्ताओं ने विरोध करना शुरू कर दिया। कोयला सचिव ने प्रस्ताव को ध्यान से पढ़ कर और श्री भट्टाचार्य से बात कर कागज़ को स्वीकृति के लिए प्रधानमंत्री कार्यालय भेज दिया। इस प्रस्ताव में लिखा था कि अभी इस काम को ट्राइल के तौर पर शुरू किया जाएगा और जो भी कंपनी इसका फायदा उठाना चाहती है वह कर सकती है। इसमें सिर्फ श्री भट्टाचार्य ने बीसीसीएल के लिए हामी भरी। इसपर कोयला सचिव ने कहा कि वे इसके लिए विशेष अनुमोदन लेंगे। अनुमोदन मिला और बीसीसीएल को कोयला ऑक्शन करने की अनुमति मिल गयी।

इस बीच श्री भट्टाचार्य ने मेटल जंक्शन कंपनी से बात कर ऑक्शन की पद्धति जानी। इसके अलावा सरकारी कंपनी एमएसटीसी कंपनी को भी ऑक्शन के कार्य में शामिल किया गया। इस ऑक्शन के निर्णय के कारण विभिन्न उपभोक्ताओं द्वारा विभिन्न कोर्ट में बाईस केस दायर किए गए, जिसमें कोल इंडिया और बीसीसीएल

को पार्टी बनाया गया। श्री भट्टाचार्य ने अपनी लीगल टीम की मदद से सभी केस को सर्वोच्च न्यायालय में स्थानांतरित करा दिया। सर्वोच्च न्यायालय में उस वक्त उस केस को लड़ने के लिए कोल इंडिया की तरफ से कोई भी वकील तैयार नहीं हो रहा था। इसके कारण सिर्फ सॉलिसीटर जनरल और उनके सहयोगी ने इस केस की पैरवी सर्वोच्च न्यायालय में की। न्यायालय के जज ने इस केस पर फैसला सुनाते हुए कहा कि बिना कोई पॉलिसी के कोल इंडिया या बीसीसीएल ऑक्शन का बोझ उपभोक्ताओं पर नहीं लाद सकती है, इसलिए कोयला सचिव की अध्यक्षता में एक समिति का गठन किया जाये, जो कोयला वितरण की नई पॉलिसी बनाएगी, तभी ऑक्शन के बारे में सोचा जा सकता है। इस कारण से कोयले का ऑक्शन रोक दिया गया।

तबतक वर्ष 2005-06 में बीसीसीएल में अंततः कोयले का उत्पादन बढ़ाकर और कंपनी को वित्तीय लाभ की स्थिति में लाने के कारण श्री भट्टाचार्य को कोल इंडिया के सर्वोच्च अध्यक्ष पद के लिए मार्च, 2006 में चुना गया। उनका विजिलेंस क्लियरेंस एक सप्ताह के अंदर आ गया, लेकिन उनकी फ़ाइल कोयला मंत्रालय में बहुत दिनों तक अटकी रही। श्री भट्टाचार्य को पता चला कि उनके चयन पर तत्कालीन कोयला मंत्री को कुछ बात करनी थी। श्री भट्टाचार्य ने अपनी तरफ से मंत्री से मिलने की कोई कोशिश नहीं की। उस वक्त उनके दिमाग में यह भी चल रहा था कि यदि उन्हें कोल इंडिया का अध्यक्ष नहीं बनाया गया, तब उनके पास एक और बड़ी प्राइवेट कंपनी का ऑफर था, जिसमें वह कंपनी श्री भट्टाचार्य को ऑस्ट्रेलिया में सर्वोच्च पद देने वाली थी। इस संबंध में श्री भट्टाचार्य ने अपनी पत्नी से भी बात कर ली थी। लेकिन अचानक दो दिनों के बाद उन्हें खबर मिली कि कोयला मंत्री उनसे रांची में मिलना चाहते है। श्री भट्टाचार्य अगले दिन सुबह धनबाद से गाड़ी से रांची चले गए और मंत्री से जा कर मिले। उनके मिलते ही कोयला मंत्री ने कहा कि उन्होंने श्री भट्टाचार्य के चयन की मंजूरी दे दी है, साथ-साथ उन्होंने

यह भी कहा कि श्री भट्टाचार्य पर बहुत बड़ी जिम्मेवारी दी जा रही है। उन्होंने विशेष कर अनुसूचित जाति और जनजाति के वैसे कर्मियों की उन्हें सुध लेने के लिए कहा, जिन्हें उनकी गैरहाजरी के कारण नौकरी से निकाल दिया गया था। कोयला मंत्री ने कहा कि चूंकि वे ज्यादा पढे-लिखे नहीं होते हैं, इसलिए उन्हें सरकारी नियमों की जानकारी नहीं होती है। यदि इस संबंध में श्री भट्टाचार्य उनकी कुछ मदद कर सकें, तब उनका और उनके गरीब परिवार का भला होगा। श्री भट्टाचार्य का आदेश उसके एक महीने के बाद आ गया, लेकिन चूंकि उनके पूर्व के अध्यक्ष श्री शशि कुमार की सेवानिवृति सितंबर, 2006 में थी, इसलिए उन्हें रुकना पड़ा। इस बीच श्री भट्टाचार्य ने कोयला मंत्री के निवेदन पर विचार कर बीसीसीएल में लगभग अस्सी ऐसे अनुसूचित जाति और जनजाति की पुनर्बहाली कर दी, जिन्हें सिर्फ उनके काम पर गैरहाजिर रहने के कारण नौकरी से निकाल दिया गया था। कोयला मंत्री को यह जानकर काफी प्रसन्नता हुई।

सितंबर की शुरुआत में बीसीसीएल की भाटडीह भूमिगत खदान में गैस रिसने से कई मजदूर नीचे खदान में फंस गए थे। उस वक़्त श्री भट्टाचार्य कलकत्ता में सीएमडी की बैठक में शामिल थे। वहीं उन्हें इस दुर्घटना की खबर मूनिडीह एरिया के मुख्य महाप्रबंधक से मिली। उन्होंने कोल इंडिया के तत्कालीन अध्यक्ष श्री शशि कुमार को दुर्घटना की बात बताई। बिना समय गंवाय, वे दोनों ट्रेन से सीधा धनबाद पहुंचे और दुर्घटना स्थल पर गए। वहाँ लोगों का हुजूम लगा था। श्रमिकों के परिजन प्रबंधन से अपने लोगों की जानकारी चाह रहे थे। कुछ ही घंटों में पता चल गया कि खदान के अंदर फंसे सभी बयालीस श्रमिक में से कोई भी जीवित नहीं बचा है। यह दुर्घटना श्री भट्टाचार्य के लिए बहुत बड़े सदमे के समान था। उन्होंने कुछ ही दिन पहले सभी खदानों में खाली जगह में बालू भरने का निर्देश दिया था, लेकिन कहीं-कहीं उनके आदेश का पालन नहीं किया गया, जिसके कारण यह दुर्घटना हुई। इस घटना पर भारत सरकार ने कोर्ट ऑफ इंक्वायरी गठित की, जिसमें अंततः निष्कर्ष निकला कि भूमिगत खदान में बालू

की कम भराई के कारण यह दुर्घटना हुई। इसी दुर्घटना के बाद मारे गए सभी श्रमिकों की याद में कोल इंडिया की सभी सहयोगी कंपनी में शहीद स्थल बनाए गए, जिसमें कंपनी के स्थापना काल से काम के दौरान शहीद हुए श्रमिकों के नाम लिखे गए।

श्री भट्टाचार्य को 30 सितंबर को बीसीसीएल के कर्मियों के द्वारा भावभीनी विदाई दी गयी। चूंकि श्री भट्टाचार्य के सीएमडी के कार्यकाल में कंपनी ने बहुत सफलता हासिल की थी, इसलिए उनके जाने से लोग मायूस भी थे, लेकिन श्री भट्टाचार्य ने अपने कार्यकाल के दौरान कंपनी के लोगों में उत्साह जगाने का काम जरूर पूरा कर लिया था। उनके मन में संतुष्टि थी। विदाई समारोह के बाद शाम में वे धनबाद से अपनी पत्नी के साथ गाड़ी से कलकत्ता के लिए रवाना हो गए। उनके मन में उत्सुकता थी कि वे अगले दिन फिर उसी कोल भवन में काम करना शुरू करेंगे, जहां उन्होंने वर्ष 1987 से लेकर 2001 तक समय बिताया था। रात में उन्हें लॉर्ड सिन्हा गेस्ट हाउस में ठहराया गया। अगले दिन अहले सुबह श्री भट्टाचार्य ने कलकत्ता के कालीबाड़ी मंदिर में जाकर पूजा अर्चना की और अंततः पहली अक्तूबर, 2006 को कोल इंडिया के अध्यक्ष का कार्यभार ग्रहण कर लिया। इस प्रकार से उन्होंने सिर्फ उनतीस वर्ष में कोल इंडिया में मैनेजमेंट ट्रेनी से अध्यक्ष के पद का सफर तय किया था, जो पहले किसी ने नहीं किया था। यह किसी भी नए मैनेजमेंट ट्रेनी के लिए लक्ष्य पर काम कर कंपनी के सर्वोच्च पद तक पहुँचने का अच्छा उदाहरण था।

श्री भट्टाचार्य ने एक दो दिनों में सम्बद्ध अधिकारियों और ट्रेड यूनियन के प्रतिनिधियों से मिलने का काम पूरा किया, उसके बाद उनका पहला काम राष्ट्रीय कोयला वितरण पॉलिसी को जल्द से जल्द बनाना था। कोयला सचिव के नेतृत्व वाली कमिटी में वे भी शामिल थे। चर्चा के दौरान यह बात सामने आई कि आने वाले वर्षों में अकेले कोल इंडिया देश की कोयला की जरूरत को पूरा नहीं कर सकता है। कंपनी के पास जितने कोल ब्लॉक अभी भी बिना उत्पादन के पड़े

हैं, उनमें अभी की गति से उत्पादन शुरू करने में अगले पचीस वर्ष लगेंगे। ऐसे में अन्य स्रोत से भी इन ब्लॉक में कोयले का उत्पादन होना चाहिए। इस प्रकार भारत सरकार ने इस पॉलिसी को बनाते-बनाते कोल माइंस राष्ट्रीयकरण कानून में बदलाव का प्रस्ताव भी रखा। कोल इंडिया के अंतर्गत वर्षों से यूं ही पड़े कोल ब्लॉक में कुछ और ब्लॉक मिला कर लगभग दो सौ ब्लॉक के बाज़ार में कोयला खनन के ऑक्शन का निर्णय लिया गया। हालाकि, उस वक़्त तक प्राइवेट सेक्टर को पहले के आवंटित कोल ब्लॉक से अनुमान के अनुसार कम कोयले का उत्पादन हो रहा था। इसलिए तबतक के लिए कोल इंडिया को जिम्मेवारी दी गयी कि कंपनी को पूरे पावर क्षेत्र के कोयले की मांग को पूरा करना होगा। हालाकि, अध्यक्ष के रूप में श्री भट्टाचार्य इसके लिए अंदरूनी तौर पर तैयार नहीं थे। उन्होंने पॉलिसी में कोयले के आपूर्ति की वर्ष में एक निर्धारित सीमा तय करने की सलाह दी। इसमें तत्कालीन विद्युत राज्य मंत्री का भी विशेष योगदान रहा। इस तरह आठ महीने की कड़ी मेहनत के बाद कोयला वितरण पॉलिसी जारी हुई। इसके आधार पर पावर क्षेत्र के लोगों में आशा जगी कि यदि वे नए ताप विद्युत प्लांट लगाते हैं, तब कोल इंडिया से उन्हें अनवरत कोयला मिलता रहेगा। इसलिए उस दौरान देश भर में कई नए ताप विद्युत केंद्र अस्तित्व में आए। कोयले के ई-ऑक्शन की भी शुरुआत हो गयी।

कोल इंडिया के अध्यक्ष के रूप में श्री भट्टाचार्य ने सबसे महत्वपूर्ण काम कोल इंडिया की छवि में सुधार का किया। वे चाहते थे कि कंपनी के कर्मी कोल इंडिया में काम करते वक़्त फक्र महसूस करें। इसके अलावा कंपनी से जुड़े सभी लोग भी कंपनी की तारीफ करें। इस क्रम में उन्होंने देखा कि यद्यपि, कोल इंडिया ने पिछले कुछ वर्षों में जबर्दस्त वित्तीय लाभ किया है, लेकिन अभी भी कंपनी को मिनी रत्न की श्रेणी में जगह नहीं मिली है। उस वक़्त तक देश की विभिन्न कंपनी में पैंतीस कंपनी मिनी रत्न और नौ नवरत्न की श्रेणी में थे। इसके लिए जरूरत थी, सरकार के सम्बद्ध मंत्रालय

में इसके लिए आवेदन देना और अंततः कोयला मंत्रालय को इसकी स्वीकृति देनी थी। श्री भट्टाचार्य ने न केवल कोल इंडिया को बल्कि उसके साथ-साथ एमसीएल, एसईसीएल, एनसीएल, डब्लूसीएल और सीसीएल के लिए भी मिनी रत्न श्रेणी का आवेदन कराया और मार्च, 2007 में ये सभी कंपनी मिनी रत्न श्रेणी में आ गईं। इसके बाद उन्होंने देखा कि देश में कोल इंडिया से छोटी-छोटी कंपनी नवरत्न की श्रेणी में हैं। ऐसे में उन्होंने कोल इंडिया के नवरत्न श्रेणी के लिए भी आवेदन किया। लेकिन इसके लिए जरूरी था, कोल इंडिया की शेयर मार्केट में लिस्टिंग।

वर्ष 2007 में श्री भट्टाचार्य को सार्वजनिक क्षेत्र उपक्रम के लिए स्कोप अवार्ड समारोह में आमंत्रित किया गया। उन्हें लगा कि शायद कोल इंडिया को भी पुरस्कृत किया जाएगा, हालाकि, बाकी कई कंपनी को पुरस्कार मिले, लेकिन कोल इंडिया को एक भी पुरस्कार नहीं मिला। श्री भट्टाचार्य यह देख कर काफी नाराज़ हुए। उन्होंने वापस आकार स्कोप के अध्यक्ष को पत्र लिखा, जिसकी प्रति कोयला मंत्रालय और प्रधानमंत्री कार्यालय को भी दी गयी। उस पत्र में श्री भट्टाचार्य ने स्पष्ट रूप से लिखा कि कोल इंडिया कंपनी के रूप में पाँच महत्वपूर्ण काम करती है। पहला, यह कंपनी देश के चालीस प्रतिशत ऊर्जा की मांग को पूरा करती है, जो सभी तेल एवं गैस कंपनी को मिलाकर भी ज्यादा है, लेकिन पुरस्कार उन्हें दिया जाता है। दूसरा, इस काम के लिए सरकार से यह कंपनी कोई वित्तीय मदद प्रत्यक्ष या परोक्ष रूप में नहीं लेती है। तीसरा, इसके बावजूद कोयले की आपूर्ति अंतराष्ट्रीय बाज़ार के कोयले के दाम से लगभग आधे दाम पर की जाती है, जिससे उपभोक्ताओं को सस्ती बिजली उपलब्ध हो सके। चौथा, कंपनी इतने सस्ते दाम पर कोयला बेच कर भी पचीस प्रतिशत का ऑपरेटिंग मार्जिन रखती है और पाँचवाँ, कंपनी को होने वाले वित्तीय लाभ से करोड़ों रुपये का भुगतान विभिन्न मद में भारत सरकार को किया जाता है। उन्होंने सवाल किया कि क्या कोल इंडिया से ज्यादा सार्थक कंपनी देश में है और इस कंपनी को कभी स्कोप

का पुरस्कार नहीं दिया गया। इस पत्र का तो कोई जवाब नहीं आया, लेकिन अगले वर्ष स्कोप द्वारा कोल इंडिया को एक्सलेन्स अवार्ड दिया गया। इससे भी कोल इंडिया की छवि में काफी सुधार हुआ। इसी दौरान श्री भट्टाचार्य ने हर वर्ष एक नवंबर को कोल इंडिया के स्थापना दिवस की शुरुआत की, जिसमें वर्ष भर अच्छा काम करने वाले कर्मियों को पुरस्कृत किया जाने लगा। इसके साथ कोल इंडिया गान 'हम हैं कोल इंडिया, कोल इंडिया हम' तैयार किया गया, जिसे हर कंपनी में किसी भी कार्यक्रम की शुरुआत में बजाया जाने लगा।

वर्ष 2007 के बाद देश में कोयले की मांग बहुत ज्यादा बढ़ गयी। देश के कोयले से जरूरत पूरी नहीं होने के कारण कोयले का आयात शुरू करना पड़ा। इसके लिए कोल इंडिया को कोयले का उत्पादन बढ़ाने की जरूरत थी। लेकिन इसमें एक बड़ी अड़चन थी। चूंकि कोल इंडिया को तबतक केवल मिनी रत्न का दर्जा मिला था, इसलिए कंपनी के बोर्ड को सिर्फ पाँच सौ करोड़ रुपये तक की परियोजनाओं को स्वीकृति देने का अधिकार था। उत्पादन तेजी से बढ़ाने के लिए बड़ी परियोजनाएं प्लान की गयी थीं, जिनपर पाँच सौ करोड़ रुपये से ज्यादा का खर्च था। इसकी स्वीकृति के लिए कोल इंडिया को प्रस्ताव कोयला मंत्रालय भेजना होता था, जहां से स्वीकृति मिलते-मिलते डेढ़ से दो वर्ष लग जाते थे। श्री भट्टाचार्य ने इन कारणों से कलकत्ता के एक नामी अँग्रेजी बिज़नेस अखबार में अपने साक्षात्कार में कहा कि कोयले के उत्पादन को बढ़ाने के लिए परियोजनाओं की जल्दी स्वीकृति मिलनी चाहिए और इसके लिए कोल इंडिया को नवरत्न का दर्जा तुरंत मिलना चाहिए। कंपनी से ज्यादा इसकी जरूरत कोयला मंत्रालय को है, जिसपर देश में कोयले की बढ़ती हुई मांग को पूरा करने का जबर्दस्त दबाव है। इस अखबार की खबर कोयला मंत्रालय के पास भी पहुंची और तब इस पर आगे काम करने के लिए सोचा गया। नवरत्न का दर्जा मिलने के लिए कंपनी की शेयर बाजार में लिस्टिंग जरूरी थी। हालांकि, श्री भट्टाचार्य ने इसके पहले कोयला मंत्रालय और अन्य सम्बद्ध मंत्रालय के सामने यह दलील रखी थी

कि चूंकि शेयर बाज़ार में लिस्टिंग की प्रक्रिया काफी लंबी है, इसलिए कोल इंडिया को फिलहाल नवरत्न का दर्जा दे दिया जाये और तब कंपनी एक निर्धारित समय सीमा के अंतर्गत शेयर बाज़ार में अपनी लिस्टिंग करा लेगी। लेकिन उनकी यह बात नहीं मानी गयी। अंततः, बहुत शोर मचाने पर वित्त मंत्रालय में प्रस्ताव भेजा गया और अक्तूबर, 2008 में कोल इंडिया को नवरत्न का दर्जा दे दिया गया। शर्त रखी गयी कि अगले तीन वर्षों में कंपनी अपनी लिस्टिंग शेयर मार्केट में करा लेगी अन्यथा नवरत्न श्रेणी में बने रहने के लिए रिवियू किया जाएगा। इस प्रकार से अक्तूबर, 2011 तक कोल इंडिया को शेयर मार्केट में आ जाना था।

नवरत्न मिलने के बाद तीन वर्ष की अवधि के दौरान ही श्री भट्टाचार्य को सेवानिवृत हो जाना था। उनके पास सिर्फ दो वर्ष का वक़्त था। उन्हें लगा कि कोल इंडिया की छवि सुधारने के लिए इतना काम यदि उन्होंने किया है तब दो वर्ष में कोशिश कर शेयर मार्केट की लिस्टिंग भी हो सकती है। उनका सोचना था कि अगर वे इस काम को आने वाले कोल इंडिया के नए अध्यक्ष के ऊपर छोड़ देंगे, तब यह कंपनी के लिए अच्छा नहीं होगा। हालाकि, उस वक़्त तक उन्हें या कंपनी के किसी अधिकारी को लिस्टिंग का अनुभव नहीं था। लेकिन उन्होंने सोचा कि काम की शुरुआत करने के लिए सबसे पहले अंतर्राष्ट्रीय और राष्ट्रीय स्तर के निवेशकों से मिलने की जरूरत होगी और उनसे जानकारी ली जाये कि वे कोल इंडिया के बारे में क्या सोचते हैं। श्री भट्टाचार्य को अंदाज़ा था कि बाज़ार में कोल इंडिया की छवि अभी भी बहुत अच्छी नहीं थी। इसके लिए जब भी श्री भट्टाचार्य या उनके अधीन निदेशक विदेश के दौरे पर जाते थे, तब यह सुनिश्चत किया जाता था कि वे एक दिन निकालकर वहाँ के निवेशकों से मिलें। इन बैठकों का आयोजन श्री भट्टाचार्य की परिचित कंपनी गोल्डमैन सैक्स के द्वारा बिना किसी पारिश्रमिक के किया जाता था। इन बैठकों से जो बात निकाल कर आ रही थी वह बहुत भयावह थी। सबसे पहले लगभग आधे विदेशी निवेशकों को

कोल इंडिया के बारे में कुछ मालूम नहीं था। बाकी बचे निवेशकों का मानना था कि चूंकि बाज़ार में कोल इंडिया की छवि बहुत खराब है, इसलिए इस वक्त किसी तरह का आईपीओ लाना घातक साबित होगा। यह मामला वर्ष 2010 का था।

शुरू में सभी की बात सुनकर और सुझाव लेकर श्री भट्टाचार्य और उनके निदेशकगण वापस आ गए और उसके बाद विभिन्न मुद्दों के हल को लेकर मंथन किया गया। तीन मुख्य मुद्दे निकलकर सामने आए। पहला, कर्मियों द्वारा काम कम किया जाना, जिसके कारण कोल इंडिया की उत्पादकता का स्तर विश्व की सभी खनन कंपनी में सबसे कम था। दूसरा, कंपनी में भ्रष्टाचार और तीसरा सबसे महत्वपूर्ण ज़मीन अधिग्रहण के बाद उसका उचित उपयोग नहीं होना। उन ज़मीनों को वापस पुराने स्तर पर नहीं लाना, आदि।

सबसे पहले श्री भट्टाचार्य ने जमीन से जुड़े मामले का विषय लिया। उन्होंने सहयोगी कंपनी के सभी सीएमडी से जानना चाहा कि उनकी खदानों में भूमि सुधार पर ज़ोर दिया जाता है या नहीं। सभी ने एक सुर में कहा कि उनकी कंपनी में इस विषय पर ध्यान दिया जाता है, लेकिन जब श्री भट्टाचार्य ने यह जानना चाहा कि अधिकारियों के कार्य निर्धारण में इस विषय को रखा जाता है या नहीं, तब पता चला कि इस विषय का अधिकारियों के वार्षिक रिपोर्ट में कहीं जिक्र नहीं होता है। सबसे पहले इस विषय को क्षेत्र के सम्बद्ध अधिकारियों के प्रमुख कार्य में डाला गया। इसके बाद श्री भट्टाचार्य ने सीएमपीडीआई को कहा कि वह हरेक पाँच मिलियन टन और उससे ज्यादा क्षमता वाली खुली खदान की सैटेलाइट मैपिंग कराये और यह बताने की कोशिश करे कि कोल इंडिया द्वारा, जो हर वर्ष बड़े पैमाने पर वृक्षारोपण का कार्य हरेक कंपनी में होता है, उसका हर वर्ष क्षेत्र में हरियाली बढ़ाने में क्या भूमिका है। उन्हें पचास सबसे बड़ी खुली खदानों की वार्षिक मैपिंग और उसके बाद की छोटी खदानों की हर तीन वर्ष पर करने के लिए कहा गया। इससे हर वर्ष बढ़ती हरियाली

को वास्तविक तौर पर मैप में दिखाने से लोगों का भरोसा बढ़ता। अगले दो महीनों में पहली पचास खदानों की मैपिंग का कार्य पूरा हो गया। उसके बाद श्री भट्टाचार्य ने उन खदानों के लिए आईएसओ 14000 का सत्यापन लेने के लिए कहा। बहुत कम समय में तिरपन खदानों को आईएसओ का सर्टिफिकेट मिल गया। यह कोल इंडिया की लिस्टिंग के ख्याल से बहुत बड़ी उपलब्धि थी। इस कारण से विश्व भर के वैसे निवेशकों का मुंह बंद हो गया, जो कोल इंडिया के भूमि सुधार कार्यक्रम की कुछ महीनों पहले बुराई कर रहे थे।

इसके बाद बारी थी निवेशकों के उस आरोप की, जिसमें कहा गया था कि कोयला खदान के लिए कोल इंडिया द्वारा जंगल की जमीन को बर्बाद किया जाता है। इस विषय के आंकलन से पता चला कि कोल इंडिया की सहयोगी कंपनी एक एकड़ की जंगल की ज़मीन खनन के लिए लेने पर उसकी जगह ढाई एकड़ के क्षेत्र में जंगल तैयार करती है। इसके अलावा एक बात और उठी कि कोल इंडिया जंगल तो तैयार कर देती है, लेकिन उनकी गुणवत्ता असली जंगल की तरह नहीं होती है। इसपर कोल इंडिया को बना बनाया जवाब मिल गया। उस वक़्त केंद्रीय वन एवं पर्यावरण मंत्रालय ने एक आदेश जारी किया था कि कोयला खनन इलाकों में, जहां के जंगल बहुत घने हैं, वहाँ भविष्य में कोयला खनन की मंजूरी नहीं दी जाएगी। उन्होने जिस मैप को आदेश के साथ लगाया था, उसमें ज़्यादातर क्षेत्र के वन, कोल इंडिया की कंपनी के द्वारा लगाए गए थे। इससे साबित होता था कि कोल इंडिया द्वारा अच्छी गुणवत्ता के घने जंगल तैयार किए जाते हैं। इन सब उपलब्धियों से लिस्टिंग के लिए तैयार की जा रही रिपोर्ट और भी आकर्षक दिखने लगी।

इसके बाद कर्मियों की खदान में उत्पादकता का मामला उठाया गया था। इसपर जवाब दिया गया कि कोल इंडिया को अपनी स्थापना काल से ज्यादा संख्या में भूमिगत खदानें मिली हैं, जो छोटी-छोटी और पुरानी थीं और उनमें उत्पादकता शुरू से बहुत कम थी। पूरे

कोल इंडिया में सभी भूमिगत खदानों को मिलाकर कुल उत्पादन का मात्र आठ प्रतिशत उत्पादन हो पाता है, जबकि इनमें सत्तर प्रतिशत से ज्यादा की श्रमशक्ति लगी हुई है। शेष बयानवे प्रतिशत उत्पादन जिन खुली खदानों से आता है, वह वर्तमान कोल इंडिया की देन है। निवेशकों को समझाने के लिए रिपोर्ट में लिखा गया कि खुली खदान से इस उत्पादन पर सिर्फ बारह डॉलर का खर्च बैठता है, जिसका मतलब है, इन खदानों की उत्पादकता बहुत ज्यादा है।

भ्रष्टाचार के मामले में श्री भट्टाचार्य ने उस दौरान एक समारोह में भारत के तत्कालीन मुख्य सतर्कता आयुक्त से बातचीत के दौरान सीधा सवाल पूछा था कि उनकी नज़र में कोल इंडिया में भ्रष्टाचार का क्या स्थान है। उन्होंने सोच कर जवाब दिया कि कोल इंडिया में कर्मियों की कुल संख्या के मुक़ाबले भ्रष्टाचार के मामले कम हैं और वे भी मुख्यतः कर्मियों से सीधा जुड़े है। कंपनी या बोर्ड के स्तर पर भ्रष्टाचार के मामले नहीं सुने गए है। श्री भट्टाचार्य उनका यह जवाब सुन कर आश्वस्त हुए। इस बात की भी चर्चा निवेशकों को दी जाने वाली रिपोर्ट में की गयी। इसके अलावा रिपोर्ट में यह भी लिखा गया कि जब-जब भारत सरकार ने कोल इंडिया के सामने लक्ष्य रखे हैं, तब-तब कंपनी ने आगे बढ़ कर उसे पूरा किया है। पहले सरकार ने कंपनी को उत्पादन बढ़ाने का लक्ष्य दिया, उसे पूरा किया गया। उसके बाद सरकार ने वित्तीय सहयोग वापस लेकर कोल इंडिया को खुद अपने पैरों पर खड़ा होने का लक्ष्य दिया गया, वह भी कंपनी ने पूरा किया। इस तरह राष्ट्रीय एवं अंतर्राष्ट्रीय स्तर पर निवेशकों द्वारा कोल इंडिया के विरुद्ध उठाए गए विषयों के जवाब में एक आकर्षक प्रेजेंटेशन तैयार किया गया और कंपनी के आईपीओ की तैयारी के लिए रोड शो की शुरुआत कर दी गयी।

इस बीच आईपीओ की तैयारी की बात जान कर कोल इंडिया के ट्रेड यूनियन के लोगों ने 27 मार्च, 2010 को इसके विरोध में तीन दिन के हड़ताल की घोषणा कर दी। श्री भट्टाचार्य को अंदाज़ा

था कि यदि इस विषय को जल्दी नहीं संभाला गया, तब दिक्कत हो सकती थी। उन्होंने तुरंत यह मामला कोयला मंत्रालय के पास भेजा और निवेदन किया कि कोयला सचिव श्री बालाकृष्णन जल्द से जल्द बैठक बुला कर ट्रेड यूनियन के लोगों को समझाएँ। हड़ताल की नोटिस के दस दिनों के अंदर कोयला सचिव के स्तर पर ट्रेड यूनियन की पहली बैठक हुई। कोयला सचिव ने अपनी बात रख कर उन्हें समझाने की कोशिश की, लेकिन वार्ता विफल हो गयी। मामले की नजाकत को देखते हुए अगले सात दिनों में कोयला मंत्री के स्तर पर बैठक बुलाई गयी। कोयला मंत्री ने सबसे पहले कहा कि इसमें कोल इंडिया को प्राइवेट करने की कोई मंशा नहीं है। यह लिस्टिंग, कंपनी की वित्तीय स्थिति के लिए की जा रही है, साथ ही बिना लिस्टिंग के कंपनी के नवरत्न का दर्जा बरकरार नहीं रह पाएगा। उन्होंने बताया कि नवरत्न दर्जा के कारण ही वर्ष 2009 में श्रमिकों की वेतन वृद्धि का एग्रीमंट कोल इंडिया द्वारा मंत्रालय से बाहर हैदराबाद में सिंगरेनी जाकर किया जा सका था। ट्रेड यूनियन ने कोयला मंत्री की बात मान ली। हालाकि, सीटू ने एक दिन का हड़ताल किया, जिसका कुछ खास असर नहीं हुआ।

इस बीच कोल इंडिया में आईपीओ के लिए विभिन्न विभाग के अधिकारियों की एक टीम तैयार की गयी। अंदरूनी तैयारी के बाद ऑस्ट्रेलिया की सिडनी से लेकर अमेरिका के सनफ्रांसिस्को शहर तक और अपने देश के कई बड़े शहरों में भी कई चरण में श्री भट्टाचार्य के नेतृत्व में रोड शो किए गए। हर बार निवेशकों का उत्साह पहले से बढ़ता गया। सबसे पहला रोड शो मुंबई में हुआ। अंदेशा था कि निवेशक कई सवाल करेंगे। श्री भट्टाचार्य इसके लिए तैयार थे। उनके साथ मंच पर तत्कालीन केंद्रीय कोयला मंत्री भी मौजूद थे। कई छोटे-मोटे प्रश्नों के बाद एक निवेशक ने कहा कि कोल इंडिया की खदानों से कोयले की चोरी बहुत होती है, इसका उपाय कंपनी क्यों नहीं करती है। इसपर श्री भट्टाचार्य ने बड़े शांत भाव से जवाब दिया कि कोयला खदान के चारों ओर कोई दीवार नहीं होती है। इसके अलावा

खदानों से सटे गाँव होते हैं, जहां के श्रमिक कोयला खदानों में काम करते हैं। ऐसे में कोयले की थोड़ी चोरी होनी स्वाभाविक है। लेकिन इसके बावजूद कंपनी अंतर्राष्ट्रीय बाज़ार से लगभग तीस प्रतिशत कम मूल्य पर देश में कोयले की आपूर्ति करती है और इसके बावजूद अच्छा मुनाफा कमाती है, जिससे सरकार को भी वित्तीय लाभ होता है। इतनी बड़ी कंपनी के व्यापार में कोयले की थोड़ी चोरी कोई मायने नहीं रखती है। इस जवाब पर निवेशक को संतुष्टि नहीं हुई। उसने फिर कहा कि कोल इंडिया को यह चोरी बिलकुल बंद करनी चाहिए। इसपर श्री भट्टाचार्य ने कहा कि वे चाहें तब एक किलो कोयले की चोरी भी नहीं होगी, लेकिन उसके लिए भारतीय फौज के बराबर सभी खदानों में सुरक्षा कर्मी लगाने होंगे, जिस पर बहुत बड़ा खर्च होगा और इससे कंपनी पर वित्तीय बोझ बढ़ेगा, जो कोई भी निवेशक नहीं चाहेगा। इस जवाब से लोग संतुष्ट हो गए।

इस बीच मई, 2010 में आईपीओ के लिए बैंकर की बहाली की जानी थी, जिसके लिए जरूरी था कि पहले आईपीओ के काम की शुरुआत के लिए सरकार से कैबिनेट की स्वीकृति मिले। इस काम में विलंब हो रहा था। हर बार किसी न किसी मसले के कारण बैठक में प्रस्ताव पेश नहीं हो पा रहा था। आईपीओ के लिए 18 अक्तूबर का दिन पहले से सोचा जा चुका था और इस दौरान बहुत सारे काम निपटाने थे। एक दिन श्री भट्टाचार्य ने इस विलंब की जानकारी लेने के लिए तत्कालीन वित्त मंत्री श्री प्रणव मुखर्जी के कार्यालय में फोन किया। उनके ओएसडी ने फोन उठाया। श्री भट्टाचार्य ने उनसे पूछा कि आखिर आईपीओ की स्वीकृति में किस बात का विलंब है। उन्होंने खुद जवाब देने की जगह सीधा वित्त मंत्री को फोन कनेक्ट कर दिया। श्री भट्टाचार्य शुरू में थोड़े घबड़ाए, लेकिन चूंकि यह बहुत जरूरी विषय था, इस लिए हिम्मत कर उन्होंने सारी बात वित्त मंत्री को बताई और जानना चाहा कि कब तक कैबिनेट की स्वीकृति मिल पाएगी। वित्त मंत्री ने कुछ सोच कर कहा कि अभी इसमें और तीन सप्ताह का वक़्त लग सकता है लेकिन शायद विषय की नजाकत को

देखते हुए उन्होंने कहा कि क्या कोई ऐसा रास्ता है, जिसमें बिना कैबिनेट की स्वीकृति के कम से कम काम की शुरुआत की जा सके। श्री भट्टाचार्य ने तुरंत कहा कि यदि बैंकर के चयन की प्रक्रिया शुरू करने की इजाजत मिल जाए तो कम से कम अगले तीन सप्ताह में उसका चयन किया जा सकेगा। हालाकि, बैंकर की नियुक्ति का पत्र कैबिनेट की स्वीकृति के बाद ही जारी किया जाएगा। वित्त मंत्री ने थोड़ा सोच कर वित्त विभाग के सम्बद्ध अधिकारी को अगले दिन उनसे मिलने को कहा। अगले दिन वित्त मंत्री की स्वीकृति मिल गयी और आईपीओ का काम आधिकारिक रूप से शुरू हो गया। आईपीओ के मद में उगाही के लिए सरकार ने दस हज़ार करोड़ रुपये का लक्ष्य रखा था। बैंकर के चयन की प्रक्रिया पूरी की गयी। सिटी बैंक का नाम बैंकर के रूप में आया।

विदेश के रोड शो की शुरुआत लंदन से की गयी। कई जगह के कई बार दौरे के बाद कोल इंडिया के आईपीओ की चर्चा हर जगह ज़ोरों पर होने लगी थी। विदेश के आखिरी दौरे की शुरुआत अमेरिका के सनफ्रांसिस्को शहर से हुई। उस रोड शो में निवेशकों की भारी भीड़ जुटी। विदेशी निवेशकों के अलावा भारतीय मूल के निवेशक भी उस रोड शो में आए। इस रोड शो की सफलता के बाद श्री भट्टाचार्य को भरोसा होने लगा कि सरकार द्वारा तय किया गया दस हज़ार करोड़ रुपये की उगाही के लक्ष्य को वे पार कर जाएँगे।

अब अगली कड़ी के रूप में आईपीओ के लिए कोल इंडिया के प्रारम्भिक शेयर मूल्य को तय करना था। विदेश के पहले दौरे से लौटने के बाद श्री भट्टाचार्य ने विश्व भर की कोयला कंपनी के, जिनकी लिस्टिंग हुई थी, आंकड़ों का सहारा लिया। शुरू में कोल इंडिया के शेयर का मूल्य 200 रुपये प्रति शेयर निकाला गया। लेकिन दूसरे दौरे में मिली सफलता के बाद उन्होंने अपना मन बदल दिया। अब उन्होंने तय किया कि विश्व की वह कोयला कंपनी, जिसकी सबसे अच्छी लिस्टिंग हुई है, उसके मानक को देखा जाये। इस क्रम

में चीन की कोयला कंपनी 'चाइना शेनवान' का नाम आया, जिसकी लिस्टिंग पाँच वर्ष पहले हुई थी। उसके मानक के आधार पर कोल इंडिया का शेयर मूल्य दो सौ पैंतीस से दो सौ चालीस रुपये प्रति शेयर तय हो रहा था। इन सब के बारे में जानकारी कोयला मंत्रालय को भी दी जा रही थी।

उसी दौरान नई दिल्ली में कोयला उद्योग का एक समारोह हुआ, जो हर वर्ष आयोजित होता था और उसका उदघाटन परंपरा के अनुसार हर वर्ष कोयला मंत्री किया करते थे। आईपीओ के मद्दे नजर श्री भट्टाचार्य ने सोचा कि इस वर्ष इस समारोह का उदघाटन तत्कालीन केंद्रीय वित्त मंत्री श्री प्रणव मुखर्जी के हाथों कराया जाये। वित्त मंत्री ने निमंत्रण स्वीकार कर लिया। समारोह के दिन सुबह में श्री भट्टाचार्य उन्हें लेने उनके घर गए। समारोह स्थल पर आते वक्त रास्ते में उन्होंने श्री भट्टाचार्य से आईपीओ के बारे में पूछा। श्री भट्टाचार्य ने कहा कि सभी रोड शो के बाद उन्हें लगता है कि सरकार द्वारा तय किया गया दस हज़ार करोड़ का लक्ष्य कंपनी पार कर पंद्रह हज़ार करोड़ तक ले जाएगी। यह सुन कर वित्त मंत्री बहुत खुश हुए और अपने उद्घाटन भाषण में उन्होंने इस बात की घोषणा भी कर दी। अब कोल इंडिया के शेयर से सरकार की उगाही का लक्ष्य पंद्रह हज़ार करोड़ रुपये हो गया था।

इस बीच बैंकर ने कोल इंडिया का शेयर मूल्य दो सौ अड़तीस रुपये रखने की सिफ़ारिश की। लेकिन इस मूल्य पर सभी शेयर के बिकने के बाद भी पंद्रह हज़ार करोड़ रुपये की उगाही नहीं हो पाती। इसको ध्यान में रख कर श्री भट्टाचार्य ने अंततः दो सौ पैंतालीस रुपये पर शेयर मूल्य तय किया। इससे उगाही की कुल राशि पंद्रह हज़ार दो सौ करोड़ रुपये की हो गयी। जैसे-जैसे 18 अक्तूबर का दिन नजदीक आ रहा था, कोल इंडिया के बारे में अखबारों में तारीफ छपने लगे थे। हालाकि, ट्रेड यूनियन ने फिर भी इस आईपीओ के बहिष्कार का मन बना लिया था। उन लोगों ने तय किया कि कोल इंडिया का

शेयर कोई श्रमिक कोल इंडिया द्वारा कम दाम पर देने पर भी नहीं खरीदेगा। श्री भट्टाचार्य को इस बात की तकलीफ हुई कि इस शेयर की खरीद से होने वाले लाभ से श्रमिक वंचित रह जाएँगे।

अंततः अठारह अक्तूबर, 2010 का दिन आ गया। कोल इंडिया के शेयर की बुकिंग शुरू हो गयी। उन दिनों शेयर बुक करते समय ही पूरे पैसे का भुगतान करना पड़ता था। बुकिंग शुरू होने के साथ ही कोल इंडिया के खाते में पैसे आने शुरू हो गए। श्री भट्टाचार्य कलकता में ही बैठ कर हर घंटे की जानकारी ले रहे थे। पहले दिन के अंत में शेयर डेढ़ गुना ज्यादा बुक हो चुका था और दूसरे दिन के अंत तक छह से सात गुना। हरेक निवेशक पर नजर रखा जा रहा था। तीसरे दिन भारतीय जीवन बीमा निगम और स्टेट बैंक ऑफ इंडिया ने भी कोल इंडिया के शेयर बुक किए। तीसरे दिन के अंत तक कमाल हो गया, जब अंतर्राष्ट्रीय और राष्ट्रीय संस्थानक निवेशकों ने मिल कर शेयर को कुल पचीस गुना बुकिंग तक पहुंचा दिया। आखिरी दिन खुदरा निवेशकों ने भी चार गुना ज्यादा शेयर की खरीद की। कुल मिलाकर यह एक चमत्कार से कम नहीं था। अब बंबई स्टॉक एक्स्चेंज में कोल इंडिया के स्टॉक के लिस्टिंग की बारी थी, जिसके लिए चार नवंबर का दिन तय हुआ।

श्री भट्टाचार्य ने स्टॉक एक्स्चेंज का 'गोंग' बजा कर कोल इंडिया के शेयर की लिस्टिंग की शुरुआत की। उनके साथ कोयला सचिव श्री बालाकृष्णन, अतिरिक्त कोयला सचिव श्री आलोक परती और कोल इंडिया के निदेशक वित्त श्री ए के सिन्हा इस अवसर पर मौजूद थे। श्री भट्टाचार्य के लिए वह दिन अत्यंत महत्वपूर्ण था, क्योंकि कोल इंडिया के शेयर से तब तक की उगाही दो सौ तैंतीस हज़ार करोड़ की हो चुकी थी, जबकि सरकार की तरफ से लक्ष्य सिर्फ पंद्रह हज़ार दो सौ करोड़ का रखा गया था। इतनी बड़ी राशि कोल इंडिया के बैंकर सिटी बैंक के पास जमा थी। अब इंतज़ार था कि शेयर की दो सौ पैंतालीस रुपये की लिस्टिंग होने पर क्या स्थिति होती है। 'गोंग' के

बजते ही कोल इंडिया के शेयर का मूल्य बढ़ना शुरू हुआ। दो सौ पैंतालीस से दो सौ पचास, फिर दो सौ पछत्तर और उसके बाद दो सौ नब्बे और एक घंटे के भीतर तीन सौ रुपये को पार कर कर गया। शेयर मार्केट के बंद होने तक शेयर का मूल्य तीन सौ बयालीस रुपये तक चला गया। यह मूल राशि से चालीस प्रतिशत ज्यादा था। श्री भट्टाचार्य की खुशी अपने चरम पर थी, और फिर हो भी क्यों नहीं, वाकई, उन्होंने एक अत्यंत असंभव काम को संभव कर दिखाया था और वह भी इतने कम समय में। स्टॉक एक्स्चेंज में उन्होंने मीडिया से बात करते हुए अपनी खुशी जाहिर की। अगले दिन के अखबार में कोल इंडिया के शेयर की जमकर तारीफ छपी। लिखा गया कि कोल इंडिया का बाजार पूंजीकरण अब दो लाख सोलह हज़ार दो सौ चालीस करोड़ रुपये का हो चुका है और देश के सभी सार्वजनिक क्षेत्र उपक्रम में अब पूंजीकरण में उसका स्थान तीसरा हो चुका है और देश की सभी सूचीबद्ध कंपनी में उसका स्थान अब चौथे नंबर पर हो चुका है। इस तरह बहुत कम समय में श्री भट्टाचार्य ने कोल इंडिया की छवि को बेहतरीन ढंग से सुधार दिया। अब इस कंपनी का नाम न सिर्फ देश में बल्कि विदेशों में भी लिया जाने लगा।

शेयर बाज़ार में लिस्टिंग के साथ ही कोल इंडिया की नवरत्न श्रेणी पक्की हो गयी। श्री भट्टाचार्य यहीं नहीं रुके, उन्होंने अगला कदम उठाते हुए कंपनी के महारत्न श्रेणी के लिए भी आवेदन दे दिया। पिछले एक वर्ष में कोल इंडिया की उपलब्धि और शेयर बाज़ार की सफलता के कारण भारत सरकार ने कंपनी के महारत्न श्रेणी की स्वीकृति फरवरी, 2011 की शुरुआत में दे दी। हालाकि, इसकी आधिकारिक घोषणा सार्वजनिक क्षेत्र उपक्रम दिवस के समारोह में अप्रैल में की गयी।

फरवरी, 2011 में श्री भट्टाचार्य की सेवानिवृति थी। वर्ष की शुरुआत में केंद्रीय वन एवं पर्यावरण मंत्रालय द्वारा कुछ कोयला क्षेत्रों में पर्यावरण प्रदूषण ज्यादा बढ़ने के कारण एक नए नियम को

लागू कर दिया गया, जिसमें एक मानक तय किया गया। जिस क्षेत्र में उस मानक से ज्यादा प्रदूषण था वहाँ कोयला खनन को रोकने का आदेश दे दिया गया। इसके कारण उत्पादन कम हुआ और कोल इंडिया को जितना वित्तीय लाभ मिलना चाहिए था, वह नहीं मिला। इससे निवेशकों पर बुरा असर पड़ने वाला था। इस बात को ध्यान में रख कर श्री भट्टाचार्य कोयले का दाम बढ़ाना चाहते थे, जो सीधा संभव नहीं था। तब उन्होंने कोल इंडिया की सभी सहयोगी कंपनी के कोयले के दाम को एक रूप करने का निर्णय लिया, जिससे कुछ कंपनी को फायदा होता। इससे कोल इंडिया की वित्तीय स्थिति भी मजबूत रहती। उन्होंने इस मामले में तत्कालीन कोयला मंत्री से बात कर ली। अब इस मामले को श्री भट्टाचार्य के जाने के पहले बोर्ड की बैठक में पास करा कर लागू करना था।

कोयला मंत्री भी श्री भट्टाचार्य के सम्मान में फरवरी के अंत में दिल्ली में एक समारोह का आयोजन करना चाहते थे। इसके अनुसार श्री भट्टाचार्य ने पचीस फरवरी को कोल इंडिया की बोर्ड की बैठक दिल्ली में रखी, जो उनकी आखिरी बैठक थी। उस बैठक में कोयले के दाम को करेक्ट कर बढ़ाने का निर्णय लिया गया और लागू कर दिया गया। उसके बाद श्री भट्टाचार्य कोयला मंत्री द्वारा आयोजित सम्मान एवं विदाई समारोह में शामिल होने चले गए। उस समारोह में सरकार और अन्य क्षेत्र के बड़े नुमाइंदे बुलाये गए थे, जिनसे श्री भट्टाचार्य का परिचय खुद कोयला मंत्री ने कराया। अचानक माइक पर घोषणा हुई और श्री भट्टाचार्य को मंच के पास बुलाया गया। वहाँ पहुँच कर वे बिलकुल अवाक रह गए। उनके सामने देश के प्रधानमंत्री श्री मनमोहन सिंह खड़े थे। उनसे श्री भट्टाचार्य का परिचय कराया गया। प्रधानमंत्री ने उनकी तारीफ की। श्री भट्टाचार्य के लिए वह दिन बहुत महत्वपूर्ण था। यह दिन कोल इंडिया के सभी कर्मियों के लिए भी गौरवपूर्ण था, जब देश के प्रधानमंत्री ने कंपनी के अध्यक्ष के विदाई समारोह में हिस्सा ले कर उनकी सराहना की।

अगले दिन वे वापस कलकत्ता आ गए। सोमवार, 28 फरवरी को शेयर मार्केट जब खुला तब कोल इंडिया का शेयर गिर कर दो सौ नब्बे रुपये पर आ गया। श्री भट्टाचार्य को थोड़ा आश्चर्य हुआ, लेकिन दिन पूरा होते-होते तक शेयर का मूल्य सीधा तीन सौ साठ रुपये पर चला गया। एक दिन की यह सबसे बड़ी उछाल थी। इसका मतलब था, निवेशकों ने कोयले के नए दाम को स्वीकार कर लिया था। इस प्रकार श्री भट्टाचार्य का कोल इंडिया में आखिरी दिन भी यादगार रहा। कोयले का दाम बढ़ाने के कारण कोल इंडिया का शेयर अगले पाँच महीनों तक बढ़ता रहा और अगस्त, 2011 के एक दिन यह शेयर चार सौ पचीस रुपये तक पहुँच गया। उस दिन और उसके बाद अगले पाँच दिनों तक कोल इंडिया बाजार पूंजीकरण में देश के पहले नंबर की कंपनी बन गयी थी। उसने रिलायंस इंडस्ट्री को भी पीछे छोड़ दिया था। यह दिन कोल इंडिया के इतिहास में सुनहरे अक्षरों से लिखा गया और इसके जनक श्री भट्टाचार्य थे।

फरवरी, 2011 में सेवानिवृति के बाद श्री भट्टाचार्य ने हल्दिया पेट्रोचेमिकल्स के मैनेजिंग डाइरेक्टर के पद पर अपना योगदान दिया। वे वहाँ पंद्रह महीनों तक रहे। उसके बाद उन्होंने दीपक फर्टिलाइजर कंपनी के बोर्ड में रह कर काम किया। समय-समय पर वे कोल इंडिया की प्रगति के लिए भी काम करते रहे। भारत सरकार द्वारा बनाई गई कई कमेटी में उन्हें सदस्य के रूप में शामिल किया गया। वर्तमान में वे पियरलेस कंपनी के वाइस चेयरमैन के पद पर हैं और आगे भी देश के लिए और विशेष कर ऊर्जा क्षेत्र के लिए काम करना चाहते हैं।

श्री भट्टाचार्य की जीवनी को लिखने के लिए उनसे वेब के माध्यम से तीन दिनों तक लगभग दो-दो घंटे तक बात हुई। उनकी आवाज़ में अभी भी जोश है, शायद कुछ और करना चाहते हैं। कोयले के भविष्य के बारे में वे आश्वस्त हैं कि देश को कोयले की जरूरत अगले तीस वर्षों तक रहेगी। अभी कोयले की मांग आने वाले पाँच वर्षों तक बढ़ेगी। देश को अभी भी ज्यादा बिजली की आवश्यकता है। हालाकि,

पर्यावरण को बचाने के लिए कोयले की जगह सौर ऊर्जा का होना भी जरूरी है। वर्तमान और आने वाली पीढ़ी के बारे में पूछने पर उन्होंने बताया कि इस पीढ़ी को अपने आँख-कान खोल कर काम करने होंगे। वर्तमान कोयला उत्पादन कार्य से बाहर कोई दूसरा काम करने के लिए वर्तमान पीढ़ी को अपना स्किल बढ़ाने की जरूरत होगी। इसलिए आने वाले वर्षों में उन्हें लगातार अपने आस-पास हो रहे बदलाव को ध्यान में रखते हुए अपने आप को भी बदलते रहना होगा। शायद कोल इंडिया को कोयला के अलावा दूसरे खनिज के खनन में भविष्य में जाना होगा। इसलिए, अपने व्यापार में परिवर्तन के कारण कोल इंडिया का अस्तित्व 2070 के बाद भी बना रहेगा, भले उसके नाम में कोई परिवर्तन करना पड़े।

अगले दस वर्षों के बाद के भविष्य के बारे में पूछने पर श्री भट्टाचार्य ने बताया कि आने वाले वर्षों में वे समाज में गरीब बच्चों की पढ़ाई के कार्य में अपना योगदान देंगे।

कोल इंडिया के इतिहास को यदि देखा जाये तब इसे दो कालों में बांटा जा सकता है। श्री भट्टाचार्य के अध्यक्ष बनने के पहले और बाद का काल। उन्होंने इस कंपनी को नई पहचान दी। कैसे एक मैनेजमेंट ट्रेनी अपनी मेहनत और बुद्धि की बदौलत कंपनी के शीर्ष पद तक पहुंचा। एक समय डूबती हुई कंपनी को अपनी कार्य कुशलता के बल पर वित्तीय संकट से उबारा। कंपनी की शेयर बाज़ार में लिस्टिंग कराई। मिनी रत्न से नवरत्न और फिर महारत्न बनाया। स्थापना दिवस की शुरुआत की। अद्भुत काम हुए, उनके कार्यकाल में।

इसलिए कोल इंडिया के कर्मियों के बीच आज भी जब कंपनी के इतिहास की चर्चा होती है, तब यह कहा जाता है कि राष्ट्रीय और अंतर्राष्ट्रीय स्तर पर आज जो कोल इंडिया की पहचान बनी है, उसके असल सारथी हैं- पार्थ सारथी भट्टाचार्य।

हमारी नई पहचान के सारथी.....।

चुनौतियों के साक्षी

चौबीस मार्च, 2020। रात के आठ बजे। हमारे देश के प्रधानमंत्री का राष्ट्र के नाम सम्बोधन। घर में मैं और मेरी पत्नी टेलिविजन के सामने गंभीरता से बैठे इंतज़ार कर रहे थे कि आज क्या घोषणा करेंगे हमारे प्रधानमंत्री। अभी दो दिन पहले बाईस मार्च को कोरोना की देश में बढ़ती हुई तादाद को रोकने के लिए प्रधानमंत्री ने पूरे देश में सुबह सात बजे से रात के नौ बजे तक का जनता कर्फ़यू लगाया था। देश में कोरोना महामारी ने दस्तक दे दी थी और धीरे-धीरे पूरे देश से लोगों के इसके चपेट में आने की खबर मिल रही थी। उस वक़्त तक हमलोगों ने चेहरे के मास्क को गंभीरता से नहीं लिया था।

मैं उस वक़्त वेस्टर्न कोलफिलेड्स लिमिटेड में सीएमडी के पद पर था और वित्तीय वर्ष 2019-20 के अंतिम महीने में कोयला उत्पादन और प्रेषण को ज्यादा से ज्यादा करने की जुगत में लगा था। पूरी कंपनी के हरेक एरिया में कर्मी दिन-रात मेहनत कर रहे थे, ताकि कोयला उत्पादन के लक्ष्य को पूरा किया जा सके। हर घंटे की खबर ली जा रही थी। रोज का उत्पादन भी अपनी चरम सीमा तक चला गया था। मुझे याद है मार्च के उन आखिरी दिनों में वेस्टर्न कोलफील्ड्स जैसी कंपनी भी अपने सीमित साधन के बावजूद प्रति

दिन लगभग साढ़े तीन लाख टन कोयले का उत्पादन कर रही थी। सभी लोगों में जोश था और कोशिश हो रही थी कि जल्दी से जल्दी उत्पादन को चार लाख टन प्रतिदिन पहुंचाया जाये। हालांकि, कोरोना की दस्तक ने लोगों के मन में थोड़ा भय जरूर पैदा कर दिया था, लेकिन विश्वास था कि किसी तरह एकतीस मार्च की तारीख हमलोग कुशल से पार कर लेंगे। एक दिन के जनता कर्फ़्यू से भी कुछ ज्यादा असर नहीं पड़ा था।

प्रधानमंत्री ने अपना सम्बोधन शुरू किया। कोरोना बीमारी की गंभीरता को बताते हुए, उन्होंने एक दिन के सफल जनता कर्फ़्यू के लिए देशवासियों को धन्यवाद दिया और उसके बाद उन्होंने कहा कि आज रात आधी रात के बाद अगले इक्कीस दिनों तक पूरे देश में लॉकडाउन की वे घोषणा करते है। आवश्यक सेवा के अलावा देश पूरा बंद रहेगा। यह घोषणा हम सबको कहीं न कहीं अंदर तक हिला गयी थी। अबतक के जीवन में कभी इस तरह की स्थिति का सामना नहीं किया था किसी ने। मेरे जेहन में सबसे पहले बात आई कि ऐसी स्थिति में कोयला उत्पादन का क्या होगा और साथ ही कोयला प्रेषण कैसे होगा। कोयला श्रमिक अपने काम पर कैसे जा पाएंगे। कंपनी का मुखिया होने के नाते मन में उथल-पुथल चल रही थी कि लोगों को बीमारी से भी बचाना है और साथ में बचे हुए सात दिनों में कोयले का ज्यादा से उत्पादन और प्रेषण भी करना है। इसी दुविधा में सबसे पहले ध्यान आया कि कोल इंडिया के अध्यक्ष से बात की जाये और उनसे मशविरा और मार्गदर्शन लिया जाये। मैंने उनके मोबाइल पर फोन लगाया। उन्होंने तुरंत फोन उठाया। इससे पहले मैं कुछ कहता उधर से उन्होंने कहा 'चिंता नहीं करें मिश्रा साहब, यह एक चुनौती है हम सब के सामने, इसका मिलजुल कर सामना किया जाये। आप अपने कर्मियों का पूरा ध्यान रखें और जितना संभव हो सके, उतना ही उनसे काम लें। देखते हैं आगे क्या परिस्थति होती है, उसी के हिसाब से चलना होगा'। मुझे लगा जैसे किसी अभिभावक से बात हुई हो। बिलकुल शांत भाव से इतनी बड़ी चुनौती के बारे में बड़े सरल

और स्पष्ट शब्दों में उन्होंने विवेचना की। मुझे भी उनकी बातों से बल मिला।

अगले दिन से ही लॉकडाउन का असर दिखने लगा। आवश्यक सेवा में गलती से कोयला उत्पादन और प्रेषण को सरकार ने नहीं डाला था। फिर एक बार अध्यक्ष से बात हुई। उन्होंने बताया कि बात ऊपर तक चली गयी है और कल तक हमें भी आवश्यक सेवा के अंदर ले लिया जाएगा। उसके बाद बारी आई खदानों में विस्फोटकों की आपूर्ति की, जिसके वाहन लॉक डाउन के कारण जहां तहां रुके पड़े थे। कहीं-कहीं तो इन वाहनों को एक राज्य से दूसरे राज्य में जाना था। उसके लिए भी अध्यक्ष को फोन किया गया और उन्होंने अपने संपर्क से राज्यों के संबद्ध जिला कलक्टर से संपर्क साधा और उन वाहनों का परिवहन शुरू हो सका। अगले सात दिनों तक दिन में लगभग चार बार या तो मैं उनसे बात करता या वे हम सबका हालचाल पूछते। मैं वाकई हैरान था कि इतनी बड़ी कंपनी और इतनी बड़ी चुनौती का सामना कोई शख्स अकेले कैसे कर पा रहा है। लेकिन उनका प्रयास लगातार जारी रहा। एकत्तीस मार्च को कोयला उत्पादन पूरा हुआ और कोल इंडिया ने कोयले का रेकॉर्ड उत्पादन किया, हम सब थोड़े आश्वस्त हुए। इन सात दिनों में हालाकि, कोयला प्रेषण पर बहुत ज्यादा असर पड़ा।

इस संकट और चुनौती की घड़ी में एक अभिभावक की तरह जो हम सबके साथ खड़े रहे, वे थे श्री प्रमोद अग्रवाल, कोल इंडिया लिमिटेड के नए अध्यक्ष। अभी मात्र एक महीना और चौबीस दिन पहले उन्होंने इस पद पर योगदान दिया था और आते ही उनके सामने इतनी बड़ी चुनौती आई। एक फरवरी को योगदान देने के बाद उन्होंने हम सबको पहली बार बातचीत करने के लिए दिल्ली बुलाया था। दरअसल एक दूसरी बैठक में हमलोगों का दिल्ली जाना हुआ और वहीं उस बैठक के बाद नए अध्यक्ष से रूबरू होने का मौका मिला। पहली ही बार में उनसे बातचीत कर बात समझ में आई कि

व्यक्ति सरल है, स्पष्ट वक्ता है और काम के प्रति समर्पित है। उस दिन लगभग पाँच घंटे की बैठक में उन्होंने हरेक कंपनी को विस्तार से जानने की कोशिश की। हमारी दिक्कतों के बारे में भी जाना और उसे तुरंत दूर करने के उपाय सुझाए। पहली बैठक के बाद ही महसूस हुआ कि नए अध्यक्ष में गहराई है और व्यवहार बिलकुल अभिभावक की तरह, थोड़ा नरम और जरूरत पड़ने पर थोड़ा गरम भी।

कोल इंडिया लिमिटेड के नए अध्यक्ष, प्रमोद अग्रवाल, मध्य प्रदेश काडर के भारतीय प्रशासनिक सेवा के एक सफल अधिकारी। झारखंड के रहने वाले। जन्म रामगढ़ में तेयीस सितंबर, 1963। चार भाई और छह बहनों में श्री अग्रवाल का स्थान आठवाँ है। पिता श्री बद्री प्रसाद जी अग्रवाल का रामगढ़ में ही बड़ा व्यवसाय था। अन्य व्यवसायी की तरह श्री अग्रवाल अपने बच्चों को पारिवारिक व्यवसाय में शामिल नहीं कर, उनकी पढ़ाई पर ज्यादा ध्यान देते थे। यहाँ तक की, एक बार अपने बेटे प्रमोद को उन्होंने अपने घर के सामने एक राजदूत मोटरसाइकल के शो रूम में बैठा देख कर उनसे कहा था कि उस जगह बैठने के लिए अभी बहुत देर है, यदि फुर्सत का समय है तब उसमें या तो खेलकूद में जाना चाहिए या पढ़ाई करनी चाहिए। पढ़ाई पूरी करने के पहले वे अपने किसी भी बेटे को व्यवसाय में लाने के खिलाफ थे।

श्री अग्रवाल की प्रारम्भिक पढ़ाई रामगढ़ के केंद्रीय विद्यालय से हुई। वहीं से उन्होंने मैट्रिक की परीक्षा फ़र्स्ट डिवीजन में पास की। ग्यारहवीं की पढ़ाई के दौरान ही उनके दिमाग में आ गया था कि उन्हें आईआईटी कर इंजीनियर बनना है। बारहवीं में श्री अग्रवाल के बहुत अच्छे नंबर आए और वर्ष 1982 में पहली बार में उन्होंने आईआईटी के इम्तहान को पास कर लिया। उनका रैंक नौ सौ सात था। उन्हें आईआईटी, बॉम्बे में एड्मिशन मिला।

इस बीच आईआईटी का रिज़ल्ट निकलने के बाद श्री अग्रवाल का एक एक्सिडेंट में पैर टूट गया। उसके इलाज में काफी वक़्त लगा।

इस कारण से वे आईआईटी में एड्मिशन लेने के लिए लगभग डेढ़ महीने देर से जा सके। रामगढ़ से पहली बार निकलकर श्री अग्रवाल अकेले बंबई पहुंचे। उन्हें शुरू में देर से जाने के कारण और पैर में प्लास्टर लगा होने के कारण बंबई में काफी दिक्कत हुई। पहले वर्ष में वे पढ़ाई में ज्यादा ध्यान नहीं दे पाये। लेकिन धीरे-धीरे दूसरे वर्ष में श्री अग्रवाल ने अपने आप को व्यवस्थित करते हुए पढ़ाई पर पूरा ज़ोर दे दिया। पूरे चार वर्षों में वे क्लास में हमेशा पहले पाँच नंबर पर रहते थे।

बी टेक की पढ़ाई पूरी करते-करते श्री अग्रवाल के दिमाग में आईएएस में जाने का जुनून सवार हो गया। इसकी तैयारी के ख्याल से वे दिल्ली आ गए और वहाँ एम टेक में एड्मिशन ले लिया। साथ में आईएएस की तैयारी भी करने लगे। वर्ष 1987 में श्री अग्रवाल ने एम टेक की पढ़ाई पूरी कर ली और उसके बाद उनका रेलवे के आईआरएसई में चयन हुआ। वे वर्ष 1989 से 1991 तक रेलवे सेवा के तहत साउथ ईस्टर्न रेलवे में काम करते रहे। इस दौरान वे पुणे के रेलवे ट्रेनिंग इंस्टीट्यूट में ट्रेनिंग पर रहे। हालाकि, श्री अग्रवाल इस नौकरी से संतुष्ट नहीं थे। बी टेक करने के बाद पिछले पाँच वर्षों से उनके दिमाग में हमेशा आईएएस में जाने का धुन सवार रहता था। रेलवे में ट्रेनिंग के दौरान भी उन्होंने आईएएस के इम्तहान की तैयारी जारी रखी। इस बीच वर्ष 1991 में श्री अग्रवाल का विवाह हुआ।

इतने दिनों की उनकी मेहनत आखिर रंग लायी और उनका चयन वर्ष 1991 में आईएएस में हो गया। उनका स्थान तिरपन था। उन्हें मध्य प्रदेश काडर मिला। वे पहले महासमुन्द्र के कलेक्टर बने और उसके बाद मॉरेना जिला के जिलाधिकारी रहे। मध्य प्रदेश का उनका कार्यकाल काफी उल्लेखनीय रहा। विशेषकर जब वे मध्य प्रदेश ग्राम सड़क विकास एजेंसी (आरआरडी) के मुख्य कार्यकारी अधिकारी रहे। उस वक्त वर्ष 2000 में प्रधान मंत्री श्री अटल बिहारी बाजपेयी ने स्वाधीनता दिवस के अपने भाषण में ग्राम सड़क योजना की घोषणा

की थी। इस योजना की शुरुआत उसी वर्ष दिसम्बर महीने से की गयी। यह गाँव के विकास के लिए बहुत महत्वपूर्ण योजना थी। उस वक़्त श्री अग्रवाल मॉरेना के कलेक्टर थे। ज़्यादातर लोग जिले के कलेक्टर के पद को छोड़ कर किसी नए विभाग में नहीं जाना चाहते हैं, लेकिन श्री अग्रवाल सिविल इंजीनियर होने के कारण राज्य के सड़क निर्माण कार्य से जुड़ना चाहते थे। श्री अग्रवाल इस योजना से प्रोत्साहित होकर मध्य प्रदेश राज्य में इस पर काम करना चाहते थे, इसलिए वे ग्राम सड़क योजना विभाग में जाना चाहते थे। संयोग से उन्हें उस विभाग के प्रमुख के रूप में जिम्मेवारी दे दी गयी।

उस विभाग में श्री अग्रवाल ने काफी मेहनत की। भारत सरकार द्वारा इस नयी योजना के लिए नई पॉलिसी बानाई गयी। गाँव की छोटी-छोटी सड़कों के लिए कांट्रैक्ट तय किए गए। एक नए विभाग की शुरुआत की गयी। चूंकि शुरू में यह योजना केवल सात वर्षों की थी, इसलिए विभाग में ज्यादातर लोगों को कांट्रैक्ट पर रखा गया था। पहला वर्ष श्री अग्रवाल के लिए चीजों को व्यवस्थित करने में बीता। लेकिन दूसरे वर्ष से जब गाँव के सड़क का निर्माण शुरू हुआ, तब कुछ ही वर्षों में यह काम मध्य प्रदेश के सड़क विकास में एक मील का पत्थर साबित हुआ। राज्य के लगभग पचीस से तीस हजार गाँव, जो अब तक बिना सड़क के थे, उन्हें धीरे-धीरे पक्की सड़कों से जोड़ दिया गया। मध्य प्रदेश में किए गए इस उल्लेखनीय कार्य को बाद में अन्य राज्यों में भी लागू किया गया। एक सिविल इंजीनियर के नाते श्री अग्रवाल को इस विभाग के कार्यों में सफलता मिली।

वर्ष 2005 में लगभग साढ़े चार वर्षों के कार्यकाल के बाद श्री अग्रवाल बिजली निगम में पश्चिम मध्य प्रदेश के बिजली वितरण विभाग के अध्यक्ष-सह प्रबंध निदेशक बनाए गए। यहाँ भी काम काफी चुनौती भरा था। वहाँ भी नए विभाग की शुरुआत हुई थी। उनके पहले कुछ दिनों के लिए एक प्रमुख की पोस्टिंग हुई थी, उनके बाद श्री अग्रवाल को भेजा गया था। वहाँ नए विभाग को एक नयी दिशा

देने का काम था। बिजली की कमी को उन्होंने अगले तीन वर्षों में दूर की। उसके बाद राज्य सरकार के कई विभाग में श्री अग्रवाल की पोस्टिंग हुई।

मध्य प्रदेश में अपने इस कार्यकाल को पूरा करने पर श्री अग्रवाल केंद्रीय प्रतिनियुक्ति पर दिल्ली चले गए, जहां उन्हें खेलकूद मंत्रालय के राष्ट्रमंडल खेल विभाग में निदेशक नियुक्त किया गया। उस विभाग में काम धीमी गति से होने के कारण शुरू में परेशानी हुई। बाद में इन खेलों का आयोजन बहुत सफलतापूर्वक हुआ। उसके बाद श्री अग्रवाल विनिवेश मंत्रालय में संयुक्त सचिव बनाए गए। वहाँ ढाई वर्षों के कार्यकाल में उन्हें वित्तीय काम को सीखने का मौका मिला। इसके बाद श्री अग्रवाल वापस मध्य प्रदेश आ गए।

श्री अग्रवाल ने मध्य प्रदेश के परिवहन विभाग में अपना योगदान दिया। उस विभाग में शुरू में काम करने में कुछ परेशानी थी, लेकिन श्री अग्रवाल ने कुछ अच्छे अधिकारियों को चुन कर नए ढंग से काम करना शुरू किया। सबसे पहले मोटर वाहन कर अधिनियम में नए संशोधन किए। इससे राज्य सरकार को अतिरिक्त राजस्व की प्राप्ति हुई और वाहन रखने वालों को हर वर्ष कर के भुगतान करने से निजात भी मिली। इस विभाग में श्री अग्रवाल का कार्यकाल केवल एक वर्ष का रहा।

इसके बाद श्री अग्रवाल वर्ष 2014 अक्तूबर में अगले तीन वर्षों तक लोक निर्माण विभाग के प्रधान सचिव रहे। उस दौरान वर्ष 2016 की शुरुआत में मध्य प्रदेश के उज्जैन में कुम्भ का आयोजन होना था। एक सफल अधिकारी होने के कारण उन्हें कुम्भ मेले के दौरान विभाग के तरफ से सभी जरूरी इंतजाम करने का चुनौतीपूर्ण काम सौंपा गया। प्रमुख कामों में लगभग तीन सौ से चार सौ किलोमीटर की सड़क बनानी थी और करीब बारह से चौदह पुल का निर्माण करना था। चुनौती भरे उन सारे कामों को श्री अग्रवाल के नेतृत्व में समय रहते सफलता से पूरा कर लिया गया।

कोल इंडिया में योगदान देने के पूर्व श्री अग्रवाल तकनीकी शिक्षा विभाग के प्रधान सचिव के पद पर थे। श्री अग्रवाल के दिमाग में बात थी कि रामगढ़ इलाके में कोल इंडिया का वर्चस्व होने के कारण अध्यक्ष का पद काफी महत्वपूर्ण होता है। श्री अग्रवाल के घर वाले भी चाहते थे कि यदि मौका मिला, तब उन्हें कोल इंडिया के अध्यक्ष पद के लिए जरूर आवेदन देना चाहिए। इसके अलावा चूंकि उन्हें आईएएस की सेवा में आने में देरी हो गयी थी, इसलिए वे यह जानते थे कि राज्य के सर्वोच्च मुख्य सचिव के पद पर वे नहीं पहुँच सकेंगे। तीसरा उन्होंने सोच रखा था कि वे सेवानिवृति के बाद रांची या उसके आसपास बसेंगे, इसलिए कुछ वर्षों के लिए ही सही, अध्यक्ष बन जाने से उस इलाके के लोगों से उनकी जान-पहचान फिर से हो जाएगी। इन सब कारणों से जब कोल इंडिया के अध्यक्ष पद के लिए आवेदन मांगा गया तब श्री अग्रवाल ने तुरंत अपना आवेदन दे दिया। उनका चयन भी हो गया।

श्री अग्रवाल ने एक फरवरी, 2020 को कोल इंडिया के नए अध्यक्ष के रूप में अपना योगदान दे दिया। उन्हें यह नया पद आईएएस के पदों के मुक़ाबले बहुत चुनौतीपूर्ण लगा। पहले के बाकी पदों पर भी उन्हें चुनौती मिली थी, लेकिन कोल इंडिया की चुनौती रोज की थी। हर रोज कंपनी के कोयले के उत्पादन और प्रेषण का नियंत्रण। कम-ज्यादा होने पर उसका विश्लेषण और ऊपर तक उसके लिए जबाबदारी। उनके लिए कोयला उद्योग भी बिलकुल नया था। हालाकि, कोल इंडिया की सबसे अच्छी बात उन्हें यहाँ के प्रशासनिक ढांचे की लगी, जिसके अंतर्गत एक होल्डिंग कंपनी, कोल इंडिया के अंतर्गत आठ सहयोगी कंपनी का होना था। इससे उन्हें काम करने में सुविधा हुई। इसमें ज्यादा काम सहयोगी कंपनी के जिम्मे होता है और कोल इंडिया को प्रशासनिक तौर पर उन्हें सहयोग देना होता है। इसके अतिरिक्त अध्यक्ष कोल इंडिया के पास अधिकार बहुत होते हैं, जिसके कारण कोई भी निर्णय लेने में सुविधा होती है।

श्री अग्रवाल कोल इंडिया में आते ही विभिन्न चुनौतियों के साक्षी बने। अभी उन्होंने एक महीने के समय में कंपनी को समझने की कोशिश ही की थी, तभी देश में कोरोना महामारी ने दस्तक दे दी। वह समय काफी कठिनाई भरा था। उस दौरान वे किसी भी सहयोगी कंपनी का दौरा नहीं कर पाये, जिससे वहाँ कोयला उत्पादन और प्रेषण तथा अन्य दिक्कतों के बारे में समझ पाते। दरअसल उस दौरान लोगों को बीमारी से बचाने के कारण कोयला उत्पादन और प्रेषण की प्राथमिकता पीछे चली गयी और कोरोना से लड़ाई पहली प्राथमिकता हो गयी। इसके अलावा उस दौरान यह भी लगा कि अब देश में कोयले की जरूरत कम होगी, क्योंकि कोयले का प्रेषण अपने निचले स्तर तक चला गया था। उसी दौरान कोल इंडिया को अन्य व्यवसाय में जाने के कई सारे सुझाव भी आने शुरू हो गए। यह बहुत ही चुनौती भरा समय था।

किसी तरह कोल इंडिया ने 2020-21 का वित्तीय वर्ष पार किया, जहां कोरोना महामारी के कारण उत्पादन पर बहुत असर पड़ा। कोयले का प्रेषण कम होने के कारण वित्तीय वर्ष के अंत में कोल इंडिया के पास सौ मिलियन टन से ज्यादा कोयले का स्टॉक हो चुका था। अभी अगले वित्तीय वर्ष की शुरुआत ही हुई थी कि फिर कोरोना की दूसरी लहर देश में आ गयी, जो पहले से ज्यादा भयावह थी। श्री अग्रवाल ने इस दौरान भी अपना धैर्य नहीं खोया। वे लगातार सहयोगी कंपनी के उच्च प्रबंधन से जुड़े रहे और उन्हें हर संभव मदद पहुंचाई। उनकी आईएएस के दौरान बनी सख्त अधिकारी की छवि को उन्होंने इस चुनौती की घड़ी में बदल दिया और कर्मियों के साथ उनका व्यवहार बिलकुल सरल रहा। उनका मानना था कि संकट की इस घड़ी में यदि कर्मियों के कंधे झुक जाएँगे, तब उनसे काम नहीं हो पाएगा। श्री अग्रवाल ने एक अभिभावक होने की भूमिका निभाई और चुनौती का सामना करने में सफल रहे।

कोरोना की दूसरी लहर के खत्म होने के तुरंत बाद देश में कोयले की मांग अचानक बढ़ी और कोल इंडिया पर कोयला प्रेषण

का जबर्दस्त दबाव पड़ा। हर रोज समाचारपत्रों में कोल इंडिया के विरुद्ध कोयले की कमी की खबर छपने लगी। दरअसल, उस वक़्त विदेशों में कोयला महंगा हो जाने के कारण आयातीत कोयले की मांग बिलकुल कम हो गयी और सारा का सारा बोझ कोल इंडिया पर आ गया। इसके अलावा विद्युत कंपनी ने कोरोना काल में कोल इंडिया से कोयला कम लिया और अपने स्टॉक में से कोयले को हर रोज़ कम करते रहे। अचानक जब इन कंपनी में कोयले के स्टॉक का स्तर लगभग नगण्य होने लगा, तब उनकी ओर से कोल इंडिया पर ज्यादा से ज्यादा कोयला भेजने का दबाव आ गया। अचानक रातों रात कोयले के प्रेषण को बढ़ाना भी संभव नहीं था। इसमें रेलवे की भी भागीदारी थी। हर राज्य में हाहाकार मचने लगा। इस कठिन चुनौती के समय भी श्री अग्रवाल ने हिम्मत नहीं हारी। वे लगातार सहयोगी कंपनी और कोयला मंत्रालय के संपर्क में रहे और धीरे-धीरे कोयला के प्रेषण को बढ़ाना शुरू किया। लगभग एक महीने के भीतर स्थिति सामान्य होने लगी। कम से कम कोयले की कमी के कारण कोई विद्युत संयंत्र बंद नहीं हुआ।

इस किताब के लिखते वक़्त जब कोयला कर्मवीरों के बारे में मैंने सोचा, तब कोल इंडिया के पुराने अध्यक्ष के नाम के साथ-साथ श्री अग्रवाल का नाम भी जेहन में आया, क्योंकि मैंने उन्हें एक कर्मवीर की तरह कई चुनौतियों से लड़ते हुए देखा था। मैंने जब उनसे इस संबंध में बात की, तब वे सहर्ष तैयार हो गए। अपने व्यस्त समय से कुछ समय निकाल कर उन्होंने मुझसे अपने जीवन, कोल इंडिया की चुनौतियों और कोयले के भविष्य के बारे में लंबी बातचीत की।

कोल इंडिया की अबतक के प्रदर्शन के बारे में पूछने पर श्री अग्रवाल ने बताया कि वे कंपनी के प्रदर्शन से सौ प्रतिशत तो नहीं, लेकिन बहुत संतुष्ट हैं। कोयले का उत्पादन वर्ष 2021-22 में थोड़ा ज्यादा होने पर उन्हें और संतुष्टि होती। वर्तमान में अप्रैल

महीने में कोयले के उत्पादन में हुई रेकॉर्ड वृद्धि से वे संतुष्ट हैं। बिजली संयंत्र को भी अप्रैल महीने में पिछले वर्ष की तुलना में पंद्रह प्रतिशत ज्यादा कोयला सहयोगी कंपनी द्वारा दिया जा रहा है। इसमें थोड़ा और सुधार होने से देश में कोयले की मांग को पूरा किया जा सकता है।

अपने दो वर्षों के कार्यकाल से वे संतुष्ट दिखे। उन्होंने बताया कि उनसे जितना बन पड़ा उतना उन्होंने कोल इंडिया के स्वरूप को ठीक करने के लिए किया। कुछ उल्लेखनीय कार्यों का जिक्र करते हुए उन्होंने बताया कि सबसे बड़ी सफलता उन्हें 'फ़र्स्ट माइल कनेक्टिविटी' प्रोजेक्ट में मिली, जहां उन्होंने टेंडर के स्तर से शुरुआत कर परियोजना को आगे तक ले जाने का काम किया है और अगले चंद वर्षों में सभी परियोजनाएं पूरी हो जाएंगी। इसमें वन की जमीन का कुछ मसला है, जिसे दूर किया जा रहा है। कर्मियों के मन में सतर्कता विभाग का जो एक खौफ था, जिससे कोई निर्णय लेने से हिचकता था, उसे दूर करने में श्री अग्रवाल ने कदम उठाए।

श्री अग्रवाल ने अपने कार्यकाल में वर्षों से लम्बित अधिकारियों की प्रोन्नति के मामले को ठीक कर बड़ी संख्या में अधिकारियों को प्रोन्नति दी, जिससे उनके काम की गुणवत्ता पर भी अच्छा असर पड़ा। इसके अलावा श्री अग्रवाल ने बताया कि अधिकारियों की ट्रेनिंग के लिए भी वे गंभीर हैं और अगले छह महीने में इसके लिए भी रूपरेखा तय कर ट्रेनिंग की ज़ोर-शोर से शुरुआत की जाएगी। कर्मियों के कल्याण कार्य के बारे में पूछे जाने पर उन्होंने बताया कि इसके लिए कंपनी में कॉल सेंटर बना कर कॉलोनी के रख-रखाव का नियंत्रण करने की शुरुआत की गयी है, जिसके परिणाम जल्द मिलेंगे। कर्मियों को स्किल करने के विषय में उन्होंने बताया कि भुवनेश्वर स्थित कोल इंडिया की एक संस्थान 'मिनरेम' को यदि जीवंत कर दिया जाए, तब वहाँ न केवल अपने कर्मियों की ट्रेनिंग हो सकती है, बल्कि खदान के आसपास के लोगों को भी ट्रेनिंग की

सुविधा दी जा सकती है। उन्होंने बताया कि दरअसल, कोल इंडिया के सामने हमेशा कुछ न कुछ चुनौती आती रही है, जिसका सामना करने में बहुत वक़्त निकल जाता है। इससे बाहर निकलने पर ही अन्य जरूरतों की ओर सहयोगी कंपनी का ध्यान जा सकता है। इस मामले में जरूर कमी हुई है।

कार्बन उत्सर्जन विषय पर पूछने पर श्री अग्रवाल ने बताया कि पिछले एक वर्ष में वन लगाने का काम दुगुनी गति से हुआ है। इसके अलावा 'फ़र्स्ट माइल कनेक्टिविटी' परियोजना के आने से भी सड़क परिवहन कम हो जाएगा, जिससे गाड़ियों से होने वाले कार्बन उत्सर्जन कम होंगे। उन्होंने बताया कि इन सब के बावजूद सौर ऊर्जा के प्लांट लगाने से ही कार्बन का उत्सर्जन कम होगा। इसके लिए कोल इंडिया द्वारा अपनी जमीन पर साढ़े चार सौ मेगावाट सौर ऊर्जा संयंत्र लगाने की योजना है। इसमें आधे का टेंडर हो चुका है और बाकी का भी काम जल्द पूरा कर अगले कुछ वर्षों में ये सौर ऊर्जा के प्लांट लग जाएँगे, हालाकि, इससे भी काम पूरा नहीं हो पाएगा। सौर ऊर्जा के अन्य क्षेत्र में काम करने के सिलसिले में उन्होंने बताया कि राजस्थान में वे जमीन लेकर सौर ऊर्जा के प्लांट लगाने की सोच रहे है। इसके अलावा तीन मेगावाट की परियोजना से कोल इंडिया को सौर ऊर्जा के क्षेत्र में और आगे जाने में मदद मिलेगी, हालाकि, इससे कोल इंडिया के बिजली के उपयोग के क्षेत्र में नेट ज़ीरो बनने में कुछ और वर्ष लगेंगे।

कोल इंडिया के भविष्य के बारे में पूछने पर श्री अग्रवाल ने बताया कि देश में आने वाले वर्षों में कोयले की मांग में कमी होगी, ऐसा उन्हें नहीं लगता है। कमर्शियल माइनिंग के बारे में उन्होंने बताया कि उनके द्वारा उत्पादित कोयले का देश में इस्तेमाल जरूर होगा, लेकिन उनका कोल इंडिया के अनुपात में उत्पादन बहुत कम होगा। कोल इंडिया को आने वाले वर्षों में इतना समग्र बनना होगा

कि देश के कोयले की बढ़ती हुई मांग को कंपनी पूरी कर सके। आने वाले बीस-तीस वर्षों में कोयले की जरूरत देश को रहेगी, इसलिए कोल इंडिया भी कंपनी के रूप में रहेगी।

उन्होंने आगे बताया कि कंपनी को धीरे-धीरे बड़ी खुली खदानों के द्वारा ही कोयले का ज्यादा से ज्यादा उत्पादन करना होगा। छोटी खदानों को चलाकर कमर्शियल माइनिंग का सामना नहीं हो पाएगा। कोल इंडिया को आने वाले वर्षों में कंपनी की एक माडलिंग करनी होगी, जिससे तय हो पाएगा कि कंपनी को अंततः कितने कर्मियों की जरूरत होगी, जिससे कोयले के उत्पादन को बढ़ा कर देश की मांग को पूरी की जा सके। फिलहाल हर वर्ष कम होने वाली श्रमशक्ति से कोल इंडिया पर कोई खास असर नहीं पड़ने वाला है।

वर्तमान में कोयले से साठ प्रतिशत ऊर्जा की जरूरत पूरी होने और भविष्य में इसकी संभावित कमी के बारे में श्री अग्रवाल ने बताया कि प्रतिशत घट सकता है, लेकिन कोयले की खपत बढ़ेगी। अभी भी देश में प्रति व्यक्ति ऊर्जा की खपत विश्व के औसत का आधा है, लेकिन चूंकि भारत एक विकासशील देश है, इसलिए आने वाले वर्षों में देश में उद्योग के बढ़ने से बिजली की खपत बढ़ेगी और इससे प्रति व्यक्ति खपत में भी इजाफा होगा। इसके कारण कोयले की भी मांग बढ़ती रहेगी। इसके अलावा आज भी देश में सबसे सस्ता ईंधन कोयला ही है। इन सब के कारण कोल इंडिया का कोयला उत्पादन आने वाले वर्षों में बढ़ता रहेगा।

भूमिगत खदानों के भविष्य के बारे में श्री अग्रवाल ने बताया कि यदि भूमिगत खदानों से कोयला उत्पादन को जारी रखना है, तब उसमें आधुनिक तकनीक जैसे कंटिन्युअस माइनर का उपयोग कर ज्यादा से ज्यादा उत्पादन करना होगा। इसमें कांट्रैक्ट पर मशीन को लगा कर राजस्व को बाँट कर चलाने से फायदा हो सकता है और इससे भूमिगत खदानों से उत्पादन भी होता रहेगा।

कोयले से इतर दूसरे क्षेत्र में कोल इंडिया के जाने के विषय पर श्री अग्रवाल ने बताया कि सबसे जरूरी है सौर ऊर्जा के क्षेत्र में कोल इंडिया का प्रवेश, जो आसानी से हो सकता है। समय आने पर इसपर तेजी से काम करना होगा। इसके अतिरिक्त बाक्साइट और उसके बाद एल्युमिनियम के उत्पादन में कोल इंडिया ने पहल की है और इस संबंध में ओड़ीशा सरकार से बातचीत हुई है। यह परियोजना जल्दी शुरू की जाएगी। इसमें किसी प्राइवेट पार्टनर को लेकर बाक्साइट खनन और एल्युमिनियम उत्पादन का काम किया जा सकता है। अन्य खनिजों के दोहन पर उन्होंने बताया कि कोल इंडिया को इस क्षेत्र में पहल करनी चाहिए और भविष्य में इसपर काम करने की भी उनकी इच्छा है। इसके लिए कोल इंडिया में एक नए निदेशक (बिज़नस डेव्लपमेंट) का पद बनाया गया है, जिनके आते ही इन गतिविधियों की तरफ कोल इंडिया आगे बढ़ेगी। वैसे भी कोल इंडिया के पास न पैसे की कमी है और न ही खनन विशेषज्ञों की। इसलिए अन्य खनिजों के खनन में कोल इंडिया को जाने में कोई दिक्कत नहीं है। इन सबके बावजूद कोल इंडिया का वर्तमान स्वरूप बना रहेगा। सिर्फ यदि कोई दूसरे क्षेत्र में काम करना है, तब वहाँ के लिए अलग सहयोगी कंपनी बनाने की जरूरत होगी, जैसे एल्युमिनियम और सौर ऊर्जा के लिए कोल इंडिया में बनाई गयी है।

कोल इंडिया में नए मैनेजमेंट ट्रेनी के भविष्य के बारे में पूछे जाने पर श्री अग्रवाल ने बताया कि उन सभी अधिकारियों का कोल इंडिया में भविष्य बहुत उज्ज्वल है। कोयला के अलावा दूसरे खनिज के क्षेत्र में भी कोल इंडिया के जाने पर माइनिंग का काम कंपनी में चलता रहेगा और कंपनी आगे बढ़ती रहेगी। सिर्फ इन नए अधिकारियों को खनन क्षेत्र में जाकर काम सीखना होगा। इसके अलावा इन्हें नए क्षेत्र की ट्रेनिंग भी देनी होगी। उन्होंने कोल इंडिया की नई पीढ़ी को अपने संदेश में कहा कि उन्हें कोल इंडिया के भविष्य के बारे में कोई डर नहीं होनी चाहिए। उन्हें खुद पर विश्वास रख कर ट्रेनिंग और एरिया

में काम कर, अपने आप को मजबूत बनाना होगा। बीच में बहुत वर्षों तक अधिकारी वर्ग में नियुक्ति नहीं होने के कारण अभी की पीढ़ी को जल्दी-जल्दी तरक्की का मौका मिलेगा, जिसके लिए उन्हें मानसिक रूप से तैयार रहना होगा।

सेंट्रल कोलफील्ड्स, ईस्टर्न कोलफील्ड्स आदि सहयोगी कंपनी में आने वाले दस-पंद्रह वर्षों में कई एरिया में सभी खदानों के बंद होने पर भविष्य में उत्पन्न होने वाली स्थिति और 'जस्ट ट्रानजिशन' पर पूछे जाने पर श्री अग्रवाल ने बताया कि खदान में काम करने वाले श्रमिकों के लिए पूरे एरिया के बंद होने पर उन्हें दूसरे एरिया या कंपनी में भेजा जा सकता है। उनकी उन्हें चिंता नहीं है। लेकिन बाहरी लोगों के पुनर्वास या उनकी रोजी-रोटी के लिए कोई दूसरे पर्याय की व्यवस्था के लिए अकेले कोल इंडिया सक्षम नहीं है। इसके लिए सम्बद्ध राज्य सरकार के सहयोग से रोजगार के नए अवसर ढूंढने होंगे। इसमें राज्य सरकार को आगे बढ़ कर अपनी भूमिका निभानी होगी। इसके अलावा लोगों को ज्यादा से ज्यादा ट्रेनिंग देकर उन्हें अपने पैरों पर खड़ा होने का अवसर देना होगा। इसमें कोल इंडिया के सीएसआर बजट से भी कुछ हद तक शुरुआत में काम किया जा सकता है। इसमें नयी पीढ़ी को शामिल करना होगा। इसके अलावा खदानों की जमीन को फिर से पुराने स्वरूप में लाकर वहाँ खेती की शुरुआत की जा सकती है। इस चुनौती से निपटने के लिए बहुत से उपाय एक साथ करने होंगे, तभी इसपर पार पाया जा सकेगा।

श्री अग्रवाल से कोल इंडिया और कोयला उद्योग के विभिन्न आयामों पर बात करने से एक चीज स्पष्ट हुई कि उनकी नजर हरेक विषय पर है और कोल इंडिया में अपने बचे हुए सीमित समय में वे इन सब काम को तेजी से आगे ले जाना चाहते हैं। उन्होंने पिछले सवा दो वर्षों में अनेक चुनौतियों का सामना करते हुए भी कोल इंडिया के उत्पादन और प्रेषण के झंडे को झुकने नहीं दिया

और वर्ष 2021-22 में कोल इंडिया ने रेकॉर्ड कोयले का उत्पादन और प्रेषण कर यह साबित कर दिया कि चुनौतियों से डरने वाली यह कंपनी नहीं है।

इसलिए कोल इंडिया में श्री अग्रवाल के पिछले वर्षों की अवधि के बारे में लोग कहते हैं कि वे चुनौतियों के साक्षी भी रहे हैं और चुनौतियों से लड़ कर कंपनी को आगे ले जाने में कामयाब भी हुए हैं।

वाकई चुनौतियों के साक्षी.....।

कर्मियों के संग जीवन

कोयला उद्योग के राष्ट्रीयकरण के बाद जब कोयला श्रमिक कोल इंडिया की छत्रछाया में एक साथ आए, तब संगठित ट्रेड यूनियन की भी शुरुआत हुई। उसके पहले एनसीडीसी या प्राइवेट खदानों के वक़्त उनकी कोयला श्रमिक या प्रबंधन पर उतनी पकड़ नहीं बन पायी थी। देश में कोल इंडिया की स्थापना के वक़्त चार प्रमुख ट्रेड यूनियन हुआ करते थे। इनमें सबसे प्रमुख इंडियन नेशनल ट्रेड यूनियन काँग्रेस (इंटक), हिन्द मजदूर सभा (एचएमएस), ऑल इंडिया ट्रेड यूनियन काँग्रेस (एटक) और सेंटर ऑफ इंडियन ट्रेड यूनियन (सीटू)। हालांकि, भारतीय मजदूर संघ (बीएमएस) ट्रेड यूनियन की स्थापना वर्ष 1955 में हो चुकी थी, लेकिन कोयला उद्योग में उसका वर्चस्व ज्यादा नहीं था।

डॉ. बसंत कुमार राय, बीएमएस मजदूर यूनियन के स्तम्भ माने जाते हैं। यूनियन की स्थापना काल से लेकर कोल इंडिया और देश के अन्य क्षेत्रों में इस यूनियन को शीर्ष पर ले जाने में उनकी प्रमुख भूमिका रही। यूं कहें उन्होंने अपना पूरा जीवन इस यूनियन को सुदृढ़ बनाने और कोयला श्रमिकों के जीवन में सुधार लाने में व्यतीत कर दिया। बिलकुल अकेले, फक्कड़ और बिलकुल सादगी से अब तक

उन्होंने अपना जीवन बिताया और हमेशा श्रमिकों की हक की लड़ाई में जुटे रहे। इसके लिए उसने अपने परिवार का भी त्याग कर दिया। उनके लिए कोयला श्रमिक ही उनका परिवार बना।

डॉ. राय का जन्म बलिया जिले के नरही गाँव में एक संभ्रांत परिवार में उन्नीस फरवरी, 1945 को हुआ। उनका एक संयुक्त परिवार था और उनके पिता गाँव में खेती-बाड़ी किया करते थे। इसके अलावा अनाज की बिक्री भी होती थी और पैसे की परिवार में कोई कमी नहीं होने के कारण सूद पर पैसे देने का भी काम होता था। उससे पूरा घर बहुत अच्छी तरह चलता था। वैसे तो उनके पिता चार भाई थे और उनका स्थान उनमें दूसरे नंबर पर था, लेकिन पूरे संयुक्त परिवार को संभालने और चलाने की जिम्मेवारी उन्हीं पर थी। उनके सबसे बड़े भाई बीएससी तक पढे हुए थे, लेकिन गाँव में ही आकर बस गए थे। छोटे दो भाई में एक सेना में कर्नल बने और उनसे छोटे भाई श्री जे डी राय आगे चलकर कोल इंडिया की सहयोगी कंपनी के सीएमडी बने। इस तरह से डॉ. राय का पूरा संयुक्त परिवार काफी भरा-पूरा था। डॉ राय अपने माता-पिता की एकलौती संतान थे।

डॉ. राय की प्रारम्भिक पढ़ाई-लिखाई गाँव के बगल में चितबाड़ा गाँव के स्कूल में हुई। उन्हें पढ़ाई में बहुत रुचि थी। वहाँ से मैट्रिक की परीक्षा पास करने के बाद वे इंटर और स्नातक की पढ़ाई के लिए बलिया चले गए। उन्होंने स्नातक की पढ़ाई जन्तु विज्ञान विषय में सतीश चन्द्र डिग्री कॉलेज, बलिया से वर्ष 1963 में की। वे वहाँ हॉस्टल में रहते थे। इसके बाद डॉ. राय का एड्मिशन इलाहाबाद में मेडिकल में हो गया, लेकिन वे राष्ट्रीय स्वयं सेवक संघ के कार्य में मशगूल हो जाने के कारण वहाँ नहीं जा सके। वे इंटर की पढ़ाई के दौरान ही संघ के कार्य में पूरी तरह रम गए थे। इसके कारण उनके पिता दुखी रहते थे कि पता नहीं उनका बेटा आगे जाकर क्या करेगा। वे चाहते थे कि बेटा पढ़-लिख कर उनका और परिवार का ख्याल रखे, लेकिन डॉ. राय संघ के रास्ते पर इतने आगे निकल चुके थे

कि उनका वापस लौटना मुश्किल था। उनका विवाह भी बचपन में ही गाँव में परिवार वालों ने कर दिया था, लेकिन डॉ. राय का ध्यान उस तरफ भी नहीं था। इन सब कारणों से बाप-बेटे में नहीं बनती थी। यह स्थिति इतनी विकट हो गयी कि डॉ. राय ने एक दिन अपने घर से पूरा नाता तोड़ लिया। वे बलिया में रहते हुए भी अपने गाँव अपने माता-पिता और अपनी पत्नी से मिलने नहीं जाते थे। पत्नी से उन्होंने पहले ही नाता तोड़ लिया था। वे बचपन में हुए विवाह को नहीं मानते थे।

बलिया से स्नातक की डिग्री लेने के बाद डॉ. राय संघ के प्रचारक होकर उत्तर प्रदेश में ही बांदा शहर आ गए। उस वक्त संघ के क्षेत्रीय प्रचारक झांसी में रहा करते थे। डॉ. राय ने उनसे बात कर बांदा के आयुर्वेदिक कॉलेज में डाक्टरी की पढ़ाई के लिए एड्मिशन ले लिया। वहाँ वे पढ़ाई के साथ-साथ संघ का प्रचार भी किया करते थे। उसके बाद उन्हें संघ के काम से पीलीभीत जाकर रहना पड़ा। उन्होंने आयुर्वेद की बाकी पढ़ाई वहीं के आयुर्वेदिक कॉलेज से पूरी की और डॉक्टर बन गए। वहाँ उन्होंने हाउस सर्जन की भी ट्रेनिंग ली।

वर्ष 1971-72 में डॉ. राय, जयप्रकाश नारायण के आंदोलन से जुड़े। उसमें उन्होंने बढ़- चढ़ कर हिस्सा लिया। उनकी गिरफ्तारी भी हुई। वे लगातार तीन वर्षों तक उस आंदोलन से जुड़े रहे और साथ में संघ के प्रचारक का भी काम करते रहे।

जब देश में वर्ष 1975 में आपातकाल की घोषणा हुई, तब संघ के सक्रिय कार्यकर्ता के रूप में डॉ. राय की भी पुलिस को खोज थी। गिरफ्तारी के डर से डॉ. राय पीलीभीत से निकलकर उत्तर प्रदेश के आसपास के कई शहरों में छुपते-छुपाते रहे और अंत में पुलिस से बचते हुए इलाहाबाद पहुँच गए। वहाँ उस वर्ष कुम्भ मेला लगा था और पूजनीय देवराहा बाबा वहाँ आए थे। डॉ. राय उन्हीं की शरण में वहाँ रहने लगे। कुछ दिनों के बाद जब उन्हें वहाँ भी गिरफ्तारी का खतरा महसूस हुआ, तब वे इलाहाबाद से निकलकर मध्य प्रदेश के

बेतुल जिले में पाथाखेरा आ गए। उस समय तक यह इलाका कोल इंडिया की सहयोगी कंपनी वेस्टर्न कोलफील्ड्स लिमिटेड के अंतर्गत कोयला खनन के लिए जाना जाता था। वहाँ डॉ. राय के आने का कारण था कि वे उस इलाके में पहले भी आ चुके थे। जब उनके चाचा श्री जे डी राय वर्ष 1963 में खनन अभियंता के रूप में पाथाखेरा इलाके में कोयला खनन की शुरुआत करने आए, तब डॉ. राय बांदा से उनके पास बीच-बीच में कुछ दिनों के लिए रहने आ जाया करते थे। उन्हें अंदाजा था कि गिरफ्तारी से छुपने के लिए यह सही स्थान था। वहाँ उनके चाचा के साथ काम किए लोगों का भी सहयोग मिला, जिससे उन्हें वहाँ कुछ दिनों तक रहने में दिक्कत नहीं हुई। उनके चाचा ने भी वहाँ के प्रबंधन को उनकी देखभाल के लिए टेलीफ़ोन से सूचना दे दी थी। हालाकि, इस बार वे वहाँ कुछ दिन रहकर वहाँ से भी निकलना चाहते थे, लेकिन संघ के वरीय सदस्य ने उन्हें वहीं रह जाने के लिए कहा।

पाथाखेरा में वे रोज नहा-धोकर पास के मंदिर में चले जाया करते और दिन भर वहीं बैठा करते थे। मंदिर में चढ़ने वाले प्रसाद का ही भोजन होता था। वहाँ वे किताबें भी पढ़ा करते थे। आपातकाल के कारण वे संघ के प्रचार का काम खुले रूप से नहीं कर सकते थे। देश में आपातकाल पचीस जून, 1975 से इक्कीस मार्च, 1977 तक चला। इस पूरे दौरान डॉ. राय अपने आप को छुपाकर पाथाखेरा में रहे। चूंकि आपातकाल समाप्त होने के बाद भी संघ से उन्हें वहीं बस जाने का आदेश मिला, तब उन्होंने आजीविका के लिए पाथाखेरा में एक मेडिकल स्टोर की शुरुआत की।

यह सिलसिला वर्ष 1976 से 1979 तक चला। उसके बाद संघ के कार्य के बढ़ जाने के कारण, उन्हें अपना मेडिकल स्टोर बंद कर देना पड़ा। इस दौरान संघ से जुड़ी ट्रेड यूनियन संस्था भारतीय मजदूर संघ के प्रमुख कर्ता-धर्ता और महामंत्री श्री राम नरेश सिंह थे, जो पेशे से शिक्षक थे और संघ के प्रचारक भी थे। उनसे डॉ. राय की मुलाक़ात

तब हुई थी, जब वे बलिया में इंटर की पढ़ाई किया करते थे। वे डॉ. राय से मिलने उन दिनों पाथाखेरा आए और उन्हें भारतीय मजदूर संघ के लिए काम करने को प्रेरित किया। संघ के एक वरीय सदस्य ने भी डॉ साहब को संघ के प्रचार को छोड़ कर भारतीय मजदूर संघ के लिए काम करने को कहा। उस दौरान कोयला उद्योग में एटक और इंटक का बोलबाला था। डॉ. राय को पाथाखेरा में बीएमएस यूनियन के गठन एवं उसको आगे ले जाने का जिम्मा सौंपा गया।

कोयला मजदूरों की स्थिति के बारे में डॉ. राय पहले से अवगत थे। दरअसल, जब उनके चाचा वर्ष 1955-56 में धनबाद के पास भौरा खदान में प्राइवेट मालिकों की खदान में काम करते थे, तब लगभग दस वर्ष की आयु वाले डॉ. राय वहाँ छुट्टियों में अपने गाँव नरही से जाया करते थे। उस वक़्त प्राइवेट खदान मालिकों द्वारा जिस तरह कोयला श्रमिकों का शारीरिक और मानसिक दोहन किया जाता था, यह डॉ. राय ने उस उम्र में महसूस किया था। पास के एक और खदान में उन्होंने खदान मालिक को श्रमिक को बोरा में बंद कर मारते हुए देखा था। उन्हें यह सब देख कर बहुत दुख होता था। उसी वक़्त से कहीं न कहीं उनके अंदर यह बात बैठ चुकी थी कि इस तरह की अमानवीय स्थिति से कोयला श्रमिकों को बाहर निकालना होगा। उस वक़्त उन्हें याद है कि लाल झण्डा लिए यूनियन के लोग जुलूस निकाला करते थे। इसलिए जब उनके सामने बीएमएस ट्रेड यूनियन का काम आया, तब सबसे पहले उनके दिमाग में कोयला श्रमिकों के लिए कुछ करने की बात दिमाग में आई। हालाकि, तबतक कोयला उद्योग के राष्ट्रीयकरण और कोल इंडिया की स्थापना से मजदूरों की स्थिति में तेजी से सुधार होना शुरू हो गया था। फिर भी उन्हें लगता था कि कोयला श्रमिक के वेतन में अवश्य सुधार हो गया था, लेकिन उनके रहने की व्यवस्था अभी भी अच्छी नहीं थी। इन सबको ध्यान में रख कर उन्होंने निर्णय ले लिया कि अब इसके बाद वे ट्रेड यूनियन का काम करेंगे और मजदूरों की भलाई और उनके हक के लिए काम करेंगे। डॉ. राय को बहुत मेहनत करनी पड़ी। उस वक़्त तक चार

यूनियन के अलावा बीएमएस का अस्तित्व वेस्टर्न कोलफील्ड्स के केवल एक एरिया में था, वह भी नहीं के बराबर। डॉ. राय को अपने संगठन को खड़ा करना था। धीरे-धीरे पूरी कंपनी और उसके बाद कोल इंडिया की विभिन्न सहयोगी कंपनी में जाकर पूरी लगन और निष्ठा के साथ बीएमएस संगठन को स्थापित करने का काम किया।

डॉ. राय को यह सब करते हुए हमेशा राष्ट्रीयकरण के पहले की स्थिति याद आती थी, जब प्राइवेट खदान मालिक पूर्वी उत्तर प्रदेश में उनके गाँव या गोरखपुर से खदान में काम करने के लिए जवान लोगों को मजदूरी करने के लिए उनके परिवार को कुछ मोटे पैसे की लालच देकर ले जाते थे और बाद में कोयला खदान में उनके साथ अमानवीय व्यवहार किया जाता था। उन्हें कम काम करने पर यातनाएँ दी जाती थीं, खदान में रहने का माहौल भी बिलकुल जेल की तरह था, जहां बिना मालिकों की इजाजत के कोई भी खदान के परिसर से बाहर नहीं जा सकता था। इन सब घटनाओं को डॉ. राय ने बहुत छोटी उम्र से देखा था। दूसरी ओर वर्ष 1956 से 1965 तक उन्हें अपने चाचा के माध्यम से एनसीडीसी की खदानों और उसके प्रबंधन के कार्य करने के तरीके को भी देखने का मौका मिला था। उस समय एनसीडीसी के अंतर्गत रेलवे की देश भर की बारह खदानें थीं, जिसमें खदान में काम करते वक्त कोयला श्रमिकों का पूरा ख्याल रखा जाता था। काम खत्म होने पर अधिकारी और श्रमिक सब एक साथ बैठ कर खाते-पीते थे, मनोरंजन करते थे और आपस में बातचीत किया करते थे। डॉ राय उस तरह के माहौल को फिर से कोल इंडिया में लाना चाहते थे।

मजदूरों के हक के लिए सबसे पहले उन्होंने रविवार के दिन काम करने पर दुगुना वेतन दिलाने का काम किया। दरअसल, आपातकाल के दौरान पहले से आ रही इस परंपरा को तत्कालीन सरकार ने बंद कर दिया था। मजदूर छुट्टी के दिन भी खदान में बुला लिए जाते थे, लेकिन उसके एवज में उन्हें कोई अतिरिक्त वित्तीय लाभ नहीं

मिलता था। यह प्रचलन आपातकाल समाप्त होने के बाद भी रहा। देश में जनता पार्टी की सरकार बनने की सुगबुगाहट शुरू हो गयी थी। इस संबंध में उस पार्टी के एक बड़े नेता चुनाव प्रचार के लिए रांची आए थे। डॉ. राय उनसे जाकर मिले। उन्होंने कहा कि यदि उनकी सरकार बनती है, तब वे छुट्टी के दिन के दुगुने वेतन को लागू करा देंगे। संयोगवश, जनता पार्टी की सरकार देश में बनी और वही नेता देश के श्रम मंत्री बने। उन्होंने अपने कार्यकाल के पहले ही दिन आदेश जारी कर दुगुने वेतन को कोयला खदानों में लागू करा दिया। इन सब से डॉ. राय पर कोयला श्रमिकों का भरोसा बढ़ने लगा।

इन सबके बावजूद यूनियन को बढ़ाने में डॉ. राय को बहुत संघर्ष करना पड़ा। वे लगातार देश के कोयला क्षेत्र में घूमते रहते थे। श्रमिकों के घर-घर जाकर उनसे बीएमएस की नीतियों के बारे में और श्रमिकों के हक के लिए किए जाने वाले कार्यों की रूपरेखा के बारे में जानकारी दिया करते थे। धीरे-धीरे उन्होंने अपने यूनियन को खड़ा किया।

कोयला श्रमिकों की वेतन वृद्धि हर पाँच वर्ष पर हुआ करती थी। इसकी शुरुआत जनता पार्टी के कार्यकाल के दौरान हुई। उस वक़्त इसके लिए प्रबंधन और यूनियन के प्रतिनिधियों की एक संयुक्त समिति का गठन किया गया, जिसका नाम रखा गया जाइंट बाईपरटाइट कमेटी ऑन कोल इंडस्ट्री (जेबीसीसीआई)। इसके पहले सत्ताधारी पार्टी से जुड़े यूनियन के दो लोगों के द्वारा ही श्रमिकों का वेतन तय किया जाता था। जब इस समिति का गठन हुआ तब इसमें इंटक, एटक, सीटू और एचएमएस यूनियन के प्रतिनिधियों के साथ बीएमएस को भी पहली बार शामिल किया गया। बाकी यूनियन के दिग्गज उस समिति में थे, जबकि बीएमएस से डॉ. राय को नामित किया गया। अनुभव और ओहदे के हिसाब से वे उस समिति में सबसे छोटे सदस्य थे। समिति की पहली बैठक में संयोग से केंद्रीय कोयला मंत्री भी उपस्थित थे, क्योंकि उस समिति का विधिवत गठन किया जाना था। बैठक के पहले दिन कोयला मंत्री ने सबकी तरफ देखते

हुए डॉ. राय से पूछा कि उनके विचार से इस समिति का गठन कैसे किया जाएगा। डॉ. राय और बाकी लोग भी हैरान हुए कि बैठक में उपस्थित सबसे कम अनुभवी व्यक्ति से इतने बड़े निर्णय के बारे में पूछा जा रहा है। फिर भी डॉ. राय बिलकुल नहीं घबड़ाये और उन्होने विस्तार से समिति के बारे में बताया। उन्होंने कहा कि हरेक यूनियन से दो सदस्य दिये जाएँ और उनकी अनुपस्थिति में उनकी जगह दो अन्य सदस्य भी दिये जाएँ, उन्होंने आगे कहा कि इस समिति की बैठक किसी होटल की जगह या तो कोल इंडिया के दफ्तर में हो या कोयला मंत्री के कमरे में हो, इसके अलावा कोई भी प्रतिनिधि बैठक में शामिल होने के लिए न ही दैनिक और न ही यात्रा भत्ता लेगा, न ही उसे बैठक के दौरान प्रतिनिधियों के लिए कंपनी द्वारा विधिवत भोजन की व्यवस्था की जाएगी। आखिर में उन्होने कहा कि बैठक में फैसले जल्दी से लिए जाने चाहिए। बाकी यूनियन के सदस्य तबतक यह सोच रहे थे कि शायद सबसे छोटे सदस्य का मन रखने के लिए कोयला मंत्री ने उससे पूछा था, लेकिन जब कोयला मंत्री ने वहाँ बैठे तत्कालीन कोयला सचिव से कहा कि डॉ. राय ने जो बात कही है, वही अंतिम होगी, तब बाकी यूनियन के सदस्य घबड़ाये। दो यूनियन के वरीय सदस्य ने जब इस पर कोयला मंत्री से आपत्ति जताई, तब कोयला मंत्री ने उन्हें यह कह कर शांत कर दिया कि जो डॉ. राय ने प्रस्ताव दिया है, वह सही लगता है और यही लागू किया जाएगा। इसके बाद इस समिति की बैठक कोल इंडिया मुख्यालय में हुई। यूनियन के लोग अपने खर्च से कलकत्ता में रुके और किसी साधन से वहाँ से बैठक में भाग लेने के लिए कोल इंडिया मुख्यालय आए। यह श्रमिकों के दूसरे वेतन समझौते की बात थी।

उसके बाद डॉ. राय ने अपने संगठन को और ज्यादा बड़ा किया। इसमें उन्हें कोल इंडिया के बड़े अधिकारियों का भी सहयोग मिला। वेस्टर्न कोलफील्ड्स लिमिटेड में भी उन्होंने अपनी पकड़ मजबूत कर ली। श्रमिकों के करियर को आगे बढ़ाने के लिए एक बार वर्ष 1978 में डॉ. राय ने श्रमिकों के लिए दस दिनों की भूख हड़ताल भी

की। प्रबंधन को इस कारण से श्रमिकों की प्रोन्नति करनी पड़ी। उस वक़्त वेस्टर्न कोलफील्ड्स का कार्यक्षेत्र काफी विस्तृत था। वर्तमान के एसईसीएल और महानदी की ईब वैली का भाग भी कंपनी के कार्यक्षेत्र में था। डॉ. राय हरेक एरिया के बीएमएस प्रतिनिधि से नागपुर के रवि भवन में बैठक कर उनसे श्रमिकों के कल्याण कार्य में और तेजी लाने और प्रबंधन पर इसके लिए दबाव बनाने के लिए कहते थे। वे हरेक एरिया जाकर वहाँ की भूमिगत खदानों में जाते और कोयला श्रमिकों से उनका हाल-चाल पूछते थे। वे उनके रहने की जगह भी जाकर मुआयना करते थे। इन सब से श्रमिकों के बीच वे बहुत कम समय में बहुत लोकप्रिय हो गए। डॉ. राय की धाख कंपनी में अब पूरी तरह जम गयी थी। उन्होंने अपने यूनियन के काम से कभी किसी अधिकारी से किसी गैर-कानूनी काम करने के लिए नहीं कहा। उन्होंने हमेशा प्रबंधन के साथ सार्थक बात कर श्रमिकों को उनका वाजिब हक दिलवाया।

देश में जनता पार्टी की सरकार के बाद जब फिर से वर्ष 1982 में काँग्रेस की सरकार आई, तब तीसरी जेबीसीसीआई की बैठक में बीएमएस के सदस्यों को नहीं रखा गया। इसका ऐलान तत्कालीन कोयला मंत्री द्वारा संसद में किया गया। इसपर बीएमएस के अलावा दूसरे यूनियन के वरिष्ठ सदस्यों ने संसद में आपत्ति दर्ज की। इसको लेकर संसद का बहिष्कार भी किया गया। सभी यूनियन के सदस्यों ने मिलकर कहा कि जबतक बीएमएस को सदस्यता नहीं दी जाएगी, तबतक वे बैठक में भाग नहीं लेंगे। उस वक़्त के यूनियन लीडर की संस्कृति इस प्रकार थी कि वे अलग यूनियन के होते हुए भी एक दूसरे की मदद करने में पीछे नहीं रहते थे। आखिर में कोयला मंत्री को सभी की बात माननी पड़ी और वेतन समझौते की समिति में बीएमएस को शामिल किया गया।

इसके बाद लगभग छह वर्षों तक डॉ. राय बीएमएस संगठन के पद से अलग हो गए। दरअसल, उनके संगठन के कुछ लोगों को

लगता था कि वे श्रमिकों के बीच काफी लोकप्रिय हो गए हैं और उनका यह भी कहना था कि डॉ. राय किसी दूसरे की बात नहीं सुनते हैं। उनके संगियों को यह भी लगता था कि वे दूसरे यूनियन के लोगों से बहुत नजदीक होते जा रहे है। असल में डॉ. राय का स्वभाव था कि वे सब से मिलजुल कर काम करते थे, जो बात शायद उनके सहयोगियों को अच्छी नहीं लगी। लगातार यह सब बातें डॉ. राय के कानों में पड़ती रहीं, कुछ दिनों तक यह सब सुनने के बाद उन्होंने निर्णय लिया कि वे संगठन से अलग हो जाएँगे। संगठन का पद छोड़ने के बाद वे पूरे देश के भ्रमण पर चले गए। कई उद्योग में उन्होंने मजदूरों की हालत को देखा। उसी दौरान उन्होंने संगठन को अलविदा करने का मन बना लिया। इस बात की खबर जब संघ के वरीय सदस्यों को लगी, तब डॉ. राय को दिल्ली बुलाया गया। वहाँ लोगों ने उन्हें समझाया कि उनके जाने से संगठन पर असर पड़ेगा। वे उनकी बात मान कर फिर वापस संगठन में आ गए।

श्रमिकों के पेंशन की योजना में भी डॉ. राय ने अग्रणी भूमिका निभाई। श्री एस के चौधरी उस वक़्त कोल इंडिया के अध्यक्ष थे। उनसे बात कर और कोयला मंत्रालय तथा कोयला मंत्री से मिलकर डॉ. राय ने कोयला श्रमिकों के पेंशन की शुरुआत कराई। उसके बाद अगले कई वर्षों तक कोल इंडिया के विभिन्न अध्यक्ष से बातचीत कर उन्होंने कोयला श्रमिकों के कल्याण के लिए कई कार्य किए। वे उसके बाद के हरेक वेतन समझौते की बैठक में शामिल हुए। जैसे-जैसे समय बीतता गया, डॉ. राय के नेतृत्व में बीएमएस संगठन मजबूत होता चला गया। बाद में उन्हें इस संगठन का प्रभारी बना दिया गया।

डॉ. राय से मेरा परिचय वर्ष 1988 में हुआ, जब वे वापस संगठन में लौट कर आए। उस वक़्त मैंने उन्हें कोयला उद्योग के विषयों पर लोगों से बहुत गंभीरता से बातें करते देखा था। उनसे मेरा संपर्क श्री एस के चौधरी के कोल इंडिया के अध्यक्ष काल में ज्यादा बढ़ा, जब मैं भी कोल इंडिया मुख्यालय में था। उससे पहले मैं सिंगरौली में काम

करता था और वहाँ कभी-कभी यूनियन की बैठक में उनके आने पर मेरी भेंट हो जाती थी। ट्रेड यूनियन के स्तर पर उनसे आधिकारिक बातचीत करने का अवसर मुझे तब मिला, जब मैं सेंट्रल कोलफील्ड्स लिमिटेड में निदेशक कार्मिक के पद पर गया। कंपनी में श्रमिकों के मामलों में उनसे विचार-विमर्श हुआ करता था। श्रमिकों के बोनस के लिए आहूत बैठक में भी उनसे मुलाक़ात हो जाया करती थी। उनसे नजदीकी तब बढ़ी, जब मैं वेस्टर्न कोलफील्ड्स लिमिटेड में अध्यक्ष सह प्रबंध निदेशक के पद पर गया। डॉ. राय वहीं पाथाखेरा में रहते थे और मैं कंपनी के काम के सिलसिले में उनसे अक्सर बातचीत किया करता था। उनका सबसे ज्यादा सहयोग मुझे तब मिला, जब मैं कुछ दिनों के लिए अपने पद के अलावा कोल इंडिया के निदेशक कार्मिक एवं ओद्योगिक संबंध के पद पर गया। उस वक़्त कोयला श्रमिकों के दसवें वेतन समझौते के लिए बैठक की शुरुआत हुई थी। उस समझौते को रेकॉर्ड समय में पूरा करने में सभी यूनियन के अलावा डॉ. राय की विशेष भूमिका रही। जब कभी भी किसी बात पर बैठक में उलझन होती, हमलोग आपस में मिलकर उसे सुलझाते थे। नागपुर के मेरे प्रवास के दौरान उनसे महीने में एक बार जरूर मुलाक़ात हो जाती थी। वर्ष 2021 में उन्होंने अपनी बढ़ती उम्र के कारण संगठन के पद को छोड़ दिया।

इस किताब को लिखते वक़्त ट्रेड यूनियन की गतिविधियों पर लिखने का विचार हुआ और तब मेरे जेहन में एक ही नाम आया, डॉ. राय। संगठन के पद को छोड़ने के बावजूद वे अब भी लगातार घूमते रहते हैं। उनसे बात कर उनके बारे में लिखने की बात जब दिमाग में आई, तब मैंने उनसे संपर्क किया। वे अपने गाँव नरही में थे। हालाकि, गाँव में इंटरनेट की सुविधा ज्यादा नहीं थी, फिर भी किसी तरह खंडों में उनसे विडियो कॉल पर लंबी बातचीत हुई। उन्होंने दिल खोल कर अपने जीवन के शुरू से अब तक की यात्रा का जिक्र किया।

उनसे बातचीत के क्रम में जब उन्होंने अपने ट्रेड यूनियन के दिनों के किस्से सुनाये तब मैंने उनसे दो चार प्रश्न पूछे। मैंने उनसे पूछा कि उन्होंने प्राइवेट और सरकारी, दोनों समय को देखा है, ऐसे में वे मजदूरों के हित के लिए अभी भी ऐसी क्या कमी महसूस करते हैं, जो वे ठीक नहीं कर सके। उन्होंने बताया कि कोल इंडिया बनने के बाद मजदूरों के वेतन और उनकी तरक्की के रास्ते बनने में काफी सुधार हुआ है, लेकिन अभी भी उनके कल्याण के कार्यों में कमी है, विशेष कर उनके रहने की कॉलोनी के रख-रखाव में। कंपनी को उन्हें बेहतर सुविधा देनी चाहिए। हॉस्पिटल की भी बेहतर सुविधा होनी चाहिए। उन्होने काम की संस्कृति में होने वाली गिरावट पर भी चिंता प्रकट की। कमर्शियल माइनिंग पर अपनी प्रतिक्रिया व्यक्त करते हुए उन्होंने कहा कि उन्हें चिंता है कि इसमें प्राइवेट कोयला श्रमिकों को वह सुविधा नहीं मिल पाएगी, जो अभी उन्हें मिल रही है। ऐसा नहीं हो कि फिर से पुरानी स्थिति हो जाये। उन्होंने कहा कि वह कोल इंडिया में ठेकेदारी प्रथा से कोयला खनन के खिलाफ हैं। इस काम में ठेका मजदूरों को उचित पैसे नहीं मिलते हैं। आज भी ठेका मजदूरों को कागज पर जो तनख़ाह दिखाई जाती है, वह उन्हें वास्तव में नहीं मिलती है। कांट्रैक्ट के मालिक उनके बैंक के कार्ड और पासबुक अपने पास रख कर, उससे आधे पैसे वापस निकाल लेते हैं। विरोध करने पर उन्हें काम से हटा दिया जाता है। इस दिशा में उचित निगरानी की आवश्यकता होगी।

कोल इंडिया में श्रमिकों की घटती संख्या के बारे में पूछने पर उन्होंने बताया कि नए लोगों की बहाली कम हो रही है। उनकी जगह ज़्यादातर काम ठीका पर करने की प्रवृति हो गयी है। इसमें ट्रेड यूनियन की भी कमजोरी है। वे इसके खिलाफ आवाज नहीं उठाते हैं। इस तरह से कुछ वर्षों में ज़्यादातर काम ठीके से ही किए जाएँगे। बंद होती भूमिगत खदानें और भविष्य में बची हुई भूमिगत खदानों के ऑक्शन के बारे में पूछे जाने पर डॉ राय ने कहा कि यदि किसी भूमिगत खदान को कोल इंडिया के अनुभवी कर्मी नहीं चला पा रहे

हैं, तब कोई भी प्राइवेट मालिक का उस खदान को चलाना असंभव होगा। कोल इंडिया को अभी भी इन खदानों को आधुनिक मशीनों का इस्तेमाल कर चलाने का काम करना चाहिए। इन खदानों में अच्छी गुणवत्ता वाला कोयले का अभी भी भंडार है। उत्पादन बढ़ाने पर वित्तीय घाटा कम होता जाएगा। यदि संभव हो तब भूमिगत खदानों को खुली खदानों में भी परिवर्तित किया जा सकता है।

कोयला के भविष्य के बारे में उनका कहना है कि अभी अगले कई दशक तक कोयले का वर्चस्व देश में रहेगा। कोल इंडिया को इसके साथ पर्यावरण को बचाने के लिए नयी तकनीक और सकारात्मक सोच लानी होगी।

कोयला कर्मियों के संग पूरा जीवन व्यतीत करने वाले डॉ. राय अपनी बढ़ती उम्र के बावजूद आज भी सक्रिय हैं। उनकी इच्छा है कि आने वाले वर्षों में कोल इंडिया में कोयला श्रमिकों का अच्छे से ख्याल रखा जाये और इसके लिए उनकी जब भी जरूरत पड़ेगी वे सहयोग देने के लिए सदैव तैयार रहेंगे।

देश के खनन गौरव

हमारे देश एक विकासशील देश है, जहां हरेक क्षेत्र में बड़ी-बड़ी परियोजनाएं खड़ी है या हर दिन तैयार हो रही हैं। वह चाहे सड़क हो, बांध हो, इस्पात कारख़ाना हो या फिर ऊर्जा के क्षेत्र में पैट्रोलियम या कोयला की परियोजनाएं हों, सभी का स्वरूप विशाल है और इनमें से कई न केवल देश में बल्कि विदेशों की परियोजनाओं में भी अव्वल हैं। ये सभी हमारे देश के गौरव हैं। ऐसी विशाल परियोजनाएं हमारे देश के कोयला उद्योग में भी हैं, ऐसे में हमारे देश के गौरव के रूप में भारत की सबसे बड़ी कोयला खदानों का जिक्र करना जरूरी होगा। खुली खदानों में गेवरा परियोजना और भूमिगत खदानों में झांझरा परियोजना। ये दोनों खदानें अपने आप में बेमिसाल हैं। गेवरा परियोजना का स्थान एशिया में पहला है। ये दोनों परियोजनाएं कोल इंडिया की दो सहयोगी कंपनी के अंतर्गत कार्य करती हैं तथा हर वर्ष इनसे कोयला उत्पादन का इजाफा किया जा रहा है।

एशिया की सबसे बड़ी कोयला खदान: गेवरा

गेवरा कोयला परियोजना को एशिया की सबसे बड़ी खुली खदान और दुनिया की दूसरी बड़ी खुली खदान होने का गौरव प्राप्त है।

कोल इंडिया की सहयोगी कंपनी साउथ ईस्टर्न कोलफील्ड्स लिमिटेड के कोरबा कोलफील्ड के दक्षिण-मध्य भाग में यह अवस्थित है। यह परियोजना छत्तीसगढ़ जिले में बिलासपुर शहर से लगभग नब्बे किलोमीटर पर और दक्षिण-पूर्व रेलवे के चम्पा-गेवरा ब्रांच लाइन पर गेवरा रोड रेलवे स्टेशन से दस किलोमीटर और कोरबा रेलवे स्टेशन से सोलह किलोमीटर पर स्थित है। यह खदान इतनी बड़ी है कि ऊपर सतह से खड़े होकर देखने पर पूरी खदान को एक साथ देखना नामुमकिन है। एक समय में इस खदान में सैकड़ों की संख्या में गाड़ियाँ और मशीनें चलती है। इसकी विशालता का इसी से अंदाजा लगाया जा सकता है कि परियोजना में दो हजार छह सौ पैंतीस हेक्टेयर में कोयले की खुदाई का काम चल रहा है, जो सत्ताईस वर्ग किलोमीटर से भी ज्यादा है। परियोजना लगभग नौ किलोमीटर लंबी और तीन किलोमीटर चौड़ी है। इस परियोजना की वार्षिक कोयला उत्पादन क्षमता सत्तर मिलियन टन है, जो कोल इंडिया के वर्तमान कुल उत्पादन के दस प्रतिशत से ज्यादा है। इस परियोजना के पूर्व भाग में कुसमुंडा कोयला खदान है, जिसकी वार्षिक कोयला उत्पादन क्षमता पचास मिलियन टन है और पश्चिमी भाग में दीपका परियोजना है, जिसकी कोयला उत्पादन क्षमता प्रति वर्ष पचीस मिलियन टन है।

गेवरा खुली खदान परियोजना के लिए सबसे पहले छह मिलियन टन कोयले की वार्षिक क्षमता की परियोजना रिपोर्ट मार्च,1979 में सीएमपीडीआई द्वारा तैयार की गई थी। हालाकि, भारत सरकार ने दिसंबर, 1979 में पचास करोड़ रुपये की अनुमानित पूंजी पर केवल पाँच मिलियन टन की वार्षिक क्षमता के लिए परियोजना रिपोर्ट को मंजूरी दी। यह एनटीपीसी (प्रथम चरण) के कोरबा सुपर थर्मल पावर स्टेशन (केएसटीपीएस) की ग्यारह सौ मेगावाट विद्युत संयंत्र की कोयले की आवश्यकता को पूरा करने के लिए थी। उसी के आधार पर इस परियोजना का शुभारंभ नौ जनवरी, 1981 को किया गया। बाद में गेवरा परियोजना की मंजूरी के बाद, एनटीपीसी को

एमएसटीपीएस के एक हज़ार मेगावाट के विस्तार के लिए कोयला की मंजूरी दी गई। इस तरह एनटीपीसी के विद्युत संयंत्र की कुल उत्पादन क्षमता इक्कीस सौ मेगावाट की हो गयी, जिसके लिए कुल आठ मिलियन टन प्रतिवर्ष कोयले की जरूरत थी। इसके कारण मार्च, 1982 में फिर एक बार गेवरा परियोजना की नयी रिपोर्ट बनाई गयी, जिसमें उसकी वार्षिक उत्पादन क्षमता दस मिलियन टन की रखी गयी। भारत सरकार ने इस रिपोर्ट की मंजूरी सितंबर, 1985 में दी, जिसपर लगभग दो सौ पचीस करोड़ रुपये का खर्च होता।

वर्ष 1992-93 में गेवरा परियोजना से कोयला उत्पादन की दो बार दो-दो मिलियन टन से वृद्धि के लिए पुनः योजना तैयार की गई, जिसपर लगभग तिरपन करोड़ रुपये का प्रस्तावित पूंजी निवेश था। इस तरह वर्ष 1992 तक गेवरा की वार्षिक उत्पादन क्षमता बढ़ कर बारह मिलियन टन प्रति वर्ष कोयला उत्पादन की हो गयी, जिसपर लगभग दो सौ अटहत्तर करोड़ रुपये का खर्च था। अगले कुछ वर्षों में इस खदान से कोयले का उत्पादन हर वर्ष बढ़ता रहा। वर्ष 1999-2000 के दौरान, इस खदान से अठारह मिलियन टन से अधिक कोयले का उत्पादन किया गया और बारह मिलियन घन मीटर ओवरबर्डन हटाया गया। उसके बाद अतिरिक्त कोयला भंडार की उपलब्धता और देश के कोयले की जरूरत को पूरी करने के लिए वर्ष 2005 में सीएमपीडीआई ने गेवरा की नयी वार्षिक उत्पादन क्षमता को ध्यान में रखते हुए पचीस मिलियन टन प्रतिवर्ष का रिपोर्ट बनाया। इसपर कुल सोलह सौ अरसठ करोड़ रुपये की लगात आने वाली थी। कोयला के भंडार को देखते हुए इस खदान की आयु इस उत्पादन की रफ्तार से अठाइस वर्ष की आँकी गयी। अठारह मार्च, 2007 को गेवरा खुली खदान से एक दिन में एक लाख टन कोयले का उत्पादन किया गया, जो भारत में किसी एक दिन में किसी भी खदान या कोयला क्षेत्र द्वारा उत्पादित कोयले की सबसे अधिक मात्रा थी।

दसवीं पंचवर्षीय योजना के लिए नामित वर्किंग ग्रुप ने ग्यारहवीं पंचवर्षीय योजना में कोयले की कुल वार्षिक मांग को पाँच सौ अस्सी टन आँका था, जिसमें कोल इंडिया का योगदान चार सौ पैंतालीस टन का था। एक बार पुनः वर्ष 2005 में ग्यारहवीं पंचवर्षीय योजना के लिए कोयले की वार्षिक मांग को बढ़ा कर छह सौ बाईस मिलियन टन कर दिया गया था, जिसमें कोल इंडिया का योगदान पाँच सौ आठ मिलियन टन का था। इसमें अंदाजा लगाया गया कि घरेलू सकल उत्पादन पाँच सौ बासठ मिलियन टन प्रति वर्ष से ज्यादा का नहीं होगा। इसके मायने थे कि देश को अतिरिक्त साठ मिलियन टन कोयले की जरूरत थी। इसके लिए आपातकालीन योजना बनाई गयी, जिसमें कोल इंडिया को इस उत्पादन की भरपाई करने के लिए कहा गया। इसी क्रम में एक बार फिर गेवरा खुली खदान से उत्पादन बढ़ाने पर ज़ोर दिया गया। वर्ष 2006 में गेवरा में कोयले के बचे हुए भारी भंडार को देखते हुए उसकी वार्षिक कोयला उत्पादन क्षमता को पचीस मिलियन टन से बढ़ा कर पैंतीस मिलियन टन की रिपोर्ट तैयार की गयी।

अगले सात-आठ वर्षों में देश के ताप विद्युत केन्द्रों की संख्या में विस्तार और उसमें कोयले की मांग के बढ़ने से एसईसीएल पर कोयला उत्पादन बढ़ाने का दबाव पड़ा। कंपनी के पास कोरबा कोलफील्ड में सिर्फ तीन ही ऐसी परियोजना गेवरा, कुसमुंडा और दीपका थीं, जिनसे उत्पादन तेजी से बढ़ाया जा सकता था। इस क्रम में अगली बढ़ोतरी वर्ष 2016 में हुई, जब गेवरा खुली खदान का और बड़ा विस्तार किया गया। इस बार यह लक्ष्य रखा गया कि इस खदान की सर्वाधिक वार्षिक उत्पादन क्षमता बढ़ा कर सत्तर मिलियन टन की रखी जाये। इसके लिए वर्ष 2015 में सीएमपीडीआई की रिपोर्ट बनी, जिसमें यह कहा गया कि वर्ष 2014 के आंकड़ों के अनुसार अभी भी गेवरा खुली खदान में खनन योग्य कोयले का भंडार लगभग तेरह सौ अड़तीस मिलियन टन है और यदि अतिरिक्त जमीन ली जाये तब गेवरा खदान एक वर्ष में सत्तर मिलियन टन का उत्पादन

कर सकती है। इसके आधार पर रिपोर्ट को कोल इंडिया को स्वीकृति के लिए सौंपा गया, जिसकी स्वीकृति वर्ष 2016 में मिली। अभी इसकी पर्यावरण स्वीकृति मिलनी बाकी है, जिसपर तेजी से काम किया जा रहा है।

सत्तर मिलियन टन उत्पादन करने पर इस परियोजना की लागत ग्यारह हजार आठ सौ सोलह करोड़ रुपये की होगी। वर्तमान में परियोजना अपने विकास के चरण में है, इसलिए इस खदान से वर्ष 2021-22 में एकतालीस मिलियन टन से थोड़ा ऊपर कोयले का उत्पादन हुआ है। हालाकि, वर्ष 2019-20 में इस परियोजना ने पैंतालीस मिलियन टन कोयले का उत्पादन किया था। दरअसल, पिछले दो वर्षों में ओवरबर्डेन के कांट्रैक्ट के अंतर्गत काम अधूरा करने के कारण कांट्रैक्ट को दो बार रद्द करना पड़ा इसलिए नए कांट्रैक्ट के समय से चालू नहीं होने के कारण कोयले के उत्पादन में कमी आई। पिछले वित्तीय वर्ष में कांट्रैक्ट से कोयले के कुल उत्पादन का सिर्फ दस प्रतिशत हुआ। वर्तमान में खदान में ओवरबर्डेन के चार कांट्रैक्ट चल रहे हैं। खदान से पिछले वित्तीय वर्ष में पैंतालीस मिलियन टन कोयले का प्रेषण हुआ, जिसमें उनीस मिलियन टन रेल के द्वारा, चौदह मिलियन टन मेरी गो राउंड के माध्यम से और बाकी सड़क मार्ग से। वर्ष 2022-23 में गेवरा से बावन मिलियन टन उत्पादन का लक्ष्य रखा गया है, जिसके लिए अड़सठ मिलियन घन मीटर ओवरबर्डेन हटाया जाएगा। इसके अगले वर्ष के कोयले का उत्पादन लक्ष्य चौंसठ मिलियन टन का रखा गया है और उसके अगले वर्ष 2024-25 से यह परियोजना सत्तर मिलियन टन प्रतिवर्ष कोयले का उत्पादन करने लगेगी। उस वक्त लगभग एक सौ बाईस मिलियन घन मीटर ओवरबर्डेन प्रतिवर्ष हटाने की जरूरत पड़ेगी। उस वक्त खदान की गहराई तीन सौ चालीस मीटर हो चुकी रहेगी। खदान का क्षेत्रफल भी आज के मुक़ाबले बहुत बड़ा हो जाएगा। खदान चार हजार सात सौ छिहासठ हेक्टेयर में खनन करेगी। तब इस खदान की लंबाई लगभग दस किलोमीटर और चौड़ाई लगभग चार किलोमीटर की हो

जाएगी, जिससे कुल क्षेत्रफल बढ़कर चालीस वर्ग किलोमीटर का हो जाएगा। खदान की विशालता का अंदाजा इस बात से लगाया जा सकता है की उस वक़्त कोई व्यक्ति एक दिन में भी पूरी खदान का मुआयना नहीं कर पाएगा।

गेवरा में फिलहाल तीन कोयला सीम से कोयला का खनन किया जा रहा है, जो आगे चल कर चार सीम हो जाएगा। सबसे ऊपर की ई ऐंड एफ सीम बारह मीटर की मुटाई की है। उसके बाद की गहराई की अपर कुसमुंडा सीम सताइस मीटर मोटी है। गहराई की तीसरी लोअर कुसमुंडा सीम की मुटाई पचास से पचपन मीटर की है। उसके बाद की डी सीम आठ मीटर की है, जिसका खनन अभी नहीं हो रहा है। सभी सीम के कोयले का ग्रेड जी-ग्यारह का है, जो ताप विद्युत केन्द्रों में उपयोग के अनुकूल है।

कोयले का पचासी प्रतिशत से ज्यादा उत्पादन सर्फेस माइनर के द्वारा होता है। खदान में ज़्यादातर कार्य कांट्रैक्ट के माध्यम से होता है। ओवरबर्डेन के काम में विभागीय मशीनें भी लगी हैं। इस खदान में ओवरबर्डेन के उत्खनन में लगे हुए एचईएमएम मशीनों की बात करें, तो यहाँ कोल इंडिया की सबसे ज्यादा क्षमता वाली मशीनें काम करती है। विशाल ऊंचाई के दो सौ चालीस टन माल ढोने की क्षमता वाले अड़तीस डंपर लगे हैं। इसके अलावा डेढ़ सौ और सौ टन के डंपर का भी इस्तेमाल होता है। शावेल की अगर बात करें, तब दो सौ चालीस टन डंपर के लिए बयालीस घन मीटर की क्षमता वाली यहाँ कई बड़ी मशीनें हैं। उसी तरह साढ़े आठ सौ एचपी की सर्वाधिक क्षमता वाले डोजर और व्हील डोजर इस खदान में काम करते हैं।

खदान में लगभग अट्ठाईस सौ विभागीय श्रमिक काम करते हैं। इसके अलावा परियोजना और एरिया को मिलाकर कुल दो सौ ऑफिसर कार्यरत है। कांट्रैक्ट पर लगभग सोलह सौ लोग काम करते हैं।

खदान में इनपिट कंवेयर बेल्ट लगा है, जिसके माध्यम से उत्पादित कोयला चार साइलो में जाता है। दो साइलों से पंद्रह

मिलियन टन कोयला सिर्फ एनटीपीसी के पावर प्लांट को जाता है और बाकी पाँच-पाँच मिलियन टन क्षमता वाले दो साइलो से रेलवे के रेक लोड किए जाते हैं, जिनके माध्यम से देश भर के अन्य बिजली उपभोक्ताओं को कोयले का प्रेषण होता है। कुल मिलाकर साइलो से पचीस मिलियन टन कोयला भेजा जाता है और इसके बाद पंद्रह मिलियन टन कोयला व्हारफॉल साईडिंग के माध्यम से भेजा जाता है, जहां खदान से ट्रक से कोयला भेजा जाता है। इसके अलावा वाशरी के माध्यम से दस मिलियन टन कोयला और बाकी रोड के माध्यम से स्थानीय उपभोक्ताओं को कोयला भेजा जाता है। गेवरा के कुल कोयला उत्पादन का लगभग पचासी प्रतिशत कोयला ताप विद्युत केन्द्रों को भेजा जाता है। इसमें एनटीपीसी को कुल उत्पादन का लगभग तीस प्रतिशत कोयला जाता है।

सत्तर मिलियन टन के कोयला उत्पादन और प्रेषण के लिए गेवरा में चार नए साइलो का निर्माण किया जा रहा है, जिनकी क्षमता पचास मिलियन टन की होगी। ये साइलो अगले दो वर्ष में बन कर तैयार हो जाएँगे। इनके बन जाने से सिर्फ साइलों से कोयला भेजने की कुल क्षमता पचहत्तर मिलियन टन की हो जाएगी।

गेवरा खदान के महाप्रबंधक श्री स्वरूप कुमार मोहंती हैं। उनसे गेवरा के बारे में बातचीत हुई। उनसे जब वर्तमान के एकतालीस मिलियन टन से अगले वर्ष बावन और फिर दो वर्ष के बाद सत्तर मिलियन टन के उत्पादन लक्ष्य को हासिल करने के बारे में पूछा, तब उन्होंने बताया की जमीन अधिग्रहण के कुछ मामले हैं, जिन्हें हल कर वे निश्चित तौर पर सत्तर मिलियन टन का उत्पादन लक्ष्य हासिल कर लेंगे।

उन्होंने बताया की खदान की सतह पर साइलो, सीएचपी के अलावा वर्कशॉप और बिजली के सब-स्टेशन हैं। कर्मियों की कॉलोनी के बारे में उन्होंने बताया कि गेवरा की दो कॉलोनी ऊर्जानगर और शक्तिनगर में कुल मिलाकर अड़तीस सौ क्वार्टर हैं। ऊर्जानगर

कॉलोनी इन दोनों में थोड़ी बड़ी है। पास में ही कंपनी का सौ बेड का एक हॉस्पिटल है, जहां कर्मियों का इलाज होता है। बच्चों की पढ़ाई के लिए डीएवी स्कूल के अलावा अन्य स्कूल भी हैं। कॉलोनी में पीने की पानी की व्यवस्था खदान के पानी को फ़िल्टर कर की जाती है।

पर्यावरण प्रदूषण को रोकने के बारे में श्री मोहंती ने बताया कि अगले दो वर्ष में चार साइलो के निर्माण से सड़क मार्ग से कोयले की ढुलाई बहुत कम हो जाएगी, जिससे पर्यावरण प्रदूषण कम होगा। इसके अलावा खदान में कोयले की धूल को कम करने के लिए पानी के मिस्ट स्प्रे की व्यवस्था है। साथ में रोड की धूल को साफ करने के लिए भी उपकरण है। खदान में प्रतिवर्ष लगभग एक लाख नए पेड़ लगाए जाते हैं।

श्री मोहंती ने आगे बताया कि सत्तर मिलियन टन उत्पादन के बाद भी खदान अगले सोलह वर्ष तक चलेगी। उन्हें सत्तर मिलियन टन की क्षमता वाली अपनी परियोजना पर गर्व है और यह गर्व क्यों न हो, गेवरा खुली खदान अपने देश की ही नहीं बल्कि एशिया की सबसे बड़ी क्षमता वाली खदान जो ठहरी।

_______________देश की सबसे बड़ी भूमिगत कोयला खदानः झांझरा

कोयला खनन में पहले जमाने में ज़्यादातर भूमिगत खदान हुआ करते थे। देश में कोयला उद्योग के राष्ट्रीयकरण तक खुली खदानों की संख्या लगभग नगण्य थी। हालाकि, सभी भूमिगत खदान कम उत्पादक क्षमता के हुआ करते थे। राष्ट्रीयकरण के बाद खुली खदानों का दौर आया, जहां से ज्यादा उत्पादन भी होता था और मुनाफा भी अच्छा होता रहा। सभी भूमिगत खदानें घाटा देने वाली रहीं, लेकिन चूंकि देश में ऊर्जा की मांग को पूरी करने के लिए उस वक़्त किसी भी कीमत पर कोयले की जरूरत थी, इसलिए भूमिगत खदानों से कोयले का उत्पादन होता रहा। अभी भी कोल इंडिया की कई सहयोगी कंपनी में कोयला उत्पादन भूमिगत खदानों से होता है, जिनमें ईस्टर्न

कोलफील्ड्स और भारत कोकिंग कोल लिमिटेड मुख्यतः शामिल हैं। इसके अलावा वेस्टर्न कोलफील्ड्स और साउथ ईस्टर्न कोलफील्ड्स में भी कुछ भूमिगत खदानों से अभी भी कोयले का उत्पादन होता है, लेकिन इन दोनों कंपनी में अब वैसे भूमिगत खदान धीरे-धीरे बंदी की कगार पर हैं। इनमें से बहुत के कोयला भंडार संपाप्त हो चुके हैं या सुरक्षा के कारणों से भी इन खदानों को बंद किया जा रहा है। कुछ खदानें ज्यादा घाटा देने के कारण भी बंद की गईं।

ईस्टर्न कोलफील्ड्स लिमिटेड के झांझरा एरिया में राष्ट्रीयकरण के सात-आठ वर्ष बाद कोयले के एक विशाल भंडार का पता लगा, जिससे भूमिगत तकनीक से कोयले का उत्पादन हो सकता था। चूंकि वहाँ से कोयला खनन के लिए जरूरी तकनीक हमारे देश में उस वक्त उपलब्ध नहीं थी, इसलिए इसमें रूस का सहयोग लिया गया। कोल इंडिया से तकनीकी विशेषज्ञों को वहाँ भेजा गया और उनके सहयोग से वर्ष 1982 में झांझरा भूमिगत खदान की रिपोर्ट तैयार कर भारत सरकार से स्वीकृति ली गयी। रिपोर्ट में इस खदान की क्षमता साढ़े तीन मिलियन टन प्रति वर्ष कोयले के उत्पादन का तय हुआ, जिसे पावर सपोर्ट लोंगवाल तकनीक से निकाला जाना था। बाद में तकनीकी अध्ययन कर सरकार ने इस परियोजना के दो चरणों में संचालन की अनुमति दी, जिसमें पहले चरण में वार्षिक उत्पादन दो मिलियन टन और बाद में उसे बढ़ा कर साढ़े तीन मिलियन टन रखा गया। इस पर कुल एक सौ पचासी करोड़ रुपये का खर्च निकाला गया।

भूमिगत खदान में दो तरह से अंदर जाने की योजना बनाई गयी। पहला शाफ्ट सिंकिंग के द्वारा और दूसरा इंकलाइन के माध्यम से। वर्ष 1983-84 में इस पर काम तेजी से शुरू कर दिया गया। अगले एक वर्ष में इंकलाइन का काम पूरा कर जून, 1985 से दो इंकलाइन के माध्यम से खदान में कोयला उत्पादन का कार्य शुरू कर दिया गया। इसी तरह वर्ष 1988-89 में रूस से दो लोंगवाल की

मशीन खरीदकर झांझरा में लगाई गयी, जहां से पहली मशीन से नवम्बर, 1989 में और दूसरी मशीन से दिसम्बर, 1990 में कोयले का उत्पादन शुरू हुआ।

वर्ष 1990-94 में रूस देश के विघटन के कारण मशीनों के रख-रखाव पर असर पड़ने लगा। रूसी विशेषज्ञ झांझरा से धीरे-धीरे चले गए। तब उसके बाद वर्ष 1995 में विभागीय कर्मियों से दो मिलियन टन के कोयला उत्पादन के लिए फिर से प्रोजेक्ट रिपोर्ट तैयार की गयी, जिसमें चार लोंगवाल मशीन से कोयला उत्पादन का लक्ष्य रखा गया। प्रोजेक्ट की लागत भी थोड़ी बढ़ गयी। वर्ष 1995-99 के बीच कोल इंडिया की चर्चा और ढेमोमेन खदान में लगी लोंगवाल मशीनों को झांझरा स्थानांतरित किया गया। ये मशीनें उन खदानों में तकनीकी कारणों से नहीं चल पायी थीं। वर्ष 2000 में सतग्राम एरिया से भी एक लोंगवाल मशीन ला कर पुरानी रूस की मशीन की जगह लगाई गयी।

इन सब लोंगवाल मशीनों के लगाने और विभागीय कर्मियों के सहयोग से चलाने के बावजूद वर्ष 2004 आते-आते तक यह महसूस होने लगा कि प्रोजेक्ट से दो मिलियन टन कोयले का उत्पादन नहीं हो सकता है, क्योंकि लोंगवाल मशीनें खदान के पूरे अनुकूल नहीं पायी जा रही थीं। अंततः झांझरा प्रोजेक्ट को वर्ष 2005 में एक मिलियन टन से थोड़ा अधिक उत्पादन करने के कारण बंद करने का फैसला लिया गया। चूंकि उस प्रोजेक्ट की लागत अब तक बहुत हो चुकी थी, इसलिए वहाँ से कोयला उत्पादन जारी रखना जरूरी हो गया था। इसको ध्यान में रख कर वर्ष 2006-07 में खदान के एक भाग में अतिरिक्त एलएचडी और एसडीएल लगाकर कोयले का उत्पादन फिर शुरू किया गया।

इस बीच वर्ष वर्ष 2007 में ब्रिटेन की कंपनी जॉय ग्लोबल से एक कंटिन्युअस माइनर का करार हुआ और उसे खदान में कोयला उत्पादन के लिए लगाया गया। इसके अतिरिक्त वर्ष 2013 में चीन

की कंपनी चाइना कोल ओवर्सीस डेव्लपमेंट कंपनी लिमिटेड के साथ लोंगवाल मशीन और रोड हैडर के लिए करार हुआ। तबतक वर्ष 2014 में बाइकरस/कैटरपिलर के सौजन्य से दूसरे कंटिन्युअस माइनर को भी खदान में लगाया गया। इसके बाद 2015 में चीन के सहयोग से एक रोड हैडर और 2016 में एक लोंगवाल की मशीन खदान में लायी गई।

वर्ष 2015 में ही कोल इंडिया बोर्ड ने झांझरा प्रोजेक्ट की एक संयुक्त रिपोर्ट की स्वीकृति दी, जिसमें दो कम ऊंचाई वाले कंटिन्युअस माइनर लगाने का प्रस्ताव था। इसके साथ एक लोंगवाल पैनेल को भी लगाया जाना था। वर्ष 2018 में दो कम ऊंचाई वाले कंटिन्युअस माइनर को एक इंकलाइन में लगाया गया। इन सब मशीनों के लगने से झांझरा प्रोजेक्ट से कोयला उत्पादन की रफ्तार तेजी से बढ़ने लगी। इसको ध्यान में रख कर झांझरा प्रोजेक्ट की क्षमता को पाँच मिलियन प्रति वर्ष और इसमें और बढ़ोतरी कर इसे लगभग साढ़े पाँच मिलियन टन के कोयले उत्पादन तक ले जाने की रिपोर्ट की स्वीकृति कोल इंडिया बोर्ड ने अगस्त, 2020 में दी। इन सब के कारण झांझरा प्रोजेक्ट से 2020-21 वर्ष में साढ़े तीन मिलियन टन से ज्यादा का कोयला उत्पादन हुआ। इस कारण से यह देश की सबसे बड़ी भूमिगत कोयला खदान बन गयी। कोल इंडिया की कुछ भूमिगत खदानों में झांझरा एक है, जिससे कंपनी को मुनाफा होता है।

झांझरा भूमिगत खदान का कुल क्षेत्रफल सतह पर लगभग सोलह किलोमीटर है। यह ईस्टर्न कोलफील्ड्स लिमिटेड के रानीगंज कोलफील्ड में अवस्थित है। दुर्गापुर से इस प्रोजेक्ट की दूरी तीस किलोमीटर है, जबकि सबसे नजदीक का रेलवे स्टेशन पाँच किलोमीटर पर उखरा है। प्रोजेक्ट में चार सौ मिलियन टन से ज्यादा का कोयला भंडार है और कोयले का ग्रेड जी-पाँच है, जो बहुत ही उच्च गुणवत्ता वाला गैर-कोकिंग कोयला माना जाता है।

झांझरा प्रोजेक्ट के वर्तमान महाप्रबंधक श्री अजय कुमार शर्मा से बात हुई। श्री शर्मा उस प्रोजेक्ट में 2016 से एजेंट के रूप में कार्यरत

थे। बाद में वर्ष 2017 में वे महाप्रबंधक संचालन बनाए गए और वर्ष 2020 में उन्हें प्रोजेक्ट का महाप्रबंधक बनाया गया। उन्हें लोंगवाल पैनेल चलाने का पुराना अनुभव है। उन्हीं की देखरेख में 2016 में प्रोजेक्ट में लोंगवाल पैनेल लगाया गया था, जिसके कारण खदान से कोयले के उत्पादन में जबरदस्त वृद्धि हुई।

श्री शर्मा ने बताया कि शुरू में झांझरा प्रोजेक्ट के तीन भाग थे। पहला था एक और दो इंकलाइन, जहां से सबसे पहले कोयला खनन का काम शुरू किया गया था और जिसे वर्ष 2018 में बंद भी कर दिया गया। दूसरा है मेन इंडस्ट्रियल कॉम्प्लेक्स (एमआईसी) का भाग, जहां एक लोंगवाल और दो सामान्य ऊंचाई के कंटिन्युअस माइनर लगे हैं। तीसरा तीन एवं चार इंकलाइन है, जहां कम ऊंचाई वाले दो कंटिन्युअस माइनर लगे हैं। भविष्य में (एमआईसी) में दो और कंटिन्युअस माइनर और एक लोंगवाल पैनल लगाने की योजना है। खदान की गहराई दो सौ से तीन सौ मीटर है। झांझरा खदान में कुल दस कोयला सीएम हैं। झांझरा का कोयला ज़्यादातर ताप विद्युत केंद्र को जाता है, जिसमें एनटीपीसी के फरक्का और कहलगाँव का प्रमुख भाग है।

श्री शर्मा ने कहा कि झांझरा खदान में शिफ्ट 'हॉट सीट' की पद्धति पर चलता है, जिससे मशीनों का काम नहीं रुके। पहला शिफ्ट सुबह आठ बजे से शाम चार बजे तक है जबकि दूसरा शिफ्ट दोपहर दो बजे से रात के दस बजे तक होता है, तीसरा शिफ्ट रात के आठ बजे से सुबह के दो बजे तक होता है और चौथा शिफ्ट रात के बारह बजे से सुबह आठ बजे तक। पहले शिफ्ट में ज़्यादातर मशीनों की मरम्मत का काम होता है।

झांझरा खदान में भूमिगत और सतह के काम के लिए दो हजार सात सौ पचास कर्मी लगे हैं। इसके अतिरिक्त सौ अधिकारी भी काम करते हैं। सभी कर्मियों को लोंगवाल और कंटिन्युअस माइनर चलाने की ट्रेनिंग दी गयी है। चूंकि लोंगवाल पैनल चीन से आया है, इसलिए

उसे चलाने के लिए वर्ष 2016 से अभी तक खदान में पंद्रह चीनी तकनीकी विशेषज्ञ काम करते हैं। ये चीनी इंजीनियर वर्ष 2023 तक झांझरा में रहेंगे। इसके अलावा कम ऊंचाई वाले कंटिन्युअस माइनर कि मशीन में कांट्रैक्ट पर एक सौ कर्मी कार्य करते हैं। एक दिन में खदान से लोंगवाल पैनल से पाँच हजार टन और चार कंटिन्युअस माइनर से छह हजार टन कोयले का उत्पादन होता है।

श्री शर्मा ने बताया कि खदान के अंदर से कोयला उत्पादित होकर कंवेयर बेल्ट के माध्यम से बाहर सतह पर लाया जाता है। वहाँ से डंपर के माध्यम से छह किलोमीटर दूर रेलवे साईडिंग तक ले जाया जाता है, जहां से रेल के द्वारा विभिन्न उपभोक्ताओं को कोयले का प्रेषण होता है। सड़क मार्ग से कोयले के परिवहन को कम कर पर्यावरण प्रदूषण को बचाने के लिए श्री शर्मा ने बताया कि वर्ष 2019 की प्रोजेक्ट रिपोर्ट के अनुसार अब उखरा रेलवे स्टेशन से एमआईसी तक साढ़े आठ किलोमीटर लंबाई की रेल लाइन बिछाई जा रही है, जिससे रेलवे साईडिंग खदान के पास आ जाएगी। इस पर दो सौ पचास करोड़ रुपये का खर्च होगा। यह काम वर्ष 2023 तक पूरा हो जाएगा। इसके अलावा एक पाँच मिलियन टन के सीएचपी का भी निर्माण किया जा रहा है। दरअसल, भारत सरकार के वन एवं पर्यावरण मंत्रालय से खदान की उत्पादन क्षमता चार मिलियन टन प्रतिवर्ष ही रखी गयी है। रेलवे साईडिंग और सीएचपी के निर्माण के बाद इसकी क्षमता बढ़ा कर सामान्य पाँच और उच्चतम साढ़े पाँच मिलियन टन प्रतिवर्ष की कर दी जाएगी।

वर्तमान उत्पादन और भविष्य की योजना के बारे में श्री शर्मा ने बताया कि अभी झांझरा से छतीस लाख टन कोयले का उत्पादन हो रहा है, जो 2024-25 में बढ़ कर पाँच मिलियन टन हो जाएगा। खदान के अंदर कर्मियों के जाने के लिए ड्रिफ्ट रनर का इस्तेमाल होता है। ड्रिफ्ट रनर ऑस्ट्रेलिया से लाया गया है और उसकी संख्या तीन है। वह एक गाड़ी की तरह ही है जिसपर एक बार में चौदह लोग

सवार होकर खदान के अंदर आ-जा सकते हैं। यह गाड़ी एमआईसी में शाफ्ट से उतरने के बाद कर्मियों को कोयले के फ़ेस तक ले जाने के काम में आता है। तीन और चार इंकलाइन में इस वर्ष के अंत तक मैन राइडर लग जाएगा, जिससे कर्मियों को खदान के अंदर आने-जाने में सुविधा होगी। इस तरह से झांझरा खदान में सभी आधुनिक तकनीक का इस्तेमाल कर कोयले का उत्पादन किया जा रहा है।

झांझरा में सतह पर अन्य संरचना में वर्कशॉप, बिजली के सब स्टेशन, वाइनडर हैं। कर्मियों के रहने के लिए अच्छी कॉलोनी है, जिसमें बच्चों के पढ़ने के लिए डीएवी स्कूल है। साथ में कर्मियों के इलाज के लिए एक हॉस्पिटल भी है। पर्यावरण प्रदूषण को कम करने के उपाय के बारे में श्री शर्मा ने बताया कि जहां-जहां सतह पर भूमिगत खदान के कारण धँसान (केविंग) हुआ है, वहाँ बड़ी संख्या में वृक्षारोपण का कार्य किया गया है। वहाँ एक ईको-पार्क भी बन कर तैयार हो रहा है।

झांझरा खदान से प्रतिवर्ष लगभग दो सौ करोड़ रुपये का कंपनी को वित्तीय लाभ होता है। यह कोल इंडिया की डेढ़ सौ भूमिगत खदानों में अकेली भूमिगत खदान है, जिससे वित्तीय लाभ होता है। कोयला का मूल्य प्रति टन साढ़े तीन हजार है, जबकि उत्पादन लागत दो हजार सात सौ रुपये प्रति टन है।

झांझरा खदान से भविष्य में कोयला उत्पादन बढ़ाने के सवाल पर श्री शर्मा ने कहा कि चूंकि अभी खदान के थोड़े नीचे डेढ़ सौ मिलियन टन कोयले का भंडार है, इसलिए भविष्य में यह खदान प्रति वर्ष दस मिलियन टन तक कोयले का उत्पादन कर सकती है। इसपर जल्द ही प्रोजेक्ट रिपोर्ट बनाने की तैयारी चल रही है। योजना है कि वर्ष 2028-29 तक झांझरा से प्रतिवर्ष दस मिलियन टन का उत्पादन शुरू हो जाये। हालाकि, उसके बाद भी गहराई में झांझरा में कोयले का भंडार बचा है, जो लगभग तीन सौ मिलियन टन का होगा। इस पर अभी और सर्वे करने की जरूरत है।

श्री शर्मा अपने कर्मियों को समय-समय पर प्रोत्साहित करते रहते हैं और उन्हें अच्छे काम के लिए पुरस्कृत भी करते हैं। उनका कहना है कि झांझरा में काम करने वाला हरेक कर्मी अपने प्रोजेक्ट पर गर्व करता है और चाहता है कि हर वर्ष इस प्रोजेक्ट से कोयले उत्पादन बढ़ता रहे, जिससे झांझरा देश की ऊर्जा की जरूरत को पूरी करने में हमेशा आगे रहे।

नई पीढ़ी के सपने

कोल इंडिया में यदि हम नई पीढ़ी के लोगों की बात करें तब ये बहुत ही समझदार, ज्यादा पढ़े-लिखे और देश-दुनिया से सूचना प्रोद्योगिकी के माध्यम से जुड़े हुए हैं। हालाकि, इनके सामने एक बहुत बड़ी चुनौती है। दरअसल कोल इंडिया के अधिकारियों की बात करें, तब कंपनी में उनकी नियुक्ति ऑल इंडिया प्रतियोगी परीक्षा के माध्यम से या पहले कैम्पस इंटरव्यू के माध्यम से हुई। हर वर्ष बड़ी संख्या में विभिन्न विषयों के ग्रेजुएट को मैनेजमेंट ट्रेनी के रूप में लिया जाता रहा। यह सिलसिला वर्ष 2008 से तेजी से शुरू हुआ। उसके पूर्व वर्ष 1988 तक भी मैनेजमेंट ट्रेनी की बड़ी संख्या में भर्ती हुई। लेकिन उसके बाद कोल इंडिया की नीति के अनुसार अधिकारियों की संख्या कंपनी में चूंकि नहीं बढ़ानी थी, इसलिए वर्ष 1988 के बाद मैनेजमेंट ट्रेनी की भर्ती लगभग बंद हो गयी। नब्बे के दशक के मध्य और अंत में एक दो बैच में नए अधिकारी आए, लेकिन बड़ी संख्या में नहीं। अब यदि वर्ष 1988 में भर्ती हुए अधिकारियों की सेवानिवृति की बात करें तब ज्यादा से ज्यादा वे छतीस-सैंतीस वर्ष काम कर सेवानिवृत होंगे। इस हिसाब से वर्ष 1988 का आखिरी बैच ज्यादा से ज्यादा वर्ष 2025 तक कंपनी से सेवानिवृत होकर चला

जाएगा। अब यदि वर्ष 2008 में भर्ती हुए मैनेजमेंट ट्रेनी की बात करें, तब उन्हें 2025 में नौकरी करते हुए सिर्फ सत्रह वर्ष हुए होंगे। ऐसे में उनके सामने यह चुनौती आ सकती है कि बहुत कम दिनों के अनुभव के बाद ही उन्हें कंपनी के एरिया या विभाग के प्रमुख का कार्य संभालना पड़े। ऐसे में उन्हें जल्द से जल्द अपने आप को इस चुनौती के लिए तैयार करना होगा, क्योंकि अब 2025 ज्यादा दूर नहीं है। नब्बे के दशक में आए अधिकारी जरूर उनकी मदद करेंगे, लेकिन उनकी संख्या चूंकि कंपनी में कम है, इसलिए नई पीढ़ी को खुद सीख कर आने वाले वर्षों में जिम्मेवारी लेनी होगी।

इसके अलावा कोयले के भविष्य पर भी अब प्रश्नचिन्ह लगने लगा है। कहा जा रहा है कि वर्ष 2050 तक कोयले पर आधारित उद्योग लगभग बंद होने की कगार पर होंगे। ऐसे में वर्ष 2015 के बाद भर्ती होने वाले मैनेजमेंट ट्रेनी के भविष्य पर भी प्रश्न चिन्ह लग सकता है। पता नहीं उनकी सेवानिवृति तक कोल इंडिया का वर्तमान स्वरूप रहे न रहे या फिर कंपनी को किसी दूसरे खनन व्यवसाय या सौर ऊर्जा के क्षेत्र में जाना पड़े। ऐसे में क्या कोल इंडिया की नई पीढ़ी इन आने वाली चुनौतियों से वाकिफ है, क्या वह इसके लिए तैयार है। क्या सोचते हैं वे अपने भविष्य के बारे में, उनके मन में क्या योजना है। इन सब बातों को जानने के लिए इस किताब में कोशिश की गयी है। कोल इंडिया की लगभग हरेक सहयोगी कंपनी की युवा पीढ़ी के एक सदस्य से बात की गयी। उनसे बात कर उनके बारे में जानकारी मिली कि वे किस परिवेश से निकलकर कोल इंडिया में आए, अभी क्या काम करते हैं और भविष्य में अपने आप को कहाँ देखते है। क्या उनमें इन चुनौतियों को सामना करने की शक्ति है। अमूमन हम युवा पीढ़ी की बातों पर ज्यादा ध्यान नहीं देते। लेकिन यदि उन्हें हम भविष्य के लीडर के तौर पर देखें तब उनकी वर्तमान कार्यशैली, कंपनी के प्रति उनका नजरिया और भविष्य के उनके सपनों के बारे में जानना जरूरी होगा। इसी उद्देश्य से कुछ भावी लीडर से हुई बातचीत के आधार पर उनके बारे में आगे लिखा गया

है। इसमें ज़्यादातर महिला अधिकारियों से बात की गयी। ये कोल इंडिया में अलग-अलग पदों पर कार्यरत हैं, लेकिन इनके सपने करीब एक जैसे हैं, कुछ को आने वाली चुनौती का भान है लेकिन कुछ को अभी उसके बारे में समझना है।

_________देश की पहली महिला कोयला खनन अभियंता आकांक्षा

आकांक्षा का जन्म झारखंड के हजारीबाग जिले के बड़कागाँव में तीन मई, 1996 को हुआ। उसके पिता श्री अशोक कुमार शिक्षक हैं और उसकी माँ श्रीमती मालती पहले स्कूल में पढ़ाया करती थीं, उसके बाद घर-परिवार चलाने लगीं। उसके पिता के दो छोटे भाई हैं और माता-पिता हैं, जिनके साथ वे बड़कागाँव में खुद के घर में संयुक्त परिवार में रहते थे। आकांक्षा के पिता पहले अपना व्यवसाय चलाते थे, लेकिन उसमें ज्यादा फायदा नहीं होने के कारण उन्होंने बाद में अध्यापन का कार्य शुरू किया। आकांक्षा की एक बड़ी बहन, एक छोटी बहन और एक छोटा भाई है। बचपन में आकांक्षा की पढ़ाई-लिखाई बड़कागाँव के ही स्कूल में हुई, जहां उसने पाँचवीं क्लास तक पढ़ाई की। बाद में छठी से बारहवीं क्लास तक की पढ़ाई उसने नवोदय विद्यालय, हज़ारीबाग से की। वहाँ आकांक्षा हॉस्टल में रहती थी।

आकांक्षा बचपन में सभी भाई-बहनों में सबसे ज्यादा चंचल थी। उसका पढ़ाई में बिलकुल मन नहीं लगता था। कभी-कभी स्कूल जाने के लिए घर से निकलती, लेकिन गाँव के बाजार में घूम कर दिन व्यतीत कर वापस घर लौट जाती थी। कभी वह अपने बड़ी बहन के स्कूल चली जाती और जब दोपहर के तीन बज जाते, तब वह वापस घर लौट आती। नवोदय विद्यालय में जाने के बाद आकांक्षा का मन पढ़ाई में लगने लगा। वह वहाँ खेलकूद में भी सक्रिय हो गयी। उसे एथ्लेटिक्स में रुचि थी। उसने सातवीं से नौवीं क्लास की पढ़ाई के दौरान एथ्लेटिक्स की स्पर्धा में नवोदय विद्यालय की तरफ से राष्ट्रीय स्तर की खेलकूद प्रतियोगिताओं में हिस्सा लिया। आकांक्षा ने

वर्ष 2011 में दसवीं की परीक्षा अच्छे नंबर से पास की। उसके बाद उसने उसी स्कूल से बारहवीं की पढ़ाई की।

आकांक्षा चूंकि बड़कागाँव में बहुत दिनों तक रही, इसलिए उसे कोयला खनन के बारे में कुछ-कुछ जानकारी थी। बड़कागाँव इलाके में उन दिनों अवैध कोयला खनन का काम ज़ोरों पर चलता था। उसी सिलसिले में कभी-कभी उसके घर तक भी खबर आती थी। हालाकि, उसने कभी कोयला खनन होते नहीं देखा था। जब आकांक्षा नौवीं क्लास में थी, तभी रांची के नजदीक कुजू इलाके में कोयला खदान धँसने का हादसा हुआ था, जिसमें कुछ लोगों की जान चली गयी थी। इसकी जानकारी आकांक्षा की सहेली ने उसे दी थी। उसे उत्सुकता हुई कि आखिर कोयला खनन होता कैसे है। उसकी सहेली ने कुछ जानकारी दी, लेकिन उसे भी खनन की पूरी जानकारी नहीं थी। उसी समय से आकांक्षा के दिमाग में बात बैठ गयी कि उसे कोयला खनन के बारे में जानना है। बारहवीं में पढ़ाई के दौरान उसने अपने पिता से इस संबंध में बात की। उसका इरादा खनन की पढ़ाई करने का हुआ। हालाकि, एक वक़्त आकांक्षा का मन एथ्लेटिक्स में आगे बढ़ने का भी हुआ, लेकिन उसके पिता ने कहा कि इसमें करियर बनाने के लिए महंगी कोचिंग और उपकरण की जरूरत होगी, जिसका खर्च वे शायद नहीं उठा पाएंगे, क्योंकि और भी बच्चों की पढ़ाई के खर्च थे और उसके पिता की आमदनी उतनी नहीं थी। इसलिए जब खनन की पढ़ाई पर बात तय हुई, तब उसके पिता ने अपने कुछ परिचित से, जो कोल इंडिया में कार्य करते थे, बात की। उन लोगों ने बताया कि खनन की पढ़ाई तो होती है, लेकिन लड़कियों के लिए उसमें कोई भविष्य नहीं है। फिर भी उसके पिता ने बहुत सोच-विचार कर उसे खनन की आगे पढ़ाई करने की अनुमति दे दी। परिवार के अन्य लोग की भी इसमें सहमति थी।

बारहवीं क्लास में आकांक्षा को लगभग नब्बे प्रतिशत अंक मिले। उसके बाद आकांक्षा ने इंजीनियरिंग की प्रतियोगी परीक्षा की तैयारी

के लिए एक वर्ष घर पर ही मेहनत करने की सोची। उसके दिमाग में था कि शायद वह आईआईटी की परीक्षा पास नहीं कर पाएगी। उसके पिता उसे इन तैयारियों में बहुत प्रोत्साहित करते थे। उन्होंने आकांक्षा को कहा कि उसे कभी अपने दिमाग में नकारात्मक विचार नहीं लाने हैं। आईआईटी की तैयारी करने पर ही और दूसरे इंजीनियरिंग कॉलेज में भी दाखिला मिल पाएगा। इन सब को ध्यान में रख कर आकांक्षा के पिता ने उसे इम्तहान की तैयारी की कोचिंग के लिए कोटा भेज दिया। वहाँ आकांक्षा ने एलेन कोचिंग इंस्टीट्यूट में दाखिला लिया। वहाँ का खर्च उसके पिता ने वहन किया। वहाँ आकांक्षा ने नौ महीने की कोचिंग की। आखिरी के तीन महीने में उसकी तबीयत खराब होने के कारण वह आईआईटी का इम्तहान पास नहीं कर सकी। वह वापस घर आ गयी।

वर्ष 2014 में आकांक्षा ने झारखंड राज्य के इंजीनियरिंग का इम्तहान दिया और उसमें पास कर गयी। आकांक्षा के दिमाग में शुरू से माइनिंग इंजीनियरिंग की पढ़ाई करने का था। जब काउन्सलिंग का वक़्त आया तब लोगों ने उसे माइनिंग में जाने से हतोत्साह किया, क्योंकि अब तक उसमें लड़कियों के जाने का उदाहरण लगभग नगण्य था। लेकिन आकांक्षा जिद्द की पक्की थी। उसके इस जज्बे को देख कर काउन्सलिंग के समय बैठे कुछ प्रोफेसर ने इसकी तारीफ की और कहा कि जब लड़कियां हवाई जहाज उड़ा सकती हैं, तब कोयले के खदानों में क्यों नहीं काम कर सकती हैं। उसके बाद उसे माइनिंग की पढ़ाई के लिए बीआईटी, सिंदरी में एड्मिशन मिल गया। वह अपने बैच में एकमात्र लड़की थी। उस कॉलेज से तीन वर्ष पहले किसी एक लड़की ने माइनिंग की पढ़ाई पूरी की थी।

बीआईटी में क्लास करते वक़्त भी आकांक्षा चर्चा में रही, क्योंकि प्रोफेसर आश्चर्य करते थे कि आखिर माइनिंग की पढ़ाई आकांक्षा क्यों कर रही है। हालांकि, उसके साथ के लड़के उससे सामान्य व्यवहार करते थे। पहले वर्ष के कोर्स में माइनिंग और मेटालर्जी की पढ़ाई

एक साथ होती थी, जिसमें एक और लड़की थी। माइनिंग में थिओरी से ज्यादा प्रैक्टिकल का महत्व होता है। दूसरे वर्ष की पढ़ाई केवल माइनिंग पर आधारित थी। चूंकि आकांक्षा के परिवार में किसी ने माइनिंग की पढ़ाई नहीं की थी, इसलिए पढ़ाई के दौरान जब उसे किसी विषय में जानकारी लेनी होती, तब उसे अपने परिवार से ज्यादा सहयोग नहीं मिलता था। वह खुद ही कॉलेज में अपने प्रोफेसर से बात कर अपनी शंका दूर करती या प्रैक्टिकल का कार्य कर विषय को समझती थी। एक समय उसे ऐसा भी महसूस हुआ कि कहीं उसने माइनिंग की पढ़ाई कर गलती तो नहीं कर दी। लेकिन धीरे-धीरे उसने अपनी मेहनत के बल पर विषय को पूरी तरह सीखा, फिर उसे पढ़ाई आसान लगने लगी।

दूसरे वर्ष में उसकी ट्रेनिंग धनबाद की मूनीडीह भूमिगत खदान में हुई। ट्रेनिंग एक महीने की थी। उसके रहने की व्यवस्था लड़की होने के कारण नहीं की गयी थी। लड़कों के लिए हॉस्टल का इंतजाम था। आकांक्षा को कहा गया कि वह अपने रहने का इंतजाम खुद से करे। उसने आसपास मकान ढूंढने की बहुत कोशिश की, लेकिन उसे सफलता नहीं मिली। अंत में उसकी व्यवस्था मूनीडीह के गेस्ट हाउस में हुई, जहां उसे इस शर्त पर एक कमरा दिया गया कि उसके साथ कोई महिला रहे। आकांक्षा ने पहले पंद्रह दिनों के लिए अपनी छोटी चाची को साथ में रखा और उसके बाद उसकी माँ उसके साथ गेस्ट हाउस में रही।

पहले दिन जब वह अपने बैच के लड़कों के साथ भूमिगत खदान के बारे में जानकारी लेने गयी तब बाकी सब डरे हुए थे, लेकिन आकांक्षा बिलकुल घबड़ाई हुई नहीं थी। दरअसल, बचपन से ही वह निडर थी। पहले दिन उसे खदान के ऑफिस में आठ बजे पहुँचना था। वहाँ पहुँच कर उसने खदान के अंदर जाने की प्रक्रिया देखी। उसे सभी कुछ देख कर विस्मय हो रहा था। अगले दिन वह पहली बार भूमिगत खदान में गयी। उसे पहले खदान में जाने के लिए गम बूट दिये गए, साथ में हेलमेट और कैप लैम्प। पूरी तरह तैयार होने

के बाद उसे काली माता के मंदिर ले जाया गया, जहां पूजा कर वह शाफ्ट के माध्यम से खदान के नीचे गयी। उसके साथ के बाकी लोग शाफ्ट के नीचे जाने पर घबड़ा रहे थे, लेकिन आकांक्षा खुश थी। उसे खुशी थी कि उसने जो अपने जीवन में सोचा था, वह आज पूरा हो रहा था। वह कोयला खदान में जा रही थी। नीचे उतर कर लगभग दो किलोमीटर पैदल चल कर वह लोंगवाल फ़ेस के पास पहुंची, जहां उसे मशीन और उससे कोयला खनन के बारे में बताया गया। पूरे दिन की ट्रेनिंग में उसने बहुत कुछ जाना और सीखा। आकांक्षा ने एक महीने की ट्रेनिंग अच्छी तरह पूरी की। वर्ष 2016 में तीसरे वर्ष में उसकी ट्रेनिंग हिंदुस्तान कॉपर लिमिटेड की घाटशीला खदान में एक महीने की हुई। उसके बाद उसकी एक महीने की ट्रेनिंग एनटीपीसी की पकड़ीबरवाडीह खदान में हुई। अगले चार वर्षों में उसने माइनिंग की पढ़ाई बी टेक, बीआईटी, सिंदरी से पूरी की। उस दौरान उसने धनबाद से गैस टेस्टिंग का सर्टिफिकेट भी ले लिया।

पढ़ाई पूरी करने पर आकांक्षा के मन में यह डर था कि कॉलेज के प्लेसमेंट में माइनिंग इंजीनियरिंग में एक लड़की को कोई कंपनी अपने यहाँ नौकरी पर रखेगी या नहीं। उस वर्ष कॉलेज में वेदांता और एल ऐंड टी कंपनी प्लेसमेंट के लिए आई। चूंकि आकांक्षा के बी टेक में नंबर अच्छे आए थे और वह बोलने में तेज थी, इसलिए उसके बैच के लोगों को भरोसा था कि उसका चयन किसी कंपनी में हो जाएगा। वेदांता कंपनी के दो इम्तहान पास कर आकांक्षा ने इंटरव्यू में भी अच्छा किया और उसका चयन कर लिया गया। उसकी पोस्टिंग हिंदुस्तान ज़िंक लिमिटेड की जावर खदान में ग्रेजुएट ट्रेनी के रूप में हुई। उस वक़्त चूंकि महिलाओं को भूमिगत खदान में काम करने की अनुमति नहीं थी, इसलिए शुरू में आकांक्षा को एक वर्ष की ट्रेनिंग पर रखा गया, जिसमें पहले तीन महीने उसकी पोस्टिंग सीएसआर विभाग में हुई। उसके बाद उसे खदान की प्लानिंग का काम देखना था। उसके अंतर्गत उसे बेलारिया नाम के खदान में खनन देखने के

लिए जाना पड़ता था। उसके साथ अन्य लड़कियां भी थीं, जिन्होंने माइनिंग की डिग्री ली थी।

वर्ष 2019 के जनवरी में देश में नया कानून आया कि महिलाएं भी भूमिगत खदान में काम कर सकती हैं। उसके बाद आकांक्षा ने प्रबंधन से निवेदन किया कि अब उसे भूमिगत खदान में विधिवत काम करने के लिए भेजा जाये। उसे अनुमति मिल गयी और उसके बाद उसकी पोस्टिंग खदान के अंदर ड्रिलिंग और ब्लास्टिंग के कार्य में कर दी गयी। उसे रहने के लिए कंपनी ने क्वार्टर दिया था। आकांक्षा अब रोज खदान जाने लगी और उसे काम में मन लगने लगा। वह अकेले खदान में नीचे चली जाती और पूरे शिफ्ट का काम खतम कर वापस लौटती। यह सिलसिला वर्ष 2019 में लगभग एक वर्ष तक चला। आकांक्षा वहाँ 2021 के अगस्त महीने तक रही।

वर्ष 2019 के अंत में कोल इंडिया में मैनेजमेंट ट्रेनी में भर्ती का विज्ञापन आया। आकांक्षा के परिवार वालों का ज़ोर था कि उसे सरकारी नौकरी में जाना चाहिए। आकांक्षा ने कोल इंडिया में आवेदन दे दिया। उसने पहले लिखित परीक्षा पास की और फिर इंटरव्यू में भी उसका चयन हो गया। कोरोना महामारी के कारण भर्ती की प्रक्रिया पूरी होते-होते दो वर्ष बीत गए। अंततः वर्ष 2021 के अगस्त में आकांक्षा ने कोल इंडिया में योगदान दिया। आकांक्षा को बहुत खुशी हुई, उसे मनचाही कंपनी में नौकरी मिल गयी थी। उसकी पोस्टिंग सीसीएल में हुई और उसने खुद से भूमिगत खदान में काम करने का चुना। उसे फ़र्स्ट क्लास माइन मैनेजर के इम्तहान के लिए दो वर्ष के भूमिगत खदान की ट्रेनिंग लेनी थी, इस ख्याल से उसने भूमिगत खदान में काम करने की सोची। शुरू में प्रबंधन को किसी महिला को भूमिगत खदान में काम करने के लिए भेजने में दिक्कत हो रही थी, लेकिन जब आकांक्षा ने उन्हें बताया कि उसने वेदांता कंपनी में पिछले दो वर्ष से भूमिगत खदान में जाकर काम किया है, तब उसकी पोस्टिंग सीसीएल के एन के एरिया की चुरी भूमिगत खदान में कर दी गयी।

आकांक्षा ने 30 अगस्त, 2021 को चुरी खदान में अपना योगदान दिया। अब आकांक्षा कोल इंडिया की पहली महिला खनन अभियंता बन चुकी थी। चुरी खदान वेदांता की खदान से बहुत छोटी थी। खदान की गहराई भी कम थी। कार्य करने की प्रणाली भी थोड़ी भिन्न थी, वहाँ वेदांता की खदानों में आंकड़े ज़्यादातर कम्प्युटर से जुड़े थे, जबकि यहाँ बहुत काम हाथों से लिख कर होता था। बाकी कर्मियों ने आकांक्षा का स्वागत किया। उसकी ड्यूटी जनरल शिफ्ट में लगाई गयी। उसके दिमाग में अब जल्दी से फ़र्स्ट क्लास माइन मैनेजर का सर्टिफिकेट लेने का है। उसके माता-पिता अब हजारीबाग में घर बना कर रहते है। वहाँ से चुरी नजदीक होने के कारण आकांक्षा कुछ दिनों में अपने घर हो आती है। वह अभी चुरी के गेस्ट हाउस में रहती है। वहाँ क्वार्टर की कमी है। उसे क्वार्टर आवंटित हो गया है, लेकिन अभी खाली नहीं हुआ है। उसके साथ गेस्ट हाउस में कार्मिक विभाग की दो और महिला ऑफिसर रहती हैं।

कोयले के कारण पर्यावरण प्रदूषण पर उसका कहना है कि प्रयास हो रहा है, लेकिन प्रदूषण कम नहीं हो पा रहा है। उसने उदाहरण देते हुए बताया कि कोयला का परिवहन उसकी खदान में कंवेयर बेल्ट के द्वारा हो रहा है, लेकिन चूंकि वह खुला हुआ है इसलिए उसमें से कोयले की धूल बाहर निकलती रहती है। कोयला परिवहन करने वाले ट्रक भी कोयले को तिरपाल से ढकते नहीं हैं। यदि नियमों का पालन किया जाये तब प्रदूषण कम होगा। कार्बन उत्सर्जन और कोयले के भविष्य के बारे में पूछे जाने पर उसने बताया कि कोयले की जरूरत अगले बीस से तीस वर्ष तक अवश्य रहेगी जब तक सौर ऊर्जा की बैटरी का निर्माण सस्ता नहीं हो जाये। फिर भी पर्यावरण में कार्बन को कम करने के लिए कोयले को सतह पर गैसीकरण कर उपयोग में लाया जा सकता है। उसने बायो ईंधन और बायो मास के उपयोग पर भी ज़ोर देने के लिए कहा। अमेरिका की तरह कोयले के साथ मिलने वाले शेल से तेल निकालने की पद्धति को विकसित करने का सुझाव दिया।

आकांक्षा से भविष्य के बदलाव के बारे में पूछने पर उसने कहा कि अब जबकि महिलाओं को भूमिगत खदान में काम करने की छूट मिल गयी है, तब यह केवल ऑफिसर तक ही सीमित नहीं रहे। अब माइनिंग सरदार और ओवरमैन तथा अन्य तकनीकी काम में भी महिलाओं की भर्ती की जाये, जिससे आगे चलकर उन्हें एक साथ काम करने में सहूलियत होगी। ऑफिस और खदानों में जल्द से जल्द ईआरपी लागू कर सारे आंकड़ों को कम्प्युटर के माध्यम से जाना जाये। इसके लिए खदान स्तर तक इंटरनेट, कम्प्युटर आदि की व्यवस्था होनी जरूरी है। उसने कर्मियों के कल्याण के क्षेत्र में कंपनी स्तर पर सुसज्जित हॉस्पिटल और अच्छी रिहायशी कॉलोनी बनाने की बात कही।

आज आकांक्षा भूमिगत खदान में अपने पुरुष सहयोगियों के साथ कंधे से कंधा मिला कर काम कर रही है और आने वाले दिनों में कोल इंडिया में इस तरह की और महिला कर्मी के होने का सपना देखती है।

जनरल मजदूर से ऑफिसर आरती

आरती कुमारी ईस्टर्न कोलफील्ड्स लिमिटेड के मुगमा एरिया की गोपीनाथपुर खुली खदान में सीनियर ऑफिसर (पर्सनल) के रूप में कार्यरत है। उसने बीएससी फ़िज़िक्स ऑनर्स और कंप्यूटर में डिप्लोमा किया हुआ है। वर्ष 2010 में उसने बैंक के ऑफिसर की नौकरी के लिए इम्तहान दिया और उसमें सफल हुई। उसकी पोस्टिंग मुंबई हुई। लेकिन उस वक़्त उसके पिता की तबीयत ठीक नहीं रहने की वज़ह से वह उस नौकरी के लिए मुंबई नहीं जा सकी। उसके पिता कोल इंडिया की सहयोगी कंपनी बीसीसीएल की पुटकी बलिहारी परियोजना में बड़ा बाबू के पद पर कार्यरत थे। कई महीनों तक उनकी तबीयत खराब रहने के बाद अंततः जनवरी, 2011 में वे चल बसे। उनके जाने से परिवार पर आर्थिक बोझ पड़ा जिसके कारण उनकी जगह आरती को बीसीसीएल में जनरल मजदूर के पद पर योगदान देना पड़ा। कहाँ वह बैंक में अधिकारी के लिए चुनी गयी थी और कहाँ घर की

जिम्मेवारी ने उसे जनरल मजदूर बना दिया। आरती के नहीं चाहते हुए भी उसे यह काम करना पड़ा। उस वक़्त तक उसे यह भी नहीं पता था कि एक जनरल मजदूर क्या होता है, उसका क्या काम होता है और कंपनी में लोग एक जनरल मजदूर के साथ कैसा व्यवहार करते हैं। उसे अंदर से घुटन हो रही थी और डर भी लग रहा था कि पता नहीं उससे क्या काम करवाया जाये। बहुत सोच विचार कर और घर के हालात देखते हुए उसने निर्णय लिया कि वह यह काम करेगी। उसे खुद पर भरोसा था।

वर्ष 2011 के दिसम्बर माह में उसने जनरल मजदूर के पद पर योगदान दे दिया। उसकी पढ़ाई और उसकी योग्यता को देखते हुए उसकी पोस्टिंग कंपनी के मुख्यालय में की गयी। ऑफिस के पहले दिन वह अंदर से डरी हुई थी कि पता नहीं उसे क्या काम दिया जाएगा। लेकिन उसका डर तब चला गया जब उसके साथ सभी कर्मियों का व्यवहार पहले ही दिन से बहुत अच्छा रहा। उसे एहसास नहीं हुआ कि उसका ऑफिस में पहला दिन है। उसे कम्प्युटर में क्लर्क के आवेदन का ब्यौरा भरने का काम दिया गया। आरती को वह काम अच्छा लगा और उसने पंद्रह दिनों के भीतर ही अपना काम पूरा कर लिया। उसके काम से उसके सीनियर अधिकारी बहुत खुश हुए। धीरे-धीरे उसने अपने विभाग के हरेक काम में अपनी पकड़ बना ली। उसे एहसास नहीं होता था कि वह जनरल मजदूर के पद पर कार्य करती है। उसका काम उसकी पहचान बनने लगी। उसके काम का उदाहरण दिया जाने लगा। कंपनी में काम के दौरान ही आरती ने अधिकारी वर्ग में अपना करियर बनाने के लिए मानव संसाधन विषय में एमबीए की डिग्री ली।

वर्ष 2013 में सीएमपीडीआई में एकाउंट्स क्लर्क ग्रेड-दो के पद के लिए आवेदन मांगा गया। आरती ने उसका इम्तहान दिया और पास हो गयी। वर्ष 2014 में उसकी पोस्टिंग सीएमपीडीआई हो गयी। उसी वर्ष मई महीने में उसका विवाह हुआ। उसने इस बीच

कर्मचारी से अधिकारी बनने का दो बार इम्तहान दिया, लेकिन हर बार इम्तहान को रद्द कर दिया गया। उसे मायूसी हुई। लेकिन फिर भी उसने हिम्मत नहीं हारी। अब वह ऑफिस, ससुराल, घर के काम में व्यस्त हो गयी। वर्ष 2017 में उसने एक बेटी को जन्म दिया। उसके दो वर्ष बाद उसकी दूसरी बेटी हुई।

वर्ष 2020 के दिसम्बर में कंपनी में एक बार फिर कर्मचारी से अधिकारी बनने के इम्तहान के लिए आवेदन मांगे गए। इस बार आरती को लगा कि वह घर के काम और दो छोटे बच्चों की परवरिश के कारण इस इम्तहान की शायद तैयारी नहीं कर पाएगी। वह दिन में ऑफिस का काम करती और सुबह और शाम में बच्चों की पढ़ाई में व्यस्त हो जाती थी। ऐसे में इम्तहान की पढ़ाई के लिए समय निकालना उसके लिए मुश्किल था। लेकिन आरती की माँ ने उसे प्रोत्साहित किया कि आरती का सपना जब ऑफिसर बनने का है तब फिर किसी भी हालत में उसे इम्तहान देना होगा। आरती के मन में फिर से उम्मीद जगी और उसने अपनी व्यस्तता के बीच समय निकाल कर पढ़ाई करनी शुरू कर दी। उसके पति ने भी उसका पूरा सहयोग किया। उसकी माँ बच्चों का ख्याल रखती थी। आरती देर रात तक पढ़ाई करती। आखिर उसकी मेहनत रंग लायी और वह इम्तहान में पास हो गयी। पूरे परिवार के सहयोग से उसने अपने सपने को पूरा किया। अब आरती कंपनी में ऑफिसर बन चुकी थी। उसकी पोस्टिंग ईस्टर्न कोलफील्ड्स लिमिटेड में हुई, जहां वह आज भी कार्यरत है।

भविष्य के बारे में उसके सपने हैं कि वह खूब मेहनत करेगी और अपने काम में हमेशा कुछ नया करने की कोशिश करेगी। वह भविष्य में अपने विभाग की जिम्मेवारी लेने के लिए भी तैयार है। उसका मानना है कि नई पीढ़ी में बहुत क्षमता है और कोई भी नए विषय को यह पीढ़ी जल्दी सीख लेती है। उसे अपने ऊपर और अपनी कंपनी के ऊपर गर्व है और वह इसी उत्साह से आगे भी काम करती रहेगी।

पर्यावरण विशेषज्ञ मारिया एहसान

मारिया एहसान, कोल इंडिया की सहयोगी कंपनी बीसीसीएल में पर्यावरण विभाग में उप प्रबन्धक के रूप में कार्य कर रही हैं। उसने कोल इंडिया में मैनेजमेंट ट्रेनी के रूप में वर्ष 2014 में योगदान दिया। उसके पहले वह एक प्राइवेट कंपनी में एक वर्ष तक काम कर चुकी है। उसने बी टेक सिविल इंजीनियरिंग में शिबपुर से की और उसके बाद उसने एम टेक की डिग्री आईआईटी, कानपुर से पर्यावरण इंजीनियरिंग एवं मैनेजमेंट में ली।

मारिया का जन्म नौ मार्च, 1988 को रांची में हुआ। वैसे वह आसनसोल की रहने वाली है। उसके जन्म के वक़्त उसके पिता श्री नजीर एहसान, रांची में गवर्नमेंट स्कूल में टीचर के पद पर थे। वहीं उनके पिता का घर भी था। मारिया की माँ श्रीमति शर्फुल निशां, आसनसोल में गवर्नमेंट स्कूल में टीचर थीं। मारिया की दो बहनें हैं। एक बहन उससे बड़ी है। चूंकि मारिया की माँ आसनसोल में काम करती थीं और मारिया का ननिहाल वहीं था, इसलिए तीनों बहनों की परवरिश आसनसोल में हुई।

आसनसोल में ही मारिया की पढ़ाई-लिखाई असेंबली ऑफ गॉड चर्च स्कूल से हुई। बचपन में वह बहुत चंचल थी। वर्ष 1992 से 2004 तक मारिया उसी स्कूल में पढ़ी और वहीं से उसने दसवीं की परीक्षा पास की। वह गणित में इतनी तेज थी की स्कूल में बच्चे उसे आर्यभट्ट के नाम पर मारियाभट्ट बुलाया करते थे। इसके कारण उसके दिमाग में शुरू से बैठ गया कि उसे इंजीनियर बनना है। इसके अलावा वह खेलकूद में भी बहुत रुचि लेती थी। उसे एथ्लेटिक्स में स्कूल में गोल्ड मेडल मिला करता था। इसके अलावा वह स्कूल की बास्केटबाल टीम में भी थी। दसवीं में वह अपने स्कूल की टौपर थी। उसे 96.5 प्रतिशत नंबर मिले। दसवीं के बाद वह सीबीएससी बोर्ड की पढ़ाई के लिए आसनसोल में ही बर्नपुर में दूसरे स्कूल में चली गयी। वर्ष 2006 में उसने नब्बे प्रतिशत अंक के साथ बारहवीं की

परीक्षा पास कर ली। उसके बाद उसने एक वर्ष तक घर में रह कर आईआईटी की परीक्षा की तैयारी की। दो बार आईआईटी के इम्तहान में वह पास नहीं हो सकी, जिसका उसे बहुत मलाल था। दूसरे वर्ष उसे पश्चिम बंगाल राज्य की इंजीनियरिंग की परीक्षा में सफलता मिली और उसने शिबपुर में सिविल इंजीनियरिंग के चार वर्ष के कोर्स में एड्मिशन ले लिया। वहाँ वह हॉस्टल में रहती थी। हालाकि, मारिया कम्प्युटर इंजीनियरिंग की पढ़ाई करना चाहती थी लेकिनुसे उसमें एड्मिशन नहीं मिल पाया। बाद में उसका सिविल इंजीनियरिंग की पढ़ाई में मन लगने लगा।

उसने वर्ष 2011 में सिविल इंजीनियरिंग की पढ़ाई पूरी कर ली। कुल नब्बे लड़के-लड़कियों में उसका रैंक सातवाँ था। उसे अस्सी प्रतिशत से ज्यादा नंबर मिले। उसके बाद उसे कैम्पस इंटरव्यू में कुछ प्राइवेट कंपनी में नौकरी का अवसर मिला, लेकिन मारिया के ऊपर अभी भी आईआईटी का भूत सवार था। उसने एम टेक करने की सोची। उसका मन पर्यावरण विषय में एम टेक करने का था। उसने इसके लिए गेट की परीक्षा दी, जिसमें उसका रैंक दो सौ था। इसके कारण उसका आईआईटी कानपुर, खड़गपुर और मद्रास से एड्मिशन के लिए बुलावा आ गया। उसने आईआईटी, कानपुर जॉइन किया। उसे शिबपुर में पढ़ाई के दौरान आईआईटी, कानपुर के प्रोफेसर अमिताभ घोष ने उससे कहा था कि यदि उसे पर्यावरण इंजीनियरिंग की पढ़ाई करनी है तब उसे आईआईटी, कानपुर में एड्मिशन लेना चाहिए। इसी के कारण उसने कानपुर चुना।

आईआईटी में पहले दिन प्रवेश के समय उसके मन की कामना पूरी हो रही थी। उसका आईआईटी में पढ़ने का सपना पूरा हो रहा था। उसे बहुत खुशी हो रही थी। हालाकि, उसके मन में कहीं न कहीं मलाल था कि वह बी टेक की पढ़ाई आईआईटी से नहीं कर पायी। फिर भी वहाँ पहुँच कर उसने मन ही मन सोचा कि वह वहाँ पूरा मन लगा कर पर्यावरण की पढ़ाई करेगी। अगले दो वर्ष में उसने पर्यावरण इंजीनियरिंग के विभिन्न विषयों की पढ़ाई की और उसमें

पारंगत हासिल की। वह फिर अपने बैच की टौपर रही, उसे दस पॉइंट मिले और उसे गोल्ड मेडल भी मिला। दूसरे वर्ष की पढ़ाई के दौरान कैम्पस इंटरव्यू के लिए ऐट्किंस नामक विदेशी कंपनी आई थी, जो डिज़ाइन का काम करती थी। मारिया का चयन उस कंपनी में पर्यावरण विशेषज्ञ के रूप में हुआ और दूसरे वर्ष का रिज़ल्ट निकलते ही उसकी पोस्टिंग गुरुग्राम में हुई।

वर्ष 2013 में मारिया ने गुरुग्राम में नौकरी करनी शुरू कर दी। वहीं उसने रहने के लिए मकान ले लिया। उसका काम डिज़ाइन का था। वहाँ से उसे बैंग्लोर भी कंपनी के काम से जाना पड़ता था। उस कंपनी में उसने एक वर्ष तक काम किया। उसके बाद मारिया का मन पर्यावरण में पीएचडी करने का था। उसने इसके लिए आवेदन दे दिया। इसी बीच वर्ष 2014 में कोल इंडिया और ओएनजीसी में मैनेजमेंट ट्रेनी के पद का विज्ञापन आया और मारिया ने दोनों कंपनी में आवेदन दे दिया। ओएनजीसी का इम्तहान बाद में रद्द हो गया। मारिया का चयन कोल इंडिया में मैनेजमेंट ट्रेनी (पर्यावरण) के पद पर हो गया। उसकी पोस्टिंग बीसीसीएल मुख्यालय, धनबाद में हुई। इस बीच उसे पीएचडी के लिए अमेरिका के वर्जीनिया विश्वविद्यालय और सिंगापुर के एक विश्वविद्यालय से एड्मिशन का प्रस्ताव मिला। उसे दोनों जगह से छात्रवृति मिल रही थी। अब मारिया बहुत दुविधा में थी कि वह कहाँ जाये। एक तरफ सरकारी नौकरी थी और दूसरी तरफ अमेरिका जाने का मौका और वह भी वर्जीनिया से पर्यावरण में पीएचडी के लिए। इसी दौरान उसके पिता को हार्ट अटैक हुआ और वे बहुत बीमार पड़ गए। इन हालत में मारिया की माँ ने भी उसे अमरीका जाने से मना किया। अंततः मारिया ने 13 अक्तूबर, 2014 को बीसीसीएल में अपना योगदान दिया। उसकी योग्यता और उसके पीएचडी के प्रस्ताव के बारे में जानकर कोल इंडिया के लोगों ने भी उसके जॉइन करते वक़्त उससे कहा था कि वह इतनी योग्यता लेकर क्यों कोल इंडिया में नौकरी करना चाहती है। वह पीएचडी कर देश की एक बड़ी पर्यावरण विशेषज्ञ बन सकती है। लेकिन घर की

परिस्थिति के कारण उसे मन मसोस कर कोल इंडिया में नौकरी करनी पड़ी।

बीसीसीएल में जॉइन करने के बाद उसे बहुत अफसोस हुआ। वहाँ उसके रहने का कोई घर नहीं था। शुरू में वह एक होटल में चार-पाँच दिनों के लिए रुकी। बाद में उसे ऑफिस के पास में एक क्वार्टर दे दिया गया, जहां उसके साथ चार और लड़कियां रहती थीं। ऑफिस का हाल देख कर उसे रोना आता था कि वह वहाँ क्यों आ गयी। महिलाओं के लिए उस वक़्त अलग से टॉइलेट की भी कम व्यवस्था थी। उसका मन एक बार फिर नौकरी छोड़ कर वापस पीएचडी के लिए दौड़ने लगा, लेकिन फिर उसकी आँखों के सामने उसके बीमार पिता का चेहरा घूम जाता। धीरे-धीरे उसने अपने आप को व्यवस्थित करना शुरू किया। उसे अपने सीनियर श्री राजू से भी बहुत सहयोग मिला। उसकी योग्यता की लोग कद्र करते थे। पर्यावरण के विषय में उसे लगा कि अभी कंपनी को बहुत काम करने की जरूरत है। उसे पर्यावरण स्वीकृति का विभाग दिया गया।

वर्ष 2016 में मारिया का विवाह हुआ। वह अपने पति फैसल अहमद से शिबपुर में पढ़ाई के दौरान मिली थी। वे एक माइनिंग इंजीनियर हैं और संयोग से बीसीसीएल में ही पदस्थापित हैं।

अपने काम से संतुष्टि के बारे में पूछने पर मारिया ने बताया कि अभी उसे पर्यावरण संरक्षण के लिए कंपनी में बहुत मेहनत करनी पड़ेगी तब जाकर उसे संतुष्टि मिलेगी। एक पर्यावरण विशेषज्ञ के रूप में वह कंपनी में प्रदूषण को रोकने के लिए सारे उपाय करना चाहती है। वह लोगों को इसके लिए जागरूक करना चाहती है। कोयला खदान में पर्यावरण को लेकर जो नियम-कानून बने हैं उसे शत-प्रतिशत लागू करने की पूरी कोशिश करेगी। वह कोयला को दोष नहीं देती है, बल्कि माइनिंग के तरीके को दोषी मानती है। वह कोयला का परिवहन सड़क मार्ग की जगह बेल्ट से कर पर्यावरण में धूल के प्रदूषण को कम करेगी। डीजल की गाड़ी की जगह एलएनजी का इस्तेमाल कर

कार्बन उत्सर्जन को कम करेगी। वह ताप विद्युत केंद्र से निकलने वाले जहरीले कार्बन डाइऑक्साइड को वापस सिन गैस में परिवर्तित कर उसका उचित इस्तेमाल करना चाहती है।

कोयले के भविष्य के बारे में पूछने पर मारिया ने बताया कि कोल इंडिया को अब सिर्फ कोयला उत्पादन पर निर्भर नहीं रहना होगा, कंपनी को दूसरे क्षेत्रों में भी जाना होगा। कोल इंडिया को एनर्जी इंडिया लिमिटेड बनाने की जरूरत है। कोल इंडिया के पास उपलब्ध बेकार पड़ी जमीन पर सौर ऊर्जा के प्लांट लगाने होंगे, साथ में कोयला के सर्फ़ेस गैसीफिकेशन की जरूरत होगी।

मारिया को अपने ऊपर बहुत भरोसा है और वह अपने आप को भविष्य में पर्यावरण के काम में देश की सेवा करती हुई नजर आती है।

कर्मियों के बीच काम करती रूही

रूही खान एक कार्मिक प्रबंधन की विशेषज्ञ है, जो कोयला खदान के इलाके में कर्मियों के बीच काम कर अपनी क्षमता सिद्ध कर रही है। रूही वेस्टर्न कोलफील्ड्स लिमिटेड के उमरेड़ एरिया में कार्मिक प्रबन्धक के पद पर है और पिछले ग्यारह वर्षों से खदान के श्रमिकों के बीच कार्य कर रही है। उसने कई महिला कर्मियों को प्रोत्साहित कर उन्हें पिछले कुछ वर्षों में ट्रेनिंग देकर उन्हें खदान के तकनीकी कार्यों में लगाया है। आज वे सभी महिला कर्मी अपने कार्य से संतुष्ट हैं और उन्हें अच्छी तनख़्वाह भी मिल रही है। रूही काम के साथ-साथ अपने शौक को पूरा करने के लिए स्थानीय स्तर पर कभी-कभी माडलिंग का भी काम करती है। वह नई पीढ़ी कि एक आधुनिक और प्रगतिशील महिला है, जो यह मानती है कि महिला और पुरुष काम करने के मामले में ज़्यादातर बराबर हैं। बल्कि सोच और काम की गुणवत्ता के मामले में वह महिलाओं को पुरुषों से आगे मानती है। उसकी मेहनत और लगन ने उसे अपने सहकर्मियों और अन्य कर्मियों के बीच लोकप्रिय बनाया है। वह हर चुनौती का सामना करने के लिए हमेशा अपने आप को तैयार रखती है।

रूही का जन्म चार जनवरी, 1983 को झांसी में हुआ। वह अपने माता-पिता की पहली संतान है। उसकी एक बहन और दो भाई हैं। रूही की पढ़ाई-लिखाई झाँसी के संत फ्रांसिस कान्वेंट में दसवीं क्लास तक हुई। ग्यारहवीं और बारहवीं की पढ़ाई आईसीएससी बोर्ड से क्राइस्ट कॉलेज से हुई। वर्ष 2000 में उसने बारहवीं की परीक्षा अच्छे नंबर से पास कर ली। वह स्कूल में खेलकूद में भाग लेती थी और अपने कॉलेज की कप्तान रही।। क्राइस्ट कॉलेज में उसे बिऊटी कॉन्टेस्ट में पुरस्कार मिला था। उसके बाद उसने बीएससी जन्तु विज्ञान औनर्स में 2002 में एड्मिशन ले लिया। बीएससी के दूसरे वर्ष 2003 में उसकी शादी हो गयी। चूंकि उसके पति सऊदी अरब में रहते थे, इसलिए वह एक वर्ष बाद बीएससी की पढ़ाई पूरी कर सऊदी अरब चली गई। वहाँ उसका वर्ष 2005 में बेटा हुआ।

कुछ ही दिनों में उसके पति और उसके बीच मनमुटाव शुरू हुआ और यह बढ़ते-बढ़ते इस स्थिति पर आ गया कि रूही को सऊदी अरब से हमेशा के लिए वापस अपने माता-पिता के पास आ जाना पड़ा। उसका बेटा भी उसके साथ था। अब वह अपने माता-पिता के साथ रहने लगी। उसके दिमाग में द्वंद चल रहा था कि वह आगे की जिंदगी कैसे काटेगी। हालाकि, शुरू से वह अंदर से बहुत मजबूत रही थी। लेकिन किसी भी हालत में वह अपने परिवार पर बोझ नहीं बनना चाहती थी। उसके परिवार में सिर्फ उसके पिता की कमाई थी और उसपर रूही के छोटे भाई-बहनों की पढ़ाई का खर्च। इस ख्याल से उसने बीएड में दाखिला ले लिया। वह मानती थी कि इससे उसे जल्द नौकरी मिल जाएगी। इसके साथ-साथ उसने एक वर्ष के बाद जन्तु विज्ञान विषय में एमएससी में भी दाखिला ले लिया और साथ में मानव संसाधन में एमबीए में भी एड्मिशन ले लिया।

बीएड के बाद रूही ने छह महीने के टीचर ट्रेनिंग का भी कोर्स किया। इसे करने के बाद उसे गाँव के स्कूल में टीचर की नौकरी मिल गयी। उसकी नौकरी की जगह शहर से साठ किलोमीटर दूर थी।

वह रोज अहले सुबह बस से साठ किलोमीटर कि यात्रा करती, फिर मुख्य सड़क से चार किलोमीटर अंदर गाँव में जाकर स्कूल पहुँचती थी। चूंकि उसके मन में यह बात थी कि वह अपने माता-पिता पर अपना और अपने बेटे का बोझ डालना नहीं चाहती थी, इसलिए इस कष्ट के बावजूद वह हर रोज स्कूल जाकर पढ़ाने का काम करती थी। इसके बाद शाम में एमबीए का कोर्स और साथ में एमएससी की भी पढ़ाई। बड़ी दिक्कत के साथ उसने एक वर्ष टीचर की नौकरी की। वह चाहती थी कि इससे बेहतर कहीं दूसरी जगह उसे नौकरी मिल जाये। इसके लिए उसने बैंक में अधिकारी के चयन के लिए भी इंटरव्यू दिया था। इसी बीच उसे 2010 में एमबीए और एमएससी दोनों की डिग्री भी मिल गयी। दोनों की पढ़ाई का खर्च उसने अपनी टीचर की तनख़ाह से किया।

इसी दौरान कोल इंडिया में मैनेजमेंट ट्रेनी की नियुक्ति का विज्ञापन आया। रूही ने उसमें आवेदन दिया और 2011 के अंत में उसका चयन मैनेजमेंट ट्रेनी (मानव संसाधन) के पद के लिए हो गया। उस वक़्त तक उसे कोल इंडिया के बारे में कोई जानकारी नहीं थी।

रूही की पहली पोस्टिंग नॉर्दर्न कोलफील्ड्स लिमिटेड में सिंगरौली में हुई। उसे किसी ने बताया था कि वहाँ काम करने से उसका घर उसके नजदीक हो जाएगा। तबतक उसके माता-पिता भोपाल में बस गए थे। लगभग एक महीने तक वहाँ काम करने के बाद उसने आवेदन देकर अपनी पोस्टिंग वेस्टर्न कोलफील्ड्स लिमिटेड में करा ली। उसका बेटा अपने नाना-नानी के पास भोपाल में पल रहा था। उसकी पोस्टिंग शुरू में ही उमरेड़ में हुई। उसने राहत की सांस मिली। उमरेड़ में उसका मन लगने लगा। उसने अपने काम में ध्यान देना शुरू किया। उसने हर काम में आगे बढ़ कर हिस्सा लिया। कर्मियों के बीच उसे काम करने में कोई दिक्कत नहीं हुई। एक महिला होते हुए भी ट्रेड यूनियन के लोगों या श्रमिकों के साथ घुलने-मिलने में

उसे कभी कोई परेशानी नहीं हुई। उसने अपने एरिया में कई समारोह का आयोजन किया। उसने जल्द ही एक अच्छे ऑफिसर के रूप में अपनी पहचान बना ली।

उसे काम के दौरान यह जिम्मा दिया गया कि उमरेड़ एरिया में कार्यरत महिला कर्मियों को ट्रेनिंग देकर उन्हें भारी मशीन चलाने के काम पर लगाया जाये। रूही ने ऐसी कई महिला कर्मी को चुना और उनकी ट्रेनिंग कि व्यवस्था करा कर उन्हें मशीन चलाने के काम पर लगाया। आज वे सभी महिला कर्मी रूही कि अभहरी है। उन्हैं अब पहले से ज्यादा तनख़ाह मिल रही है। रूही ने दी गयी इस चुनौती को स्वीकार किया और अपने काम में सफल रही।

इस बीच अपने बच्चे कि देखभाल के लिए वह बीच-बीच में अपने माता-पिता के घर भोपाल चली जाती थी और एक दो दिन रह कर अपने बच्चे का ख्याल रखती थी। वहाँ से लौटकर उसने अकेले उमरेड़ में रह कर काम किया। उसके माता-पिता बीच-बीच में उससे मिलने आते रहते थे।

वर्ष 2017 में रूही ने परिवार के दबाव में दुबारा शादी की, लेकिन एक बार फिर वह कामयाब नहीं हुई। इस बार उसके बच्चे को ले कर विवाद हुआ और वह फिर अपने पति से अलग हो गयी। अब वह अकेली रहती है और अपने काम में मशगूल है। वर्ष 2020 में उसने सौंदर्य प्रतियोगिता में भाग लिया और वह वहाँ अव्वल आई। आज रूही का बेटा सोलह वर्ष का हो चुका है और बैंगलोर के प्रेसीडेंसी कॉलेज में बारहवीं क्लास में पढ़ रहा है। साथ में आईआईटी की तैयारी भी कर रहा है।

अकेली माँ के बारे में पूछने पर उसने बताया कि उसे इसमें कोई दिक्कत नहीं होती है। उसके साथी-संगी और सहयोगी उसका पूरा सहयोग करते हैं। वह वैसे भी बहुत आधुनिक ख्याल की महिला है। उसने कभी बुर्का नहीं पहना। वह आगे चलकर अपनी कंपनी के शीर्ष पद पर जाना चाहती है। अभी वह 2021 से मैनेजर के पद पर है।

शीर्ष पद पर जाने के बाद कंपनी में संभावित बदलाव के बारे में उसने बताया कि कंपनी में संख्या के हिसाब से कर्मी बहुत हैं, लेकिन गुणवत्ता के हिसाब से कम। उसके लिए उन्हें नयी तकनीक के बारे में ट्रेनिंग देने की व्यवस्था की जाएगी। दूसरी पहल उसने महिला कर्मी के बारे में कहा कि वह कंपनी में कार्यरत महिला कर्मी को ज्यादा से ज्यादा तकनीकी कार्य में जोड़ना चाहेगी। उन्हें प्रोत्साहित कर और ट्रेनिंग देकर इस काम में लगाया जा सकता है। तीसरे जनरल मजदूर के पद पर कई बहुत पढे लिखे कर्मी हैं, जिनका सही उपयोग नहीं हो रहा है। उन्हें उनकी योग्यता के अनुसार काम पर लगाना होगा। कर्मियों के रहने की कॉलोनी में सुधार करने की जरूरत है। इसके लिए आवश्यक फ़ंड की जरूरत होगी, जिसे खर्च करना होगा।

रूही अपने बल पर कर्मियों के हाल-चाल लेती रहती है। वह उमरेड़ एरिया के आस-पास के गाँव में भी हमेशा जाती है और सामाजिक दायित्व के तहत उनकी भलाई के बहुत काम करती है। इससे एरिया में खदान चलाने में गाँव वालों की तरफ से ज्यादा दिक्कत नहीं होती है। वह आने वाले दिनों में कुछ ट्रेनिंग प्रोग्राम में जाना चाहेगी, जिससे उसके काम की गुणवत्ता में और ज्यादा सुधार हो।

कोयले के भविष्य के बारे में उसने बताया कि कुछ वर्षों में कोयले की मांग घट जाएगी। इसकी जगह सौर ऊर्जा को आना होगा। कोल इंडिया को पर्यावरण प्रदूषण और कार्बन का उत्सर्जन कम करना होगा। उसने बताया कि भविष्य में कंपनी को दूसरे खनिजों के उत्खनन के काम में जाना चाहिए।

कोल इंडिया की नई पीढ़ी की महिला ऑफिसर के वर्ग में रूही अपना अलग स्थान रखती है। वह अपनी भविष्य के बारे में आश्वस्त है। वह अपने बेटे को पायलट बनाना चाहती है और यूं ही पूरी लगन और निष्ठा के साथ अपना काम करना चाहती है।

भूमिगत खदान का अनुभवी रवि

रवि अग्रवाल एक खनन अभियंता है और वेस्टर्न कोलफील्ड्स लिमिटेड के मध्य प्रदेश स्थित पाथाखेरा एरिया में कार्यरत है। उसका भूमिगत खदान में काम करने का लंबा अनुभव है। उसने अपने एरिया के कठिन भूमिगत खदानों में लंबे समय तक कोयला उत्पादन का काम किया है।

रवि का जन्म मध्य प्रदेश के खरगोन जिला के बीकन गाँव में एकत्तीस मार्च, 1987 को हुआ। रवि के परिवार में सभी लोग व्यवसाय से जुड़े हैं। उनके पिता श्री दिनेश अग्रवाल रुई का व्यवसाय करते हैं। रवि अपने माता-पिता की अकेली संतान है। चूंकि रवि की माँ श्रीमती कविता अग्रवाल बहुत पढ़ी-लिखी थीं और अपने समय की कॉलेज की गोल्ड मेडलिस्ट रह चुकी थीं, इसलिए उन्होंने रवि की पढ़ाई की ओर ज्यादा ध्यान देना उचित समझा। इस कारण से उसे सात वर्ष की उम्र में ही वर्ष 1994 में इंदौर पब्लिक स्कूल में क्लास दो में दाखिला दिला दिया। रवि ने क्लास दो से क्लास दस तक की पढ़ाई बोर्डिंग स्कूल से की। रवि क्लास में सबसे अच्छा पढ़ने वाला बच्चा था, लेकिन सबसे ज्यादा शैतान भी था। वह हमेशा क्लास में अव्वल आता था और साथ में स्कूल की खेलकूद की सभी गतिविधियों में भाग लेता था। हर तीन महीने में वह अपने घर कुछ दिनों के लिए आ जाता था।

दसवीं क्लास में रवि को तिरासी प्रतिशत नंबर मिले। उसके दिमाग में शुरू से आईआईटी में जाने का सपना था। इस ख्याल से वह वर्ष 2003 में ग्यारहवीं क्लास की पढ़ाई और आईआईटी की कोचिंग के लिए कोटा, राजस्थान चला गया, जहां उसने बंसल क्लास में एडमिशन लिया। बारहवीं की परीक्षा रवि ने कोटा से अच्छे नंबर से पास कर ली, साथ ही उसका आईआईटी जेईई में भी चयन हो गया। चूंकि उसका रैंक चार हजार के करीब था, इसलिए उसका एडमिशन इंडियन स्कूल ऑफ माइंस, धनबाद में माइनिंग इंजीनियरिंग के कोर्स

के लिए हुआ। उसने वर्ष 2005 में वहाँ एडमिशन ले लिया। उस समय तक उसे माइनिंग इंजीनियरिंग का कोई ज्ञान नहीं था। उसे अगले चार वर्षों में पढ़ाई कर यूपीएससी की परीक्षा में बैठने का भी मन था, क्योंकि वह आगे चल कर सरकारी नौकरी करना चाहता था।

उसकी आईएसएम में माइनिंग इंजीनियरिंग की पढ़ाई शुरू हुई। पहले वर्ष में भूमिगत ट्रेनिंग के लिए उसे वेस्टर्न कोलफील्ड्स लिमिटेड के चंद्रपुर एरिया की महाकाली भूमिगत कोलियरी में भेजा गया। वहाँ छह सप्ताह की ट्रेनिंग थी। दूसरे वर्ष में उसे सेल की ओड़ीशा स्थित गुआ लौह अयस्क खदान में भेजा गया। तीसरे वर्ष में टाटा स्टील कंपनी इनटर्नशिप के लिए आईएसएम में आई थी, जिसमें पाँच लड़कों का चयन हुआ था, उसमें रवि भी एक था। उसे टाटा के वेस्ट बोकारो खदान में इनटर्नशिप के लिए भेजा गया। वहीं उसे टाटा स्टील ने चार वर्ष पूरे होने के बाद नौकरी का ऑफर दे दिया था। वर्ष 2008 तक आईएसएम में अंतर्राष्ट्रीय स्तर की कंपनी लड़कों को नौकरी के लिए चुनने आती थी। रवि का चार वर्ष 2009 में पूरा हो रहा था, इसलिए उसने टाटा स्टील की नौकरी का प्रस्ताव ठुकरा दिया। लेकिन 2009 में पूरे विश्व में मंदी का दौर शुरू हुआ और उस वर्ष आईएसएम में कोई भी विदेशी कंपनी कैम्पस इंटरव्यू के लिए नहीं आई। कोल इंडिया का वहाँ कैम्पस इंटरव्यू हुआ जिसमें रवि का चयन हो गया और उसने दस अगस्त, 2009 को कोल इंडिया में अपना योगदान दे दिया।

कोल इंडिया में जॉइन करने के बाद रवि के बैच को सीधी पोस्टिंग नहीं मिलकर पहले छह महीने की ट्रेनिंग पर भेजा गया। इसमें पहले तीन महीने में बीसीसीएल की मूनीडीह खदान में और उसके बाद ब्लॉक-दो में दो महीने की खदान में ट्रेनिंग। मार्च, 2010 में अंततः रवि की पोस्टिंग वेस्टर्न कोलफील्ड्स लिमिटेड में हुई। उसे फ़र्स्ट क्लास के इम्तहान के लिए दो वर्ष की भूमिगत खदान में ट्रेनिंग जरूरी थी, इसलिए उसने वेस्टर्न कोलफील्ड्स चुना। उसकी पोस्टिंग पाथाखेरा एरिया की छतरपुर-एक भूमिगत खदान में हुई।

अगस्त, 2010 में उसने सेकंड क्लास का सर्टिफिकेट लिया और उसके बाद उसने फ़र्स्ट क्लास का इम्तहान 2013 में पास किया। उसे भूमिगत खदान का अच्छा अनुभव हो गया। अब वह अकेले भी खदान का नियंत्रण कर लेता था। उसने अपने माइन की ब्लास्टिंग तकनीक में सुधार किया। इसके लिए रवि की बहुत तारीफ हुई। उसके बारे में कंपनी की मैगज़ीन में भी छापा गया। उसके बाद उसे डिस्ट्रिक्ट का इंचार्ज बना दिया गया। उसके अच्छे काम के कारण वर्ष 2016 में रवि को अपनी खदान का सेफ़्टी ऑफिसर बना दिया गया। उसने 2017 में सेफ़्टी मैनेजमेंट प्लान बनाया, जिसका अनुसरण अन्य एरिया और मुख्यालय में भी किया गया। उसने 2019 तक उस खदान में काम किया।

रवि की शादी 2016 में हुई। उसकी पत्नी पीयूशा शर्मा पाथाखेरा एरिया में ही पर्सनल विभाग में अधिकारी के पद पर है। दोनों के एक ही माहौल में काम करने के कारण आपसी समन्वय बहुत अच्छा है। दोनों एक दूसरे की मदद करते हैं। इससे रवि और पीयूशा को अपने काम करने में मन लगता है और दोनों अपने-अपने क्षेत्र में अच्छा काम कर रहे हैं।

वर्ष 2019 में रवि की पोस्टिंग एरिया ऑफिस में की गयी। उसे खदानों के माइनिंग टेंडर का काम दिया गया। वह हर वर्ष लगभग सत्तर से अस्सी टेंडर करता है। कंपनी के काम में बदलाव के बारे में पूछने पर रवि ने बताया की एरिया में छोटे-छोटे काम की मंजूरी के लिए प्रस्ताव कंपनी मुख्यालय भेजना पड़ता है। यदि यह अधिकार एरिया के महाप्रबंधक को दे दिये जाएँ तब काम जल्दी हो सकेगा। अपने सीनियर के सहयोग के बारे में पूछने पर उसने बताया की वह इस मामले में वह बहुत भाग्यशाली है की उसे हमेशा अपने सीनियर से शयोग मिलता रहा। कंपनी में नई पीढ़ी के अधिकारियों को भी काम करने के लिए प्रोत्साहित किया जाता है और अपनी राय देने की छूट है। उसने कहा की कंपनी में प्रतिभावान अधिकारियों को

आगे निकालने का अवसर मिलना चाहिए, इसके लिए वरीयता क्रम को नहीं मानना चाहिए।

आने वाले वर्षों में नेतृत्व संभालने पर रवि की क्या प्राथमिकता होगी, इस सवाल पर उसने बताया कि कोयला उत्पादन के अलावा कंपनी के कल्याण कार्य को और बेहतर बनाने का काम करना होगा। इसमें कर्मियों के रहने की व्यवस्था में सुधार जरूरी है, जिससे वे बेहतर माहौल में काम कर सकें। भूमिगत खदान में आधुनिक तकनीक के इस्तेमाल पर भी उसने ज़ोर दिया। पर्यावरण संरक्षण के बारे में उसने बताया कि भूमिगत खदान से निकलने वाला कार्बन मीथेन गैस कार्बन डाइऑक्साइड से ज्यादा घातक होता है। ऐसे में डिग्री-दो और डिग्री-तीन खदानों से निकलने वाली हवा से मीथेन निकालकर उसे जला दिया जाये तब वह सिन गैस में परिवर्तित हो जाएगा, जिसका इस्तेमाल दूसरे बेहतर कार्य के लिए किया जा सकेगा और वह कम घातक होगा। इससे खदान से कार्बन उत्सर्जन भी कम होगा। पाथाखेरा एरिया में वह कोयले का परिवहन ताप विद्युत केंद्र तक कंवेयर बेल्ट से करना चाहता है। इससे सड़क परिवहन से होने वाले प्रदूषण में कमी होगी।

कोयले के भविष्य के बारे में रवि का कहना है कि कोयले की मांग अभी कुछ वर्षों तक बढ़ेगी, लेकिन आगे चल कर इसकी मांग में कमी हो जाएगी। ऐसे में कोल इंडिया को सिर्फ कोयले पर आश्रित नहीं रह कर अपने आप को एक एनर्जी कंपनी के रूप में स्थापित करना होगा, जिसमें सौर ऊर्जा की प्रमुखता रहेगी।

पर्यावरण बचाने की मुहिम में आदित्य

अदित्य प्रसाद सिम्मा, महानदी कोलफील्ड्स लिमिटेड के भरतपुर एरिया में पर्यावरण विभाग में डेप्युटी मैनेजर के पद पर कार्यरत है। जवाहरलाल नेहरू टेक्नोलॉजिकल यूनिवर्सिटी, हैदराबाद से पर्यावरण इंजीनियरिंग में एम.टेक के साथ उत्तीर्ण होने के बाद उसने कोल

इंडिया लिमिटेड में रिक्ति के लिए आवेदन किया। उसका चयन कोल इंडिया के अलावा एक अन्य कंपनी में भी हुआ, लेकिन उसने पर्यावरण विषय के ख्याल से कोयला उद्योग में काम करना बेहतर समझा, जहां उसके काम करने के विभिन्न आयाम थे और चुनौतियाँ भी बहुत थीं।

सिम्मा ने वर्ष 2014 में कोल इंडिया के महानदी कोलफील्ड लिमिटेड में अपना योगदान दिया। उस वक़्त वहाँ पर्यावरण विभाग विकसित हो रहा था और अन्य विभागों की तरह उस विभाग को भी लोग मान्यता दे रहे थे। हालांकि, कोयला खनन से होने वाले प्रदूषण की चर्चा कंपनी के अंदर और आम जनता में थी।

कंपनी में विभाग के और खुद को स्थापित करने, अपना काम स्थापित करने और अपने फैसलों को लागू करने में उसे समय लगा। पूरी लगन और मेहनत से दो साल के भीतर उसने परियोजनाओं के पर्यावरण की मंजूरी प्राप्त करने के लिए काम करना शुरू कर दिया, जो किसी भी खदान/उद्योग के लिए एक महत्वपूर्ण वैधानिक मंजूरी है। साथ ही जनसुनवाई को सफलतापूर्वक आयोजित करने और पर्यावरण स्वीकृति और अन्य वैधानिक मंजूरी प्राप्त करने का उसे अवसर मिला। इन सब काम के कारण उसे उच्च प्रबंधन के साथ मिलकर काम करने का मौका मिला, जिसके कारण उसे उनके अनुभवों से लाभ हुआ और बहुत ही कम समय में उसने भारत सरकार के पर्यावरण एवं वन मंत्रालय परियोजना की पर्यावरण मंजूरी मिलने जैसे कठिन काम के गुर को सीख लिया। उसने इस बीच माइन प्लानिंग जैसे कठिन विषय को भी सीखा और बाद में उसके पर्यावरण की मंजूरी पर भी विस्तार से काम किया।

एक युवा अधिकारी के रूप में सिम्मा का मानना है कि जबसे कोल इंडिया की विभिन्न सहयोगी कंपनी के पर्यावरण विभाग में युवा अनुभवी अधिकारियों को लिया गया तब से इस विभाग के काम करने का नजरिया बदला है। युवा अधिकारी पर्यावरण संरक्षण पर

ज्यादा ध्यान से काम करते हैं क्योंकि वे मानते हैं कि इससे उनका भविष्य सुरक्षित रहेगा। इन अधिकारियों ने और सिम्मा ने अपनी सोच से महानदी में पर्यावरण प्रदूषण को रोकने के लिए कई अच्छे उपाय किए हैं। इनमें खुली खदान में कोयले की धूल को कम करने के लिए पानी की मिस्ट जैसी फुहार के आधुनिक मशीन लगाए गए हैं, जिनकी गुणवत्ता अंतर्राष्ट्रीय स्तर की है। इससे बहुत हद तक धूल से पर्यावरण को बचाने में मदद मिलती है। कार्बन के उत्सर्जन को कम करने के लिए भी अच्छे काम किए जा रहे है। सिम्मा ने बताया कि खदान से कोयला के परिवहन के लिए बड़े पैमाने पर सीएचपी और साइलो का निर्माण हुआ है, जहां सड़क के मार्ग की जगह बेल्ट से कोयले का परिवहन हो रहा है। इन बेल्ट में कोयले को ढँक कर भेजा जाता है, जिससे उसकी धूल रास्ते में नहीं उड़ सके। इसके अलावा बड़े पैमाने पर वृक्षारोपण, रोड स्वीपिंग मशीन, व्हील वाशिंग सिस्टम, तालचर कोलफील्ड में कोयला परिवहन के लिए कॉलोनी, स्कूल तथा अन्य रिहाइशी इलाकों से दूर कोयला परिवहन के लिए रोड का निर्माण, पर्यावरण पार्क, इकोटूरिज्म का विकास, आदि का अच्छा काम किया गया है।

पर्यावरण प्रदूषण को बचाने और कार्बन के उत्सर्जन को कम करने की दिशा में किए गए इन सकारात्मक कामों से सिम्मा बहुत खुश है। उसे महसूस होता है कि वह जिस विभाग में काम करता है उसका योगदान युवा पीढ़ी के भविष्य को साफ और सुरक्षित रखेगा। अपने युवा साथियों के साथ वह इन सब कामों में बहुत उत्साह से हिस्सा लेता है। वह प्रदूषण मुक्त कोयला उत्पादन के सपने देखता है और उसे लागू करने की दिशा में जी-जान से जुटा हुआ है।

अनुभवी मेकैनिकल इंजीनियर नितुल

नितुल कुमार नॉर्दर्न कोलफील्ड्स लिमिटेड मुख्यालय में प्रबन्धक, उत्खनन के रूप में कार्यरत है। वह नई पीढ़ी का होने के साथ-साथ

अपनी लगन और मेहनत से हमेशा कुछ नयी करने की सोचता है। उसे अपने काम के क्षेत्र में नए विषय को जानने और समझने की हमेशा उत्सुकता रहती है, इसलिए वह लगातार अपने काम को और बेहतर बनाने की सोचता रहता है।

नितुल की पैदाइश रांची में 26 जुलाई, 1990 को हुई। उसके पिता श्री सुबोध कुमार शर्मा रांची के रहने वाले हैं। वे वहाँ संयुक्त परिवार में पीढ़ियों से रह रहे हैं। वैसे वे मूलतः बिहार के नवादा जिला के रहने वाले हैं। उनका वहाँ छोटा सा व्यवसाय था। नितुल की एक छोटी बहन है। बचपन से वह शांत स्वभाव का था। नितुल की प्रारम्भिक पढ़ाई रांची के बिशप स्कूल में दसवीं क्लास तक हुई। दसवीं में नितुल को बहुत अच्छे नंबर मिले। बाद में बारहवीं की पढ़ाई के लिए वह दूसरे स्कूल में पढ़ने लगा। उसकी मंशा थी कि कुछ पढ़ कर जल्दी से अच्छी नौकरी की शुरुआत करे, जिससे वह अपने पिता की आर्थिक मदद कर सके। बारहवीं में भी उसके अच्छे नंबर थे और पहली बार में ही उसने अखिल भारतीय इंजीनियरिंग की परीक्षा में सफलता हासिल कर ली। वर्ष 2008 में नितुल को एनआईटी, जमशेदपुर में मेकैनिकल इंजीनियरिंग की चार वर्ष की पढ़ाई के लिए एड्मिशन मिल गया।

एनआईटी में पढ़ाई के दौरान वह अपने विषय के अलावा अन्य सम्बद्ध विषय के बारे में भी जानकारी लेता था। उसकी इच्छा थी कि चार वर्ष की पढ़ाई के बाद वह किसी अच्छे विश्वविद्यालय से एम टेक की पढ़ाई भी करे। उसे अपने हर विषय में रुचि थी, लेकिन विशेष कर वह मैटेरियल साइन्स में ज्यादा रुचि रखता था। इंजीनियरिंग के अंतिम वर्ष में नितुल को आगे की पढ़ाई के लिए अमेरिका के टेक्सस विश्वविद्यालय से बुलावा आया था, लेकिन घर की माली हालत के कारण वह वहाँ नहीं जा पाया।

उसी बीच वर्ष 2012 में उसका चयन कैम्पस इंटरव्यू में कोल इंडिया में मैनेजमेंट ट्रेनी में हो गया। उसके साथ कुल बारह लोगों का

चयन हुआ था। शुरू में उसकी पोस्टिंग सेंट्रल कोलफील्ड्स लिमिटेड में मैनेजमेंट ट्रेनी (उत्खनन) के तौर पर हुई। उसे सबसे पहले एन के एरिया की केडीएच परियोजना में काम दिया गया। वहाँ नितुल ने मन लगा कर दो वर्षों तक काम किया। उस दौरान वह अपनी कमाई का बड़ा हिस्सा अपने माता-पिता को भेजता था, जिससे उन्हें परिवार चलाने में सहूलियत हो। उसके बाद उसे डकरा खदान भेजा गया, जहां वह 2017 तक रहा। उसके बाद उत्खनन के इंचार्ज के रूप में उसकी पोस्टिंग रजरप्पा परियोजना में हुई, जहां उसे और बेहतर काम सीखने का मौका मिला। वहाँ वह तीन वर्षों तक रहा। उस दौरान उसने शोवेल के संचालन और उसके रख-रखाव के बारे में अच्छी जानकारी प्राप्त कर ली। इस बीच वह प्रोन्नति पाकर उप प्रबन्धक (उत्खनन) बन गया। रजरप्पा में काम करने के दौरान वर्ष 2020 में उसे एक सप्ताह की ट्रेनिंग पर चीन की खदानों को देखने के लिए भेजा गया था।

इस बीच 2019 में नितुल का विवाह हुआ। उसकी पत्नी ज्योति शर्मा नॉर्दर्न कोलफील्ड्स लिमिटेड सिंगरौली में उप प्रबन्धक (वित्त) के पद पर कार्यरत थी। वह पेशे से चार्टर्ड अकाउंटेंट है और सिंगरौली की ही रहनी वाली है। दोनों की एक जगह नौकरी करने के नियम के तहत नितुल का तबादला अगस्त, 2020 में नॉर्दर्न कोलफील्ड्स लिमिटेड हो गया। नितुल के माता-पिता भी उसके साथ सिंगरौली आ गए। नितुल की पोस्टिंग मुख्यालय में हुई। उसे मशीनों के पार्ट्स, डिपो एग्रीमेंट आदि का काम दिया गया। नितुल पहले खदान में जाना चाहता था लेकिन कुछ घर के कारण और कुछ काम सीखने के कारण उसने मुख्यालय में ही काम करना ठीक समझा। हालांकि, उसकी मंशा है कि कुछ वर्ष के बाद उसकी और उसकी पत्नी, दोनों का तबादला एरिया में हो जाये, जिससे उसे खदान में काम करने की भी ट्रेनिंग मिल जाये। वैसे भी नॉर्दर्न कोलफील्ड्स लिमिटेड में उत्खनन के बारे में सीखने का बहुत कुछ है, क्योंकि वहाँ सभी खुली खदानें हैं और बड़ी-बड़ी हैं।

अपने काम के प्रति नितुल संतुष्ट है। हालाकि, अभी भी वह मैटेरियल साइन्स पर आगे काम करना चाहता है। कंपनी में काम करने में कमी के बारे में उसने बताया कि नई पीढ़ी की बात वरीय अधिकारियों को सुननी चाहिए। कॉलोनी की स्थिति कंपनी में और कंपनी से अच्छी है। वह अपने काम में आधुनिक तकनीक लाना चाहता है। वह थ्री डी प्रिंटिंग पर काम कर मशीनों के मेनटेनेंस में नई तकनीक लाना चाहता है। चूंकि नॉर्दर्न कोलफील्ड्स में विभागीय बड़ी उत्खनन मशीनों की संख्या ज्यादा है, इसलिए उनके रख-रखाव और उनकी उत्पादकता के बारे में पूछने पर उसने बताया कि चीन आदि देशों में किया जा रहा काम यहाँ करना होगा, जिससे मशीनों की क्षमता उपयोगिता बढ़ाई जा सके। अपने मातहत काम करने वाले अधिकारियों को सिखाने के बारे में उसने बताया कि वह अपने जूनियर अधिकारियों से बीच-बीच में बात कर उन्हें सुझाव देता रहता है। वह कंपनी के विभिन्न कार्यक्रमों में भी बढ़-चढ़ कर हिस्सा लेता है।

अपने भविष्य के बारे में उसने बताया कि उसका बस चले तब वह अपने प्रोफेसर बनने के सपने को पूरा करे। कंपनी में नई तकनीक लाकर मशीनों की मरम्मत पर होने वाले खर्च को घटाने की कोशिश करेगा। वह इस दिशा में काफी पढ़ाई भी कर रहा है और अपने विभाग में इसे लागू करने की कोशिश भी कर रहा है।

कोयले के भविष्य का बारे में उसने बताया कि अगले कई वर्षों तक देश को कोयले की जरूरत होगी। उसने बताया कि कंपनी को दूसरे खनिज के खनन में भी जाना चाहिए। विशेषकर रेयर अर्थ खनिज के क्षेत्र में कोल इंडिया को निवेश करना चाहिए। सौर ऊर्जा के क्षेत्र में तो कई कंपनी आ सकती हैं, लेकिन दूसरे खनिजों के दोहन का काम कोल इंडिया बहुत अच्छी तरह कर सकती है। हाइड्रोजन एनर्जी के क्षेत्र में भी कोल इंडिया को आगे बढ़ना होगा। इसके अलावा कोयले के गैसीकरण का क्षेत्र भी अभी देश में खुला है, जहां बहुत संभावना है।

नितुल अपने भविष्य के लिए आश्वस्त है। वह यह मानता है कि किसी भी कंपनी के अस्तित्व पर जब खतरा होता है, तब उसे अन्य क्षेत्र में काम करना चाहिए। कोल इंडिया की वित्तीय स्थिति बहुत अच्छी है इसलिए कंपनी को अविलंब दूसरे क्षेत्र में काम ढूंदना चाहिए।

सीएसआर के कार्य में जुटा सम्पत

सम्पत गेलाम साउथ ईस्टर्न कोलफील्ड्स लिमिटेड मुख्यालय, बिलासपुर में उप प्रबन्धक (सीएसआर) के रूप में कार्य कर रहा है।

सम्पत अभी पैंतीस वर्ष का है। उसका जन्म बिलासपुर में ही हुआ। वैसे सम्पत मूलतः आंध्र प्रदेश के विजयनगरम का रहने वाला है, लेकिन उसके पिता चूंकि बिलासपुर में नौकरी करते थे, इसलिए वे वहीं बस गए। सम्पत की एक बड़ी बहन है। वह बिलासपुर में संयुक्त परिवार में रहता था। सम्पत की प्रारम्भिक पढ़ाई-लिखाई बिलासपुर में ही हुई।

वर्ष 2003 में दसवीं क्लास में उसका रिज़ल्ट अच्छा रहा। उसके बाद आगे की पढ़ाई और इंजीनियरिंग की कोचिंग के लिए वह कोटा चला गया। वहाँ से उसने बारहवीं पास की और उसके बाद उसका चयन वर्ष 2006 में छत्तीसगढ़ राज्य के इंजीनियरिंग के इम्तहान में हो गया। उसने भिलाई इंस्टीट्यूट ऑफ टेक्नालजी में एड्मिशन लिया। उसने इलेक्ट्रॉनिक्स विषय लिया। चार वर्ष की पढ़ाई के साथ-साथ उसने 2009 में कैट का इम्तहान दिया, जिसमें उसे बहुत अच्छे नंबर मिले। उसके आधार पर उसने इंजीनियरिंग की पढ़ाई 2010 में पूरी होने के बाद इंडियन इंस्टीट्यूट ऑफ फॉरेस्ट मैनेजमेंट, भोपाल में एड्मिशन ले लिया। वहाँ से उसने दो वर्ष का पोस्ट ग्रेजुएट डिप्लोमा इन फोरेस्ट्री मैनेजमेंट किया।

भोपाल में 2012 में सम्पत का कैम्पस इंटरव्यू में अदित्य बिरला ग्रुप में चयन हो गया और उसने उसी साल उस कंपनी को जॉइन कर

लिया। उसकी पोस्टिंग मुंबई हुई। वह ग्रासिम इंडस्ट्री के लिए काम करने लगा, जिसमें उसकी फोरेस्ट्री की पढ़ाई काम आई। इस बीच 2012 में ही उसकी चार महीने की ट्रेनिंग विदेश में लाओस में हुई। ट्रेनिंग से लौटकर वह उस कंपनी में ढाई वर्षों तक रहा। इस बीच कोल इंडिया में मैनेजमेंट ट्रेनी का विज्ञापन आया और सम्पत का उसमें चयन हो गया। उसने मैनेजमेंट ट्रेनी (सामुदायिक विकास) के रूप में कंपनी में 2014 में योगदान दिया। चूंकि फोरेस्ट्री मैनेजमेंट में गाँव के किसानों से संपर्क करना होता था, इसलिए सम्पत को सामुदायिक विकास के काम में कोई दिक्कत नहीं हुई।

सम्पत को एक वर्ष तक छत्तीसगढ़ के सुदूर इलाके में गाँव में जाकर शौचालय बनवाने का काम दिया गया। उसने इस काम को अच्छे तरीके से सम्पन्न किया। उस दौरान लगभग सत्ताईस हजार शौचालय बनवाए गए। उसके बाद सम्पत को कंपनी के अन्य सीएसआर कार्य में लगाया गया। वहाँ भी उसने काफी मन लगा कर काम किया। पुराने अनुभव के करण उसे गाँव में जाकर काम करने में कोई परेशानी नहीं होती थी। वर्ष 2017 में गाँव के अपंग लोगों को उसने ट्राई साईकल दिलवाया। बाद में बिलासपुर में अपंग लोगों के स्किल डेव्लपमेंट सेंटर के विकास के भी काम सम्पत ने किए। वहाँ वैसे लोगों को उनके लायक रोजगार के लिए ट्रेनिंग दी जाती थी। सम्पत ने कोरबा जिले में खदानों के आसपास के गाँव में पीने का पानी मुहैया कराने का भी काम किया। इसमें खदानों से निकलने वाले पानी का भी उपयोग किया जा रहा है। इसके अतिरिक्त गाँव में बेहतर शिक्षा के लिए सम्पत ने कंपनी की तरफ से कई स्कूल में पाँच सौ स्मार्ट क्लास की व्यवस्था कराई।

इन सब के बावजूद सम्पत को लगता है कि उसकी कंपनी को सीएसआर के तहत अभी और करने की जरूरत है। उसके बारे में विस्तार से उसने बताया कि छोटे-छोटे काम करने की जगह कुछ गाँव, कुछ स्कूल और कुछ चिकित्सा केन्द्रों को चिन्हित कर उनका

पूरी तरह विकास करना होगा, जिससे स्मार्ट गाँव या अन्य केंद्र बन सकें। इस काम में सम्पत आगे बढ़ चुका है। उसने गाँव के कुछ स्कूल को चिन्हित कर उसमें स्मार्ट क्लास के अतिरिक्त विडियो के जरिये बाहर के अच्छे शिक्षक से पढ़ाई की व्यवस्था करवाई है। उसकी मंशा है कि ये स्कूल गुणवत्ता में बिलकुल दिल्ली के स्कूल जैसे बन जाएँ। इस पहल से बच्चों की पढ़ाई में बहुत सुधार हुआ है।

कंपनी के मध्य प्रदेश क्षेत्र में कोयला खदानों के बंद होने के बाद वहाँ के आसपास के लोगों की कमाई के साधन के बारे में पूछने पर सम्पत ने बताया कि कंपनी के जोहिला और उसके पास के एरिया में कई खदानें बंद हुई हैं, जहां के आसपास के लोग अब बेरोजगार हो गए है। उनके लिए कंपनी सीएसआर के तहत अन्य व्यवसाय जैसे मधुमक्खी पालन, मछली पालन, उन्नत खेत आदि पर काम कर रही है। इसके लिए पास के एक कृषि विश्वविद्यालय के साथ करार किया गया है, जिसके तहत उस इलाके में रोजगार के नए साधन मुहैया कराये जाएंगे।

सम्पत वर्ष 2021 में उप प्रबन्धक बना। कोयले के भविष्य के बारे में पूछने पर सम्पत ने कहा कि कोल इंडिया के पास जमीन की कमी नहीं है। इस कारण से इस जमीन पर सौर ऊर्जा के प्लांट बड़े पैमाने पर लगाए जा सकते है। उसने कहा कि कोयले की जरूरत अभी हमारे देश में रहेगी, लेकिन धीरे-धीरे ताप विद्युत केंद्र बंद हो जाएँगे। आज से पचीस वर्ष बाद कोल इंडिया को अन्य खनन क्षेत्र में जाना होगा। वह अपने भविष्य के बारे में निश्चिंत है कि कोयला के जाने के बाद भी खदान के आसपास के लोगों के लिए कंपनी को सीएसआर की गतिविधि जारी रखनी होगी, जिसमें वह शामिल रहेगा।

एक खुला पत्र

हमारे प्रिय कोयला कर्मियों,

एक बार फिर इस किताब के माध्यम से आपसे खुलकर बात करने का मौका मिल रहा है। दरअसल, कोयला उद्योग पर जब मैं पहले कभी भी कुछ किताबें खोजता था, तब ज़्यादातर किताबों में कोयला उद्योग या कोल इंडिया का संछिप्त इतिहास लिखा होता था। कभी भी मैंने अबतक ऐसी किताब नहीं देखी, जिसमें कोयला परिवार के बारे में लिखा गया हो। इसी सब को सोच कर मैंने कोशिश की, कोयला उद्योग की अंदरूनी जिंदगी के ऊपर किताब लिखने की। पहली किताब 'असंभव संभव' मेरी वेस्टर्न कोलफील्ड्स की अद्भुत यात्रा पर थी, जहां कोयला कर्मियों ने मुझे अपने वृहत परिवार में शामिल किया। अपने सवा छह वर्ष के वहाँ के कार्यकाल में मैंने आप सब से बहुत कुछ सीखा, जाना। आप के साथ हाथ में हाथ मिलाकर चलने का मुझे सुखद अनुभव मिला। उन्हीं सब सुखद यादों पर आधारित थी, मेरी पहली किताब।

कोल इंडिया में काम करते वक़्त मैं कोयला कर्मियों के बहुत करीब रहा। उनकी जिंदगी को मैंने नजदीक से देखने की कोशिश

की। कितनी तकलीफ में वे कोयला उत्पादन का काम करते हैं, इसका मुझे भान था। लेकिन मुझे यह भी पता था कि दुनिया उनकी मेहनत के बारे में नहीं जानती है। बाहरी लोगों को बताना था कि कैसे कोयला श्रमिक जब साल के तीन सौ पैंसठ दिन मेहनत कर, पसीना बहा कर खदान के नीचे जाकर कोयला का उत्पादन करते हैं, तब कहीं वह कोयला ताप विद्युत केन्द्रों में जाकर बिजली पैदा करने के काम में आता है और उस बिजली से हमारे आपके घर रौशन होते हैं, देश के विकास की गाड़ी आगे बढ़ती है। इसी को ध्यान में रखकर कुछ कोयला कर्मियों के जीवन पर आधारित मेरी दूसरी किताब 'आसमां में सुराख' थी, जिसमें मैंने वैसे कर्मियों के जीवन के बारे में लिखा, जिन्होंने कठिन परिस्थिति में भी हिम्मत नहीं हारी और अपनी लगन और मेहनत के बल पर कर दिया, आसमां में सुराख।

मैंने पहली किताब लिखते वक़्त ही सोचा था कि कम से कम तीन किताबों के जरिय कोयला उद्योग की कहानी बाहरी दुनिया तक ले जाऊंगा। इसी को ध्यान में रखते हुए अब मेरी तीसरी किताब 'अंधेरा उजाला' आपके हाथों में है। किताब के शीर्षक का मतलब है, कोयला उद्योग के राष्ट्रीयकरण के पहले जब हम कठिन परिस्थिति में प्राइवेट खदान मालिकों की खदानों में अंधेरे में भटक रहे थे, तब उद्योग के राष्ट्रीयकरण और कोल इंडिया की स्थापना से हमें उजाले की किरण नजर आई। इस किताब में मैंने कोयला उद्योग का संछिप्त में इतिहास से लेकर राष्ट्रीयकरण के पूर्व और बाद की स्थिति और फिर कोल इंडिया के गठन के बाद के स्वरूप पर लगभग ढाई सौ वर्षों की यात्रा लिखी है। इस उद्योग के कुछ कर्मवीर, जो आज जीवित हैं, उनके बारे में दुनिया को बताने की कोशिश की गयी है। साथ में नई पीढ़ी के सपनों के बारे में भी जिक्र है। इस किताब में मैंने कोयला उद्योग की वर्तमान स्थिति और भविष्य के बारे में भी आपको बताने की कोशिश की है।

कोयला उद्योग का इतिहास वाकई बहुत पुराना है। लगभग ढाई सौ वर्ष पहले 1774 में जब इसकी विधिवत शुरुआत की गयी थी, तब किसी ने नहीं सोचा था कि यह उद्योग हमारे देश में इतना बड़ा स्वरूप ले लेगा। शुरू में अंग्रेजों के द्वारा काफी मेहनत से पूरे देश में कोयले की खोज की गयी और धीरे-धीरे आंतरिक उत्पादन बढ़ा कर देश को आत्मनिर्भर बनाने की कोशिश की गयी। हालाकि, राष्ट्रीयकरण के पूर्व प्राइवेट खदान मालिकों द्वारा न केवल बेतरतीब तरीके से कोयले का दोहन हुआ, बल्कि कोयला श्रमिकों का जीवन भी नारकीय बना रहा। जैसे-जैसे देश का विकास होता गया, कोयले की मांग इस्पात और बिजली के उत्पादन के लिए बढ़ती चली गयी। देश के आजाद होने के बाद पंचवर्षीय योजनाओं के अंतर्गत भारत के विकास की एक रूपरेखा तैयार हुई, जिसमें बड़े पैमाने पर बिजली उत्पादन की आवश्यकता थी। इसमें कोयला ने महत्वपूर्ण भूमिका निभाई।

कोयला उद्योग के राष्ट्रीयकरण और उसके पश्चात कोल इंडिया और उसकी सहयोगी कंपनी के गठन से स्थिति में तेजी से सुधार होना शुरू हुआ। छोटी-छोटी लगभग नौ सौ खदानों को जहां तक संभव था, आपस में मिलाकर तीन सौ तीस बड़ी खदानें खुलीं और उसमें आधुनिक मशीनों का इस्तेमाल भी शुरू किया गया। कई बड़ी खुली खदानों की शुरुआत की गयी। कोयला कर्मियों के जीवन की गुणवत्ता में सुधार के लिए कई कल्याणकारी कार्य हुए, जिसमें उनके रहने के लिए कॉलोनी का निर्माण, खदान में उनकी सुरक्षा के इंतजाम, पीने के पानी की व्यवस्था, स्कूल, हॉस्पिटल का निर्माण और सबसे ऊपर एक निश्चित नियम के तहत उनकी वेतन वृद्धि और उनके कंपनी में आगे बढ़ने के रास्ते बनाए गए।

लगातार कई वर्षों से कोयला उद्योग में कोल इंडिया का वर्चस्व रहा है। कोयला के प्रमुख उत्पादक के रूप में स्थापना काल के शुरू के कुछ वर्षों को छोड़ कर कंपनी का अगले कुछ वर्षों में जबर्दस्त

विकास हुआ। लगभग पूरे देश के कोयला उपभोक्ताओं को कोयला आपूर्ति कोल इंडिया की खदानों से होती रहीं। उसके बाद नब्बे के दशक में कुछ प्राइवेट कंपनी को कुछ कोयला ब्लॉक दिये गए, जिससे वे खुद कोयला उत्पादन कर अपनी आंतरिक जरूरत को पूरी कर सकें। इसका कोल इंडिया की सहयोगी कंपनी की सेहत पर कुछ असर नहीं हुआ। बाद में इक्कीसवीं शताब्दी की शुरुआत में कानून में बदलाव लाकर कोयला के बहुत से ब्लॉक की नीलामी की गयी, जिससे और ज्यादा प्राइवेट कंपनी कोयला के उत्पादन में शामिल हो सकें। हालाकि, इनमें से कुछ ही ब्लॉक में कोयले का उत्पादन शुरू हो सका और बाद में माननीय सर्वोच्च न्यायालय के निर्देश पर सभी कोयला ब्लॉक के आवंटन को रद्द कर दिया गया।

इस दौरान कोल इंडिया अपनी अनवरत गति के साथ कोयला उत्पादन में आगे बढ़ती रही और कुछ ही वर्षों में कंपनी अपनी खदानों से दो सौ से तीन सौ और फिर चार सौ मिलियन टन कोयले का वार्षिक उत्पादन करने लगी। इसी दौरान एक बार फिर कोयला ब्लॉक की नीलामी शुरू हुई और कई प्राइवेट कंपनी ने देश के विभिन्न भाग में कोयले के ब्लॉक को अपने अधीन कर लिया। इसके बावजूद कोल इंडिया के विकास की गति जारी रही और कंपनी की सेहत पर कोई असर नहीं पड़ा। कंपनी ने 2015-16 में पाँच सौ मिलियन टन और फिर 2018-19 में छह सौ मिलियन टन कोयले का रेकॉर्ड उत्पादन किया।

वर्ष 2021 में कानून में फिर एक बार बदलाव लाकर कोयला उद्योग में कमर्शियल माइनिंग का प्रवेश हुआ। दरअसल, देश में ताप विद्युत में लगने वाले कोयले का आयात बढ़ रहा था और कोल इंडिया के अकेले बूते की बात नहीं थी कि वह देश की कोयला की समस्त जरूरत को पूरी कर सके, इसलिए दूसरे स्रोत से भी कोयले के उत्पादन को बढ़ाने के लिए कमर्शियल माइनिंग की शुरुआत करने की सोची गयी। उस वक्त कई स्तर पर इसका विरोध किया गया,

लेकिन बाद में जब लोगों को लगा कि इससे भी कोल इंडिया की सेहत पर कोई खास फर्क नहीं पड़ने वाला है, तब कोयले के ब्लॉक के आवंटन की शुरुआत की गयी। एक ओर कमर्शियल माइनिंग में ब्लॉक का आवंटन बढ़ता जा रहा है, वहीं दूसरी ओर कोल इंडिया को अगले तीन वर्षों में एक बिलियन टन कोयला उत्पादन का लक्ष्य दिया गया है। इसका मतलब हुआ कि कोल इंडिया को कमर्शियल माइनिंग से फिलहाल वाकई कोई फर्क पड़ने वाला नहीं है और उसका कोयला उद्योग पर वर्चस्व आगे भी कायम रहेगा।

एक ओर उपरोक्त सभी तरीकों से देश में कोयले के उत्पादन पर ज़ोर दिया जा रहा है, लेकिन दूसरी ओर पर्यावरण प्रदूषण अब एक ऐसा विषय हमारे सामने है, जिसके लिए कोल इंडिया, हमको, आपको और पूरे कोयला उद्योग को चिंतित होने की जरूरत है। पूरे विश्व में कार्बन के उत्सर्जन को कम करने के लिए ज़ोर दिया जा रहा है। संयुक्त राष्ट्र ने कई वर्षों पहले विश्व के सभी देशों को एक प्लैटफ़ार्म पर लाकर उनसे विश्व के वातावरण में जहरीले गैस को कम करने का कार्य सौंपा। इन जहरीले गैसों से पूरे विश्व का तापमान बढ़ रहा है, जिससे आए दिन किसी इलाके में तेज गर्मी, या बर्फबारी या तेज बरसात देखी जा रही है। गर्मी बढ़ने से हमारे देश पर भी असर पड़ रहा है। गर्मियों में अचानक कई शहरों का तापमान पहले की अपेक्षा ज्यादा बढ़ने लगा है या फिर कई जगह बाढ़ और भूस्खलन की विभीषिका भी हमें समय-समय पर झेलनी पड़ रही है। यह बदलाव पेड़ों की कटाई से पर्यावरण प्रदूषण के बढ़ने और विभिन्न स्रोतों से कार्बन के उत्सर्जन से हो रहा है। समय रहते इस प्रदूषण पर अंकुश नहीं लगाया गया, तब हमारी अगली पीढ़ी के लिए धरती पर रहना दूभर हो जाएगा।

भारत में कार्बन उत्सर्जन को कम करने के लिए वर्ष 2015 में संयुक्त राष्ट्र के तत्वावधान में आयोजित पेरिस समारोह में हमारे प्रधान मंत्री ने अगले पाँच वर्षों में सौर ऊर्जा से एक सौ पछत्तर

गीगावाट बिजली के उत्पादन की हामी भरी थी। इस ओर पिछले कुछ वर्षों में काफी काम हुए और आज देश में सौ गीगावाट से ज्यादा सौर ऊर्जा के प्लांट लग चुके हैं और आगे भी लगने जारी हैं। उसके बाद संयुक्त राष्ट्र ने सभी देशों को हिदायत दी कि वे अपने-अपने देश में कार्बन उत्सर्जन के नेट ज़ीरो स्थिति में लाने का समय निर्धारित करें। इस क्रम में इसी वर्ष की शुरुआत में ग्लासगो में कॉप26 की बैठक हुई, जिसमें ज़्यादातर विकसित देशों ने अपने-अपने देश के नेट ज़ीरो की स्थिति के लाने का वर्ष 2050 तय किया है। हमारे प्रधान मंत्री ने भी उस बैठक में भाग लिया और उन्होंने भारत के लिए 2070 का वर्ष तय किया, क्योंकि हमारे देश में अभी भी बहुत से इलाके में पूरी बिजली नहीं पहुंची है और उसके लिए कोयला आधारित बिजली संयंत्र पर ही निर्भर होना होगा, जबतक सौर ऊर्जा उसकी जगह नहीं ले ले।

लेकिन प्रधानमंत्री ने उस बैठक में भारत की ओर से एक और बड़ी घोषणा की। उन्होंने वर्ष 2030 तक भारत की प्रस्तावित 'पंचामृत' योजना के बारे में लोगों को बताया। इसके तहत उन्होंने पाँच घोषणाएँ कीं। घोषणा में भारत में 2030 तक गैर-परंपरागत ऊर्जा से पाँच सौ गीगावाट उत्पादन, एक बिलियन टन कार्बन उत्सर्जन में कमी, ऊर्जा उत्पादन का पचास प्रतिशत नवीकरणीय स्रोत से, अर्थव्यवस्था में कार्बन उत्सर्जन में पैंतालीस प्रतशत की कमी और भारत को 2070 में नेट ज़ीरो बनाना। इस घोषणा में कोयले के ऊपर आने वाले संकट को हम यदि देखें तो सबसे पहले पाँच सौ गीगावाट गैर-परंपरागत ऊर्जा के आने से कोयले से बिजली उत्पादन में अपने आप कमी आएगी। दूसरे यदि देश में 2030 तक एक बिलियन टन कार्बन उत्सर्जन को कम करना है, तब उसमें कोयला खनन से उत्सर्जन को भी कम करना होगा। इसके अलावा यदि ऊर्जा उत्पादन का प्रतिशत नवीकरणीय स्रोत से बढ़ेगा, तब उसका भी असर कोयले पर होगा।

वर्तमान में साठ प्रतिशत से ज्यादा देश में बिजली का उत्पादन कोयले के ईंधन से होता है। इसमें नवीकरणीय ऊर्जा के आ जाने से

कोयले का भाग तेजी से घटेगा। जहां तक कोयला उत्पादन से कार्बन उत्सर्जन का प्रश्न है, अभी एक टन कोयला उत्पादन में लगभग तैंतीस किलो कार्बन का उत्सर्जन होता है। कोल इंडिया ने वर्ष 2021-22 में छह सौ बाईस मिलियन टन कोयले का उत्पादन किया। उस हिसाब से कुल कार्बन का उत्सर्जन वर्ष में बीस मिलियन टन से भी ज्यादा हुआ। यह सिर्फ कोल इंडिया के कोयला उत्पादन से होता है। देश में अन्य जगह से भी कोयले का उत्पादन होता है। अब यदि 2030 तक देश में कोयले का उत्पादन डेढ़ बिलियन टन तक जाता है, तब उस समय कार्बन का उत्सर्जन पचास मिलियन टन को पार कर जाएगा। वर्तमान में कोल इंडिया और अन्य कोयला उत्पादक कंपनी द्वारा विभिन्न तरीकों से ज्यादा से ज्यादा पाँच मिलियन टन कार्बन का शमन किया जाता है।

कोयला खनन के क्षेत्र में कार्बन शमन के लिए सबसे पहले बड़े पैमाने पर वृक्षारोपण की जरूरत है। फिलहाल किए जा रहे वृक्षारोपण की दर को बहुत बड़े पैमाने पर बढ़ाने की जरूरत होगी, साथ ही वर्तमान में लगाए गए नए पेड़ों के जंगल को और घना करना होगा। इसके लिए ओवरबर्डेन के अलावा भी खाली जगह को खोजना होगा, जहां घना वृक्षारोपण किया जा सके। इसके अलावा कोयले की ढुलाई में इस्तेमाल किए जाने वाले डीजल चलित गाड़ियों की संख्या कम करनी होगी। कोल इंडिया ने चार मिलियन टन से ज्यादा कोयला उत्पादन करने वाली खदानों में 'फ़र्स्ट माइल कनेक्टिविटी' के तहत खदान से रेलवे की साईडिंग तक कोयला के परिवहन के लिए कंवेयर बेल्ट की शुरुआत की है। कई नई परियोजनाएं आने वाले वर्षों में चालू हो जाएंगी। इससे सड़क मार्ग से चलने वाली गाड़ियों में कमी आएगी, जिससे कार्बन उत्सर्जन कम होगा। इसके अलावा कोयला या ओवरबर्डेन ढोने वाली बची हुई गाड़ियों में डीजल की जगह एलएनजी का इस्तेमाल कर कार्बन उत्सर्जन को घटाना होगा। इस परियोजना पर भी पायलट के रूप में कोल इंडिया में काम शुरू किया गया है।

कोयला उत्पादन के संचालन में ऊर्जा की कम खपत के लिए तरीके ढूंढने होंगे। जैसे पुराने बिजली के बल्ब की जगह एलईडी के बल्ब, पुराने पानी के पम्प की जगह कम ऊर्जा की खपत वाले पम्प। उसी तरह वातनूकूलन की मशीनें, पंखे, अन्य मोटर में भी बदलाव लाने की जरूरत है। इस पर भी काम शुरू कर दिया गया है। इसके अलावा पेट्रोल-डीजल की छोटी गाड़ियों की जगह इलैक्ट्रिक की गाड़ियाँ चलानी होंगी। इन सब उपाय के बाद भी कार्बन शमन दस मिलियन टन के करीब हो सकेगा।

भविष्य में ज्यादा कार्बन उत्सर्जन को कम करने के लिए कंपनी के पास एकमात्र उपाय है, सौर ऊर्जा के प्लांट लगाना। इसी काम में कार्बन उत्सर्जन में जबर्दस्त कमी आ सकती है। आने वाले वर्षों में कोल इंडिया को लगभग बीस से तीस हजार मेगावाट के सोलर प्लांट लगाने होंगे। कंपनी के पास खाली जमीन की कमी नहीं है। इन प्लांट को पुराने ओवरबर्डन डम्प पर या खाली पड़ी पुरानी खुली खदानों में भी लगाया जा सकता है। वर्तमान में कोल इंडिया नेवेली लिग्नाइट के साथ एक कंपनी बनाकर तीन हजार मेगावाट के सौर ऊर्जा के प्लांट लगाने जा रही है। इसके अलावा साढ़े चार सौ मेगावाट क्षमता का सौर ऊर्जा प्लांट कोल इंडिया अपनी खदानों के इलाके में भी लगाने की कोशिश कर रही है। इस ओर एक और कदम उठाते हुए सौर ऊर्जा के उपकरण बनाने के लिए एक नयी सहयोगी कंपनी का भी गठन किया है, जो सौर प्लांट में लगने वाले वेफर का निर्माण करेगी।

इन सब प्रयासों का सबसे ज्यादा असर कोयला से उत्पादित बिजली पर पड़ेगा। हर एक मेगावाट के सौर ऊर्जा के प्लांट लगने से कोयला आधारित बिजली के एक मेगावाट को कम करना होगा। ऐसे ही देश में कोयला आधारित विद्युत संयंत्र पुराने हो चुके हैं। नए सयंत्रों को लगाने की स्वीकृति अब नहीं दी जा रही है। ऐसे में अगले पाँच से दस वर्षों में वर्तमान के एक तिहाई विद्युत संयंत्र बंद

हो जाएँगे। तब तक सौर ऊर्जा से देश मे बिजली का उत्पादन और बढ़ने लगेगा। अभी जो सबसे बड़ी दिक्कत सौर ऊर्जा के सामने है, वह उससे उत्पादित बिजली के भंडारण के लिए बैटरी का महंगा होना है। इस पर भी विश्व भर में काम हो रहा है कि कैसे इस बैटरी को सस्ते दाम पर मुहैया कराया जाए। इसके कारण सौर ऊर्जा से उत्पादन सिर्फ दिन के वक्त हो पाता है। जिस दिन बैटरी सस्ती हो जाएगी, सौर ऊर्जा से उत्पादित बिजली रात में भी इस्तेमाल में लायी जा सकेगी, तब कोयला पर आधारित सयंत्रों का राज लगभग समाप्त हो जाएगा। ऐसे ही अभी सौर ऊर्जा से उत्पादित बिजली की प्रति यूनिट बिजली दर कोयला उत्पादित बिजली से कम हो चुकी है।

भविष्य के खतरे को देखते हुए कोल इंडिया हाल के दिनों में अपने परंपरागत कोयले के इस्तेमाल से अलग कोयले के सर्फ़ेस गैसीकरण के प्लांट लगाने की ओर अग्रसर है। इसमें सतह पर कोयला लाकर उसके गैसीकरण से 'सिन गैस' बना कर उससे ईथनौल, मिथनौल या यूरिया का उत्पादन किया जा सकता है। इसके अलावा कंपनी ने एल्युमिनियम के उत्पादन की ओर भी कदम बढ़ाए हैं और एक सहयोगी कंपनी की स्थापना की है। भविष्य में यह संभावना जताई जा रही है कि कोयले की मांग के घटने से कोल इंडिया अन्य खनिजों के उत्पादन का कार्य शुरू करे। हालाकि, इसके लिए वर्तमान श्रमशक्ति को नए सिरे से ट्रेनिंग देनी होगी। 'ग्रीन हाइड्रोजन' के उत्पादन में भी कोल इंडिया आगे बढ़ सकती है। मतलब यह हुआ कि कोयले पर आधारित बिजली सयंत्रों के बंद होने और सौर ऊर्जा के बढ़ने से सबसे ज्यादा असर कोल इंडिया पर होगा। यह हो सकता है 2030 में हो या 2040 में, लेकिन यदि देश में 2070 में नेट ज़ीरो की बात कही गयी है, तब निश्चित तौर पर कोयले पर आधारित बिजली का युग 2050 तक समाप्त कर देना होगा। यदि उसके बाद भी कोयले का उपयोग जारी रखना है, तब जितना कार्बन उत्सर्जन होगा, उसके अनुरूप कार्बन का शमन करना होगा।

एक ओर जहां देश में कोयले की बढ़ती हुई मांग के कारण कोल इंडिया पर अगले तीन वर्षों में एक बिलियन टन कोयला उत्पादन का लक्ष्य दिया गया है, वहीं दूसरी ओर कोल इंडिया के अधीन खदानें तेजी से बंद भी हो रही है। आज कोल इंडिया के पास तीन सौ पैंतालीस खदानें हैं। उनमें से एक सौ एकयावन भूमिगत, एक सौ बहत्तर खुली खदानें और बाईस मिश्रित खदानें हैं। हर वर्ष कोयले के भंडार के समाप्त होने या खान सुरक्षा कारणों से लगभग दस खदानें बंद हो रही हैं। इसमें ज़्यादातर भूमिगत खदानें हैं। अब यह कोशिश की जा रही है कि वैसी सभी भूमिगत खदानों को बंद कर दी जाएँ, जो ज्यादा घाटा दे रही हैं और जिनका कोल इंडिया द्वारा संचालन संभव नहीं है। ऐसी कुछ खदानों को, जिनमें अभी भी कोयले का भंडार है, प्राइवेट कंपनी को ऑक्शन पर देने की भी योजना है। वर्तमान में कोल इंडिया की कुल पछत्तर बड़ी खुली खदानों से कंपनी के कुल उत्पादन के अस्सी से ज्यादा प्रतिशत की भरपाई होती है। इन बड़ी खदानों की क्षमता को भी भविष्य में बढ़ाने की योजना है। कुछ नयी बड़ी खदानें भी खुल सकती हैं। ऐसे में कुल अस्सी या नब्बे खदानों से ही कोल इंडिया आने वाले वर्षों में एक बिलियन टन कोयले का उत्पादन कर लेगी। इसलिए बाकी घाटा देने वाली भूमिगत खदानें या छोटी खुली खदानें यदि बंद भी करनी पड़ीं, तब कंपनी पर कोई खास असर नहीं पड़ेगा। वैसे भी अभी प्रतिवर्ष कोल इंडिया की श्रमशक्ति में लगभग चौदह हजार की कमी होती है। आज के दिन में कंपनी की श्रमशक्ति सवा दो लाख है। उपरोक्त कारणों से आने वाले वर्षों में कंपनी की श्रमशक्ति एक लाख या उससे भी कम हो जाएगी। शायद कांट्रैक्ट पर रहने वाले कर्मियों की संख्या बढ़े।

खदानों के बंद होने या कम होने का ज्यादा असर शायद कोल इंडिया में काम करने वाले कर्मियों पर नहीं पड़े, क्योंकि वे धीरे-धीरे सेवानिवृत होकर चले जाएँगे। नई पीढ़ी के युवा कामगार बाकी खदानों को चलाएँगे या कोल इंडिया द्वारा अन्य क्षेत्र में काम करने पर वहाँ उनकी खपत हो जाएगी। अभी खदान की बंदी का भी असर एरिया

में ज्यादा नहीं देखा जाता है, क्योंकि एक खदान के बंद होने से कर्मी दूसरी खदान में स्थानांतरित हो जाते हैं और कांट्रैक्ट के कर्मी भी किसी दूसरी जगह काम करने लगते है। आस-पास के दुकानदार भी बाकी बची जनसंख्या पर आधारित होकर अपना व्यवसाय चलाते हैं। लेकिन जरा सोचिए यदि किसी कंपनी के एक एरिया और उसके बगल के एरिया में एक साथ सभी खदानें धीरे-धीरे बंद हो जाएंगी, तब क्या स्थिति होगी। काम से जुड़े कर्मी तो फिर भी कहीं दूसरे एरिया या कंपनी में काम करने जा सकते हैं, लेकिन कांट्रैक्ट के स्थानीय कर्मी और उस कोयला खदान के एरिया से जुड़े बाकी व्यवसाय करने वालों की क्या हालत होगी। वे जो बरसों से उस इलाके में अपना घर-परिवार कोयला खदान के भरोसे चलाते हैं, उनका भविष्य क्या होगा। उनके पास आमदनी का कोई स्रोत नहीं बचेगा। यही हालत कांट्रैक्ट पर काम करने वाले स्थानीय मजदूरों की भी होगी।

इसको ध्यान में रखते हुए कोयला मंत्रालय, भारत सरकार ने वर्ल्ड बैंक की मदद से खदानों के धीरे-धीरे अपने आप बंद होने पर उन खदानों पर आश्रित लोगों के जीवन की पुनर्व्यवस्था के लिए 'जस्ट ट्रांजिशन' योजना लाने की पहल की है। इसके अंतर्गत किसी भी एरिया में सभी खदानों के बंद होने पर वहाँ किस तरीके से लोगों को रोजगार के नए साधन मुहैया कराये जाएंगे, इसपर कार्य करने के लिए वर्ल्ड बैंक को आमंत्रित किया गया है। वर्ल्ड बैंक ने इस संबंध में तेजी से काम शुरू कर दिया है। शुरुआत में एरिया में जाकर कोयला खदान पर आश्रित लोगों के आंकड़े इकट्ठा किए जाएँगे, जिसके आधार पर उस क्षेत्र में नए उद्योग लगाने की तलाश की जाएगी। इसके साथ-साथ कोयला खनन के बाद जमीन को वापस पुरानी स्थिति में लाकर उसपर फिर से खेती-बाड़ी या अन्य उद्योग लगाने पर भी काम किया जा रहा है।

अभी फिलहाल मैं इसी परियोजना पर वर्ल्ड बैंक में वरीय ऊर्जा सलाहकार के रूप में काम कर रहा हूँ। जमीन पर स्थिति

की वास्तविक जानकारी लेने के लिए मार्च, 2022 के अंत में वर्ल्ड बैंक टीम के साथ मुझे सेंट्रल कोलफील्ड्स लिमिटेड, रांची जाने का मौका मिला। वहाँ के उच्च प्रबंधन से बातचीत के बाद हम लोगों का बोकारो जिला में धोरी और बोकारो-करगली एरिया जाना हुआ। वहाँ की स्थिति जब हमलोगों ने देखी, तब इस समस्या का असल स्वरूप सामने आया। इन दोनों एरिया से कोयला उत्पादन पर आश्रित उस इलाके में दो छोटे-छोटे शहर, फुसरो और अमलो हैं। बाकी भी पास में शहर हैं, जो दूसरे एरिया पर आश्रित हैं। इन दो छोटे शहरों में लगभग सभी लोग कोयला व्यवसाय पर आधारित काम से जुड़े हैं। दोनों एरिया के लोगों से जब बातें हुईं तब पता चला कि वहाँ कोयला के भंडार कम होने के कारण खदानें धीरे-धीरे बंद हो रही हैं। बची हुई खदानें भी अगले दस से पंद्रह वर्षों में लगभग बंद हो जाएंगी। ऐसे में यदि अभी से उन इलाकों के भविष्य के बारे में नहीं सोचा गया, तब उस वक़्त इन दो शहरों की क्या स्थिति होगी, इसका अंदाज़ा लगाया जा सकता है।

इस संबंध में वर्ल्ड बैंक की टीम ने वहाँ के कोयला श्रमिकों के ट्रेड यूनियन प्रतिनिधियों तथा स्थानीय लोगों से बात की। उनलोगों को भी शुरू में आने वाली इस भयावह स्थिति का अंदाज़ा नहीं था, लेकिन बाद में उन्हें ज्ञान हुआ। सभी ने सर्वसम्मति से कहा कि कोयला उद्योग के उस इलाके से जाने के बाद, वहाँ दूसरे किसी उद्योग का आना जरूरी होगा, जिससे कोयला उद्योग पर वर्तमान में आश्रित लोगों को रोजगार के दूसरे साधन भी उपलब्ध हो सकें। इसके अलावा उन्होंने खनन के बाद जमीन को समतल कर उसपर फिर से खेती-बाड़ी शुरू करने की बात कही। इस कार्य पर देश की अन्य संस्थाएं भी काम कर रही हैं और कोयला मंत्रालय तथा कोल इंडिया इस मामले को लेकर गंभीर है। वर्ल्ड बैंक द्वारा जल्द ही इसपर एक राष्ट्रीय स्तर की रिपोर्ट तैयार की जाएगी, जिससे भविष्य की स्थिति से निपटने के लिए जल्द से जल्द सुधार के कदम अभी से उठाए जा सकें।

इस पत्र के माध्यम से मैं आपको किसी तरह के भविष्य की उलझन में नहीं डालना चाहता हूँ, लेकिन आप भी महसूस करेंगे कि जैसे-जैसे समय बीत रहा है वैसे-वैसे कोयला आधारित उद्योग पर असर पड़ रहा है। खदानें धीरे-धीरे बंद हो रही हैं, नई खदानें उस अनुपात में नहीं खुल रही हैं। मैंने आंकड़ों के हिसाब से ही यह बताने की कोशिश की है कि आने वाले दस या पंद्रह वर्षों में कोल इंडिया या कोयला उद्योग की ऐसी स्थिति नहीं रहेगी, जो आज है। इसका वर्चस्व अब धीरे-धीरे खत्म हो रहा है। वैसे भी मानवजाति के कल्याण के लिए और हमारी अगली पीढ़ी को एक स्वच्छ वातावरण देने के लिए कोयले को एक न एक दिन दुनिया से अलविदा कहना होगा। क्या हम उसके लिए तैयार हैं, क्या हम सचेत हैं। हमें वास्तविकता समझनी होगी कि ढाई सौ वर्ष पूर्व शुरू की गयी इस यात्रा का आने वालों कुछ वर्षों में अंत होगा। अपनी अगली पीढ़ी के लिए इस पीढ़ी को इस चुनौती का सामना करना होगा।

आशा है आप स्थिति को समझते हुए मेरी बात पर गौर करेंगे और आज से ही सिर्फ अपने बारे में नहीं सोच कर इस उद्योग पर आश्रित और बाहरी लोगों के जीवन के बारे में भी विचार करेंगे, अपनी अगली पीढ़ी के बारे में भी जरूर सोचेंगे। वास्तविकता की जानकारी देने के ख्याल से ही मैंने यह खुला पत्र आप सब को लिखा। अपने हिसाब से मैंने स्थिति का आंकलन करने की कोशिश की है। आशा है आप इस पर जरूर विचार करेंगे।

विशेष फिर अगली बार कभी.....।

आपका
राजीव रंजन

30 अप्रैल, 2022

राजीव रंजन मिश्र (राजीव रंजन), कोल इंडिया लिमिटेड की सहयोगी कंपनी, वेस्टर्न कोलफील्ड्स लिमिटेड (वेकोलि) के सीएमडी रहे हैं। इस पद से उनकी सेवानिवृति 31 दिसम्बर, 2020 को हुई। लगभग 38 वर्षों से अधिक का अनुभव समेटे श्री मिश्र को कोयला उद्योग में एक शख्सियत के रूप में जाना जाता है।

वेकोलि के सीएमडी के रूप में अपने 6 वर्ष के कार्यकाल के दौरान उन्होंने एक बीमार कंपनी को शिखर पर ले जाने का अद्भुत कार्य किया। आज वेकोलि को देश में सभी कोयला कंपनी में एक नयी सोच, एक नयी पहल करने वाली कंपनी माना जाता है। वह अपनी सकारात्मक सोच, लीक से हटकर पहल, मानव पूंजी के लिए किए जाने वाले कार्य और कोयला क्षेत्र में नयी परिकल्पना के लिए जाने जाते हैं। इनमें इको-माइन टूरिस्म, खदान के जल से कोल नीर, खदान के ओवरबर्डेन से रेत प्रमुख हैं। माननीय प्रधानमंत्री ने अपने 'मन की बात' कार्यक्रम में उनकी पहल की सराहना की।

मानव संसाधन के विशेषज्ञ और एक कुशल रणनीतिकार, श्री मिश्र ने अपने कार्यकाल के दौरान कोयला उद्योग के कर्मियों को मानव पूंजी की तरह सहेज कर रखा, उनके साथ-साथ चल कर उद्योग में रिश्तों की एक नयी परिभाषा लिखी। उन्होंने वेकोलि में मानव पूंजी प्रबंधन की सकारात्मक विचारधारा को लागू कर वेकोलि को पहले 'टीम वेकोलि' और फिर 'वेकोलि परिवार' में परिवर्तित कर दिया।

श्री मिश्र को एशिया पैसिफिक एचआरएम कांग्रेस के 'मोस्ट पावरफुल एचआर प्रोफेशनल ऑफ इंडिया' अवॉर्ड और 'एलेट्स पीएसयू

समिट लीडरशिप अवॉर्ड' से सम्मानित किया गया। उनके नाम कई और अवार्ड हैं। श्री मिश्र एक अच्छे वक्ता और एक अच्छे लेखक भी हैं। इसके पूर्व श्री मिश्र ने वेकोलि की अपनी यात्रा पर 2021 की शुरुआत में "असंभव संभव" किताब लिखी, जो अत्यंत प्रचलित हुई। उसे अमेज़न के बेस्ट सेलर में स्थान मिला। कोयला उद्योग के कर्मियों पर लिखी "आसमां में सुराख", उनकी अगली कृति हुई, जो अगस्त, 2021 में प्रकाशित हुई। इस किताब को भी अमेज़न का बेस्ट सेलर होने का गौरव प्राप्त है।

वेस्टर्न कोलफील्ड्स से सेवानिवृत्ति के बाद एक वर्ष तक श्री मिश्र ने कोयला मंत्रालय, भारत सरकार में वरीय सलाहकार के रूप में काम किया। संप्रति, वे वर्ल्ड बैंक में वरीय ऊर्जा सलाहकार के रूप में कार्यरत हैं।

कोयला उद्योग विषय पर तीन किताबों की शृंखला की आखिरी कड़ी के रूप में श्री मिश्र की यह किताब 'अंधेरा उजाला' है, जो कोयला कर्मवीरों और कोयला उद्योग के इतिहास पर लिखी गयी है।

कोयला शृंखला की पहली किताब

अपनी स्थापना के लगभग 40 वर्ष के बाद क्षेत्र की सबसे बड़ी कंपनी बीमार घोषित होने के कगार पर थी। इससे न केवल इसमें कार्य करने वाले कर्मी चिंतित थे, बल्कि कंपनी पर आश्रित कई लघु उद्योग के सामने अस्तित्व का संकट था। इलाके के उद्योगपति, जनप्रतिनिधि, ग्रामीण तथा अन्य हितधारकों में यह चर्चा का विषय था। लोगों का मानना था कि अब कोई चमत्कार इस संकट से उबार सकता है। और तब......

असंभव संभव मानव पूंजी में विश्वास पैदा कर सफल होने की यात्रा। एक कंपनी के शुरू से आखिरी कड़ी तक के कर्मियों को परिवार में परिवर्तित होने की सच्ची कहानी। उनका ख्याल रखकर, उनकी बातों को सुनकर, उनके गुणों को बताकर, उनमें विश्वास पैदा कर, असंभव लक्ष्य को संभव करने की मिसाल।

मानव पूंजी प्रबंधन का यह एक उदाहरण है। यह एक टीम, एक परिवार की दास्तान है, जिसने कठिन परिस्थिति में धैर्य नहीं खोया और सफलता हासिल कर साबित कर दिया, असंभव संभव है

कोयला शृंखला की दूसरी किताब

'आसमां में सुराख' कोयला उद्योग के कर्मियों की मेहनत और चुनौती भरे कार्य और उनके द्वारा देशहित में किए जा रहे भीड़ से अलग हट कर कार्य को दुनिया के सामने लाने की एक छोटी-सी पहल है। ये कोयलाकर्मी जब साल के तीन सौ पैंसठ दिन ज़मीन के नीचे या ऊपर कोयला निकालकर विद्युत केन्द्रों को ईंधन के रूप में भेजते हैं, तब जाकर हमारे-आपके घर में बिजली जलती है।

देश की ऊर्जा की जरूरत को पूरी करने वाले पर्दे के पीछे के इन लोगों के बारे में हम-आप कम जानते हैं। लेकिन इनके कार्य कई लोगों के लिए प्रेरणास्रोत हो सकते हैं। इनकी लगन, मेहनत हमारे-आपके लिए मार्गदर्शन का कार्य कर सकती है। इनके द्वारा लगभग रोज असंभव से लगने वाले कार्य को संभव करने के बारे में जान कर हम सभी प्रोत्साहित हो सकते हैं। हम और आप यह जानें कि कैसे ये कर्मी, चाहे पुरुष हों या महिला, हमारे-आपके और देश की खुशहाली के लिए अपना पसीना बहाते हैं। इस किताब में इन्हीं सब पर चर्चा होगी, छोटी-छोटी कहानियों के रूप में।

वास्तविक कहानियाँ आसमां में सुराख करने वालों की....।